高等学校教师教育教材

Educational Law

教育法学

薄建国　梁明伟　杜爱玲　著

Educational Law

科学出版社
·北京·

内 容 简 介

教育是国家重要的公共事业，依法治教是依法治国在教育领域的重要体现。

本书紧扣当前教育法治的核心问题，以教育权与受教育权的关系为基础，在借鉴国外教育法制和国外教育法学的最新成果的基础上，全面论述了我国教育法律的适用、实施与教育法律制度的建设问题。主要内容包括教育法的基本原理、教育权与受教育权利各主体之间的法律关系，以及各级各类教育领域的教育法律制度。

本书系统而全面，既注重教育法学理论知识的阐述，又密切联系教育教学实践，并在每章配有案例及案例分析，适合作为高等学校教育学专业本科生教材，也可供相关专业研究人员参考，同时也适合对教育法学问题感兴趣的朋友阅读。

图书在版编目(CIP)数据

教育法学/薄建国，梁明伟，杜爱玲著. —北京：科学出版社，2016. 8
ISBN 978-7-03-049555-6

I.①教… II. ①薄…②梁…③杜… III.教育法-法的理论-中国-高等学校-教材 IV.①D922.161

中国版本图书馆 CIP 数据核字(2016)第 188905 号

责任编辑：朱丽娜 乔艳茹／责任校对：赵桂芬
责任印制：李 彤／封面设计：楠竹文化

科 学 出 版 社 出版
北京东黄城根北街 16 号
邮政编码：100717
http://www.sciencep.com
天津市新科印刷有限公司印刷
科学出版社发行 各地新华书店经销
*
2016 年 8 月第 一 版 开本：720×1000 1/16
2023 年 8 月第五次印刷 印张：20
字数：390 000
定价：69.00 元
（如有印装质量问题，我社负责调换）

前　言

现代社会中，教育涉及千家万户，惠及子孙后代，已经发展成为一个国家最大的公共事业。正如胡德海先生所言：“教育事业是人类教育的一种高级存在形态，它以学校教育为中心，不断向家庭、社会教育等横向领域扩展并随着科学技术、社会生产力和社会经济、文化生活的进步与发展构筑起自身严密的系统和相对独立的领域。”（胡德海：《教育学原理》，甘肃教育出版社，1998 年，第 496 页）教育事业在运行中必然与其他社会现象发生直接和间接的联系，涉及多方面的关系问题，有效的教育管理构成了教育实践活动的一个重要内容。因此，劳凯声先生指出：“历史的经验告诉我们，教育的发展需要有一个良好的环境，需要法律的保障。一个法制完备的教育体系才是富有效率的、充满活力的教育体系。因此，在发展我国社会主义教育事业的同时，必须十分重视教育立法，建立和健全社会主义的教育法制。”（劳凯声：有关《教育法》实施的几个问题，《中国高等教育》，1995 年，第 10 期）

对教育法进行系统的理论探究始于 19 世纪，自 20 世纪 50 年代初开始，德国、美国、日本等国出现系统的教育法学著作。教育法学是人们认识教育法和教育法律现象的结果，反过来，它又指导教育实践活动依法进行。在 20 世纪 50 年代中期，美国就有 80%左右的师范大学开设了“学校法”（School Law）的课程（米桂山、龚友明：《教育法概论》，学苑出版社，1989 年，第 1 页）。我国自 20 世纪 80 年代以来，师范院校和干部培训机构先后开设教育法方向的课程。

教育法学是一门年轻的学科，它是以教育法律现象、教育法律问题及教育法发展规律为对象的一门边缘性应用学科。教育法学主要研究教育领域教育主体之间权利和义务的关系。在教育领域，教育者的教与学习者的学构成教学矛盾运动是教育学的逻辑起点。同样，教育权与受教育权之间的矛盾运动也构成了教育法学的基本范畴。换言之，教育权与受教育权是教育法学的逻辑起点。这是因为教育权与受教育权关系展开就是国家、社会、家庭、学校、受教育者之间的相互关系，教育权与受教育权关系进一步展开就是教育领域的活动主体——教育行政机关、教师、学校、家长、学生之间的权利和义务关系，这些权利和义务及它们之间的关系构成了教育法学的核心内容。鉴于此，本书以教育权与受教育权的关系为基础，依据我国基本法律制度和教育发展的规律，借鉴国外教育法制和国外教育法学的最新成果，以教育法律制度的建设为中心构筑教育法学。

本书在编写中力求使法的一般原理与教育法的专门内容相结合，以及教育法的原理与实际应用相结合，在逻辑思路和组织结构上采用“原理—应用”与“总—分—总”形式。第一章为绪论，简要地介绍了教育法学的起源、发展，教育法学的性质、研究对象、学习与研究的方法和意义。第二章和第三章是教育法的基本原理和理论基础部分，属于教育法学总论部分。其中，第二章是教育法学的法律原理，论述了教育法的价值、教育法律规范、教育法的渊源和结构，该部分是教育法学的法理学基础。第三章是教育法学的本体理论部分，讨论了教育权、受教育权的权利、义务、相互关系及各法律主体的法律制度。第四章、第五章、第六章、第七章分别介绍了教育行政机关、教师、学生、学校的权利和义务，这四章是第三章“教育权与受教育权”内容的分别展开和具体化。第八章、第九章是教育法律的应用部分。第八章分别介绍了各级教育法律制度和各类教育法律制度。因各类教育法律制度中学位与考试法律制度论述问题较多，第九章专章介绍。第十章是教育法律责任和教育法律救济部分。教育法律责任和教育法律救济既是教育法在实践上的应用，也是教育法在理论上与实践上的综合。

为了方便学生的学习，本书在编写体例上于四方面做了改进：一是各章前后分别设置了明确的学习目标和细致的要点归纳，以供学生自主学习、检测和复习巩固知识；二是设置了关键词，便于学生快速检索和参阅相关文献；三是设置了独立的案例讨论课，改革传统课堂授课模式，目的是通过分析与讨论，引导学生深刻地理解与掌握知识，激发学生的创新思维；四是设计了拓展阅读，目的是使学生能够突破学科课程与教材内容的限制，开阔教育法学学术与法律知识视野，掌握学科前沿动态。

本书主要适用于教育学各专业及公共管理学的教育经济与管理的本科生和研究生，同时可作为高等院校教育学院、教育管理学院、教育科学研究所的教学和科研工作人员的参考资料，也可供教育行政部门干部、企事业单位的教育管理人员使用。

参加本书编写的人员有河北大学教育学院教师薄建国、梁明伟，河北大学教育学院教育学原理研究生祝素香、宁春丽、徐静、刘欣雨，保定职业技术学院教师杜爱玲，甘肃医学院教师张利香。撰写章节分工如下：

第一章，薄建国；第二章，梁明伟、薄建国；第三章，薄建国、杜爱玲；第四章，梁明伟、宁春丽、薄建国；第五章，梁明伟、祝素香；第六章，薄建国、徐静；第七章，薄建国、张利香；第八章，薄建国、杜爱玲；第九章，薄建国、刘欣雨；第十章，薄建国、杜爱玲。全书由薄建国、梁明伟、杜爱玲审阅，薄建国定稿。

本书写作中参考和引用了同类其他教材和众多专家学者的研究成果，已经用注释和文献的形式展示出来，在此表示衷心的感谢，同时对因各种原因可能遗漏或引用不当的，表示歉意。由于编写时间及水平所限，书中难免有不足之处，敬请读者批评指正！

薄建国

2016年6月8日

目 录

CONTENTS

第一章

绪　论

内容提要

本章是《教育法学》的绪论。第一节首先介绍了教育法制化和教育立法的发展历程，在此基础上介绍了依法治教的含义和意义。第二、三节论述了教育法学的学科性质、研究对象、研究内容和教育法学的发展状况，介绍了教育法学的研究方法和学习教育法学的意义。第四节介绍了齐某某被冒名顶替上学案中的司法问题和教育法在学生权利救济中的作用。

学习目标

1. 识记依法治教的概念和要素。
2. 了解教育法的发展历程。
3. 理解教育法学的性质、依法治教的意义。
4. 了解教育法学的主要内容和主要研究方法。
5. 了解学习与研究教育法的意义。

关键词

教育法制；依法治教；教育法学

第一节　教育的法制化与依法治教

一、教育法制化

法律是社会生活的规范，它随着社会生活的需要而产生，又随着社会生活的变迁而变迁。在世界历史的发展中，法制的建立与工业化、现代化相互交织并相互促进。随着社会的不断发展和进步，法律的触角伸展到了人类生活的各个领域，依法治国成为一个普遍的原则。作为人类重要活动的教育自然也不例外。

（一）古代教育与法律

法律是由国家制定颁布并由国家强制力保证实施的具有普遍约束力的社会规范。不同于依赖社会舆论和行为人自身品质等因素约束行为的道德规范，法律是最高的社会规则。早在学校出现之初，法律就已经被用作规范和管理教育活动的一种手段。

古代社会，统治者利用法律确立国家的教育管理权力，通过控制学校教育维持社会统治秩序。在西周，实行学在官府、政教合一、官师合一。在封建社会学校，教育制度逐渐完善，学校管理的有关规范也日趋制度化。例如，汉、唐、宋、明、清都建立了相对完整的教育管理制度，如学生录取、告假、课程、对学生学习态度与纪律等的考核和奖惩等管理制度。在斯巴达，没有受过法定教育的人不能获得公民权。在古罗马，国家不断强化对教育的控制和垄断，明确规定为国家而接受教育是公民的义务。罗马帝国时期，皇帝安敦尼还规定了各城市的文法、修辞教师的数额，并由国家支付其薪水。333 年，罗马皇帝奥古斯都还颁布敕令，授予当时的学校教师及其子女豁免权和其他特权，并将教师的私人选聘制度改为国家委派。中世纪时期欧洲王权国家势力衰微，宗教教育代替了传统世俗教育。随着民族国家的兴起，国家权力再一次介入教育。总体而言，古代教育立法偶然、随意，充满阶级性和封建色彩，不是现代意义上的教育法律制度。

（二）现代教育立法

现代教育法律是现代法律制度和现代教育的产物。教育法是现代国家的一个重要的立法领域。由于教育传统、文化背景，以及政治、经济发展程度的差异，不同国家教育立法状况不同。总体而言，现代教育立法可以分为四个阶段。①

1. 零星立法阶段

早在 16 世纪的宗教改革运动中，德国新教领袖马丁·路德（Martin Luther，1483—1546）就主张学校应由公费负担，政府有强迫人民送子弟入学的责任。在他的影响下，德国各公国先后颁布过 14 项学校法令，推行初等教育，把受教育、服兵役和纳税并列为国民应尽的三大义务。在新教普及的瑞士、荷兰、苏格兰等地也纷纷制定法令，设置学校，实行强制入学。在美国，马萨诸塞

---

① 劳凯声：《教育法学》，沈阳：辽宁大学出版社，2000 年，第 8-12 页。

州于 1647 年颁布《老骗子撒旦法》（*Old Delude Satan Law*）教育法令，要求市镇按规定设立读写学校或文法学校，这一法律被称为“美洲公立学校体系的基础”[①]。在普及义务教育实施之前，近代资本主义国家存在大量的宗教性质的学校，它们大多被把持在各个教派手中，有些教育法令直接由教会制定和发布，因此，这一时期的教育法令一般都具有教会法的性质[②]。

现代意义上的教育立法是在机器大工业和现代工厂制度的基础上产生的。从 19 世纪初开始，英国、法国、瑞士等国家开始制定和颁布工厂法，对童工的教育问题做出规定。1833 年，英国议会通过了《工厂法草案》，这是最早的现代意义上的教育立法。其后，许多资本主义国家也相继制定工厂法。这些工厂法中的教育条款，标志着现代初等教育立法与中等教育立法的开始。

2. 普及义务教育立法阶段

资本主义大工业的兴起和迅速发展为教育的普及创造了客观条件，也为初等教育立法奠定了基础。从 19 世纪下半叶开始，各主要资本主义国家相继开始直接干预教育，普遍借助于法律的强制力来取消教会垄断教育的特权，推行义务教育制度。

这期间的义务教育立法主要有：1870 年英国的《初等教育法》、1872 年德意志帝国的《普通学校法》、1881 年法国的《费里法》。其中，《费里法》确立了义务性、免费性和世俗性三项重要原则，对世界教育立法产生重要影响。日本 1872 年颁布《学制》，1879 年颁布《教育令》，奠定了日本现代教育制度的基础。此后又相继颁布了《改正教育令》（1880 年）、《小学校教则纲要》（1881 年）、《小学校令》（1886 年、1890 年、1990 年）等法律文件，推动了初等教育的发展。

这一阶段世界各个国家的普及义务教育立法不仅是初等教育与中等教育立法的起点，而且是整个教育立法的开端。资本主义国家的义务教育立法，经过长期的发展形成了完善的义务教育法律制度。

3. 广泛进行教育立法阶段

20 世纪初至第二次世界大战前这一时期，国家开始更多地干预社会经济、文化和社会公共领域的各个事务。各国通过法律手段全面干预教育，通过制定学校法，确立教育行政部门对整个教育领域实施行政职能。

这期间，1902 年英国颁布《巴尔福法案》，1918 年英国颁布《初等教育法》（《费舍法案》），1944 年颁布《1944 年教育法》（《巴特勒法案》）；1919 年法国颁布《阿斯蒂埃法案》，其中 1919 年根据《魏玛宪法》规定了公民受教育机会均等

---

① 佛罗斯特：《西方教育的历史与哲学基础》，吴元训译，北京：华夏出版社，1987 年，第 298 页。

② 劳凯声：《变革社会中的教育权与受教育权：教育法学基本问题研究》，北京：教育科学出版社，2003 年，第 68-69 页。

的原则，对德国现代教育制度的形成产生了重大影响；美国除了大量的州教育立法外，1917 年颁布《史密斯-休斯法》，1940 年颁布《国防职业教育法》；日本在 1890 年颁布了《教育敕语》，先后制定或修改了《小学校令》《中学校令》《师范校令》《帝国大学令》《高等学校令》《实业学校令》《专科学校令》《幼儿园令》，初步建立了教育法规体系，极大地推进了初等教育的普及化和中等教育的发展。

我国现代意义上的教育立法开始于 20 世纪初。1902 年，清政府颁布的《钦定学堂章程》（壬寅学制），是我国近代以来第一个教育法规。1904 年清政府颁布了《奏定学堂章程》（癸卯学制）。1912 年中华民国临时政府教育部颁发《普通教育暂行办法》和《普通教育暂行课程标准》，1922 年颁布的《学制系统改革令》是一个较为成熟的学制法令。

在这一阶段，教育立法更加受到重视，立法的领域也有了较大的扩展。不少国家在宪法或法律中规定了教育的国家责任及公民的受教育权利。有的国家已初步建立教育法规体系，对现代教育制度的形成与发展起到重要作用。

4. 教育的综合法制阶段

第二次世界大战以来世界各国都普遍重视教育，通过科学技术的发展来提高综合国力。现代科技的发展使社会生产、劳动的性质乃至社会生活方式都发生了急剧的变化，传统的学校教育已经不能适应劳动的变换和职业的流动性，于是各国根据社会经济发展的需要变革教育，把教育立法看作一项综合性的法制工程，全面加强教育法制建设，在这一时期建立起较为完备的教育法体系。

英国《1944 年教育法》后，1959 年、1962 年、1964 年、1968 年相继颁布和修订了新的教育法。到 20 世纪下半叶，英国已经普及了初等和中等教育，教育立法的重心转向高等教育。此后，1964 年颁布了《大学和学院资产法》，1965 年颁布了《教师报酬法》，1967 年颁布了《教师退休法》和《师范教育法》，1975 年颁布了《继续教育法》，1980 年颁布了《教育法》。1988 年颁布了《1988 年教育改革法》。《1988 年教育改革法》的颁布，标志着英国教育立法进入了一个新的历史时期。

1947 年，日本颁布了《教育基本法》，同年颁布了《学校教育法》。1949 年，日本颁布了《社会教育法》《国立学校设置法》《私立学校法》《文部省设置法》《教育公务员特例法》《教员许可法》等教育法规，此后，又陆续颁布了一系列有关教育的法律、法令，最终形成了一套与其现代教育制度相适应的教育法规体系，使教育管理走上了依法治教的轨道。其中，1990 年颁布的《终身学习振兴法》，很大程度上体现了现代教育改革和发展的新趋势。

1958 年，美国国会通过了《国防教育法》。1965 年颁布《初等和中等教育法》《高等教育法》，1963 年颁布《职业教育法》，1968 年颁布《教育总则法》和《双语教育法》，1964 年颁布《民权法》。70 年代，又颁布了《教育修正案》《家庭教育权与隐私法》《残疾儿童教育法》《怀孕歧视法》等法案，形成了联邦与州两级较完备的成文法体系。1994 年，克林顿签署《2000 年教育目标法》促进公民的终身学习。该法案确定了全国实行统一的教育标准，同时允许地方当局在执行这些标准时有选择权和灵活性。

法国 1975 年制定《哈比法》，1989 年颁布《教育方向指导法》。《教育方向指导法》是法国面向 21 世纪改革和发展教育的综合性法律。

新中国的教育立法是在废除旧法、总结革命根据地法制建设经验的基础上开展起来的。自 1949 年新中国成立后，立即着手制定了一批有关教育的法规。从 1980 年开始，我国开始系统化的教育立法工作。目前，我国已初步形成以《中华人民共和国宪法》确立的基本原则为基础，以《中华人民共和国教育法》（简称《教育法》）、《中华人民共和国学位条例》（简称《学位条例》）、《中华人民共和国义务教育法》（简称《义务教育法》）、《中华人民共和国教师法》（简称《教师法》）、《中华人民共和国职业教育法》（简称《职业教育法》）、《中华人民共和国高等教育法》（简称《高等教育法》）及《中华人民共和国民办教育促进法》（简称《民办教育促进法》）为核心，包括教育专门法和行政法规、教育规章和地方性法规规章在内的教育法律体系①。

这一时期是世界各国面向 21 世纪的挑战普遍进行教育改革的关键时期，也是普遍加强和完善教育法制的重要时期，依法治教成为各国教育发展的共同趋势，教育法律、教育法规已成为国家法制体系的重要组成部分。可以说，20 世纪是教育法制时代，国家对教育事业的管理已经制度化、法律化。

这一阶段的教育立法表现为适应社会整体发展的需要，以提高本国教育质量、适应公民终身学习的需要为宗旨，全面地调整教育领域中发生的各种关系。许多国家在自己的宪法中对教育的功能和形式、国家的教育责任、公民的受教育权利等内容做了明确的规定。在法律体系上，宪法之下又有为数众多的法律、法规和规章，构建了完备的教育法律制度。

二、教育法制

教育法制指一国在实行民主法制的同时，通过立法将其教育事务的管理和教育关系的调整规范化、制度化，并严格地依法治教。教育法制的内涵不仅包括通过立法所形成的有关教育的法律制度本身，还包括有关教育的立法、司法、执法、守法、法律监督等全部教育法治活动。教育法制的形成是教育发展本身的需要，也是教育立法体系化发展的必然结果。

---

① 劳凯声：《变革社会中的教育权与受教育权：教育法学基本问题研究》，北京：教育科学出版社，2003 年，第 58 页。

教育的法制不仅表现为法律数量的大规模增长，而且表现为法律地位的增强、法律调整范围的扩大，以及法律向教育领域大规模的功能扩张[①]：从广度上看，教育法规在所有法规中所占的比重越来越大；从深度上看，教育立法和教育司法已经深入到教育活动的各种内外部社会关系中，依法对教育进行调节和控制成为现代国家的一种基本职能和公共事务，教育法制成为国家基本制度的重要组成部分。

教育法制是现代教育的重要特征。现代教育活动日益复杂化，要求学校必须运用法制形式规范教育教学活动，以体现国家与社会的整体利益，保证学校教育目标、方向的正确，以及教育教学活动的连续性和稳定性。

三、依法治教的意义

（一）依法治教的含义

依法治教指国家机关和组织机构依照有关教育的法律规定，在其职权范围内从事教育活动；各级各类学校及其他教育机构、社会组织和公民依照有关教育的法律规定，从事办学活动、教育教学活动及其他教育的活动。依法治教是依法治国的重要组成部分，是依法治国方略在教育中的体现。依法治教主要包含以下五个要素。

1. 有法可依

有法可依是依法治教的前提。只有建立健全完备的教育法律体系，才能为依法治教工作提供全面的法律依据，也才能使依法治教工作有法可依、有章可循。

2. 依法行政

依法行政是指教育行政机关严格依照法定的职权和程序实施教育行政管理活动。依法行政就是严格遵守主体合法、权限合法、程序合法三原则。主体合法即教育行政的主体必须是法定的具有相应行政职权的机关；权限合法即教育行政机关所行使的教育管理权必须有明确的法律依据；程序合法即教育行政机关的行为必须依照法定的程序进行。

3. 依法办学

依法办学的内容包括：①各级各类学校严格依法举办。学校的设立除应符合我国教育法所规定的一般的实体和程序条件外，不同层级、不同种类的学校还必须满足相应的设置标准。②学校依法行使办学自主权，按照章程自主管理、组织实施教育教学活动，自主管理学校事务。提高学校管理人员的法律意识是实现学校依法办学的重要保障。

4. 依法执教

依法执教就是教师要依据法律法规履行教书育人的职责。其含义有二：一是

① 劳凯声：《教育法学》，沈阳：辽宁大学出版社，2000年，第11-12页。

教师的教育教学行为要在法律法规所允许的范围内进行；二是教师要善于利用法律手段来维护自身的合法权益。

5. 司法审查

司法作为专门的法律适用活动，对于彻底解决法律纠纷，追究违法当事人的法律责任，保护公民的合法权益具有重大的意义，因此，教育领域的司法介入是依法治教的重要内容。由于教育活动建立在学术自由基础上，教育领域里司法审查的范围应该有一定的限度，司法对教育活动的介入必须谨慎，以尊重教育规律、尊重教育者的专业自主权利为前提。

（二）依法治教的意义

1. 依法治教是确保教育战略地位的需要

20 世纪 90 年代以来，教育在我国社会发展和民族振兴的过程中越来越重要，党和国家对教育的地位与作用也越来越重视。1992 年“十四大”提出了“教育优先发展战略”，并得到《教育法》的明确确认；1997 年“十五大”提出“科教兴国”战略；2002 年“十六大”提出全面建设小康社会，建立中国特色社会主义现代化教育体系的目标；2007 年“十七大”提出“优先发展教育，建设人力资源强国”的战略部署；2012 年“十八大”又提出“坚持教育为社会主义现代化建设服务、为人民服务，把立德、树人作为教育的根本任务，全面实施素质教育，培养德智体美全面发展的社会主义建设者和接班人，努力办好人民满意的教育”的新目标。

为全面推进依法治教，促进教育治理体系和治理能力现代化，到 2020 年基本实现教育现代化的目标，教育部 2016 年 1 月发布《依法治教实施纲要（2016—2020 年）》（简称《纲要》)。《纲要》提出的总体目标是：“到 2020 年，形成系统完备、层次合理、科学规范、运行有效的教育法律制度体系，形成政府依法行政、学校依法办学、教师依法执教、社会依法评价、支持和监督教育发展的教育法制实施机制和监督体系。青少年学生法治教育体系健全完备，教育部门领导干部、校长、教师法律素质与依法办事能力显著提升，在全社会遵法守法的进程中发挥表率和模范带头作用。”《纲要》强调要“大力加强教育立法工作。配合立法机关尽快完成《民办教育促进法》修订案的审议，做好相关法规、规章的修订、调整工作。加快推进《职业教育法》修订、《学前教育法》起草、《学位条例》修订以及《终身学习法》等法律草案的起草工作，适时启动《教师法》修订工作，配合做好《家庭教育法》起草工作。积极推动教育行政法规建设，完成《残疾人教育条例》修订、《国家教育考试条例》《学校安全条例》等法规的起草工作。到 2020 年，在国家层面，基本形成适应实践需要、内容完备的教育法律、行政法规”。

2. 依法治教是教育改革和发展的需要

依法治教是在社会主义市场经济条件下，教育进一步改革与发展的客观需要。20 世纪 90 年代以来，我国教育领域的社会关系与管理范畴发生了重大变化，过去高度集中的教育行政管理体制，正在向分级管理、中央与地方共同负责的管理体制转变；学校与教育行政部门正在由单纯的隶属关系，转变为自主权与行政权相互协调、相互制约的关系；学校之间，学校与教师、学生及其他社会组织之间，正在不断产生大量的民事关系和新型的权利义务关系。此外，社会力量办学迅速发展和终身学习观念形成，教育国际交流与合作日益广泛等。教育领域的新变化、新情况和新问题，已经不是单纯靠行政手段可以解决的，只能在法治的基础上，综合运用法律的、行政的、经济的手段，予以调整和解决。

3. 依法治教是现代学校依法办学的需要

依法治校是党中央提出的依法治国方针在教育工作中的具体体现，是实施依法治教的关键，是依法治教工作得以顺利进行的一个切入点和突破口。市场经济与知识经济条件下的教育必然呈现出多元化、开放式特点，这在客观上要求学校在发展建设上，要走出传统封闭式管理体制，建立起法治管理模式。学校管理者依法行政、依法办学，有利于规范办学行为，正确处理学校与政府及教育行政管理机关、企业、组织和个人之间的关系；有利于维护学校及师生的合法权益，创造一个让下一代健康成长的法制环境。

4. 依法治教是保障学生基本权利的需要

随着教育市场化改革的加快，学校与教育行政部门、举办者、教师、受教育者之间的关系出现了新发展，学生的受教育权也面临新挑战，如就学不便、学费高涨、负担加重、学校资源不均衡、机会不均等。体罚及侮辱、歧视学生，以及侵犯学生人身权利的现象在教育领域屡有发生。一般而言，受教育者，特别是接受基础教育的受教育者，是社会的弱势群体，其受教育的合法权益易受到侵害。为此，需要尊重学生的人格权、人身权、财产权，需要依法保障学生参加教育教学计划安排的各项活动。

第二节　教育法学的性质、内容与历史进程

一、教育法学的性质与研究对象

（一）教育法学的性质

教育的法制化和依法治教的形成有力地促进了教育法学学科发展。教育法学

的产生是教育立法发展到一定水平的结果。18 世纪中期以来，资本主义生产方式的变革使教育与经济、人才、社会发展等紧密联系在一起，为教育的普及创造了客观条件，因此，义务教育立法成为教育立法的主要内容；从 19 世纪中期开始，随着国家之间竞争的加剧，各国的教育立法更受重视，纷纷建立教育行政系统；20 世纪末世界范围内掀起的又一次教育立法高潮推动了教育法思想的发展，教育法理论研究也主动开展起来。德国、美国和日本等国教育界和法学界出现了一批专门的教育法理论研究者，同时一些教育法学的专业学术组织、专业学术杂志也相继问世，教育法学的理论研究上升到一个新台阶。

一般而言，一个学科形成的标志是：有相对独立的研究对象、概念和理论范畴、研究范式和学科边界；有一支专门的研究队伍；有独立的专业研究组织。在我国，教育法学已经走出了研究初期将其作为法学的纯粹应用和对教育法规进行专业解释的传统思路。教育法学已经有意识地专门研究教育领域的法律现象、法律问题和法律规律；初步形成了建立在教育权和受教育权概念基础之上的教育法学理论和以依法治教为内容的应用学科体系；形成了以首都师范大学、中国人民大学、北京大学、北京师范大学等高等院校为主的教育法学学术共同体；组建了全国教育政策与法律研究专业委员会，并出版《中国教育法制评论》专业刊物。我们根据以上研究进展与实践状况判断，教育法学发展为独立学科的条件已经具备。因此，我们可以将其界定为：教育法学是研究教育法律现象和教育法律问题，揭示教育法律发展规律，指导教育法治实践的一门学科。

以下我们讨论教育法学的学科性质。

1. 教育法学是一门新兴的综合性边缘性社会学科

教育法学是法学和教育学相互渗透的产物，因此它又是法学原理和教育学原理的有机结合①。它以教育学、法学为基础，是介于教育学与法学之间的边缘性社会学科。

（1）教育学基础。早在教育法学产生之前，教育学已经研究一些教育管理中的法律问题，如国家权力、国家责任与教育发展、学校发展的关系；学校与学生的关系、教师与学生的关系中涉及的法律问题；学制问题等。现代教育中涉及更多，如教育普及、教育发展的法制保障问题，依法治教问题，教育法制的完善，等等。教育法学学科形成之后，这些法律问题与教育规律的研究结合在一起，如有目的、有意识地探索如何将符合教育规律的教育行为上升为法律原理和法律规范的研究，以及如何防止违反教育规律的行为和阻碍教育事业发展的法律问题研究。这些教育法学研究，是以教育学的基本理论为基础，探索其在法律应用中的

① 李晓燕：《教育法学》，北京：高等教育出版社，2006 年，第 3 页。

特点与规律的。

（2）法学基础。教育法学与行政法学有着密切的联系。教育法学的早期发展阶段没有从行政法学中分化出来，是法学的一门分支学科，主要是行政法学所研究的一个领域。行政法学是以行政法律思想、制度、问题和行政行为为研究对象的一门法学学科。行政法学研究行政法的基本概念、行政法的基本原则、行政法主体、行政职权、行政行为、抽象行政行为、具体行政行为、行政许可、行政处罚、行政强制、行政相关行为、行政程序、行政违法、行政赔偿、行政补偿、行政复议等基本理论与制度。教育法学研究的教育权利分配、教育行政管理的法律规范、依法治教等内容都与行政法学密切相关。20 世纪 50～70 年代以来，国家开始确定受教育为公民的基本权利和基本义务，开始应用系统的教育法规对教育关系进行综合调整。这期间，教育法从行政法的附属法开始向独立法部门过渡；再往后，以依法治教为标志，教育法学逐渐与行政法学分离，行政法学成为教育法学的理论来源之一。①

行政法学无法囊括教育法学，因为教育法学还要研究教育民事关系。教育民事关系与民法学关系密切，它研究教育合同、教育侵权等问题，研究平等主体间的关系，如学校与行政机关、学校与教职员工、学校与学生、学校与家长、学校与社会等方面的关系。随着教育市场化改革，民法的基本原则，如合同自由原则、平等原则、诚实信用原则、公序良俗原则等逐步适用于教育法领域，调整教育领域公民之间、法人之间、公民和法人之间的财产关系和人身关系。因此，教育民事关系也是教育法律关系的重要组成部分，教育法学越来越多地运用民法学的相关原理与方法。

2. 教育法学是一门应用学科

教育法学的目的是解释教育法问题、揭示教育法运行规律，预测和指导教育法实践。因此，教育法学属于应用学科，主要运用教育法理论指导教育实践，调整教育领域的法律问题，依法治教、依法治校、依法执教。

教育法学是一门应用学科，是教育法律原理和教育法律法规在教育领域的应用，但不是法学的简单应用，它是一门独立的学科。法学是一门有着几千年悠久历史、源远流长的古老科学。西方法学起始于古希腊，中国法学源于春秋战国时期，汉代后称“律学”；教育法学则是一门新兴学科，其产生具有不同于法学的时代特征。法学主要研究法律思想、法律制度和法律问题，而教育法学研究的是教育法律思想、教育法律制度、教育法律问题和教育法律行为。教育法学研究要建立在法学研究的基础上，不能背离法学研究的规律。但是，法学研究不能代替教育法学研究，在研究教育法学问题时不能把法学的一般原理简单地套用到教育

① 刘立：《略论教育法学学科性质》，《培训与研究：湖北教育学院学报》，2002 年，第 3 期，第 43-46 页。

法学中。因为教育法领域有些问题，如教育权与受教育权的关系，教育领域的主体之间的关系，如教育行政与学校、学校与教师、学校与学生、教师与学生之间的关系，是特殊的社会关系，不能用一般的法律调节。教育自由、教学自由、办学自主等问题具有特殊性，有其自身的发展规律，这些问题既不能简单地运用法学思想规范，也不能运用教育学的理念去解决，只有从教育法学的理论视角才能理解。这些都强烈地显示了教育法学学科的独立性。

（二）教育法学的研究对象

1. 教育法现象和教育法问题

教育法现象属于广义的法律现象，也属于广义的教育现象。现象，是事物表现出来的、能被人感觉到的一切情况。现象是人能够看到、听到、闻到、触摸到的。现象是事物的主要矛盾的主要方面在一定外部条件下的表现。法律现象是直观的、感性的，又是具体的、丰富的，这些繁多的表象下面凝聚着不同的问题。任何学科问题都首先表现于外在现象，任何研究都是从观察、感知这些外部现象入手的。明确这些现象之后第二步才过渡到教育法问题的认知。教育法的现象是一种社会现象，这些社会现象下面的教育法问题需要我们通过专门的研究方法，如社会调查、比较、分析来进行研究。

2. 教育法规律

研究教育法现象和教育法问题的目的是解释教育法的运行规律。规律是事物、现象和过程内在的、本质的、必然的联系，具有客观性和普遍性，不以人的意志为转移。教育法规律是通过由感性认识到理性认识的手段到达其本质层面的；通过观察教育法现象、分析教育法问题，揭示教育法本质，进而把握教育法的发展和运行规律。教育法学是系统化、体系化的理论。正如前面所言，教育法学领域的问题都有自己特殊的发生和发展逻辑，教育法学对法律、法规的研究并不是单纯地解释法律法规条文，而是揭示其实施过程中产生的法律影响，解释其发展过程的规律。如果我们把教育法研究仅仅局限于法学理论在教育领域的应用或对教育法律法规的解释，就窄化了研究对象，取消了教育法学学科的独立性。但是，教育法反映教育规律的程度受到多种因素的制约。[①]首先，教育法反映教育规律的程度受到国家政权的阶级性制约。其次，教育法反映教育规律的程度受到人们认识水平的制约。再次，教育法反映教育规律的程度受到客观物质条件的制约。最后，教育法反映教育规律的程度受到一个国家思想文化传统的制约。

---

① 米桂山、龚友明：《教育法概论》，北京：学苑出版社，1989 年，第 14 页。

二、教育法学的内容

（1）教育法学的法学基础理论。这是法学基础理论在教育法学领域的运用和延伸。它包括以下基本原理：教育法的概念；教育法的调整对象；教育法产生和发展的规律；教育法的本质和基本任务；教育法律意识和教育法律文化；教育法律思想史；教育法制史；教育法律关系；教育法渊源；教育法的体系与结构等。

（2）教育法学的教育法本体理论。包括：①教育权与受教育权起源及其发展。教育权与受教育权的矛盾对立体是教育法学的逻辑起点。研究国家教育权、社会教育权、家庭教育权、受教育权之间的对立统一是教育法学区别于其他学科的重要标志。②教育法律关系。教育法律关系是教育权与受教育权关系的具体化，主要研究教育法律关系主体之间的权利义务关系，诸如教育行政机关、学校、教师、社会组织和个人、学生及学生家长之间的法律关系。

（3）教育法制的基本理论。主要研究教育立法基本原理、教育法的适用、教育法的解释、教育法的效力、教育执法、教育法的遵守、教育法的监督，以及教育对外交流与合作、教育法律制度的宣传教育等法制环节。

（4）部门教育法律制度。主要研究针对不同受教育者所实施的具体的教育管理制度等实体教育法，即各级各类法律制度。包括学前教育法、基础教育法、职业教育法、师范教育法、高等教育法、成人教育法、社会教育法、少数民族教育法、民办教育法、特殊教育法，以及教育行政法、教育经济法等。

（5）教育法律保护制度。主要研究教育法程序，包括教育法律责任、教育争议的解决途径、违反教育法的法律救济等教育司法与教育法律保护制度。

（6）教育法学学科建设问题。包括教育法学的概念和本质属性；教育法学的研究对象和研究方法；教育法学的产生和发展；教育法学的基本内容和体系；教育法学同相关和相邻学科的关系；教育法学学科建设的途径；教育法学研究的意义；教育法学课程建设问题和课程学习方法等。[①]

三、教育法学的历史进程

（一）国外教育法学研究现状

1. 研究的基本情况

对教育法进行系统的理论探究始于 19 世纪。较早对教育法规做比较系统研究的主要有德国、美国和日本等几个国家，最早的探究仅限于行政与行政法学和

① 刘立：《略论教育法学学科性质》，《培训与研究：湖北教育学院学报》，2002 年，第 3 期，第 43-46 页。

一般法学。19 世纪末德国行政管理学的创始人施泰因（L. V. Stein，1825—1890）首次倡导国家运用法律对教育事业进行干预，并从法理学上对此进行了论证。1904 年法国巴黎大学“教育法学”讲座教授（part-time professor）迪尔凯姆开设了教育法方面的专题讲座，这些内容后来整理成《教育思想的演进》一书。德国对教育立法的理论研究，通过围绕有关教育主体之间的权利和义务关系从理论上进行分析为教育法规的制定提供依据。美国的教育法学是一种判例体系，通常以一些比较典型的具体的学校教育法律纠纷案例为主要研究对象，以宪法规定的公民的基本权利为依据，围绕案例中所涉及的具体权利和义务关系从理论上进行探讨。日本的研究则兼顾了这两个方面，成为理论与判例兼顾的综合型教育法学。日本的教育法学研究比较发达。

2. 教育法学著作的出版情况

世界上最早的成体系的教育法学著作是德国国际教育大学法律系汉斯·赫克尔（H. Heckl）与希普（P. Seipp）教授于 1957 年合著的《学校法学》。该书的主旨是倡导教师的教育自由。《学校法学》由三编构成：第一编探讨学校制度方面的法律；第二编研究教员的法律关系；第三编研究学生和学校的关系。1967 年赫克尔教授著《学校法与学校政策》，1969 年宪法学学者克莱因（F. Klein）等合著《教育权利及其在人口稠密地区的实现》，1972 年亨内克（F. Henecke）教授著《国家与教育》等。这些著作论述了国家的教育行政责任、教师的教育自由、父母的教育权、儿童的受教育权等问题。爱德华斯（N. Edwards）所著《法院与公立学校》（*The Courts and Public Schools*）是最早的研究教育法判例的论著之一。美国较早成体系的教育法学著作是诺尔特和林恩于 1963 年编写出版的《学校法——教师手册》。这本书是以判例为主要素材编写的，它奠定了美国研究学校法的理论体系。该书第一部分阐述了美国教育制度的法律基础，第二部分解释了教师的聘任制度及其雇佣契约方面的规定，第三部分论述了教师的各种权利，第四部分阐明了教师的职责。当代美国教育法研究体系都是采月这一模式，不过在内容上增加了学生的权利、学校财政、法律责任等，教育法研究内容更加完整。20 世纪 60 年代中期，美国教育学教授博尔密尔（C. Bolmeier）主编了世界上第一套学校法丛书“美国学校法丛书”，此外，还有高尔克（E. Gauerke）的《学校法》（1965 年）、约翰逊（M. Johnson）的《教育法》（1969 年）、瓦伦特（D. Valente）的《学校法》（1980 年）等。其中，美国的涅尔达（H. Nelda）、玛莎（McCarthy M. Martha）、斯蒂芬（T. B. Stephen）合著的《公立学校法——学生和教师的权利》（*Public School Law: Teacher's and Students' Rights*）于 1981 年出版后，1987 年、1992 年、1998 年、2004 年多次再版，论述了公共教育制度变革，学生的权利、能力缺失，学生的权利、教师的权利等问题。科恩（A. Kern）、戴维（A. M. David）合著的《美国公立学校法》（*American Public School*

Law）也多次再版，论述了相关法律制度，公立学校的历史，政府的角色，政府与学校的关系，学生的权利、能力缺失，学生的权利，教师的权利，自由等问题。

日本开展教育法研究也较早。20 世纪 50 年代就出现了一些教育法学论著，如相良惟一的《教育行政法》和安藤尧雄的《教育法规》等。1961 年出版宗像诚也的《教育与教育政策》和星野安三郎的《宪法与教育》，这些专著探讨了国家管理教育的原则、学校自治权利、教育法治等问题。1963 年兼子仁教授出版《教育法》，该书是日本第一部全面阐述教育法学基本原理的著作，研究内容包括国民教育自由权、学习权、教师教育权、父母教育要求权、保障国民教育权的教育制度、教育行政、学校管理、教师职务与保障等问题，奠定了日本教育法学的基本理论体系。

3. 学术组织和学术刊物的情况

除了教育法学著作，教育法学专业学术组织和杂志也相继出现。美国 1954 年成立“全美教育法问题研究会”（NOLPE），现更名为“美国教育法学会”（ELA），总部设在俄亥俄州德顿市。日本也在 1970 年 8 月 29 日成立了日本教育法学研究会。

此外，国外还出版了研究教育法学的专业性杂志，如德国的《少年法和教育法》，1957 年由原《少年法》杂志改名而来；1972 年美国法律出版社创刊《教育法杂志》（*Journal of Law and Education*）教育法学专业期刊。

（二）我国教育法学的发展

教育法现象在中国很早就出现，但是没有系统的教育法规。20 世纪 80 年代以来随着法制建设的开展，教育界和法学界开始思考教育法问题，报刊陆续刊登了一些关于教育立法理论与实践研究方面的论文和评价外国教育立法研究成果方面的文章。1986 年《中华人民共和国义务教育法》颁布，这一年的《教育研究》第 11 期率先刊载了《国外教育法发展概述》一文，它开启了我国教育法学学科建设的先河。此后，理论界陆续发表了一系列专题论文，如胡文斌的《国外教育法学发展概述》（《教育研究》，1986 年第 11 期）、何瑞琨的《教育法学的学科特点》（《教育研究》，1987 年第 6 期）、丁胜源的《关于建立具有中国特色的教育法学的意见》（《教育研究》，1987 年第 12 期）等。专著有何瑞琨的《中外教育法知识》，米桂山、龚友明主编的《教育法概论》（1989 年）等。学者开始讨论教育法学的形成与发展、研究对象、学科特点、研究范畴和学科性质等问题，为创建我国教育法学学科体系奠定了基础。

进入 90 年代，人们开始在整体上对我国教育法学已有的研究成果进行总结，开始构建中国教育法学学科体系框架。1993 年《教师法》颁布，同年，湖南省教委创办了全国第一家以教育政策法规为研究对象的专业期刊《教育政策法规研究》，1994 年，全国教育学研究会的教育管理专业委员会在天津商议成立全国教育法学研究会的事宜。这些学术的研究和组织活动，都极大地促进了我国教育法学的学科建设与发展。

从 1986 年到 1989 年年底，我国教育法学研究在吸取国际经验的基础上，开展了对教育法学的研究对象、研究范围、学科特点及学科性质等有关学科建设的基本问题的深入讨论。这种讨论不仅起点高，而且形成了我国教育法学研究与教育立法同步起飞的态势，为创建具有中国特色的教育法学学科体系奠定了坚实的基础。

90 年代我国学者开始探讨我国教育法学的学科体系框架，出版教育法学专著。主要代表性著作有：张维平的《教育法学》（1990 年）；李小燕的《教育法学》（1992 年）；劳凯声的《教育法论》（1993 年）；郭齐家主编的《教育法全书》（1995 年）；李连宁、孙葆森主编的《学校教育法制基础》（1997 年）和《教育法制概论》（1997 年）；褚宏启主编的《学校法律问题分析》（1998 年）；秦惠民的《走入教育法制的深处——论教育权的演变》（1998 年）等。

近年来，教育法学领域研究成果显著，发表大量的期刊论文探索教育法学学科发展问题，如谭晓玉的《教育法学的何谓与何为——中国教育法制的困惑与教育法学的使命》（2007 年）、秦惠民的《中国教育法学的产生发展背景与研究状态》（2008 年）。除了硕博士论文，还出版了很多教育法学专著与教材，如：劳凯声的《教育法学》（2000 年）；黄葳主编的《教育法学》（2007 年）；杨颖秀的《教育法学》（2008 年）；张维平、石连海的《教育法学》（2008 年）；申素平的《教育法学：原理、规范与应用》（2009 年）；余雅风主编的《学生权利概论》（2009 年）；孙霄兵的《教育法制建设新实践》（2012 年）；尹力的《教育法学》（2012 年）；孙绵涛的《改革开放以来中国教育改革的规律问题研究》（2012 年）；劳凯声、蒋建华主编的《教育政策法规概论》（2015 年）等。这些教育法学著作各有特色，反映了学者们自觉探索和构建我国特色教育法学的努力。

第三节　学习和研究教育法学的方法与意义

一、学习和研究教育法学的方法

每一门学科都有自己的逻辑体系、研究内容和研究方法。掌握教育法学的学习和研究方法，对于更好地理解和掌握教育法学的基本概念、基本原理，了解教育管理实践中出现的法律问题和从事教育法学研究具有指导价值。

（一）社会调查法

教育法学属于社会科学范畴，社会调查是其最重要的研究方式之一。社会调查法是有目的、有计划、系统地搜集有关研究对象的社会现实状况或历史状况材料的方法。它采取观察研究、谈话、问卷方式，对有关社会现象进行有计划、周密、系统的了解，通过对调查搜集到的大量资料进行分析、综合、比较、归纳，以发现存在的社会问题，探索有关规律的研究方法。教育法学社会调查的内容极其广泛。例如，当前我国教育领域的法制状况、教育领域存在的需要解决的法律问题、所采取的法律手段、应制定的教育法律、法规，以及教育法律法规的实施情况、改进意见等。此外，社会调查也是理论联系实际的一种学习方法，要求学习和研究者深入实际收集有关资料，教育法律文本、文件，教育法律草案的记录、判决，教育合同，等等；教育法研究者还需要与教育立法、执法、司法工作人员建立联系，参与实际工作，参加有关教育法相关会议等。互联网的出现为社会调查提供了很便利的条件，可以凭借互联网的海量资源和数量庞大的对象展开网络调查，掌握第一手信息，以便发现教育法问题，找出解决这些问题的途径和方法。

（二）历史研究法

历史研究法是人们研究认识事物的一种方法，它是以时间为线索，追寻事物发生发展规律的思维方法。每个事物都有一个产生、发展的过程。教育领域的法律问题同样经历了从萌芽、产生到发展的这一过程。通过对这一过程的历史考察，可以获得大量史实，有助于“以史为鉴”，为现实决策提供信息。教育法学的历史研究中，经常截取某个教育法问题所经历的发生、发展过程，从中分析教育法问题产生的历史条件、对教育发展产生的影响、不同发展阶段的特点等。正是通过纵向的历史发展进程和因果线索的考察，我们可以预测教育法律制度未来的变化和发展趋势，不断完善教育法律制度，古为今用。

（三）比较研究法

有比较，才有鉴别。比较是认识事物的基础，是人类认识、区别和确定事物异同关系的最常用的研究方法。许多事物之间既有相同或相似性，也有差异性。进行比较分析的目的就是找出事物之间的共同点和不同点，从而进行区别对待。教育法制的比较研究，常用的方法包括：①法系之间的比较，即对不同的法系或不同法律传统的教育法制进行比较研究。②国别法制的比较，即对两个以上国家的法制进行比较研究。③单项制度的比较，即对两个以上的国家教育法制中的某一制度、某一法制措施进行比较研究，如对各国的学制进行比较研究、教育经费法律制度的比较研究、学位制度的比较研究，以及对各国教育法律中有关学位、学历制度的比较研究等。我国教育法学尚处于发展阶段，从不同的角度与不同的国家进行比较对照，将有助于我国的教育法建设。①

（四）案例研究法

案例研究法是对诉讼案例做出的判决的法理进行分析研究的方法。在现实生活中，各国都有很多教育法律事件。案例研究法是选取具有代表性的教育法律事件，尤其是典型的教育法律案件进行的分析。案例研究的内容，具体包括案情介绍、判决情况、适用法律条文和法律问题、判决要旨分析、理论探讨、总结、结论等。案例研究的目的是学习与领会教育法律知识，运用教育法理论解释教育法律现象，发现教育法规制定、实施环节中的问题，探讨解决教育法律问题的途径与方法等。

（五）词义分析法

词义分析，又称语义分析，是在研究、讨论有关法律问题时对他人使用的重要词语所表达的含义进行深入分析的方法。词义分析注重分析社会上的通用含义和本人所表达的含义。词义分析方法在法学研究中极为重要，这是因为在法律领域中，语言的功能不仅是一般性地交流思想。立法、执法和司法过程本身都伴随严格规范的语言操作过程，并与人们的切身利益联系在一起，如果不能合理地对法律用语进行解释，或者法律本身语义含混前后矛盾，那么法律就难以承担自己的使命。词义分析中注重对法律文本、法律规范、法律著作中词语的用法、背景等方面作规范性分析，避免造成误解、不必要的争论或价值观念上的重大分歧。

以上每一种研究方法都有它的适用范围和应用价值，在学习和研究教育法学过程中，我们可以根据研究的具体情况把不同的方法结合起来，取长补短，综合使用。

二、学习和研究教育法学的意义

教育法学本身是一门理论与实践紧密结合的学科。对于教育研究人员和有志于从教的大学生来讲，学习和研究教育法学更具有现实意义。

（1）学习和研究教育法学对于树立正确的教育观具有重要意义。教育法学是教育学领域的一门重要学科，学习和研究教育法学，全面掌握教育法学的基本原

---

① 尹力：《教育法学》，北京：人民教育出版社，2015 年，第 36 页。

理，了解教育管理实践中的新问题和教育法学研究的新进展，无疑会提高分析教育法律现象和教育法律问题及解决教育纠纷的能力，全面、准确地履行教书育人的职责。

（2）学习和研究教育法学有助于提高教育教学工作者的法律素养，为其今后的教育工作奠定基础。法律素养包括法律意识、法律观念和守法行为。法律意识是人们关于教育法律现象的思想、观点和心理的总和，内容包括教育法的本质、作用和看法，对教育法的态度、评价和解释，以及人们行为的法律意义。教育法制观念是人们对教育法律现象的理性反映，对于正确执行和遵守教育法律有重要的指导作用。学习和研究教育法学可以帮助人们正确认识教育发展中的法律问题，解决现实中的教育法律纠纷。同时，学习和研究教育法学还可以为人们开展法制教育提供必要的理论知识。

（3）学习和研究教育法学有助于人们依法治教和维护自身合法权益。依法治教是现代教育发展的一个重要特征，是世界各国教育发展的共同经验，是我国教育改革与发展的迫切要求和必然趋势。近年来，依法治教在教育工作中越来越重要。在教育教学工作中，经常会遇到各种各样的教育法制问题，学习和研究教育法学可以增强学生的法律意识，增强学生解决教育法律问题的能力。

（4）学习和研究教育法有助于完善教育法学学科体系的构建。国外的教育法学研究起步较早，已经形成了一个相对独立的研究领域。经过教育学界和法学界专家学者 20 多年的努力，我国教育法学学科初具雏形。但是，教育法学作为交叉学科，自身的学科特色还不够鲜明。另外，我国教育法学的研究起步较晚，教育法学理论的研究滞后于教育法制实践，许多重大的理论和实践问题亟待研究解决，但是教育法学研究和教育法学学科发展跟不上教育法实践的步伐，需要教育学界和法学界联手合作[①]，加强教育法学专业队伍的建设，加快培养具有综合能力和素质的教育法学专门人才，构建中国特色教育法学体系。

第四节　齐某某诉陈某某冒名顶替上学案的思考

一、案情简介[②]

齐某某和陈某某均系腾州八中 1990 届应届初中毕业生，当时同在腾州市鲍

① 尹力：《教育法学》，北京：人民教育出版社，2015 年，第 65-66 页。
② 回顾齐玉苓案件，http：//www.lawtime.cn/info/minshi/anli/201008173099.html。

沟镇的圈里村居住，二人相貌有明显的差异。陈某某 1990 年中专预选考试时成绩不合格失去了参加统考及报考委培的资格。齐某某通过初中中专预选后，填报了委培志愿，表明其有接受委培教育的愿望，并被安排在统招和委培考场。

齐某某统考的分数超过了委培分数线，济宁商校已将其录取并发出了录取通知书，但由于腾州八中未将统考成绩及委培分数线通知到齐某某本人，而是将录取通知书交给前来冒领的陈某某。陈某某在时任村支书其父陈克某的策划下冒名上学，由于济宁商校对新生审查不严，在陈某某既无准考证又无有关单位证明的情况下予以接收，陈某某冒名上学的目的得以达到，而齐某某却失去了接受委培教育的机会。

陈某某冒名上学后腾州教委帮助其父陈克某伪造体格检查表，腾州八中帮助陈克某伪造学期评语表，济宁商校违反档案管理办法在陈某某毕业时让其自带档案，给陈克某提供了撤换档案材料的机会，使陈某某冒名上学。1993 年毕业后，陈某某继续以齐某某的名义到中国银行滕州市支行工作。1999 年 1 月 29 日，齐某某在得知陈某某冒用自己的姓名上学并就业的情况后，以陈某某及陈克某（陈某某之父）、滕州八中、济宁商校、滕州市教委为被告，向枣庄市中级人民法院提起民事诉讼，请求法院判令被告停止侵害、赔礼道歉，并赔偿原告经济损失 16 万元，精神损失 40 万元。

1999 年 5 月，枣庄市中级人民法院做出一审判决，认定：①《民法通则》第九十九条规定，“公民享有姓名权，有权决定、使用和依照规定改变自己的姓名，禁止他人干涉、盗用、假冒”。被告陈某某在其父陈克某策划下盗用、假冒齐某某姓名上学，是侵害姓名权的一种特殊表现形式。②原告齐某某主张的受教育权，属于公民一般人格权范畴。它是公民丰富和发展自身人格的自由权利。本案证据表明，齐某某已实际放弃了这一权利，即放弃了上委培的机会。其主张侵犯受教育权的证据不足，不能成立。齐某某基于这一主张请求赔偿的各项物质损失，均与被告陈某某的侵权行为无因果关系，故不予支持。③原告齐某某的姓名权被侵犯，除被告陈某某、陈克某应承担主要责任外，被告济宁商校明知陈某某冒用齐某某的姓名上学仍予接收，故意维护侵权行为的存续，应承担重要责任；被告滕州八中与滕州教委分别在事后为陈某某、陈克某掩饰冒名行为提供便利条件，亦有重大过失，均应承担一定责任。基于上述主要的事实认定，枣庄市中级人民法院根据《民法通则》第一百二十条规定，即“公民的姓名权、肖像权、名誉权、荣誉权受到侵害的，有权要求停止侵害，恢复名誉，消除影响，赔礼道歉，并可以要求赔偿损失”，做出判决：①被告陈某某停止对原告齐某某姓名权的侵害；②被告陈某某、陈克某、济宁商校、滕州八中、滕州教委向原告齐某某赔礼道歉；③原告齐某某支付的律师代理费 825 元，由被告陈某某负担，被告陈克某、济宁商校、滕州八中、滕州教委对此负连带责任；④原告齐某某的精神损失费 35 000 元，由被告陈某某、陈克某两人各负担 5000 元，济宁商校负担 15 000 元，滕州八中负担 6000 元，滕州教委负担 4000 元；⑤驳回齐某某的其他诉讼请求。

齐某某不服，认为被告的共同侵权剥夺了其受教育的权利并造成相关利益损失，原审判决否认其受教育权被侵犯，是错误的。于是，向山东省高级人民法院提起上诉，请求法院判令陈某某等赔偿各种损失 56 万元。

山东省高级人民法院在审理中认为，这个案件存在适用法律方面的疑难问题，因此，依照《中华人民共和国人民法院组织法》第三十二条的规定，报请最高人民法院进行解释。最高人民法院经过研究后，做出了《关于以侵犯姓名权的手段侵犯宪法保护的公民受教育的基本权利是否应承担民事责任的批复》（以下简称《批复》）。《批复》称陈某某等以侵犯姓名权的手段，侵犯了齐某某依据《宪法》规定所享有的受教育的基本权利，并造成了具体的损害后果，应承担相应的民事责任。

2001 年 8 月 23 日，终审判决此案：山东省高级人民法院依照《宪法》第四十六条、《民事诉讼法》第五十三条的相关规定和最高人民法院的批复，对枣庄市中级人民法院的一审判决予以部分维持、部分撤销，并判决：①被上诉人陈某某、陈克某赔偿齐某某由受教育的权利被侵犯造成的直接经济损失 7000 元，被上诉人济宁商校、滕州八中、滕州教委承担连带赔偿责任；②被上诉人陈某某、陈克某赔偿齐某某由受教育的权利被侵犯造成的间接经济损失（按陈某某以齐某某名义领取的工资扣除最低生活保障费后计算）41 045 元，被上诉人济宁商校、滕州八中、滕州教委承担连带赔偿责任；③被上诉人陈某某、陈克某、济宁商校、滕州八中、滕州教委赔偿齐某某精神损失费 50 000 元。

二、案例讨论

该判决引用了《宪法》第四十六条和《教育法》第九条、第八十一条的规定。这一判决突破了我国不得直接引用《宪法》条文作为法庭裁判依据的司法惯例，在理论和实务界引起强烈反响，被誉为“开创了我国宪法司法化的先例”，“具有里程碑式的意义”。

（1）当时教育法还没有颁布。由于侵害受教育权在民法和当时的相关法律中没有规定，所以原告主张陈某某等的行为侵犯了其受教育权，并要求陈某某等承担侵权责任的诉讼请求，是否合理？为什么一审法院对原告主张的姓名权予以支持，而对其主张的受教育权未予支持？

（2）受教育权和姓名权有何不同？上诉法院为何同样认为此案在适用法律方面存在疑难，非报请最高人民法院出台专门的司法解释后方做出最后判决？

（3）陈某某冒用齐某某的姓名侵害了她的上学的机会和权利，以及此后在银行工作的机会和权利，陈某某侵害了齐某某的什么权利？山东省高级人民法院称齐某某的受教育权被侵犯，受教育权是什么性质的权利？

（4）齐某某可否向陈某某等主张受教育权？

（5）法院能否依据宪法进行裁判？

（6）姓名和受教育权存在什么关系？

（7）本案发生在诉讼前十多年前，是否超过了诉讼时效？

（8）冒名顶替上学的案例还有那些？你怎么看待这些案件？

（9）为什么要制定《中华人民共和国教育法》？《中华人民共和国教育法》在所有的教育法律法规中有什么作用？

◇要点归纳

1. 教育法制指一国在实行民主法制的同时，通过立法将其教育事务的管理和教育关系的调整规范化、制度化，并严格地依法治教。现代教育法律是现代法律制度和现代教育的产物。现代教育立法经历了四个阶段：零星立法阶段、普及义务教育立法阶段、广泛进行教育立法阶段和教育的综合法制阶段。

2. 依法治教指国家机关和组织机构依照有关教育的法律规定，在其职权范围内从事教育活动；各级各类学校及其他教育机构、社会组织和公民依照有关教育的法律规定，从事办学活动、教育教学活动及其他教育活动。依法治教包含有法可依、依法行政、依法办学、依法执教、司法审查五个要素。

3. 依法治教的意义：依法治教是确保教育战略地位的需要；依法治教是教育改革和发展的需要；依法治教是现代学校依法办学的需要；依法治教是保障学生基本权利的需要。

4. 教育法学是一门新兴的综合性边缘性社会学科，教育法学也是一门应用学科。教育法学的研究对象是教育法现象、教育法问题和教育法发展规律。

5. 教育法的研究内容包括教育法学的法学基础理论、教育法学的教育法本体理论、教育法制的基本理论、部门教育法律制度、教育法律保护制度、教育法学学科建设问题几个方面。

6. 教育法学的研究方法主要有社会调查法、历史研究法、比较研究法、案例研究法、词义分析法。学习和研究教育法学的意义：树立正确的教育观；提高教育教学工作者的法律素养；依法治教和维护自身合法权益；完善教育法学学科体系的构建。

◇思考与练习

1. 什么是依法治教，它有何意义？

2. 教育法学的学科性质是什么？

3. 简述教育法、教育法学的发展历程。

4. 简述教育法学的基本内容。

5. 学习和研究教育法学有何意义？

6. 以齐某某诉陈某某冒名顶替上学案为例谈谈教育法在保障教育权与受教育权方面的地位和作用。

◇拓展阅读

1. 张文显：《法理学》（第三版），高等教育出版社，2007 年。

2. 劳凯声：《变革社会中的教育权与受教育权：教育法学基本问题研究》，教育科学出版社，2003 年。

第二章

教育法基本原理

内容提要

本章共五节。第一节介绍了教育法的概念、特点和教育法律规范。第二节、第三节介绍了教育法的基本价值、重要价值，以及教育法律关系的类型、构成要素和变化发展。第四节介绍了我国教育法的渊源及教育法的结构。第五节通过政府诉家长案例分析了教育行政法律关系中的教育权利、教育义务，以及教育权利与教育义务之间的关系。

学习目标

1. 识记教育法的价值、教育法律关系、教育法律规范的概念。
2. 了解教育法的渊源。
3. 理解教育法的基本价值和重要价值及其功能。
4. 理解教育法律规范的构成和类型。
5. 掌握教育法的结构内容。
6. 掌握教育法律关系的分类及内容。
7. 运用教育法的价值、法律规范、教育法律关系等相关理论分析教育领域相关案例和教育实践中的相关问题。

关键词

教育法的价值；教育法律规范；教育法律关系；教育行政法律关系；教育民事法律关系

第一节　教育法与教育法律规范

一、教育法

（一）法的概念与特征

法是体现统治阶级意志，由国家制定或认可并以国家强制力保证实施的规范体系。法从本质上而言体现统治阶级的意志，法的内容是由统治阶级的物质生活条件决定的。法与习惯、道德等社会规范相比较，具有以下特征。

1. 法是调整人的行为的社会规范

社会规范是指人与人相处的准则。习惯、道德等社会规范则建立在人们的信仰或确信的基础上，大体通过社会舆论、传统的力量、社团内部的组织力量或人们的内心发生作用。法律是一种以公共权利为后盾、具有特殊强制性的社会规范。

2. 法是由国家创立的社会规范

法律的形成有两种基本方式。一是制定法律，即享有国家立法权的机关，按照一定的权限划分，依照法定的程序将掌握政权阶级的意志转化为法律。通过制定方式形成的法律就是成文法或制定法。二是通过国家认可的方式形成法律，是对社会中已有的社会规范，如习惯、道德、政策等赋予法的效力。

3. 法是以权利义务为内容的社会规范

法是通过设定权利和义务来确定人的行为模式，将人的行为纳入统一的秩序之中，以调节社会关系。权利意味着人们可以作为或不作为，可以要求他人作为或要求他人不作为。法律通过规定权利，使人们获得某些利益或自由。义务包括作为的义务和不作为的义务两种，前者要求人们必须做出一定行为，后者要求人们不得做出一定行为。正是由于法是通过规定权利和义务的方式调整人们的行为，所以人们在法律上的地位体现为一系列法定的权利和义务。

4. 法是以国家强制力为后盾，通过法律程序保证实现的社会规范

法律强制是一种国家强制，是以军队、警察、监狱、法庭等国家暴力为后盾的强制。现代社会国家强制力的行使必须符合实体法和程序法的要求。

（二）教育法的概念

教育法有广义和狭义之分。根据制定的教育法律的主体性质的不同，广义的

教育法是指国家制定或认可并由国家强制力保证实施的调整教育活动中各种社会关系的法律规范的总和。狭义的教育法有不同理解，如教育法指由国家权力部门或立法机关制定的教育法律。或者教育法是指调整教育行政关系的法规的总称，它以国家教育行政机关的组织、职权职责、活动原则、教育管理制度和工作程序为主要的规范内容，在管理教育活动的过程中发生的，国家行政机关之间、国家行政机关和其他国家机关、各级各类教育机构、企业事业单位、社会团体和公民之间的种种教育行政关系。[①]以上两种定义可在不同的语境中使用。

由于教育主体及其活动的多样性、教育关系的复杂性，我们从广义的角度理解教育法。因此，教育法可以界定为：教育法是由国家制定和认可并由国家强制力保证实施的调整教育关系的法律规范的总称。从内涵上说，教育法的调整对象是在教育活动中形成的教育关系；从外延上说，教育法是调整教育关系的所有法律规范的总称。

对于教育法的概念，我们可从以下几个方面来理解：

（1）教育法是调整教育关系的一种行为规则。

（2）教育法是由国家制定或认可的教育活动规则。

（3）教育法是以国家强制力保障实施的行为规则。

（4）教育法是调整教育关系的行为规则的总称。

教育法是依法治教的工具，对教育和管理活动具有规范、引导、评价、保障的功能，对于保证和维护教育活动的科学性、合理性、有效性、有序性和稳定性具有重大的意义。

（三）教育法的特点

教育法具有一般法律的国家意志性、强制性、规范性、普遍性的特点，但是教育法与其他领域的法律规范有所不同，主要体现在以下方面。

1. 教育法以教育利益分配为核心

国家之所以制定各项教育法律，其目的在于规范教育实践行为，解决教育活动的各个具体领域内显在或潜在的各种不同的问题，如教育经费的划拨使用、教育机会的分配调整、教育权力的赋予回收、教育权利的确认保护、教育行为的规制约束、教育纠纷的调解处理等。虽然由于所针对问题的领域、层级、内容、性质及其时间空间环境存在差异，教育法律有着不同的具体目标，但存在于具体教育法律中的“条件”“经费”“机会”“权利”“权力”“资源”“矛盾”等核心调整对象，具有相同的本质：教育利益。教育法律就是国家分配教育利益、调整教育利益关系的工具。无论所调整规范的具体领域、行为主体和活动内容存在多大的差异，教育法律的实质都是在教育领域中进行利益分配。

---

① 劳凯声：《教育法学》，沈阳：辽宁大学出版社，2000年，第24页。

2. 教育法以促进人的发展为目的

在各种类型的社会活动中，教育是唯一以培养人、促进人的发展为目的的活动。因此，调整教育领域内利益关系的法律必须尊重并遵循教育活动的特性和目标。这意味着，教育法律在从权利和利益的角度处理人与人之间、人与社会之间关系的同时，尤其需要关注人的动态发展及需要，将人的价值、人的培养立于首位来统率法律体系和实践活动。教育法律应当以保护、促进作为“人”的受教育者的发展为目的，将法律的特殊形式和教育活动的特殊内容结合于一体，从教育的角度、人的发展的角度来框定法律的作用，以“人的发展”为逻辑起点构建起相应的社会规范体系。而以保护、规范并促进人的成长为中心，是我国教育法律的制定与实施中都必须秉持的核心原则。

教育法以促进人的发展为目的，就是以人为本，注重保护受教育者，尤其是青少年学生。可以说，全部教育法的核心是保障公民的受教育权，尤其是保护权利能力和行为能力不一致的儿童、少年。对于学生，尤其是未成年学生的错误行为的处理主要是采取批评教育的方式。在青少年学生承担法律责任时，也是立足于教化、改造而非惩处。

3. 主体的复杂性

教育活动包括兴办教育、管理教育、实施教育、接受教育、参与和支持帮助教育等诸多方面。这些活动主体涉及国家权力机关、教育行政机关、社会组织、学校、社会团体、家庭和个人。公民、法人、组织都成为教育法调整的对象，从而使教育法的主体呈现复杂性。

作为教育法的主体之一的学生属于教育法调整的特殊群体。他们由于年龄等原因处于特殊地位，其权利能力与行为能力之间出现不一致。儿童、少年在某些方面具有权利能力，但不一定具有行为能力，完全行为能力必须具有成熟的理智，能认识自己行为的后果，才能在民事活动中维护自己的利益、承担自己行为的后果。

4. 教育法调整范围的广泛性

教育已成为整个社会极其重要的事业。从教育的对象上看，教育已经成为终生的历程，教育已经不局限在学校或青少年阶段，入学前的幼儿与离校后的成人也接受教育。教育成为全民、终生、普遍的需求，教育成为所有人的权利。从调整的教育法律关系上看，伴随着社会经济的发展，办学体制、管理体制、投入体制、招生就业制度、学校内部管理体制等方面全面改革，教育领域中的社会关系发生了重大变化。各种教育机构兴起，各种社会组织之间联合办学；学校的举办者、管理者、教师、学生之间的关系发生重大变化：学校与用人单位之间的新型委托培养关系；学校内部人事制度改革中学校与教师之间的聘任关系；高等学校、科研机构、企业之间“产学研”一体化关系；职业学校与企业之间“产教结合”的合作关系；金融机构与学生之间的学生贷款关系；国家留学基金组织与公派出国留学或来华留学人员之间的资助留学关系及相应的担保关系；教育机构与境外组织或个人之间的合作办学关系等。这些教育关系日益纳入教育法调整范围。

二、教育法律规范

（一）教育法律规范的含义

教育法律规范是由国家制定或认可并以国家强制力保证实施的关于教育领域的行为规则。法律的主要内容是法律规范，法律规范与法律的关系是部分和整体的关系。教育法律规范是构成教育法的细胞，一个国家的现行法律就是全部法律规范的总和。

法律规范与法律条文不同。教育法律规范通过教育法律条文来表述，具体规定了教育主体的权利和义务及法律后果。二者是内容和形式的关系。一个教育法律规范的三个要素从逻辑上讲是缺一不可的。但是，并不是说每一个具体的教育法律条文都应包含这三个要素。因为逻辑或语言表达的需要，某些要素在前面出现后面可省略，如条件和法律主体。因此，有时一个教育法律条文包含三个要素就是一个法律规范；有时几项教育法律条文才构成一个法律规范；有时一些教育法律规范的适用条件明确，或法定条件有一个总的规定，就不再对每个法律规范都做出法定条件的规定；有时一个法律规范的三个要素在两个以上的法律文件中表达出来。

（二）教育法律规范的结构

教育法律规范的结构，是指构成教育法律规范内容的各个组成部分及其相互关系。从逻辑结构上看，教育法律规范通常由法定条件、行为准则和法律后果三个要素组成。

1. 法定条件

法定条件又称“假定”，是指教育法律规范中适用该行为规范的条件和情况。它是把规范同主体的实际行为联系起来的部分，指出在什么情况下，这一规则生效。表现为“在……情况下”。例如，《义务教育法》第十一条：“凡年满六周岁的儿童，其父母或者其他法定监护人应当送其入学接受并完成义务教育；条件不具备的地区的儿童，可以推迟到七周岁。”上述“凡年满六周岁”和“条件不具备”就是法律规范的假定部分。

2. 行为准则

行为规则又称“处理”“命令”，是指法律规范中明确规定的某类行为的基本要求，它指明该项教育法律规范中规定的某种条件和情况出现时，法律关系主体应该做什么、不应该做什么，可以做什么、禁止做什么，这是教育法律规范的核心部分，也是规则的主要内容。例如，《义务教育法》第十一条第一款：“父母或者其他监护人必须使适龄的子女或者被监护人按时入学，接受规定年限的义务教育。”这是规定必须做什么。该法第九条第一款：“地方各级人民政府应当合理设置小学、初级中等学校，使儿童、少年就近入学。”这是规定应当做什么。该法第二十九条第二款规定：“教师应当尊重学生的人格，不得歧视学生，不得对学生实施体罚、变相体罚或者其他侮辱人格尊严的行为，不得侵犯学生合法权益。”这表示禁止或不应该做什么。《义务教育法》第五十九条规定：“经县级人民政府批准，乡、民族乡、镇的人民政府根据自愿、量力的原则，可以在本行政区域内集资办学。”这是规定可以或允许做什么。

3. 法律后果

法律后果又称“奖惩”，指在某种条件或情况出现后，人们按照规定做出或没有按照规定做出行为时，应当承担的法律责任，包括遵守法律规范时的肯定性奖励和违反法律规范时的否定性制裁。《教师法》第三十三条规定：“教师在教育教学、培养人才、科学研究、教学改革、学校建设、社会服务、勤工俭学等方面成绩优异的，由所在学校予以表彰、奖励。”这是肯定性的法律后果。《教育法》第八十一条规定：“违反本法规定，侵犯教师、受教育者、学校或者其他教育机构的合法权益，造成损失、损害的，应当依法承担民事责任。”这是法的否定性制裁。

（三）教育法律规范的类型

教育法律规范可以按照不同的分类特征划分为不同的类型。按照行为规则的性质，教育法律规范通常可分为义务性规范、禁止性规范和授权性规范三类。

1. 义务性规范

义务性规范，即在某种条件或情况出现时，人们必须做出某种行为的法律规范。义务性规范在表述形式上通常采用“必须”“应当”“义务”等字样，是规定法律关系主体在某种条件或情况出现时，必须做出或者不准做出某种行为的法律规范。比如，《教育法》第五条：“教育必须为社会主义现代化建设服务，必须与生产劳动相结合，培养德、智、体等方面全面发展的社会主义建设者和接班人。”《义务教育法》第十五条“地方各级人民政府必须创造条件，使适龄儿童、少年入学接受义务教育”就是义务性规范。在教育法中，义务性规范的数量较多。

2. 禁止性规范

禁止性规范就是规定人们不准做出某种行为的法律规范。这种法律规范往往在法律条文中使用“禁止”“不准”“不得”等字样。例如，《义务教育法》第十四条规定：“禁止用人单位招用应当接受义务教育的适龄儿童、少年。”《高等教育法》第九条第二款规定：“高等学校必须招收符合国家规定的录取标准的残疾学生入学，不得因其残疾拒绝招收。”《教育法》第八条第二款规定：“国家实行教育与宗教相分离。任何组织和个人不得利用宗教进行妨碍国家教育制度的活动。”

3. 授权性规范

授权性规范指某种条件或情况出现时，人们有权做出或不做出某种行为的法律规范。授权性规范在表述形式上通常采用“可以”“有权”“不受……干涉”“有……的自由”等术语。授权性规范的内容有两种。一种是赋予相对人以某种权利。其特点在于，它既不规定相对人必须做出某种行为，也不规定相对人不得做出某种行为，而是规定相对人可以做出某种行为。至于这种权利是否行使，由相对人根据自己的裁量决定。例如，《教育法》第十二条规定：“少数民族学生为主的学校和其他教育机构，可以使用本民族或当地民族通用的语言文字进行教学。”《教育法》第四十九条第三款规定：“学校、教师可以对学生家长提供家庭教育指导。”

另一种是授予国家机关以某种权力。其特点在于，这种权力对国家机关来说是一种职权，所以是必须执行的，没有选择的余地，不行使职权就是渎职。例如，《职业教育法》第十六条规定“普通中学可以因地制宜地开设职业教育的课程，或者根据实际需要适当增加职业教育的教学内容”及《教育法》第十五条“国务院教育行政部主管全国教育工作，统筹规则、协调管理全国的教育事业”就是这类授权性规范。

第二节　教育法的价值

一、法的价值

（一）法的价值的概念

法的价值是指法律满足人类生存和需要的基本性能，即法律对人的有用性。法的价值是以法与人的关系作为基础的，是法对人所具有的意义。

（二）法的价值的种类

自由、秩序、正义等，都是法的最基本的价值，除此之外，尚有效率、利益等其他价值形式存在。

（1）自由。自由指没有外在障碍而能够按照自己的意志进行的行为。孟德斯鸠说："在一个有法律的社会里，自由仅仅是：一个人能够做他应该做的事情，而不被强迫去做他不应该做的事情。……自由是做法律所许可的一切事情的权利。"①洛克说："法律的目的不是废除和限制自由，而是保护和扩大自由。这是因为在一切能够接受法律支配的人类的状态中，哪里没有法律，哪里就没有自由。"自由是现代法的最高价值，是现代法的根本目的，也是评价法律好坏善恶的标准之一。

（2）秩序。秩序指在自然进程和社会进程中存在的某种程序的一致性、连续性和确定性。秩序是法律所要实现的最基本的价值和首要价值，它构成法律调整的出发点，也是法律所要保护和实现的其他价值的基础。

（3）正义。正义指具有公正性、合理性的观点、行为、活动、思想和制度等。正义是人类普遍公认的崇高价值。正义是法的基本标准、法的评价原则、法的推动力量，也是衡量法律优劣的尺度。

（4）利益。利益是指人类用来满足自身欲望的各种物质、精神需求的产品。"天下熙熙，皆为利来；天下攘攘，皆为利往。"利益要通过法律来表达，利益要通过法律来平衡。

（5）效率。"效率"的基本意义：从一个给定的投入量中获得最大的产出，即以最少的资源消耗取得同样多的效果，或以同样的资源消耗取得最大的效果。也就是经济学家常说的"价值极大化"或"以价值极大化的方式配置和使用资源"。

（三）法的价值冲突及其价值选择

1. 价值冲突

法的价值是一个多元化的庞大体系，其中包含着不同的价值准则，每一种价值又都有自身相对的独特性。法律所追求的多重价值之间经常会发生冲突，这种冲突即为法的价值冲突。例如，在某些国家，政府为了促进价值的平等，改善弱势群体的待遇，往往需要向富人群体多征收税款，但却使企业用于生产和扩大再生产的资金不足，导致国民经济发展缓慢，甚至停滞，损害法律的效率价值。

2. 平衡价值冲突的主要原则

（1）价值位阶原则，指在不同位阶的法的价值发生冲突时，在先的价值优于在后的价值。一般而言，自由＞正义＞秩序：①自由代表了人的最本质的人性需

---

① 孟德斯鸠：《论法的精神》（中译本）（上），北京：商务印书馆，1992 年，第 154 页。

要，它是法的价值的顶端；②正义是自由的价值外化，它成为自由之下制约其他价值的法律标准；③秩序则表现为实现自由、正义的社会状态，必须接受自由、正义标准的约束。

（2）个案平衡原则，这是指在处于同一位阶的法的价值之间发生冲突时，必须综合考虑主体之间的特定情形、需求和利益，以使个案的解决能够适当兼顾双方的利益。

（3）比例原则，即使某种价值的实现必须以其他价值的损害为代价，也应当使被损害的价值减低到最小限度。

3. *若干法律价值辨析*

法的各种价值之间有时会发生矛盾，从而导致价值之间的相互冲突。例如，要保证社会正义的实现，在很大程度上就必须以牺牲效率为代价；同样，在平等与自由之间、正义与自由之间也都会出现矛盾，某些情况下难以兼顾则只能在其中进行取舍。

1）法律的公平与效率价值辨析

公平是指按照一定的社会标准、正当的秩序合理地待人处事。对于公平与效率谁优先的问题，美国政治哲学家约翰·罗尔斯（John Rawls）、经济学家米尔顿·弗里德曼（Milton Friedman）和经济学家阿瑟·奥肯（Arthur Okun）代表了三种不同的观点。

罗尔斯主张公平优先。罗尔斯的两个正义原则中，第一个原则，即最大的均等自由原则，要优于第二个原则，即差异原则。

弗里德曼主张效率优先。他主张按产品分配，以有效利用资源，反对利用国家手段达到结果的均等。他指出，“生活就是不公平的”，“一个社会把平等（即结果均等）放在自由之上，其结果是既得不到平等，也得不到自由”。

奥肯主张公平与效率兼顾。奥肯提出了一个著名的“漏桶规则”，通过“漏桶”这一收入调节制度，达到既要适当地平均，又不能太多地损失效率。

公平与正义同义，有时合称“公平正义”。过度追求正义，可能导致无效率，而最终也是非正义（迟来的正义即非正义）。但过度追求效率，又可能导致急于求成的非正义。总体而言，正义优先于效率，因为正义之追求本身就要求效率，正义包含着效率。若法的价值在于追求效率，就背离了法的本义。我国经济受到社会资源有限性、稀缺性的制约，经济法的价值必须是以效率为主，兼顾公平。

2）法律的秩序与自由价值辨析

（1）自由价值的意义。“生命诚可贵，爱情价更高。若为自由故，两者皆可抛。”自由是法律的最高价值，是法律的终极目标。法国思想家孟德斯鸠说：“在一个有法律的社会里，自由仅仅是：一个人能够做他应该做的事情，而不被强迫去做他不应该做的事情。……自由是做法律所许可的一切事情的权利。”但是，法律中的自由是相对自由而非绝对自由，是受约束的自由而非为所欲为。

（2）秩序和自由之间的关系。秩序是法的最基本价值，自由是法的最高价值，前者是后者的基础，如果社会失去了秩序，那么一切价值都将不存在，也无自由可言。

二、我国教育法的价值

我国教育法的价值包括教育自由、教育平等、教育民主、教育效能与教育秩序等。

（一）教育自由

教育自由即教育实践活动的自由与自主。其一，整个教育系统相对于其他社会子系统所具有的自主性；其二，教育系统内部不同教育主体所具有的自主性，如教师的教学自主权、学术自由权，学生的教育选择权、学习自由权、表达自由权，以及学校的办学自主权等。

自由是人的主体性的体现，是人的尊严和价值的确证。教育的目的在于促进人自由而全面地发展，其中包括弘扬学生的独立自主精神，提升其主体性和责任感，提高其积极性、主动性和创造性，促进学生自我价值的实现。只有自由的教育，才能培养出自由自主的人。只有拥有教育自由的学生才能真正做到全面发展。自由的教育能够使学生更好地发挥自己的主动性、自主性、创造性，因此，自由是人的个性和潜能得以充分发挥的重要条件。教育自由主要包括：学生受教育的选择自由、学习自由，教师的教学自由、学术自由，学校的办学自由，以及教育行政机关必要的裁量自由等。作为保障教育主体权利的一部法律，教育法应该积极维护和保障这些教育自由。

法律意义上的自由是指受到法律认可或者得到法律保障的、人们按照自己的意志进行相应活动的权利。自由即法定权利。洛克（J. Locke）宣称："法律的目的并不是废除或限制自由，而是扩大和保护自由。"①权利的时代即自由的时代。有学者甚至认为："在现代社会，法的价值准则和趋向虽然是多元化的，但是从最根本层面体现法的时代精神的乃是自由。自由作为法的一种价值，不仅是现代法所具有的根本性价值，而且在未来法的发展过程中，也将是法的基本性精神内核。"②体现自由、保障自由、发展自由，应当是所有法的精髓。人的发展，必将

① E. 博登海默：《法理学：法律哲学与法律方法》（修订版），邓正来译，北京：中国政法大学出版社，2004年，第299页。

② 魏东、何为：《风险刑法理论检讨》，载赵秉志主编：《刑法论丛》（第35卷），北京：法律出版社，2013年，第1-52页。

逐步走向全面、彻底的解放，自由将永远是人类走向全面、彻底的解放的动力、途径和不可或缺的法制精神。

教育法中的教育自由可以从以下两个层面理解[①]。

第一，广义的法定教育自由，即教育法所确定的教育主体的权利或权力，如学生的权利、教师的权利、学校的权利，以及教育行政机关的权力等。例如，我国《教育法》规定了学生的五种权利，也是学生在受教育过程中所享有的教育自由。

第二，狭义的法定教育自由，是广义的法定教育自由的一部分，亦即教育法所确定的教育主体的权利或权力的一部分，特指法定权利或权力中，在文字表述上带有“自由”两字或者相关词汇后带有“权利”或“权力”。例如，一些国家的教育法律条文中经常出现教师的教学自主权、学术自由权，学生的教育选择权、学习自由权、表达自由权，学校的办学自主权，以及教育行政机关的自由裁量权等。

（二）教育平等

教育平等指人们不受政治、经济、文化、民族、信仰、性别、地域等的限制，在法律上享有同等的受教育权利，在事实上具有同等的受教育机会。民主社会对平等的追求要求其对公民利益和机会的分配以平等为内蕴，教育方面亦然。追求并保障教育活动中的“平等”价值，是现代国家的教育政策和教育法律“与生俱来”的重要使命。

理解教育平等，必须从教育活动本身的特殊性出发。教育活动是培养人的活动，而人是具有差异的。既然人是有差异的，而且教育应当“以人为本”地尊重差异、培养个性，所以所谓的平等就不应当是以同一方式对每个人进行同一教育并要求其达到同一水平。考虑到人的全面发展对教育提出的培养共性和发展个性的双重任务，对教育平等更为理想的要求是：公共教育能够平等地促进受教育者有个性地全面发展，充分激发受教育者的活力，培养受教育者形成核心价值观念和社会生活所需的基本能力，引导受教育者生成独立的理性精神、具有个性的丰富的生活旨趣和创造力，帮助受教育者延伸其作为“人”的广度与深度。在此，不能简单地将教育中的差异与不平等画等号。因为如果差异外源于个人所处的社会阶层等纵向的“等级”上的差别，确实是不平等的，但如果教育中的个体差异源于人的异质性和倾向性，即一种水平维度上“类别”性质的因素，则并非不平等。基于个体差异进行教育与平等并不矛盾，反而恰恰反映了平等正义所诉求的“使人得所应得”之意，是教育对象的差异性和公民的平等身份要求的有机统

---

① 褚宏启：《教育法的价值目标及其实现路径——现代教育梦的法律实现》，《教育发展研究》，2013 年，第 19 期，第 1-8 页。

合。必须承认，对现实的教育实践而言，这种基于个体差异的教育平等确实是一种较高的标准。在社会资源和教育资源并未丰富到能够负担所有人的个别教育需要的当下，对教育平等的这种理解在操作层面确实具有一定难度。也因此，虽然近年来我国的教育法也在一定程度上体现了这种对教育平等高位要求的认同的追求，但为保障每个公民至少能够获得可量化的基本程度的公共教育，我国教育法律所追求的平等主要是以机会均等的教育平等观为指导。

自科尔曼报告以来，人们通常用教育机会均等的原则衡量公共教育制度的平等，这一原则是机会均等原则在教育中的具体运用。根据这一标准，教育平等体现为教育机会的平等。整体而言，机会均等意义上的教育平等要求政府为所有人提供进入公共教育系统的平等途径，并且在此系统中受到平等对待。具体来说，教育机会均等存在积极性和消极性两个层面的解释。消极性的解释认为，教育平等即公共教育要面向所有人开放，而非特定群体。积极的解释则要求公共教育超越单纯的形式平等，积极主动消除导致受教育者持续不平等的各种外部因素的差别，特别是其中不利的社会因素。将这种平等规则运用于实践中的教育体制中时，普遍的共识是，基础教育，特别是义务教育中，要求以积极的教育机会均等为标准；基础教育之外的职业教育、高等教育阶段的平等，主要以消极的教育机会均等为标准。

我国教育法体系，对教育平等的追求主要体现在对公民平等受教育权利的保护上。根据对教育平等的不同层次的理解，这种保护又可以分为三类：其一，对受教育权利平等和教育机会均等可获得的保护；其二，对弱势群体接受教育时所存在的外部不利因素的消除；其三，对受教育者在一定程度内的教育选择的允许。

（三）教育民主

在现代政治实践与政治哲学的讨论中，“民主”这一概念通常有两层意义：其一，是一种重视公共参与、有效决策的政治模式，意味着按照平等和少数服从多数原则来共同探讨公共事务的制度设计；其二，是一种价值追求。当我们从价值的角度谈“民主”时，意味着这样一种追求：让每个人成为他自己，充分彰显自身有个性、有理性的主动性和创造性。这种价值的实质是一种有理性的自由，从根本上说，就是黑格尔所追求的使人“成为一个人，并尊敬他人为人”。民主是自由、平等的保障，进而为个人的自由思想、主动创造提供了充分发挥的空间，有益于促进生产力的进步。民主充分体现了人权和人性，以此为价值的制度设计有益于实现人与人的平等相处和公平竞争，能够培养诚实坦荡、正直勇敢、务实负责、博爱宽容的“公民”品质，有益于良好社会的构建。民主对公民价值的珍视使其能够有效约束公权力，防止权力滥用和寻租。因此，民主作为一种价值追求，是保障良善政治得以实现的重要条件，是现代国家应当遵循的原则之一。政治活动追求民主价值，代表了对每个公民所具有的理性、同情、宽容、公共责任等特质的一视同仁的平等尊重和肯定。尤其在多元化时代，对公民的意见和需要的尊重，应当是社会共识，公意是社会价值整合的基础。尊重教育中的民意体现了对民主、正义等普世价值的信仰，是现代政治文明的反映。教育法律与教育政策的制定和执行主体主要是公权力部门，因此，教育法活动就类型而言当归属于政治活动，当然需要秉持民主价值。同时，因为教育本身是以影响和改造人的思想观念为重要目标的活动，所以教育法中的民主价值和民主程序能够更为直接有效地培养民主公民。

教育法律活动中的民主，主要表现为民主理念指导下的民主活动。鉴于现代国家的规模都较大，有效的民主不可能都是无局限、全民表决的直接民主。但是，只要能够保证相关事宜由社会根据正当程序自由地选定、修改和调整，就仍然可以说这些事物是在民主最高权力范围内处理的。因此，对教育法的民主价值来说，关键概念是“参与”。社会成员对于涉及其切身利益的教育决策应该有所参与，参与的广度和深度则是衡量民主程度的尺度。在此，参与的广度指社会成员参与教育决策的比率，参与的深度则由公众参与的充分程度来表征。

根据我国的代议制民主政体，在公民对教育政策和教育法律活动的参与方面，我国已经具有了人民代表大会制度、政治协商制度、听证会制度等正式的公民参与途径。以最具有典型性也最直接体现了政权合法性的人民代表大会制度为例，根据相关规定，在这一制度中，公众理论上至少可以通过以下四种方式向政府部门表达民意：其一，以提名、选举和直接参选人大代表表达民意；其二，向人大代表提出意见，反映利益诉求；其三，要求人大代表行使监督权；其四，为人大立法提供意见和建议。在上述制度化的渠道之外，在现实中，我国的民意表达还通过媒体渠道、网络渠道和其他各种非正式的民间路径来实现。这些民意表达的民间渠道在目前尚未被教育法固化为确定的公共参与机制。但是，其所形成的公共舆论环境确实对教育法的制定和实施产生了现实的影响，成为教育发展乃至社会时势的晴雨表，也是制约政府公权力的重要力量。

（四）教育效能

教育效能（effectiveness）是指教育目的的达成度。达成度越高，教育效能就越高。

教育效能是从宏观意义上来理解的，与微观意义上的教学效能、教师效能有所区别。教育效能主要从个人和国家两个方面以教育目的的达成度作为基本判断标准。现代教育作为劳动力再生产的基本手段促进国家和社会的发展。因此，教育效能的实质是教育目的的达成与实现问题。

现代教育的目的，一方面是为建设现代国家和现代社会服务，另一方面也为个人的全面和谐发展和个性发展服务。“在个人发展层面，教育效能的衡量是看学生身体、知识、能力、态度等素质的全面发展程度，以及个性的充分发展水平。学业成绩只是衡量的指标之一。在国家发展层面，教育效能的衡量是看教育对国家发展的各个维度，如经济发展、政治发展、文化发展等方面的贡献，以及所培养的学生素质各维度与国家发展各维度之间的相关程度。教育通过促进学生个人的发展，进而促进国家的发展。”①

教育效能为个人发展服务，从个人发展维度教育效能可以进一步提炼、概括、提升为“人的全面发展”。“全面发展”涵盖了个人的素质规格，也体现了“以人为本”的理念。社会发展的最终目的还是为了人的发展。杜威认为不仅教育而且一切社会制度皆应为每个人的全面发展做出贡献，这是它们存在的伦理基础，他说：“政府、实业、艺术、宗教和一切社会制度都有一个意义，一个目的。那个目的就是解放和发展个人的能力（不问其种族、性别、阶级或经济状况如何）。这和说它们的价值的检验标准就是它们教育各个人使他的可能性充分发展的程度，是完全一致的。民主主义有许多意义，但是如果它有一个道德的意义，那么这个意义在于决意做到：一切政治制度和工业安排的最高检验标准，应该是它们对社会每个成员的全面发展所作出的贡献。”②

因此，教育目的中包含对人的发展和社会发展的双重追求，个人的发展是教育目的的出发点和基本归宿，教育效能中对个人发展的关注应该大于对社会的关注。从一定意义上我们可以这样认为，教育目的最终可以归结为对人的发展的追求。作为一种调节、管理的基本手段，教育法的价值应该服从服务于教育目的。由此可见，促进教育效能的提高是教育法的重要价值内容，是教育法的方向与目标；离开了教育效能，教育法就失去了动力和方向。

教育目的是所有教育法律的灵魂，是起草其他所有教育法律条文的依据，也是其他所有教育法律条文的归宿。因此，把教育目的予以立法，并通过法律手段促进教育目的的达成，对于提高教育效能具有极其重要的意义和价值。

我国《宪法》规定：“国家培养青年、少年、儿童在品德、智力、体质等方面全面发展。”我国《教育法》规定：“教育必须为社会主义现代化建设服务，必须与生产劳动相结合，培养德、智、体等方面全面发展的社会主义事业的建设者和接班人。”我国教育法对教育目的的规定兼顾了促进人的发展和促进社会发展两个方面，但是促进个人发展的内容仍需加强。

1995 年《达喀尔行动纲领》对教育目的的表述可供借鉴：“教育应能真正地

---

① 褚宏启：《教育法的价值目标及其实现路径——现代教育梦的法律实现》，《教育发展研究》，2013 年，第 19 期，第 1-8 页。

② 赵祥麟、王承绪译：《杜威教育论著选》，上海：华东师范大学出版社，1981 年，第 250 页。

和充分地满足他们的基本学习需求并应包括学会认知、学会做事、学会共同生活和学会生存。这种教育目的是开发每个人的才智和潜力及发展学习者的个性，使他们能够改造生活改造社会。”[①]由此可见，《达喀尔行动纲领》强调教育应该满足学习的基本需要和开发他们的潜能及个性，从而达到教育的个人发展目的。

（五）教育秩序

教育秩序指教育行为和教育活动有序化、组织化，也指教育关系中形成的相对稳定的态势。教育秩序由以下几方面构成。[②]

1. 有序、协调、完善的教育规范

教育是由一套完整的、有机的规范体系构成的。教育秩序之所以混乱，很大程度上是由上下级制定的法律规范不同而引起。因此，要保持教育秩序，首先，各级教育机构制定出来的教育法律规范和各级各类学校的规范不能冲突；学校教育教学的组织活动的规范之间不能冲突。其次，教育法律规范应和社会、经济、政治互相关联。教育法实施效果不好，跟教育法规和其他政策、法规没有配套，没有形成相应的良好的教育秩序有关。因此，教育规范要与其他规范协调，共同发挥作用。

2. 规范化的教育活动

教育活动不是随意的、任意的，而是按特定规范来进行的。教育活动的规范化非常重要，它构成了教育秩序的内容。好的教育秩序，往往表现在社会有明朗的、严格的、科学的规范，提倡和要求人们达到某种教育秩序，使人有明确的目标和指针，而学校和个体又能自觉遵守，使教育活动和行为规范化。要保持一个良好的教育秩序必须从两方面入手：一方面是国家的有关教育机构和专门组织对教育秩序进行总体设计，使之发挥科学的导向作用；另一方面是对社会个体特别是教师和学生加强教育，灌输教育观念和各种法纪观念，使他们的行为方式能够自觉地规范化和模式化。

3. 稳定的教育关系

教育关系是教育活动过程中形成的一种基本关系。只有稳定的关系才构成教育秩序。这种相对稳定的教育关系包括：教育主体和客体的关系，教师和学生的关系，教与学的关系，教育者和受教育者的关系，教育生产过程中投入和产出的关系，教育中德育、智育、体育、美育之间的关系，教育心理和教育行为之间的关系，教育同社会、经济、科技、文化、政治、法律等诸多方面的关系。强化教育秩序，就要从强化和加固教育关系并使之趋于稳定入手。

---

① 申素平：《教育法学：原理、规范与应用》，北京：教育科学出版社，2009 年，第 81 页。
② 李登祥、郭玉英：《略论教育秩序的构成因素》，《教育评论》，1990 年，第 5 期，第 5-7 页。

4. 合理的教育体制和教育运行机制

教育体制是构成教育秩序的重要方面。教育体制是联结教育系统诸要素的桥梁和工具。对教育进行有效管理离不开健全的体制。合理的教育运行机制是教育有机体正常运转的基本保证。教育关系不合理，就需要调整和改革教育体制。教育秩序不好是由教育运行机制不畅通和不完善所致。只有从体制和运行机制入手，才有助于形成一个好的教育秩序。

5. 有序的教育结构

教育结构是教育系统内部诸要素的组合方式。教育作为一个系统，由各种相互制约和关联的因素组成一个特定的结构，而这个结构也就构成了教育秩序的重要内容。教育结构的协调包括：基础教育、职业技术教育、高等教育之间要有序、平衡、协调发展；教育的不同科类之间的构成要有序；办学形式要合理化；教育的整体和部分要协调；教育系统与外部系统要协调等。

第三节 教育法律关系

一、法律关系的概念与特征

任何法律部门都有其特有的调整对象，教育法也不例外。社会生活中的权利义务关系，其中被法律所调整的部分，即法律关系，这种社会关系即法律调整的对象。因此，概括地说，法律关系就是由法律所确认和调整的人与人之间的权利和义务的关系。它是一种特殊的社会关系，同其他社会关系相比较，具有如下特征。

（一）法律关系是由法律法规所规定和调整的社会关系

法律关系与法律规范有着不可分割的联系，而其他社会关系则没有这种必然联系。法律关系与法律规范的联系具体体现在两个方面。一方面，任何一种法律关系都是以与这种法律关系相适应的法律规范的存在为前提的，如果不存在相应的法律规范，那么这种社会关系就不会具备法律关系的性质。例如，人们的友谊关系、恋爱关系等，一般都不由法律来规定和调整，所以不具有法律关系的性质。同时，由于各种法律规范所确认和调整的人们的权利和义务关系的性质不同，法律关系的性质也因此而有不同，如父母和子女的关系是由婚姻法来确认和调整的，所以属于民事方面的法律关系。由此可见，任何一种法律关系必定以与这一法律关系相适应的法律规范的存在为前提。另一方面，法律关系与法律规范的这种必然联系还体现在法律规范只有在具体的法律关系中才能得以实现，才能发挥其调整社会关系的作用。因为法律规范只规定人们的行为模式和相应的法律后果。这时，法律规范的存在仅仅为法律关系的出现提供前提。只有当符合法律规范所确定的模式的法律关系或法律行为出现时，才会引起具体的法律关系的产生、变更或消灭。而任何法律关系一旦依法成立，便受到相应法律规范的确认、保障和调整，法律所规定的权利和义务就通过这种具体的法律关系而成为人们生活中的现实。法律在调整这种关系，保障这一关系中各方权利和义务的实现过程中得到了实现。任何破坏这种法律关系的行为，都要受到法律的制止并引起相应的法律后果。由此可见，法律如果离开了对具体法律关系的确认和调整，便形同虚设，不能起到调整社会关系的作用。

（二）法律关系是一种思想社会关系

法律关系是人与人之间的关系，人和物之间的关系、人和自然之间的关系，都不属于法律关系的范畴。但并非人与人之间的关系都是法律关系，在不存在法律关系的社会里，人与人之间的关系自然不属于法律关系，就是在有法律存在的社会里，人与人之间的关系也不都是法律关系。因为人与人之间的关系，即通常所说的社会关系，可以分为物质的社会关系和思想的社会关系。物质关系是人们在生产过程中结成的社会关系，即生产关系，它构成了社会的基础；思想关系是通过人们的意识而形成的人与人之间的关系，是生产关系的上层建筑，由生产关系所决定，它反过来又对生产关系产生巨大的反作用。法律关系是一种思想社会关系。一切法律关系，无论它是按照所有参加者的意志所产生的，还是按照其中一方的意志所产生的，或者完全不通过其中任何一个参加者的意志而产生，在实现当事人的权利和义务时，都要求这一法律关系的参加者做出相应的意志表示。

当然，我们所说的法律关系是一种思想社会关系，并不意味着否定法律关系由生产关系所决定，因而具有客观性。法律关系并不是由人们的主观意志所决定的，不同的社会形态存在着不同类型的法律关系，任何社会的法律关系都不能不反映该社会的生产关系的性质和特征，生产关系的变革，必然会带来法律和法律关系的根本变革。

（三）法律关系是以法律上的权利和义务为内容的社会关系

法律关系是国家的法律规范在调整人们行为的过程中形成的一种特殊的社会关系，是以法律上的权利和义务为内容的社会关系。这种权利的行使和义务的履行是由国家的强制力来保障的。一般而言，社会关系通常都具有一定的权利和义务的内容，但这些权利和义务并不具有法律的性质，不属于法律确认和调整的范围。这种社会关系中，具有法律性质的，以权利和义务为内容的社会关系才能是法律关系。这任一具体的法律关系中，法律关系的参加者（当事人）都依法享有一定的权利，也依法负有一定的义务。法律以国家强制力为后盾，保障法律关系参加者合法权利的实现和法定义务的履行。任何侵犯他人合法权利和不履行法定义务的行为，都将受到以国家强制力作为保障的法律的制裁。由此可见，法律关系不同于其他社会关系的特殊性，不仅在于它以法律上的权利和义务为内容，而且还在于这种权利的实现和义务的履行由国家强制力来保障。

二、教育法律关系

教育法律关系是教育法律规范在调整人们有关教育活动的行为过程中形成的权利和义务关系。教育法所调整的对象是国家机关行使教育行政权力及公民行使受教育权利的过程中所发生的各种社会关系。教育法调节的社会关系，主要涉及下述几方面：学校与行政机关的关系、学校与教职员工的关系、学校与学生的关系、学校与社会的关系等。[①]这些社会关系就其性质的不同可以分为两类：一类是纵向型的法律关系，一般也称为行政法律关系或行政关系；另一类是横向型的法律关系，一般也称为民事法律关系或民事关系。

（一）教育行政法律关系

教育行政法律关系是基于教育行政管理行为发生在不平等主体间的权利义务关系。这一关系反映的是国家与教育的纵向关系，其实质是国家如何领导、组织和管理教育活动。任何一种法律关系的成立，首先必须有双方主体（或称当事人），否则法律关系就不能成立。法律关系的主体，是指参与某一法律关系，并且在这一关系中享有权利和承担义务的人或组织。一般来说，行政法律关系的主体主要包括：国家行政机关和其他国家机关、企业事业单位、社会团体及公民。教育行政法律关系是国家行政机关在行使行政权力时发生的法律关系。在这里，国家行政机关是行政法律关系最主要的当事人。教育行政法律关系反映的是国家与教育的纵向关系，其实质是国家如何领导、组织和管理教育活动。国家的教育行政职能是由国家行政机关具体实施的，因此，国家行政机关的存在及其教育行政职能的行使是教育行政法律关系产生的先决条件。教育行政的相对方构成了这一法律关系的另一方主体，主要有学校及其他教育机构、教职员工、学生及其家长等。企业事业单位、社会团体、公民个人在一定条件下也可以依法参与教育行政法律关系，充当这一关系的当事人。

教育行政法律关系与一般行政关系相比，虽有共同的特征，但又有很大的差异性。这是因为学校活动是在民主化、科学化的要求下进行的，参与这一活动的

① 劳凯声、郑新蓉：《规矩方圆——教育管理与法律》，北京：中国铁道出版社，1997年，第61页。

主体中教师、科研人员及学生是脑力劳动者，从事着精神领域的创造性活动。它要求有一个心情舒畅、宽松、和谐的环境，要求尊重知识、尊重创意和实践、尊重人的智慧和才干。因此，教育行政法律关系与一般行政管理之间的领导与服从、命令与执行的隶属关系不同，它必须同时体现教学民主和学术民主。实现这种关系主要通过国家宏观指导的管理运作机制来达到，国家通过制定大政方针和培养目标、规划教育事业的发展规模、拨发教育经费，以及评估、督导学校工作等措施来调控指导学校工作。在这种法律关系中，学校成为具有自主办学地位的独立实体，具有人事、财务和专业设置、教材选用等实权。另外，学校还必须依靠广大师生和社会力量民主办学。

教育行政法律关系中常见的有：行政命令关系、法律监督关系、行政指导关系、行政合同关系。

1. 行政命令关系

这是“行政主体权力——行政相对人义务”的关系形式，它以命令与执行、决定与服从、强制与被强制为基本特征，是一种不对等的、以行政主体为主导地位的行政法律关系形式。它主要发生于行政决定、行政处罚、行政强制等行政管理活动中。行政命令，是政府依职权进行的，以法律上的强制力为后盾对学校科以义务的行为。对于这种义务，学校必须履行，否则，政府可以对学校进行行政制裁。根据我国教育法律法规的有关规定，学校在设立、校长任免、招生计划和经费划拨等方面必须服从政府的行政命令，如果不予服从，就要受到行政制裁。行政命令是传统的行政管理手段，政府对学校的招生、分配、教师管理、经费管理、学生管理等事务都是以行政命令、行政处分等方式进行直接管理。

随着经济体制及教育体制改革的深入，要求政府转变职能，进一步增强对教育的引导和宏观调控功能，更多地使用一些权力色彩较淡的行政手段，行政命令这种强制性的管理手段逐渐缩小适用的范围，但它在一些特定的领域仍然继续发挥作用。

2. 法律监督关系

随着 1995 年《教育法》的颁布，学校据此获得了法人地位，以法律监督、行政指导关系为主要内容的新型法律关系逐渐增强，传统的计划和命令的行政关系逐步减少，外部行政法律关系加强。法律监督关系包含以下内容。首先，政府进行监督的事务必须由法律规定，超越权限范围行使监督权力就属于越权行为。其次，政府监督的方式依照法律进行规定。如果法律规定学校的某些事务需经政府审批，那么有关政府批准的条件、形式，或者不批准的先决条件等规定也应当在法律中明示。最后，政府要对学校行使法律监督权力，就要求教育法不仅规定学校的自主权，而且要明确规定政府的权限范围和权力行使方式，否则，很容易模糊政府与学校之间的权力边界，导致法律所赋予学校的自主权受到侵犯。

3. 行政指导关系

行政指导关系，是指在法律规定的政府对学校可以行使管理或监督权的领域，政府为了达成教育目标，在法律或法律原则范围内，运用非强制的指导、鼓励、建议、劝告、说服、教育及指引等方式进行管理，使学校同意或自愿接受政府的意图并付诸实践的关系，是行政民主在教育管理实践中的具体表现。

行政指导是一种主要的非强制的行政管理方式。行政指导作为一种新型的行政管理方式，是随市场经济体制改革和行政民主化发展所产生的。高等教育领域是国内行政实务界最早出现行政指导的领域之一。早在 1986 年国务院发布的《高等教育管理职责暂行规定》就提出，“要进一步扩大高等学校办学自主权，国家教委为全国高等教育的宏观指导者”，并在规定政府职责部分大量使用了“指导”“鼓励”“促进”等用语。1998 年的《高等教育法》进一步明确了政府在高等教育中的宏观指导者的身份，标志着我国教育行政部门作为高等学校“指导者”的地位已得到法律的确认，政府与高等学校之间的行政指导关系正在形成。

4. 行政合同关系

行政合同也是政府达成行政目标的一种非强制手段，是政府由命令行政向指导行政转变所运用的新的管理方式。具体来说，行政合同是指国家行政机关为达成行政管理目标，在其职权范围内，与行政相对方相互协商，意思表示一致而签订的确立、变更或消灭双方权利义务关系的协议。行政合同与行政指导都属于非强制性的管理方式，都是行政民主化的产物，两者都需要政府与相对方进行协商才能实现。但行政指导是单方面的行为，学校可以接受，也可以不接受，而行政合同必须由政府与学校协商一致、签订协议后才能成立。此外，一个很重要的区别是，行政指导对学校不具有法律上的强制力，学校即使不服从，也不受法律制裁；而行政合同一经签订，对合同双方当事人均具有约束力，任何一方不履行，都要负违约责任。

（二）教育民事法律关系

教育民事法律关系是在不具有行政隶属关系的学校与行政机关、企事业组织、集体经济组织、社会团体、个人之间在教育活动过程中发生的社会关系①。教育民事法律关系是不同于教育行政法律关系的另一类法律关系，这类法律关系是在共同意思表示的基础上建立起来的，各个平等主体之间在教育教学活动中所引起的财产所有和流转是这类关系的基本内容。教育民事法律关系涉及面颇广，如财产、人身、土地、学校环境、人才培养合同、智力成果转让、毕业生有偿分配乃至学校创收中所涉及的权益，都会产生民事所有和流转上的必然联系。当

① 劳凯声、郑新蓉：《规矩方圆——教育管理与法律》，北京：中国铁道出版社，1997 年，第 62 页。

然，其中相当一部分社会关系应当由民法加以确认和调整，因而不属于教育法的调整范围。但也有一些具有明显教育特征的民事关系，往往并不属于民法的调整范围。在我国，这类关系伴随着近年来教育体制改革的发展而日益突出。例如，由于扩大了学校的办学自主权，高等学校和职业技术教育学校在执行国家的政策、法令、计划的前提下，有权在计划外接受委托培养学生和招收自费生，有权与外单位合作，建立教学、科研、生产联合体。在办学体制上，除了国家办学外，鼓励集体、个人和其他社会力量办学；提倡各单位自办、联办或与教育部门合办各种职业技术学校；在高等教育方面，除了原有的办学体制外，积极倡导部门、地方之间的联合办学。在新的体制下出现的关系和矛盾中，各主体之间一般并不具有行政隶属关系，因而构成了一类特殊的具有民事性质的社会关系。为了维护学校的合法权益，巩固和发展社会主义教育，仅有民法是不够的，必须由教育法和民法来共同完成这一任务。此外，近年来时有发生的各种学校纠纷，其中相当一部分属于民事纠纷，大多是由于民事法律规范不健全及人们法制观念淡薄而发生。其结果是学校财产遭受损害，学校环境受到干扰，教学活动受到影响。为此，有必要制定学校保护法规，通过制定必要的行为规范，解决学校与其他单位、个人之间的民事纠纷，这既有利于规范学校的行为，又有利于保护学校的合法权益免遭侵害。

三、教育法律关系的构成要素

教育法律关系由主体、客体和内容三要素构成。

（一）教育法律关系的主体

教育法律关系的主体，指教育法律关系的参加者，也就是在教育法律关系中享有权利和承担义务者。教育法律关系的主体主要有：教育行政机关和其他国家机关、学校及其他教育机构、教育者、学生及其他受教育者、企事业单位、社会组织和其他公民，此外，还包括在华的外国人、无国籍人、财团法人等。

教育法律关系的主体必须具有教育法上的权利能力和行为能力。

权利能力指依法可以享受教育法规定的权利和履行教育法规定的义务的一种资格或能力，如办学的资格、设施、资金、场所、师资等。

行为能力指能以自己的行为，依法行使教育法规定的权利和承担教育法规定的义务的能力。行为能力可分为三种情况：完全行为能力、限制行为能力和无行为能力。具有完全行为能力的人，是指按照法律规定能够通过自己的行为享受权利和履行义务的人，一般是指精神健全的成年人；限制行为能力人，是指行为能力受到限制，不能完全以自己的行为去依法享受权利和履行义务的人，一般是指达到法定年龄却未成年的公民，或者不能完全辨认或控制自己行为的精神病人；无行为能力人，是指不能通过自己的行为来依法享有权利和承担义务的人，他们的行为在法律上是无效的。他们的活动须由其法定监护人代为行使。无行为能力人包括未成年人中年龄较小的公民和完全成年但不能辨认或控制自己行为的精神病人。在教育法中，教育法主体的行为能力具有特殊性，例如，教师除依法具有教育权利能力和教育行为能力外，还应当具有《教师法》规定的任职资格条件。

（二）教育法律关系的客体

教育法律关系客体指教育法律关系主体的权利义务所指向的对象。教育法律关系的客体构成要素，一般包括物、行为和与人相联系的精神财富（精神产品和其他智力成果）等。

1. 物

作为教育法律关系客体的物指教育法主体所占有、利用和支配，并为教育法加以规定保护的物质财富。物可分为不动产和动产两大类。

（1）不动产，包括场地、房屋和其他建筑设施及场馆等：①场地，主要指学校或其他教育机构占用并用于教育教学活动的专用土地；②房屋和其他建筑设施，指专门用于教育教学活动的教学、办公、实验用房及其必要的附属建筑物；③场馆，指学校的运动场、体育馆、博物馆、图书馆、文化馆、科技馆、体育馆、美术馆、历史文化古迹和革命纪念馆等。

（2）动产，包括资金、教学仪器设备等。

资金指教育事业的经费，包括国家对教育的拨款和企事业单位、社会团体或公民个人为教育事业提供的捐助和投资等。

教学仪器、设备包括：语音室，电脑室，广播、电视、多媒体教学设备等视听器材，各类动植物标本，以及其他用于教育教学的必需品。

2. 行为

行为指教育法律关系主体实现权利义务的作为与不作为。行为主要包括行政机关的行政行为、学校和其他教育机构的管理行为和教育者与受教育者之间的教育教学行为三类。

（1）行政行为。行政行为指国家行政机关为行使国家对教育事业的行政管理权所依法实施的，直接或间接产生行政法律后果的行为。

（2）学校和其他教育机构的管理行为，包括：制定学校或机构内部管理规范的行为；决定给予违纪受教育者一定的教育纪律处分、接受被处分者申诉的行为；决定给予工作出色者或优秀的教育者或受教育者一定奖励的行为；对修业期满，符合国家学历水平要求的受教育者颁发毕业证书或学位证书的行为；对符合本教育机构自行规定的学业水平要求的受教育者颁发教育机构的结业证书行为；

其他内部管理行为。

(3) 教育者与受教育者之间的教育教学行为，包括具体组织教学、科研活动行为，以及课外、校外活动、社会实践活动。除此之外，还有学生家长、各种社会组织参与、支持教育活动的各种行为。

3. 精神产品和其他智力成果

精神产品和其他智力成果是智力的创造性活动的结晶，属非物质财富，主要指知识产权，包括各种教材、著作在内的精神产品和智力成果，各种具有独创性并行之有效的教案、教法、教具等的发明。

（三）教育法律关系的内容

教育法律关系内容指教育法律关系主体在依法成立的法律关系中享有的某种权能和应承担的某种必须履行的义务。教育法律关系主体享有的权利是指教育法律规范规定的法律关系主体做出或不做出一定行为，以及可以要求他人相应做出或不做出一定行为。教育法律关系的内容由法律规范确认并由国家强制力保证实施，是教育法律关系的构成要素。权利和义务是法律关系的核心。

1. 教育法律权利

法律上的权利是指法律关系主体依法享有的某种权能或利益，它表现为权利享有者可以自己做出或不做出一定的行为，也可以要求他人做出或不做出一定的行为。法律上的权利具有下列特点：

(1) 权利的本质由法律规范所决定，得到国家的认可和保障。

(2) 权利是权利主体按照自己的愿望来决定是否实施某行为，因而权利具有一定的自主性。

(3) 权利是为了保护一定的利益所采取的法律手段。

教育法律权利可以简称为教育权利，是指教育法律关系主体依法享有的某种利益。它通常的表现形式为行为权、要求权和请求权。

行为权是指教育法律关系的主体作为或不作为一定行为的权利，教育法律关系主体的行为权是自己以做出或不做出某种行为的方式来满足其利益要求的权利。

要求权是指教育法律关系主体要求义务人做出或者不做出某种行为的权利，以保证权利人要求义务人停止侵害以维护自己的利益，或者要求负有积极义务的义务人做出积极行为以满足权利人的利益要求。

请求权是指教育法律关系主体在法律权利受到侵害时申请国家提供保护的权利。这种权利主要体现在诉讼教育法律关系中，表现为对受侵害权利的一种法律救济，可以通过申诉、控告等不同途径来实现。

2. 教育法律义务

法律上的义务是指法律关系主体必须依法承担的责任，表现为义务承担者必须依法实施一定的作为或不作为。法律上的义务有以下特点：

（1）义务人必须在法律规定的要求和期限内做出或不做出某种行为，以使权利人实现自己的权利；

（2）义务人做出或不做出一定行为都是由法律所规范的，必须依法履行义务；

（3）义务人拒不履行义务时，将受到法律制裁；

（4）义务人不得放弃自己的义务，但可以依法免除义务。

教育法律义务可以简称为教育义务，是指教育法律关系主体依法所应承担的某种责任。它与教育法律权利相对应，主要包括不作为、积极作为和接受国家强制执行三种形式。

不作为，指行为人负有实施某种积极行为的特定的法律义务，并且能够实行却不实行的行为。在这个意义上，义务人的不作为是权利人权利实现的前提条件，义务人若做了法律所禁止的行为，权利人的权利就没有办法得到实现。

积极作为，即义务人应该按照法律的规定或权利人的要求，做出积极的行为以满足权利人的利益要求。在这里，义务人的任何不作为，都会使权利人要求的权利得不到满足，义务人的义务与权利人的权利一一对应。例如，《义务教育法》第六条规定："国务院和县级以上地方人民政府应当合理配置教育资源，促进义务教育均衡发展，改善薄弱学校的办学条件，并采取措施，保障农村地区、民族地区实施义务教育，保障家庭经济困难的和残疾的适龄儿童、少年接受义务教育。"这种义务的任何不履行或者不完全履行都可以引起权利人要求权的行使。

接受国家强制执行，即义务人不履行义务时，国家有权强制义务人履行职责。这一义务与权利人的请求权相对应，权利人请求权的行使是以国家暴力作为后盾的。

3. 教育权利与教育义务的关系

权利和义务是法律界定社会关系的两种方式或手段。从整体意义上看，权利和义务作为行为规范共同执行社会统治和公共事务管理的职能。权利与义务是相互对称的。二者的基本功能是一致的，权利的一方总是依相应的义务一方而存在，权利一方权利的实现依赖于义务一方义务的履行，没有义务的权利是不存在的，没有权利的义务也是不存在的。但是，从法律关系的具体内容来看，权利和义务各自发挥作用的方式、方向和范围有所不同[①]。

权利和义务都有不同的表现形式或变异形态。权利有权力、特权、豁免权等

① 谢鹏程：《权利义务四论》，《法学研究》，1992年，第3期，第1-2页。

变异形态，义务有责任、无权、无资格等变异形态。在不同类型的法律关系中，权利和义务的职权分工也不尽相同：权利与义务对应型法律关系是平等主体之间的法律关系，主要是民事法律关系；权力与责任对应型法律关系，既是一种权力赋予者与权力行使者之间的权利义务关系，又是一种管理者与被管理者之间的权利义务关系；特权与无权对应型法律关系，是一种权利主体与义务主体分立型法律关系；豁免权与无资格对应型法律关系，是权力与责任对应型法律关系和特权与无权对应型法律关系的片面结合。

在教育法律权利和义务的关系上，教育权利与教育义务是相互联系、相互制约、相互依存、不可分割的统一体。我国《宪法》第三十三条第三款规定："任何公民享有宪法和法律规定的权利，同时必须履行宪法和法律规定的义务。"教育权利是履行教育义务的前提，教育义务是享有教育权利的基础，离开一方，另一方便无法实现。例如，学生接受国家提供的教育设施，享有教育权利的同时，必须履行遵守校纪校规和认真学习的义务。

教育权利与教育义务的统一性不能机械地理解。从教育权利和教育义务的主体之间的关系来看，一方面，教育权利具有选择性，教育义务具有不可选择性，当然这并不代表教育权利是无限的、无条件的，而教育义务是绝对的、固定不变的，超出一定的范围或条件，权利和义务也可以相互转化；另一方面，有时教育权利与教育义务主体并不同一。例如，义务教育的权利方是学生，而义务教育的义务方是国家，只有国家担负责任提供教育设施和免费的教育，学龄儿童的教育权利才能实现。

教育权利与义务的关系是结构相关、数量相当、功能互补和价值主从的关系[①]。结构相关是指任何一项教育法律权利的获得都必须有相对应的教育法律义务。数量相当是指教育法律数量相当，即教育法律权利和义务在总量上总是大体相当的。如果教育法律权利总量大于义务的总量，有的权利就是虚设的；如果教育法律义务总量大于权利的总量，就会出现特权。但是，这里所说的数量相当并不是指数量的绝对相等或者一个权利主体的出现总是对应着一个义务主体的存在。功能互补是指权利与义务对主体都具有启动与抑制、激励与约束、主动与被动、受益与付出两种作用。教育法律权利表征利益，教育法律义务表征负担，只有在教育法律权利和教育法律义务的互动关系中，才能形成良好的教育秩序。价值主从是指教育法律权利与教育法律义务在价值选择上并不是绝对平衡的，而是有主要与次要、主导与非主导之分的。现阶段，在对教育法律权利和教育法律义务的价值选择上，"应当是权利本位的"[②]，只有这样，教育主体的权利才能得到充分的保障与实现。

---

① 杨秀颖：《教育法学》，北京：中国人民大学出版社，2014 年，第 56-57 页。
② 公丕祥：《法理学》，上海：复旦大学出版社，2013 年，第 198 页。

四、教育法律关系的形成、变更与消灭

（一）教育法律关系的形成、变更与消灭的概念

教育法律关系处在不断的形成、变更和消灭的运动过程之中。

教育法律关系的形成，是指教育法律关系主体之间权利义务关系的确立。例如，儿童到了入学年龄，进入学校与老师、学校等形成教育法律关系。

教育法律关系的变更，是指教育法律关系构成要素的变更，即主体、客体、内容等要素的变更。主体变更是指主体的增加、减少和改变，如学校的合并或分立导致学生与学校之间的教育法律关系的改变；客体的变更是指标的变化，如学校基建合同的地点、面积的变更；内容的变更是指权利、义务的变更，如联合办学的双方主体变更合同，导致双方的教育权利义务的改变等。

教育法律关系的消灭，是指教育法律关系主体、客体的消灭，主体间权利义务的终止。例如，学校向银行借款而形成的债权关系由于学校依照合同返还了借款，则与银行的债权债务民事关系解决。再如，学生完成学业毕业后，学生与原学校的权利与义务关系消灭，或者某学生病亡或因病退学而导致该学生与原学校教育法律关系消灭等。

（二）教育法律关系形成、变更与消灭的条件

教育法律关系的形成、变更和消灭，需要具备一定的条件。其中，最主要的条件有二：一是教育法律规范；二是教育法律事实。

1. 教育法律规范

教育法律规范是法律关系得以产生、变更和消灭的依据。教育法律规范只是一种抽象概括的行为规则，教育法律规范规定了人们的行为模式，它告诉人们可以怎样做、不得怎样做、必须怎样做。只有依据教育法律规范的规定，特定的主体之间形成、变更、消灭法律关系才具备了条件。

2. 教育法律事实

教育法律事实是法律所规定的，能够引起法律关系形成、变更和消灭的客观情况和现象，它是教育法律关系得以形成、变更和消灭的直接原因，是教育法律规范和法律关系的中介。

教育法律事实可以分为教育法律事件和教育法律行为两种类型。

教育法律事件是指不以个人意志为转移而发生的事件，由于它的发生而导致一定的后果。例如，洪水、地震等自然事件引起校舍倒塌而导致学生伤亡是不以人的意志为转移的。

教育法律行为是指依据当事人的意愿而做出的可以引起法律后果的活动。教

育法律行为按其行为方式不同，可分为作为和不作为；按其是否符合法律规定的不同，可分为教育合法行为和教育违法行为，它们都能导致教育法律关系的产生、变更和终止。教育法律行为是引起法律关系形成、变更和消灭的最普遍的法律事实。例如，学校乱收费是一种违法行为，这种行为导致学生财产权受到侵害，从而使教育法律规范所确认的学校与学生之间的法律关系发生变更。

第四节 教育法的渊源与结构

一、教育法的渊源

教育法的渊源是指教育法的法律效力的来源，包括教育法的创制方式和教育法律规范的外部表现形式。

我国教育法的基本渊源是有权创制法律规范的国家机关制定发布的规范性法律文件。规范性法律文件，简称规范性文件，是指由国家机关制定并发布的、具有普遍约束力的法律文件。而非规范性法律文件是指国家机关在适用法的过程中发布的个别性文件，如判决、裁定、行政措施等。在我国这类文件的效力有限，仅适用于特定案件或相关的主体、客体及行为，没有普遍的约束力，它们不是法的渊源。我国教育法的主要渊源是宪法、教育法律、教育行政法律、地方性教育法规、教育规章等。

（一）宪法中有关教育的条款

宪法是国家的根本大法，在我国法的渊源体系中占据首要地位，具有最高的法律效力，是我国全部立法工作的基础和根据，一切规范性文件皆不能与宪法相抵触。只有全国人民代表大会有宪法的制定和修改权。宪法作为教育法的渊源，规定了我国教育的社会性质、目的任务、结构系统、办学体制、管理体制，规定了公民有受教育的权利和义务，规定了对少数民族、妇女和有残疾的公民在教育方面予以帮助，规定了对未成年人的保护，规定了学校的教学用语，规定了宗教与教育的关系，这些都是各种形式和层级的教育立法的主要依据和最高依据。任何形式的教育法都不得与宪法相抵触，否则便是违宪。

（二）教育法律

教育法律是国家最高权力机关——全国人民代表大会（简称全国人大）及其常务委员会（简称全国人大常委会）制定的教育规范性文件，其效力仅次于宪法。教育法律又分为两种形式：基本法律和基本法律以外的法律。

基本法律一般由全国人大制定，它比较全面地规定和调整某一方面带根本性、普遍性的社会关系。1995 年 3 月 18 日通过、1995 年 9 月 1 日起开始施行的《中华人民共和国教育法》即为教育基本法律。

基本法律以外的法律一般由全国人大常委会制定，它是调整某类教育或教育的某一具体部分关系的法律，我国现在已通过的这类法律有《学位条例》(1980 年 2 月 12 日通过，1981 年 1 月 1 日起施行)、《义务教育法》(1986 年 4 月 12 日通过，1986 年 7 月 1 日起施行，2006 年 6 月 29 日第十届全国人民代表大会常务委员会第二十二次会议修订)、《教师法》(1993 年 10 月 31 日通过，1994 年 1 月 1 日起施行)、《职业教育法》(1996 年 5 月 15 日通过，1996 年 9 月 1 日起施行)。

此外，全国人大或其常委会发布的关于教育的具有规范性内容的决议和决定，也属于教育法律的范畴，与教育法律有同等效力，如 1985 年 1 月 21 日第六届全国人民代表大会常务委员会第九次会议通过的《关于教师节的决定》。

（三）教育行政法规

教育行政法规是由国家最高行政机关即国务院制定的关于教育的规范性文件，其效力仅次于宪法和教育法律。教育行政法规一般有两种发布方式：一是由国务院直接发布，如《残疾人教育条例》(1994 年 8 月 24 日发布)、《教师资格条例》(1995 年 12 月 12 日发布)；二是由国务院批准、教育部（原国家教育委员会）发布，如《中华人民共和国义务教育法实施细则》(以下简称《义务教育法实施细则》) 就是 1992 年 2 月 29 日经国务院批准、由国家教育委员会（简称国家教委）发布的，《学校体育工作条例》《学校卫生工作条例》《幼儿园管理条例》也是这样发布的。教育行政法规无论采取哪种发布形式，其效力都是一样的。

（四）地方性教育法规

地方性教育法规是由地方人大或其常委会制定的关于教育的规范文件。依宪法和《中华人民共和国地方各级人民代表大会和地方各级人民政府组织法》的规定，地方各级人民代表大会在本行政区域内，有权依照法律规定的权限通过和发布决议。省（自治区、直辖市）的人大及其常委会，在不同宪法、法律、行政法规相抵触的前提下，可以制定地方性法规，报全国人大常委会备案。省（自治区）人民政府所在地的市和经国务院批准的较大的市的人大常委会，可以拟订本市需要的地方性法规草案，提请省（自治区）人大常委会审议制定，并报全国人大常委会和国务院备案。由此可见，并不是所有的地方人大及其常委会皆有权制定地方性教育法规。

（五）教育规章

按制定机关的不同，教育规章可以分为两类：一类是教育部制定的教育规章，称为部门教育规章，经常称之为规定、办法、规程等。部门教育规章是指国务院各部委根据法律和行政法规在本部门权限内所制定的关于教育的规范性文件。相对于教育法律和教育行政法规而言，部门教育规章的数量还是很大的，如《普通高等学校学生管理规定》（2005 年 2 月 4 日教育部通过，2005 年 9 月 1 日起施行）、《中学生日常行为规范（试行）》（1988 年 9 月 20 日国家教委发布）、《小学生日常行为规范》（1991 年 8 月 20 日国家教委发布）等。这些部门教育规章是对教育法律法规的重要补充。

另一类称政府教育规章，由地方政府制定，根据有关法律规定，省（自治区、直辖市），以及省（自治区）人民政府所在地的市和经国务院批准的较大的市的人民政府，根据法律和行政法规所制定的规范性文件，这些文件也被称为地方性教育规章。地方性教育规章的效力低于同级的地方性教育法规的效力。

二、教育法的结构

教育法已经形成了自己的体系。法律体系是以一国现行的法律规范为基础，以部门法为主体，以适用范围和效力等级不同的法律规范构成的不同层次为结构，以和谐一致的内容和完整统一的形式所构成的法律规范的有机整体。教育法体系是法律体系中的一个子系统，就其性质和内容而言，它是国家制定的，以教育内外关系为主要调整对象的法律规范的总和。同法律体系一样，教育法体系并不是一国现行法律规范的简单叠加，教育法必须反映国家的意志，反映教育发展规律的要求，反映教育与社会的经济、政治、文化等其他要素的关系。教育法要正确地反映这些关系和要求，就不能是随意制定的一堆法律杂烩，就必须是以宪法确定的基本原则为指导思想，以不同内容的法律规范组成的若干部门法为横向结构，以不同适用范围和效力等级的法律规范构成的不同层次为纵向结构的严密、完整、协调发展的一套法律规范。这一法律体系，根据制定机关的不同和法律形式的不同，可以划分为不同的层级；根据法律规范内容的不同，可以划分为不同的部门。

在我国，从现在已经形成的教育法体系框架来看，教育法体系由纵向 5 个层级（纵向结构）和横向 6 个部分构成①。

---

① 劳凯声：《教育法学》，沈阳：辽宁大学出版社，2000 年，第 64-66 页。

（一）我国教育法体系的纵向结构特征

我国教育法体系的纵向结构，依据法律渊源从高到低包括以下五个层级。

（1）宪法中有关教育的条款。宪法是国家的根本大法，具有最高的法律地位和法律效力，是所有立法的依据。我国宪法的第十九条、四十六条、四十七条、八十九条、一百零七条、一百一十九条都涉及教育。其他任何形式的教育法都不得同宪法的这些内容相抵触。

（2）教育法律。由国家最高权力机关或专门的立法机关制定的教育规范性文件为教育法律。教育法律又分为教育基本法律和教育部门法。教育基本法律是依据宪法制定的调整教育内部、外部相互关系的基本法律准则，也可以说是“教育的宪法”或教育法规体系中的“母法”。教育基本法通常规定一国教育的基本方针、基本任务、基本制度及教育活动中各主体的权利义务。教育单行法律是指根据宪法和教育基本法原则制定的调整某类教育或教育的某一具体部分关系的教育法律，如《义务教育法》《教师法》《职业教育法》《高等教育法》等。

（3）教育行政法规。教育行政法规是最高国家行政机关国务院根据宪法和教育法律而制定的，主要是针对某一类教育管理事务的规范性文件，如《义务教育法实施细则》《普通高等学校设置暂行条例》《教师资格条例》《社会力量办学条例》《幼儿园管理条例》《残疾人教育条例》等。

（4）地方性教育法规。地方性教育法规主要指省（自治区、直辖市）人民代表大会及其常务委员会根据本地情况和实际需要制定和颁布的地方性教育规范文件，这类教育法规只在本行政区域内有效。

（5）教育规章。教育规章有两类：一为部门教育规章；一为政府教育规章。前者由国务院各部委（主要是教育部）发布，在全国范围内有效；后者由省（自治区、直辖市），以及省（自治区）人民政府所在地的市和经国务院批准的较大的市的人民政府制定，只在本行政区域内具有法律效力。

（二）我国教育法体系的横向结构

我国教育法体系的横向结构：我国教育法体系的横向结构按现行的教育法体系框架，由 6 个部分构成：义务教育法、职业教育法、高等教育法、成人教育法、教师法、民办教育法。

义务教育法是调整实施义务教育而产生的各种社会关系的单行法。我国义务教育包括通常意义上的普通初等教育和普通初级中等教育，因此，义务教育法的调整范围主要包括实施普通小学教育、普通初级中学教育中产生的重要关系和问题。

职业教育法是以实施职业教育涉及的社会关系为调整范围的单行法。在我国，职业教育包括各级各类职业学校教育和各种形式的职业培训。

高等教育法是以高等教育部门内外部关系为调整范围的单行法。我国高等教育通常包括专科教育、本科教育和研究生教育等不同层次，这些都应纳入高等教育法的调整范围。有关学位授予工作中产生的关系及问题也应属于高等教育法调整和规范的范围，因此，已经颁布实施的《学位条例》当然也是包括在这一部类中的。从调整的范围看，除了高等学校的研究生教育之外，还应包括科学研究机构所实施的研究生教育。

成人教育法是调整成人教育部门内外部关系的单行法。我国成人教育形式复杂，根据不同的标准可以有不同的分类，例如，根据培养对象的不同，成人教育可以分为工人教育、农民教育、干部教育等；根据培养目标的不同，成人教育可以分为学历教育和非学历教育；根据程度的不同，可分为初等、中等和高等成人教育；根据教学形式的不同，成人教育可分为广播、电视、函授、面授、自学考试等不同形式的教育。

教师法是调整教育教学活动中以教师为一方而产生的社会关系的单行法。随着现代社会和现代教育的发展，教师已经成为一种人数众多的职业，同时也是教育事业发展中的一个最重要的因素，因而构成了教育法调整的一个相对独立的部门。我国教师法调整的主要问题有教师的法律地位、待遇、权利义务、任职资格、职务评定、评价考核、进修提高及师资培养等。

民办教育法是以社会力量办学中所出现的各种关系和问题为调整对象的单行法。我国教育法已经规定了一个多元化的学校举办体制，因此，除了国家之外，各种社会组织乃至公民个人都可以依法举办学校及其他教育机构。多元化的举办体制必然会产生新的社会关系，所以形成了相对独立的法律调节领域。我国民办教育法调整的主要内容应包括：社会力量举办的学校及其他教育机构与政府、学生及其家长的关系，学校及其他教育机构的举办，机构组织与管理，学校及其他教育机构的权利与义务等。

以上介绍的各种表现形式的教育法，由于制定机关的性质和法律地位的不同，效力也不同，它们构成如下从属关系（图 2-1）[①]。

图中的箭头表示从属关系，下一级教育法不能与本级以上教育法相抵触。一般而言，宪法、基本法律、单行法律、法规、规章之间依次构成从上到下的从属关系。从教育的行政法规到宪法中的教育条款，其从属关系比较明确。但是，教育的地方性法规、教育部门规章、教育的地方政府规章之间的关系较为复杂，下面加以简要说明。

① 吴志宏等：《教育政策与法规》，上海：华东师范大学出版社，2003 年，第 200 页。

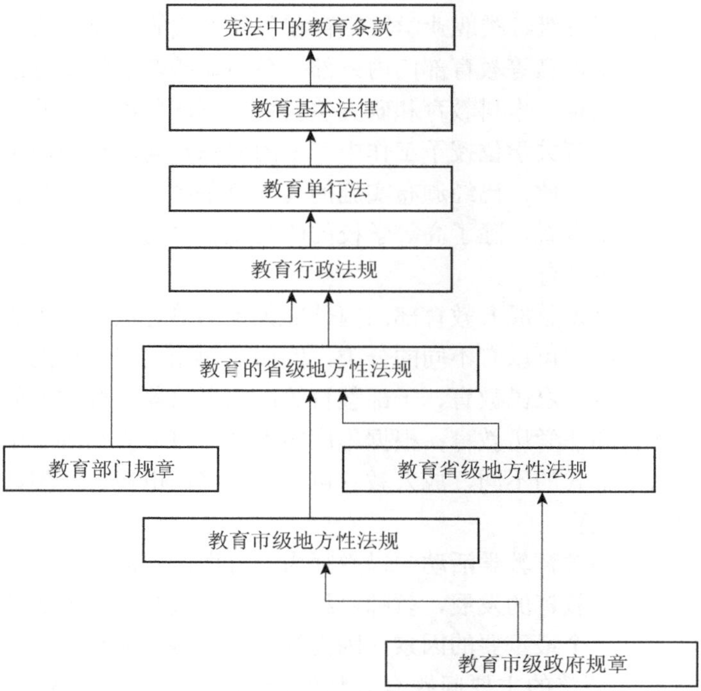

图 2-1 教育法从属关系图

根据《立法法》（2000 年 3 月 15 日第九届全国人民代表大会第三次会议通过）的规定，“法律的效力高于行政法规、地方性法规、规章，行政法规的效力高于地方性法规、规章”。“民族自治地方的人民代表大会有权依照当地民族的政治、经济和文化的特点，制定自治条例和单行条例……自治条例和单行条例可以依照当地民族的特点，对法律和行政法规的规定作出变通规定，但不能违背法律或行政法规的基本原则，不得对宪法和民族区域自治法的基本原则，不得对宪法和民族区域自治法的规定以及其他有关法律，行政法规专门就民族自治地方所作的规定作出变通规定。”从这个角度看，自治条例和单行条例的效力，原则上与地方性法规相同，但可对法律和行政法规进行变通。因此，当规章与自治条例、单行条例就同一事项规定不一致时，应适用自治条例、单行条例，而不适用规章。从这个角度看，自治条例和单行条例的效力高于规章。

对于地方性教育法规、部门教育规章、地方政府规章之间的关系，《立法法》第八十条规定如下：“部门规章之间、部门规章与地方政府规章之间具有同等效力，在各自的权限范围内施行。”《立法法》第八十六条规定：“地方性法规与部门规章之间对同一事项的规定不一致，不能确定如何适用时，由国务院提出意见，国务院认为应适用地方性法规的，应当决定在该地方适用地方性法规的规定；认为应当适用部门规章的，应当提请全国人民代表大会常务委员会裁决。”“部门规章之间，部门规章与地方政府规章之间对同一事项的规定不一致时，由国务院裁决。”

从法规的效力而言，执行教育法规要遵循以下原则：①正确处理大法与小法、母法与子法的关系。中央教育法规高于地方教育法规，总的教育法规高于一般教育法规。②后定法规优于先定法规。③特别法规优于一般法规。

第五节 案例分析与讨论

学生辍学政府状告家长：谁之权利？谁之义务？①

一、案情简介

2007 年 6 月新疆阿克苏地区柯坪县的玉尔其乡、阿恰勒乡人民政府将 29 名孩子的家长告上法庭，法院做出了对 29 名家长进行罚款并责令其将孩子送回学校读书的判决，理由是他们的孩子因忙农活辍学，要求法院责令家长把孩子送回学校读书。判决书下达了，部分家长知道不让孩子上学的行为是违法后就主动交了罚款，并让孩子重返课堂。但是，还有一些辍学学生的家长根本不予理会。柯坪县人民法院于 6 月 8 日开始对拒不执行判决结果的学生家长强制执行，家长交上罚款并保证送孩子回学校读书。以下是深圳报业电子报刊的评论稿。

不久前，新疆阿克苏地区柯坪县的玉尔其乡、阿恰勒乡人民政府，将 29 名孩子的家长告上法庭，理由是他们的孩子因忙农活辍学，要求法院责令家长把孩子送回学校读书。政府起诉辍学学生家长的行为得到了当地绝大多数农民的认可。(6 月 25 日《中国青年报》)

正方：一次善意的普法教育

首先，这件新鲜有趣的事情，显示出乡政府的执政智慧，不只为善意的普法教育，同时给几千年的传统观念，带来毁灭性的冲击。

按照传统观念，孩子是父母的私有财产，不说生杀予夺，至少要你干什么你就干什么，这成了天经地义的信条。29 位家长在被乡政府告上法庭之后，还有人认为自己没错，法院是在“吓唬”自己，就是这种思想流毒的具体体现。因

① 状告家长就能保证孩子不辍学？http：//www.sznews.com/epaper/szwb/content/2007-06/27/content_ 1282258.htm。

此，对于有着这种观念认知的家长，进行一次普法教育十分必要，而普法教育最有效、最直接的形式之一，就是诉诸法庭，依法判决。只有这样，才能使他们触及灵魂，认识到孩子“非我”，有着独立的人格，享受法律的“特权”(《未成年人保护法》)。从而廓清自己的监管责任，摒弃家长的独裁作风，并以此维护孩子受教育的基本权利。

其次，法制渠道除了“样板”的示范作用以外，很可能在根本解决“家庭贫困—孩子辍学—知识匮乏—继续贫困”的恶性循环中另辟蹊径、找到突破，走出家庭乃至地域经济落后的怪圈。一个地方的文化水准是一个地方经济发展的前提条件，知识的贫乏导致了经济的落后，几乎是一个定律。而一项阻止辍学的“强制”措施，远比泛泛的说教更为实际。

以上两点足以看出，政府告家长，的确有大爱存焉（来源：红网)。

反方：一个让人疑惑的细节

报道中有一个细节让人疑惑，即对违反《义务教育法》的家长罚款，不缴纳罚款的家长被法警带上警车。家长交钱后，还要保证送孩子上学。这些家长之所以最后遵守义务教育法，更多不是因为他们明白让孩子辍学有什么不对，而是被法警吓唬住了。

《义务教育法》有明确规定：“适龄儿童、少年的父母或者其他法定监护人无正当理由未依照本法规定送适龄儿童、少年入学接受义务教育的，由当地乡镇人民政府或者县级人民政府教育行政部门给予批评教育，责令限期改正。”当批评教育无效时，政府寻求司法解决似乎是理智的途径，但法律并没有规定乡镇人民政府可以罚款，不知道让违反《义务教育法》的家长交罚款的法律依据何在、执法目的何在。

难道仅仅是让违法的家长因为心痛钱财而长了记性，从而树立法律的权威？这些孩子的家长大多贫穷，再被罚款岂不是雪上加霜，使他们培养孩子变得更加困难？

义务教育法的立法主旨是保障适龄儿童、少年接受义务教育的权利，它首先体现一种温情。其中，法律责任规定最详尽的是对政府和学校，其次才是针对家长。因为义务教育是国家必须予以保障的公益性事业，政府必须承担最大的义务，如经费的保障、学校的建设、教师的配备等。

要让家长特别是西部经济欠发达地区的家长主动积极送孩子接受教育，是一项复杂而艰巨的系统工程，根本解决之道还是当地的经济文化得到较大发展，居民生活水平有较大提高，城乡差距进一步缩小。面对观念落后的家长，当地政府并非不能有所作为。

但是把他们告上法庭，罚他们的款，让法警开着警车去强制执行，失之于简单粗暴（来源：新浪网)。

第三方：一项可悲的次优选择

乡政府起诉学生家长，名正言顺，于法有据。叫好之余，我们却不能止于思索。必须追问：在柯坪县，为何有那么多家长置孩子前途于不顾？为何置威严法律于不顾？为何仅仅为了菲薄的薪酬而财迷心窍？

一个细节不容忽视：柯坪县是国家扶贫开发工作重点县，这里的农民长期生活在贫困环境中，信息比较封闭，观念得不到改变。显然，从表面看，学生家长胸无大志，目光短浅，实际上这背后隐匿着残酷的现实——当地经济发展水平低下。当温饱尚未解决之际，追逐口腹之欲，而不是精神营养，这只不过是发自本能的意识。因此，当我们在力挺乡政府的状告之举时，是不是该体恤贫困农民的揪心之痛？当我们在谴责困苦农民的燕雀之志时，是不是更应该关注当地困窘不堪的经济状况？

曾经有一个时期，先治愚还是先治穷，先治穷还是先治愚，被当作全社会参与的命题讨论不休。其实，愚和穷从来都是孪生兄弟，治愚和治穷从来都不该分先后。当信息严重闭塞时，当贫穷像毒蛇一样缠住不放时，谁都没有足够的理由对愚表示出道德优势，谁也不该有底气对穷表现出居高临下的歧视。因此，在这一现实语境下，我们解读乡政府状告学生家长，就应该明确认识到，不真正使当地农民脱贫，不彻底改变当地信息闭塞的状况，不让当地农民切身体会到读书的诸般价值，单纯的状告之举除了有一丁点的普法意义外，充其量只是可悲的次优选择（来源：国际在线）。

二、案例讨论

（1）运用教育法学基本原理分析文中正方、反方、第三方的观点和依据。

（2）文中“学生辍学政府状告家长”案中教育法律关系的主体有哪些？各有何教育权利与教育义务？

（3）文中“学生辍学政府状告家长”案中教育权利与教育义务之间的关系是什么？你认为如何处理好这种关系？

（4）根据文中第三方为什么说政府状告家长是“可悲的次优选择”，你认为最好的选择是什么？义务教育是谁之权利？谁之义务？教育权利，尤其是义务教育的实现需要哪些条件？由谁提供这些条件？

◇要点归纳

1. 法是体现统治阶级意志，由国家制定或认可并以国家强制力保证实施的规范体系。教育法是指国家制定或认可并由国家强制力保证实施的调整教育活动中各种社会关系的法律规范的总和。教育法的特征：教育法以教育利益分配为核心；教育法以促进人的发展为目的；主体的复杂性；教育法调整范围的广泛性。

2. 教育法律规范是由国家制定或认可并以国家强制力保证其实施的关于教育领域的行为规则。

教育法律规范的结构，是指构成教育法律规范内容的各个组成部分及其相互关系。从逻辑结构上看，教育法律规范通常由法定条件、行为准则和法律后果三个要素组成。

教育法律规范通常可分为义务性规范、禁止性规范和授权性规范三类。

3. 法的价值是指法律满足人类生存和需要的基本性能，即法律对人的有用性。法的最基本的价值包括自由、秩序、正义等，除此之外，尚有效率、利益等其他价值形式存在。一般而言，自由＞正义＞秩序。在进行价值抉择时尊重价值位阶原则、个案平衡原则和比例原则。

4. 我国教育法的重要价值包括教育自由、教育平等、教育民主、教育效能、教育秩序。

5. 教育法律关系是教育法律规范在调整人们有关教育活动的行为过程中形成的权利和义务关系。教育法律关系一般可分为：教育行政法律关系和民事法律关系。

6. 教育法律关系的构成要素：教育法律关系由主体、客体和内容三要素构成。

7. 教育法律关系的内容包括教育法律权利和教育法律义务。

教育法律权利和教育法律义务是相互联系、相互制约、相互依存、不可分割的统一体。

8. 教育法律关系处在不断的形成、变更和消灭的运动过程之中。教育法律关系的形成、变更和消灭，需要具备一定的条件。其中最主要的条件有二：一是教育法律规范；二是教育法律事实。

9. 教育法的渊源是指教育法的法律效力的来源，包括教育法的创制方式和教育法律规范的外部表现形式。我国教育法的主要渊源是宪法、教育法律、教育行政法律、地方性教育法规、教育规章等。

10. 在我国教育法体系由纵向 5 个层级（纵向结构）和横向 6 个部分构成。

我国教育法体系的纵向结构，依据法律渊源从高到低包括以下五个层级：宪法中有关教育的条款、教育法律、教育行政法规、地方性教育法规、教育规章。

我国教育法体系的横向结构，按现行的教育法体系框架，由 6 个部分构成：义务教育法、职业教育法、高等教育法、成人教育法、教师法、民办教育法。

◇思考与练习

1. 简述教育法学的价值及功能。
2. 简述教育法律关系的内容。
3. 简述教育法的渊源。
4. 简述教育法的结构。
5. 应用教育法律关系理论分析学校与教师、学校与学生的法律关系。

◇拓展阅读

1. 尹力：《教育法学》，人民教育出版社，2012 年。
2. 申素平：《教育法学：原理、规范与应用》，教育科学出版社，2009 年。
3. E. 博登海默：《法理学：法律哲学与法律方法》（修订版），邓正来译，中国政法大学出版社，2004 年。

第三章

教育权与受教育权

内容提要

本章共五节。第一、二、三、四节分别介绍了国家教育权、社会教育权、家庭教育权和受教育权的概念与历史发展概况。重点论述了国家教育权、社会教育权、家庭教育权、受教育权的性质、内容，以及国家教育权、社会教育权、家庭教育权和受教育权之间的关系。第五节通过达特茅斯案、家永三郎教科书案和在家上学案讨论了国家教育权、社会教育权、家庭教育权和受教育权之间的平衡与制约关系。

学习目标

1. 识记国家教育权、社会教育权、家庭教育权和受教育权的概念。
2. 了解国家教育权、社会教育权、家庭教育权和受教育权的发展历程。
3. 理解国家教育权、社会教育权、家庭教育权和受教育权的性质。
4. 理解国家教育权、社会教育权、家庭教育权和受教育权之间平衡与制约的关系。
5. 掌握国家教育权、社会教育权、家庭教育权和受教育权的内容。
6. 运用国家教育权、社会教育权、家庭教育权、受教育权理论分析教育领域相关案例和教育实践中的相关问题。

关键词

国家教育权；社会教育权；家庭教育权；受教育权

第一节　国家教育权

一、国家教育权

（一）国家教育权的概念

国家教育权是主权国家享有的公权力，具体表现为教育立法权、教育行政权、教育司法权及国家举办学校的权力。国家教育权属于政治国家的权利，为保障政府能够更好地行使这一权利，就必须以国家强制力为后盾，所以通常表现为国家公权力。[①]国家教育权一方面表现为国家的统治权，国家对其统治的社会成员特别是年青一代进行教育，维护国家的统治；另一方面，它又表现为一个国家在其领土上举办学校的权力和对教育活动管辖的权力，对外具有独立性。任何外国组织或个人，不经我国政府的批准，就不具有在我国领土上实施教育的权利。[②]

（二）国家教育权的性质

1. 国家教育权属于国家权力范畴，是国家主权的表现，也是国家独立的重要标志

国家权力是统治阶级运用国家机器来实现其意志和巩固其统治的支配力量，而国家主权指国家独立自主处理自己的内外事务、管理自己国家的最高权力。国家权力的形成来自国家各机构，因此，也可以叫作治权或政府权力，其所表现的最高统治形式是国家主权。现代西方国家的国家教育权，由分立并相互制约的国家立法机关、行政机关和司法机关分别行使，构成分立并且相互制衡的权力体制。在我国，教育权作为一种国家权力，属于国家最高权力机关，即全国人民代表大会。全国人民代表大会行使立法权、监督权、决定重大事项权、选举和任免权，国家各级行政、司法机关为权力执行机关。这种制度规定了国家的教育立法权、教育行政权、教育司法权、教育监督权的分配与行使方式。

国家教育权的主体包括国家教育行政机构、公立学校组织和国家传播媒介。国家教育行政机构负责国家的教育行政事务，其权利相对方是学校组织及相关的施教机构，也包括负有监护责任和受教育义务的公民；公立学校组织负责行使国

---

① 周光礼、刘献君：《政府、市场与学校中国教育法律关系的变革》，《华中师范大学学报》，2006 年，第 5 期，第 131-136 页。

② 秦惠明：《对市场经济条件下国家教育权作用的再认识》，《国家教育行政学院学报》，2000 年，第 2 期，第 62-68 页。

家教育的具体职责，其权利相对方主要是在校学生和教师，有时也涉及具有监护责任的家长；国家传播媒介负责宣传政治思想、意识形态和价值观，其权利相对方是公众。国家教育权主体和行政相对方在关系上不具有对等性，国家教育机关占优越地位。

国家举办学校和管理学校是国家的重要职能。由于历史和传统的原因，不同国家举办和管理学校的形式不同，尤其是公立和私立学校的差别较大。公立学校是由政府举办和设立的学校，区别于私立学校或民办学校。公立学校有国立学校、省立学校、市立学校等不同类型。国立学校是中央政府投资举办和设立的学校；省立学校是由省级地方政府投资举办和设立的学校；市立学校是市级地方政府投资举办和设立的学校。例如，日本从小学到大学都有国立、公立学校。日本的教育法规定：国家、地方公共团体和学校法人，都可以设置学校。国家设置的学校称国立学校，如横滨国立大学；地方设置的学校称地方公立学校，如横滨市立大学。在有些国家，中央政府不直接投资举办学校，而由地方政府负责。在美国，没有“国立”，只有“公立”。1949 年后，我国取消了“国立”称谓，将“公立”称“公办”，但是中央政府投资举办的学校与地方政府举办的学校在管理方式上还存在差别。20 世纪 90 年代以前，我国政府集学校的所有权、经营管理权于一身，政府既是举办者、管理者，又是办学者。公立学校法人化、民营化改革后，政府逐渐通过放权、授权方式让专业组织或机构经营管理，实现所有权和经营权的分离。公立学校通过民营化改革，部分学校的所有权也发生变化，出现混合所有制学校。无论国立、公立、私立还是混合所有制学校，都需经国家教育主管部门批准，都要接受国家主管教育部门的领导与监督。

2. 国家教育权的统一性是国家主权的重要标志

国家教育权是所有教育事务的最终决定权，国家教育权的统一性是现代国家主权的重要标志。国家教育权的统一性，经常面临来自诸如民族、地方、政党、宗教等不同因素的挑战，因此，很多国家的法律规定了“教育的政治中立性”或“教育与政党相分离”的原则。维护国家教育权的统一性，必须反对教育权的民族化、地方化、政党化、宗教化等倾向。我国宪法规定了中国共产党的领导地位，“忠诚于党的教育事业”是国家教育权的一项重要职能，它与国家教育权的统一性原则完全一致，也符合社会公共性原则的要求。因此，做好政治教育工作，鲜明地体现“教育为无产阶级政治服务”的原则是维护我国国家教育权的重要内容。

3. 现代国家教育权的行使日益民主化和法制化

现代国家的国家教育权，既包括学校制度和管理学校的教育行政机构体系，也包括按国家性质确立的教育目的、方针和政策。教育制度的民主化要求教育体现民主、平等、合作精神，在教育过程中充分调动教育者与受教育者的积极性。

具体而言，教育制度民主化包括取消等级教育制度，给广大民众以受教育权利，实现教育机会均等；禁止在学校教育中宣扬法西斯主义、军国主义、民族歧视和宗教歧视，提倡民主精神；禁止压抑儿童的个性，尊重学生，调动学生的积极性，培养、提高他们的民主和参与意识。教育法治化要求依法治教，全部的教育活动都符合教育法律的有关规定，所有的教育法律关系主体在从事各类教育活动时都应当遵守或不违背教育法律的规定和精神。

二、国家教育权的产生和发展

西方国家教育权伴随国家政权的产生而产生。西方国家对教育的介入，最早可以追溯到古希腊的斯巴达和雅典。当时，各城邦国家为了保证公民能为城邦服务，举办了一些学校。斯巴达人为维护其对奴隶希洛人的统治，规定“凡是没有受过法定教育的人，都不能成为公民集团的成员，也不能获得国家的份地”。雅典通过城邦立法干预私人教育始于梭伦改革，当时颁布了法令，要求男孩游泳、读书，国家直接监督体育训练。

罗马共和国初期主要采取家庭教育的方式。从罗马帝国开始，国家通过奖励教育与控制教育两方面措施，逐步形成一整套国家教育制度。[①]但是，学校中强烈的宗教性削弱了罗马帝国对教育的控制力，也削弱了国家教育权行使的能力。自 5 世纪起，罗马帝国灭亡，教会势力不断扩大，教育的权力由国家转移到教会的手中，这种情形一直持续到 18 世纪。

近代以来随着公共教育的产生和发展，国家教育权的内容与行使方式都发生了重大变化。在德国，从 17 世纪开始，大多数公国都竞相颁布了强迫教育法令。1794 年，普鲁士颁布《民法》中列有学校教育的条款，学校教育条款明确规定：各级学校（包括大学）均系国家机构，管理和教育青年是学校的职责；学校的设计必须经过国家的允许。所有公立学校都要接受政府的监督，政府随时可派人对学校进行视察、督导[②]，这条原则后来被广泛运用于现代欧美国家。1870 年英国国会颁布《福斯特法案》，法案规定：国家拨款，设立公立学校；划分学区，由学务委员会负责督学；5～12 岁的儿童强制实施教育。该法案是英国国民教育制度正式形成的标志。法国直到拿破仑时代的 1802 年才颁布《关于公共教育的基本法》，将小学教育纳入国家教育轨道；1833 年《基佐法案》正式把初等教育收归国家管理；1881～1882 年《费里法案》的颁布，正式确立了初等教育的义务、免费、世俗三原则，奠定了法国国家教育权的现代行使模式的基础。

独立前的美国的教育完全是宗主国英国教育的移植。教育与宗教信仰联系在

① 曹孚、滕大春、吴式颖等：《外国古代教育史》，北京：人民教育出版社，1981 年，第 76 页。
② 王天一、夏之莲等：《外国教育史》，北京：北京师范大学出版社，第 187 页。

一起，政府不直接干预教育，直到 1787 年宪法及其修正案和相关的判例才确立了国家，尤其是州政府对教育的管理权。19 世纪 20 年代美国的“公立学校运动”极大地促进了国家教育权的增长，从 1852 年马萨诸塞州通过第一部义务教育法案起，各州相继制定义务教育法。此后，联邦和州政府又通过《赠地法案》（《莫雷尔法案》，1862 年）建立公立大学，国家教育权渗透到各级各类学校领域，在 19 世纪末形成国家教育体系。第二次世界大战以来，美国联邦政府对教育的干预力度进一步加大，1958 年国会通过《国防教育法》，为联邦政府介入国民教育提供了法律依据。此后，联邦政府通过拨款、设立奖学金等方式不断介入学校教育，加强了对教育的引导与管理。

与西方国家从教会手中夺取教育权以壮大国家教育权的过程不同，我国古代国家教育权一经产生国家就占据主导地位，此后，国家教育权的大小与各朝代的社会控制力有关。我国历史上国家教育权有直接行使和间接行使两种形式。直接的国家教育权的行使包括国家各级政府直接举办的官学和教育管理体制两方面。在夏、商、周时期，我国正规的教育存在于官府，素有“学在官府”之称。从春秋战国时期到清朝末期，我国一直存在官学与私学并存的局面。国家不仅通过官学直接行使其教育权力，还可以通过科举等取士制度间接行使教育权力，控制各地的私学，至明清时期，官学、私学基本都被统一到“四书五经”教育中。

从清末开始，随着新学制颁布实施，我国国家教育权的内容和行使方式发生了很大变化，国家开始采取新的教育管理方式。国民政府建立相对完善的教育管理机构和教育法制体系，但是由于国力衰微、政局动荡，国家教育权相对较弱。20 世纪三四十年代，我国曾掀起“收回教育权”的运动，其目的就是从帝国主义列强中收回失落的国家教育统治权和管辖权。新中国成立以后，国家实行了高度集权的方式管理学校教育和社会教育，20 世纪 80 年代以来政府逐步向地方政府和社会放权，实行多元化办学。

三、国家教育权的内容与结构

国家教育权的内容与结构可从教育权力的横向分配和纵向分配两个层面来分析。

（一）国家教育权的横向分配

国家教育权的横向分配主要是指国家教育权在不同的国家机关之间的分配。现代资本主义国家依据“三权分立”理论，国家教育权中的立法权、行政权、司法权三权分立，相互牵制、相互制衡。国家教育权的横向分配实质上就是横向上国家教育权的内容，即国家教育权横向上包括国家教育立法权、国家教育行政权、国家教育司法权。

1. 国家教育立法权

国家教育立法权由国家立法机关行使，国家立法机关按照一定程序制定、认可、修改、补充和废止教育方面的法律，规定国家的教育方针，确定国家的教育制度，统一教育的质量标准，协调教育的内外关系等。第二次世界大战以来，西方国家教育立法权呈扩张之势。以联邦分权为代表的美国为例，第二次世界大战后，在新的科技发展和国际竞争的形势下，由联邦通过教育拨款法案以加强联邦对教育控制的趋势日益明显，联邦的教育立法范围日趋扩大，出台了大量法令和司法机关的法律解释，这些法律法规与司法解释几乎涉及教育的各个领域。

2. 国家教育行政权

国家教育行政权指国家行政机关依法对国家教育事务进行直接、具体的组织和管理的权力。国家行政机关是行使国家教育权的主体。国家的教育行政权包括教育行政立法权和教育行政执法权。教育行政立法权指行政机关制定和发布有关教育的行政法规、规章等规范性文件的权力；教育行政执法权指行政机关针对特定对象而规定和采取的形成权、命令权、处罚权和管理权。国家教育的行政权范围较广，包括制定教育政策，对有关部门和各级各类学校进行检查和监督，对人才需求、学校发展、专业设置、招生分配、师资培训等项目的预测和规划，教育体制的改革，对学校师资和管理人员的人事管理等。

3. 国家教育司法权

国家教育司法权是国家司法机关所行使的关于教育的审判和仲裁的权力。国家教育司法权，其目的在于制裁违法行为，解决教育纠纷，保证法律规定的教育权利的实现和义务的履行。现代国家司法机关对于调整各种教育关系的作用越来越重要。美国近年来教育诉讼案件呈急剧增加的趋势，其中有些判例对美国教育产生了极大影响，如有关教育上种族隔离的合法性问题。日本也是如此，法院审理的教育案件数量众多，涉及范围包括国家的教育权和教育内容决定权、教育的中立性、入学许可、教育指导、学生惩戒、学校事故等方面。其中，重要的判例如教科书鉴定事件、学历调查事件等，对日本的教育管理有着重要的调整作用。

我国的国家权力的组织分配不是以“三权分立”而是以“议行合一”的理论为基础。我国国家的权力结构由国家权力机关、国家行政机关、国家审判机关、国家检察机关构成。这些机关统一行使宪法规定的国家权力，通过不同国家机关的分工合作才能实现，而不是分立和制衡。权力分立和制衡思想对我们平衡教育权与受教育权的关系具有重要参考价值。

（二）国家教育权的纵向分配

国家教育权的纵向分配是指国家教育权在不同层次的各级政权组织的分配。国家教育权的纵向分配的实质就是在纵向上国家教育权的内容，即国家教育权纵向上包括中央教育权和地方教育权。不同的国家中央教育权和地方教育权在权限的划分上不同，典型的有两种，即中央集权和地方分权。相应地，国家教育权纵向分配形式就有中央集权制和地方分权制。

1. 中央集权制

中央集权制指中央机构与地方机构之间表现为一种命令与服从的隶属关系，一切事务的决策权或最终决定权集中在上级机关，下级机关只能根据上级机关的决定、命令和批示办事，并对上级机关负责。中央集权制也有两种组织形式：一种是以中央管理为主，权力高度集中，这种行政权力结构以苏联为代表；另一种是把相当一部分管理职能转移给地方政府，中央保持对重大问题的决策权和对行政事务的最终决定权，这种行政权力结构以日本为代表。

中央集权制国家的中央教育权大于地方教育权。中央对地方实行领导、监督与管理。

2. 地方分权制

地方分权制是指在机构设置上，中央机构和地方机构之间是平行的或合作的对等关系，上层对下层权力范围内的事务不加干涉，由下层自主决定。在实行地方分权制的国家，中央和地方的组织也存在差别。以英国和美国为代表，在英国中央政府只对重要的政策和问题向下发出指示命令，主要的教育事务还是主要由地方教育组织领导和管理。在美国，联邦、州和地方三级教育权力系统分工比较明确：联邦一级宏观指导教育，联邦对教育的作用通过国会的教育立法和教育部的行政指导、行政协调而实现；州一级直接控制教育；地方一级通过建立地方教育委员会因地制宜地管理教育。每一层次的职权职责都有法律的依据，各自保持一定的独立性。

地方分权制国家的中央教育权小于地方教育权。中央只负责宏观决策或重大事项，具体事务由地方教育部门负责管理。

集权制和分权制是国家教育权纵向分配的两种典型形式。这两种体制各有利弊。当前世界上实行分权制和集权制的国家都在进行改革，互相借鉴，正在形成新的权力分配，以期从法律上保证中央与地方、集权与分权的协调一致，这种新的权利分配形式就是均权制。我国教育权的行使坚持中央集中统一领导，地方各级政府设立地方教育行政机关，在本级人民政府的统一领导下，行使国家管理教育的权力，并受教育部的领导或业务指导。

四、国家教育权的适度行使

（一）积极承担教育责任，清晰界定国家教育权行使边界

国家行使教育职能的目标，是积极发展国家的教育事业。国家对教育的扶持，首先是被视为国家的一种负担和责任。国家的这一负担和责任通过法律的明文规定来实现，即为法定义务和责任。在现行的教育法制中，由于外在的经济、财政保障对于公共教育的现实发展起着决定性的作用，承担教育责任已成为国家宪法上的义务。

联合国人权委员会受教育权问题特别报告员卡塔琳娜·托马斯瑟夫斯基教授提出：国家所提供的教育，应体现出可获得性（availability）、可进入性（accessibility）、可接受性（acceptability）和可适应性（adaptability）四个互相联系的基本特征。[①]对于现代国家的教育职能和积极义务，尽管不同的国家对此有不同的规定，但它在责任上都包含以下基本内容：规定并执行教育基本制度；举办公共教育，扶助符合国家、社会需要和个人适当需求的民办教育，并提供必要的教育资源；保障公民的平等受教育权利；督促有关方面履行教育义务；制定教育发展战略和规划；制定学校及其他教育机构的基本规范；保护符合国家规定的教育活动不受干扰等。

教育的发展离不开国家的扶持，但并非所有的教育问题都需要国家以法律形式强行介入加以规范，有些事项属于国家权力的消极领域。对法律与教育界限的认识，美国、中国台湾、日本法学界虽然认识不完全相同，但大体上将教育内容、方法划分为内部事项，教育设施与教育财政划分为外部事项。例如，李惠宗认为：为达成教育目的，由教师所直接采取的学科教学或发生教育效果的生活教养活动的“教育功能事务”属于教育的内部事项，包括教师对教学方式的选择、考试方式及学生成绩的评量，以及班级管理、学生座次分配、检查服装仪容等为达成教育目的所实施的内部程序或措施等。教育的外部事项是有关“教育行政管理事务”的法律关系，包括学校与学生、教育行政机关与学校及其成员间的事务。[②]法律介入事项原则上应限于教育的外部事项，教育内部事项不适合由法律加以强行规范。

（二）适度分权，合理收缩国家教育权

国家教育权与其他行政权一样，存在科层组织的低效和因行政权的扩张对社会和公民个人权利的挤压两方面的弊端。要解决这两个问题，必须进行行政分权

---

① 申素平：《教育法学原理、规范与应用》，北京：教育科学出版社，2009 年，第 65 页。

② 李惠宗：《教育行政法要义》，台北：元照出版公司，2004 年，第 42-43 页。

和市场化改革，合理收缩国家教育权。

最近 20 多年，许多国家都掀起了公共教育体制的重构运动，其核心是改革公立学校，提高公共教育的质量、效益和效能[①]。通过教育分权和引入市场机制，打破了政府对公共教育的垄断，实现了政府角色的分离，让市场在资源配置中起决定性作用，提高了教育效率。以往我国由于没有进一步的法律规定，从而对教育行政的自由裁量权没有有效的控制机制，使得宪法授予国家行政机关的这种管理文化教育的职权，实际上成为一种无限制的授权。国家行政机关能够自我设计为实际所需要的国家教育行政权力，并且其权能处于一种不断的自发性膨胀之中。这种状况往往使人们误把国家教育权直接等同于国家的教育行政权，甚至把行政机关视同国家教育权的权力主体。它所导致的观念认识、思维定势和行为惯性，至今仍对人们特别是教育行政机关有着深刻的影响。[②]我国教育管理体制中国家力量太大，民间力量和市场机制未能充分发挥作用，因此，将来在广度和深度上还要继续推进教育分权和市场化改革，形成自由选择、竞争和多样化协同发展的局面。

（三）以教育司法权和其他教育权制约国家教育权

国家教育权同其他权力一样具有扩张性和潜在的负效应。因此，在国家教育权的分配中，应体现相互制约的思想。这种制约形式有以下四种。

第一，司法对国家教育权的制约。司法权具有中立性和独立性，司法权的设立与行使的主要功能是为教育权利提供一种最终的救济渠道，并对国家教育权进行审查。通过司法程序可以对教育行政权进行制约和监督，防止教育行政机关滥用行政权力侵犯公民和法人的教育权利，协调个人利益、社会利益和国家利益。

第二，社会教育权对国家教育权的制约，即区分国家教育权与社会教育权的界限，以社会教育权平衡和制约国家教育权。社会教育权主要是社会团体组织与实施教育的权利。社会教育权广义上还包括个人受教育权。

第三，家庭教育权对国家教育权的制约。子女是父母所生，父母理所当然地有抚养、教育的权利和义务。1943 年联合国大会通过的《世界人权宣言》第二十六条第三款规定：“双亲享有为子女选择教育种类的优先权。”我国《宪法》第四十九条第三款规定：“父母有抚养教育未成年子女的义务，成年子女有赡养扶助父母的义务。”《宪法》第四十六条规定：“中华人民共和国公民有受教育的权利和义务。”

第四，公民受教育权对国家教育权的制约。教育法的主要职能和作用就是对

---

① 徐杰：《教育分权：公共教育体制范式的转变》，《教育研究》，2004 年，第 2 期，第 10-15 页。

② 秦惠民：《走入教育法制的深处——教育权的演变》，北京：中国人民公安大学出版社，1998 年，第 198 页。

受教育权利的保护。一方面，在现代社会，公民受教育权已经发展为社会权和福利权，要求国家按照不同类型、不同层次的教育提供不同的教育公共服务；另一方面，受教育权属于公民的最为神圣的自由权范畴，应该受到国家的最大程度的尊重和保护，避免行政权力的不当干涉。

第二节 社会教育权

一、社会教育权的概念与性质

社会教育权是除国家和家庭之外的社会主体依法享有的从事教育活动的权利。在我国，社会教育权指社会主体依法享有关心、支持、参与、监督各项教育事业的权利和义务。它主要包括各社会主体依法享有的举办教育事业、实施教育活动的权利，以及参与对国家的教育事务进行管理与监督的法定权利。

社会教育权的权利主体为非政府机构的其他社会利益群体的组织和个人。在现代国家社会中，教育权的权利主体为志愿性社会群体组织，包括法人和非法人组织或个人，主要指代表一定社会阶层或利益共同体的志愿性民间组织和个人。社会教育权的义务主体是社会教育中的受教育者，如参加各种各样的社会教育的民众和各级各类社会举办的学校中的学生，以及学生家长和其他监护人，学生在多数情况下为无民事行为能力或限制民事行为能力的人，其权利的行使由监护人部分代理行使。

社会教育权的性质：

（1）社会教育权与市民社会紧密相关，具有自治性质。社会教育权属于“法律不禁止便自由”的社会权利，与国家教育权的“无法律即无行政”不同，前者的自主性和自由行使权利的范围更大。

（2）社会教育权主体与受教育者主体之间的关系主要依赖习惯法、民法的调整。社会教育权的权利主体之间的关系是平等的，与国家教育权的“命令—服从”形式不同。但是，在特定的条件下，社会教育权也借助权力，如宗教势力、家族或家庭的势力及亲权管理教育。社会教育权权利主体之间发生的法律关系一般可以通过多种途径来解决，如民事诉讼、民事仲裁机构、双方协议等。

（3）社会教育权受实体法的规制，政府机构对社会教育实施管理和监督是国家重要的社会管理职能。在现代国家中，社会教育权的权利人有时也与国家权力发生法律关系，这时国家行政机构，尤其是教育行政机构与社会教育组织之间构成行政管理关系。

二、社会教育权的产生与发展

与国家教育权相比，社会教育权的历史更为久远。在国家出现之前，社会教育就广泛存在，因此，社会教育权是一种自然权。在远古时期，儿童被视为原始公社所共有，公养公育，社会教育权行使多样，随机而教，遇事而学。一般而言，权利行使者为长者和成年人。

西方国家一直具有社会组织办学的历史传统。古希腊社会组织就建立了私立学校。古罗马时期仿照希腊教育举办了大量的学校，如初等学校、文法学校和修辞学校，它们基本上属于私立性质。帝国时期，基督教教育兴起并最终取代世俗的学校教育。在此后的 1000 多年世俗教育衰退，文化和教育基本为教会所垄断。在中世纪绝大多数的教育属于社会教育的范畴，基本上是由某一个社会团体（尤其是教会和贵族、封建主）举办和管理的，其共同的特点是为特定的社会集团利益服务。

文艺复兴时期，教会的教育权逐渐分化，各个新教教派开始为宣传自己的主张而广开学校，这个时期社会教育权占有绝对主导地位。进入 17、18 世纪之后，欧洲的教育更加多样化，世俗教育与宗教教育进一步分离，贵族教育与平民教育双轨发展。国家也开始介入平民教育并重新恢复其教育权行使的主体身份，开始建立国家主导的国民教育体系。

从 19 世纪开始，随着资本主义教育制度的建立和发展，社会教育权逐渐受到国家教育权限制。但是，不同国家社会教育权有所不同：在国家主义盛行的国家里，社会教育权受到国家的控制；而在个人主义思想居于主导地位的国家，教育被认为是监护人的责任，国家帮助宗教团体和慈善机构开办必要的教育，国家尊重社会主体的办学意愿，官方对这些学校的管理基本上是基于协作原则而进行。①

进入 20 世纪之后，国家通过公共基金、法律和督导等途径越来越多地干预教育。在发展中国家，普遍形成了国家承担教育责任的制度，弱化甚至取消了社会团体举办学校的权利。在经历了两次世界大战和 20 世纪 60～70 年代的革命浪潮之后，西方国家社会教育权的行使受到国家法律的严格限制，自由度大为降低。近年来，由于信息革命的启动，个性化的教育复归，社会教育权重新获得尊重，出现了社会教育权与国家教育权的均势现象。

在我国，个人或社会团体举办的私立学校始于春秋战国时期，以孔子创办私学作为首要标志。在此之前，夏、商、周三代实行“学在官府”政策，除了家庭教育没有社会办学。春秋战国时期，随着“学术下移”到民间，私学的产生和发

① S. E. 佛罗斯特：《西方教育的历史与哲学基础》，吴元训主译，北京：华夏出版社，1987 年，第 402-404 页。

展成为必然。“百家争鸣”的出现，大大促进了私学的发展，而秦国统一后私学受到压制，在汉代时，私学重新崛起。到了唐朝，出现了一种新的私学形式——“书院”，它的出现标志着我国私学发展到新阶段。宋代时书院极其兴盛，而自元代起书院官学化严重。在明清时期出现了由民间组织与个人捐资兴办的“义学”“义塾”等具有慈善性质的学校，这是社会教育权行使的一种特殊形式。

到了近代，新兴的资产阶级通过举办教育来宣传自己的思想，教育民众，传播启蒙与救亡思想。在他们的推动下，我国私学开始走向多元化。鸦片战争之后，欧美教会纷纷设立教会学校，通过传播教义进行文化侵略。在洋务运动及后来的维新运动中，许多社会有识之士借助社会力量举办学堂，扩大了私学的范围。从清末期到 20 世纪中叶社会出现了民间团体办学的热潮，并以自强、救国、启蒙为办学目标，体现了社会教育权的公益性质。这期间举办学校成为民间和教育家改变我国“愚、贫、弱、私、散”的最重要途径之一。

新中国成立之后，私立学校和各种形式的社会力量办学最后都被纳入公立教育体系，直到 20 世纪 80 年代以来，社会教育重新兴起。目前，社会力量办学规模逐年扩大，并发展成为公立学校的一个重要补充。

三、现代社会教育权的内容

现代国家，公民或团体依据法律规定行使社会教育权，这主要表现在以下三个方面。

（1）学校的举办经营权。大多数国家都规定公民个人和社会团体可以举办和经营学校。此外，一些国家还规定了各种宗教团体平等地从事教育活动的权利。[①]我国宪法也肯定了社会教育权的积极作用，并规定国家采取鼓励的政策来支持社会办学，《义务教育法》《教育法》等法律进一步明确了我国社会力量办学的权利。1997 年的《社会力量办学条例》、2002 年的《中华人民共和国民办教育促进法》、2004 年的《中华人民共和国民办教育促进法实施条例》等法律法规使我国社会教育权的依法行使进一步获得了具体的法律规范。

（2）教育内容的决定权。现代国家都确立了国家对教育的管理权，但是对于教育内容的选择和确立，大多数国家和政党都保持中立。在大陆法系国家，如德国的宪法（基本法）仅仅规定了“教育制度应受国家之监督”（第七条），而不将教育本身视为一项国家权力。在法国宪法第五章“国会与政府之关系”中，也将教育排除在政府立法权之外，只能由国会进行教育立法。这些国家的政府都不介入教材的选编和推广工作，所谓教科书“审定”只是对其质量的一个监督程序。

① 秦惠民：《现代社会的基本教育权型态分析》，《中国人民大学学报》，1998 年，第 5 期，第 82-87 页。

在英美国家的宪法中，也没有授予政府教育权力。美国宪法中与教育密切相关的，是第一修正案（不得干预信仰和思想自由）和第五、第十四修正案（非经正当程序不得剥夺人身、财产和平等的机会）。但是，国会立法和司法判决也可对教育进行适当干预，如招生中的种族或性别歧视和公立学校教育内容的政治中立等。

总体而言，在英美国家教育属于公民的思想与信仰自由、言论自由、人身自由及结社自由权利的范畴。但是，在一些国家，政府与社会教育之间还存在冲突，如日本教科书案中国家与社会在教育内容选择权方面的博弈，这些冲突还会持续下去。

传统上我国教育内容的决定权主要体现为国家，国家以统一的教学大纲、教学计划规定教育内容。随着国家教育权的下放和社会教育权的发展，民间力量越来越多地介入学校教育。20 世纪 80 年代以来，我国教科书从“一纲一本”到“一纲多本”，再到“多纲多本”和“三级课程管理”，这些改革都逐渐淡化了教科书使用上的国家色彩，体现了民间的参与权与决定权。

（3）决策管理参与权。社会团体及公众参与教育事业的管理，在西方国家有很长的历史。古代社会，学校大都掌握在教会、社会（行会）及个人手中，教育是一种民间活动。近代国家权力开始强力干预教育，社会团体、公众管理教育的传统依然存在，社会参与仍然是当代西方国家教育管理的一项重要内容，并被认为是教育民主化原则的重要体现。西方一些国家在宪法中明确规定了社会团体及公众参与教育管理的权利。一些法律法规不仅规定了社会参与教育管理的权利，而且也明确了参与的范围、方式、职能等内容。英国《教育改革法》（1988 年）详细地规定了社会参与学校管理和决策的专门性机构（学校委员会）及机构的人员组成、活动内容、程序等。法国 1989 年颁布的《教育指导法案》中“社会参与”的规定中扩大了代表的成分，增加了代表的数量，为社会参与教育管理提供了保证。

四、积极利用社会力量和市场机制，扶持和壮大社会教育

社会教育权是最为古老的一项教育权利，它比国家教育权、家庭教育权和学习教育权历史更为久远。随着社会的民主化发展，社会教育权也逐渐得到加强。20 世纪 80 年代以来国际社会的教育民营化市场化改革反映了这一社会发展趋势。总体而言，我国社会教育还相对薄弱，民众参与社会教育的意识不强，有效的途径不多，社会教育的设施不够完备，社会教育难以与公立教育获得同等法律地位。从社会发展、社会治理及公立教育的困境与出路而言，积极利用社会力量和市场机制，扶持和壮大社会教育，建立起学校、家庭和社会三结合的教育网络

是我国当前教育改革的重要任务。

第三节 家庭教育权

一、家庭教育权的概念与性质

家庭教育权也叫父母教育权，是指建立在亲属关系基础上的、父母享有的对其未成年子女进行教育和选择教育的权利。家庭教育权具有特殊性，家庭教育权是基于父母与子女的自然血亲关系而产生的，是一种源于习惯的权利，是父母或者其他法定监护人依据自己的意志、信念和价值观对子女进行教育的权利。现代社会中家庭教育权是宪法和法律明确规定的一项权利，对于父母和其他相关监护人，子女受教育就成为他们的义务。

家庭教育权的性质：

（1）家庭教育权是一种私权。私权是公民、法人和其他组织依法享有的私人权利，凡是法律没有禁止的，公民、法人和其他组织可以选择作为，也可以不作为。社会教育权和家庭教育权同属私权范畴，但是社会教育权与家庭教育权也有区别：社会教育权存在于公共领域，而家庭教育权存在于私人领域。所谓公共领域，哈贝马斯（J. Habermas）指的是一种介于市民社会中日常生活的私人利益与国家权力领域之间的空间领域。在该领域公民聚集在一起，共同讨论他们所关注的公共事务，形成某种接近于公众舆论的一致意见，对抗武断的、压迫性的公共权力，从而维护总体利益和公共福祉。[①]家庭教育权行使的范围仅限于家庭内部，家庭教育权与国家教育权和社会教育权相比具有私密的性质。例如，德国的法律规定：父母有权依据自己的判断，对孩子发出某种不作为的“禁令”，限制其部分社会交往。在家长与子女的意愿发生严重冲突时，要看家长的禁令是否有理有据。美国联邦法律中专门有《1974 年家庭教育权和隐私权法案》（*Family Educational Rights and Privacy Act of 1974，FERPA*），用以保障家长的教育权利，以及保护子女的个人验证信息和教育记录的安全。

（2）家庭教育权的有限性。家庭教育权的行使必须基于善意，不得损害被监护人的人身权和接受学校教育的权利。例如，现行的《法国民法典》第三百七十一条规定：“子女受父母之权力管束，直至其成年或解除亲权。”根据《法国民法典》第四百二十七条规定，“监护是对儿童的保护，属于公共性质的责任”。在监护人无法履行监护或者履行不当时，监护权可能为国家所取代，该法第四百三十

① 汪民安：《文化研究关键词》，南京：江苏人民出版社，2007 年，第 91 页。

三条规定："如无人监护，在监护涉及成年人时，监护法官得将其交由国家负担，或者在涉及未成年人时，交由社会援助儿童部门。"在英美法系中，父母教育权行使侵害了儿童的权利时，国家作为监护权的监督者可以以公权力的名义取消父母的家庭教育权利。

德国法学界有"三领域理论"区分父母与国家的教育权，该理论认为除了父母和国家各自行使教育权之外，还有第三领域存在。在此领域内，父母和国家共同行使教育权，父母可以通过家长会参与学校教学和管理意见的形成。如果在第三领域内发生利益冲突，则须判断该行为较接近哪一领域的核心，越接近父母的权利核心，国家作用的程度越轻；反之，越接近国家权力的核心，则国家干预的可能性越大。[①]目前传统的"三领域理论"仍然是德国学界较为认同的理论。

（3）家庭教育权行使的阶段性。家庭教育权存在于儿童发展的特定阶段，一般在子女未成年时期，父母对其有保护和教育的权利与义务。因此，家庭教育权一般限于基础教育阶段。在古代社会，子女高度依附于父母，此时家庭教育权以一种自发的适应生存和维持种族延续的意义而存在，父母对儿童的教育具有绝对的支配权和控制权，他们有权决定子女是否要接受教育、接受何种类型的教育及受教育程度。但在现代国家，家庭教育权的自由行使受到限制：一方面，家长必须接受法定年限的义务教育；另一方面，家长在一定程度上也要尊重子女的意愿，让其选择自己喜欢的课程、内容、专业和学校。

二、家庭教育权的产生与发展

家庭是私有制发展到一定历史阶段的产物。直到原始社会晚期，家庭逐渐发展成为社会劳动的基本单位，"公育"的模式才逐渐消失，家庭因此成为养育子女的基本场所，父母承担起教育子女的职责。家庭教育权大致经历了如下几个阶段。

家庭出现以来，家庭教育子女的模式一直占据着社会主流地位。例如，希腊等欧洲早期文明国家都要求家庭对七岁以下儿童和女子进行教育。男童七岁之后才开始入校学习。对于多数没有接受公共教育的家庭，其家长对子女的教育仍主要是家庭教育。在罗马法中，亲权被视为一种特权，由家长行使。[②]在漫长的古代社会，家庭始终是教育的最基本场所，教育基本是个人的事务。这种状况一直延续到中世纪晚期，教会通过教会法的行使介入到家庭教育中，许多教会要求家长必须将子女送入教区学校接受基本教育，否则，会受到教会法的惩罚。

随着民族国家的产生，国家对父母教育权开始进行干预。从工业革命开始，

---

① 何希皓：《父母在儿童教育中的宪法地位》，《宪政时代》，1996年，第2期，第60页。

② 曹诗权：《未成年人监护制度研究》，北京：中国政法大学出版社，2004年，第166页。

家庭教育权开始受到来自法律的挑战，义务教育制度的确立限制了父母在教育子女方面的部分权利，并导致国家、社会与家庭在教育权领域的冲突。因此，西方国家大都规定父母具有为子女在公立学校之间进行选择的权利。英国自《1944年教育法》第七十六条规定“学生应当按照父母的希望接受教育，国家和地方教育当局应当予以尊重”，家长居家教育子女或者为子女择校便有了法律保障。《1980 年教育法》第六条更明确了父母“学校选择”的愿望的合法性，该法指出：“只要不给‘提供有效的教育和有效地使用财源’带来障碍，地方教育当局或学校理事会有义务接受父母的希望。”

美国更加注重父母的选择权和家长参与学校的管理权。早在 1925 年美国通过最高法院的皮尔斯判例承认家长的择校权，认为教育是一项给予那些“养育儿童并引导其命运之人”的个人权利。国家与家长共同承担着教育的责任，二者都必须为儿童的利益而尽其职责。20 世纪 60 年代中期，各州均将家长参与学校教育与管理列为教育主要目标。《2000 年教育目标法》更将“家长的协助”列为十大教育目标之一。[①]

三、家庭教育权的内容

理论界一般认为，父母教育权包括两方面的内容：一方面是父母委托给学校及教师的教育权利，另一方面则是父母所享有的教育子女的权利，主要包括对学校教育享有一定的选择权、参与权及拒绝权。[②]就选择权而言，父母可以选择将子女送入公立学校或私立学校及特殊学校；就参与权而言，父母可以与老师进行沟通协商对子女的教育课程的安排、校规的制定等；就拒绝权而言，在一定条件下，父母可拒绝将子女送入学校就读而进行家庭教育。

（一）学校的自由选择权

教育选择权首先表现为家长的自由选择学校权，即在公立学校之间、公立学校与私立学校之间自由选择学校。父母选择学校的自由权是《世界人权宣言》赋予父母在子女教育方面的“优先选择之权”。在促进公立学校选择方面，美国实行了教育券（voucher）制度，持有教育券的学生可以自由选择学校。此外，美国还设计了“磁石学校”“特许学校”促进家长和学生在公立学校之间进行选择。

在私立学校的选择上美国曾存在争议，这一争议通过 1925 年高级法院的“皮尔斯诉姐妹会案”得到解决。该案件的判决认为，虽然政府可以强迫所有儿

---

① 张素蓉：《中、美、英家长教育权利的比较》，《比较教育研究》，2009 年，第 3 期，第 20-24 页。

② 阿部照哉，池田政章，等：《宪法——基本人权篇》（下），周宗宪译，北京：中国政法大学出版社，2006 年，第 256 页。

童都必须接受学校教育，但是父母却有在公立学校和私立学校之间选择的、宪法所赋予的权利①。这一判决在政府的利益和父母的权利之间达成了契约，即父母有权决定儿童的培养问题，并且可以将他们送往符合办学标准的私立学校。

（二）父母对学校教育的参加权

日本学者结城忠认为，父母教育参加权的种类主要有三种。一是知情权，即了解学校有关信息的权利，如教学计划、教学内容、教师的教学方法、成绩评价标准与方法等，以及与此相关联的父母直接参加的访问、参观学校的权利，进课堂听教师上课的权利，等等。教育行政机关、学校有义务为父母提供必要的信息，包括学生个人档案的记录等。二是提案、发言权。这项权利意味着教育行政当局、学校在做出某项决定、制定某项措施之前，不仅从程序上要向父母说明理由，即父母有权利要求提供有关该决定、措施的说明，而且父母有权对该决定或措施提出意见和建议。三是共同决定权，即教育行政当局或学校对教育上的措施、决定必须征得父母的同意，如果父母不同意，则该项措施、决定便不能生效。②

（三）父母的拒绝权

拒绝权是指父母可以基于自己的哲学和宗教信仰拒绝某种特定课程的权利，一般都与宗教或性教育课程相关。

（四）决定在家上学的权利

“在家上学”（home schooling）即父母在家中自主安排子女的教育。一些欧洲国家称之为“家庭教育”（home education），大多数人称之为“家庭学校”。在家上学是起初流行于美国等西方国家的一种青少年教育成长方式。20 世纪中叶，在家上学主要在宗教家庭产生，此后逐渐发展为一种得到广泛认可的教育形式。欧洲最大的私营电视媒体集团 RTL 公布的一项调查表明，欧美在家上学的儿童已超过 200 万人③。1998 年全美从幼儿园到高中在家自行教育的学生数约有 150 万人，占学生总数的 2%，较 1990 年增加 5 倍，比纽约市就读公立学校的人数还多。2003 年的时候，就已经有 110 万个孩子在家上学。21 世纪教育研究院 2013 年 8 月发布的调研报告显示，在中国大陆约有 1.8 万名学生不在学校上学，选择“在家上学”。当前在家上学人数最多的前三个省（自治区、直辖市）依次

---

① 章林：《现代学生教育选择权的法理学探讨》，《中国教育管理评论》（第三卷），北京：教育科学出版社，2005 年，第 418 页。

② 劳凯声：《变革社会中的教育权与受教育权——教育法学基本问题研究》，北京：教育科学出版社，2003 年，第 202 页。

③ 青木：欧美 200 万儿童在家上学（教育广角），人民网。

是广东、浙江和北京，均位于我国东部。

四、家庭教育权的发展趋势

父母的拒绝权在现代社会受到严格限制。一般只有在学校的教育给父母及其子女的其他基本权利如思想自由、信仰自由造成较大损害的情况下，法律上才承认父母具有该拒绝权；而且，父母对子女所实施的家庭教育在内容上必须使子女能够习得将来在社会上生活所需的最低限度的能力，或者达到与义务教育同等程度的教育效果，且要接受国家有关机构的定期检查。①

在我国“在家上学”还存在较大争议。一是违反了《义务教育法》。实行“在家上学”的父母或者其他监护人未能使适龄的子女或者被监护人按时入学，且在家学习也没有经过当地人民政府批准。二是孩子的社会化问题。把孩子与其同龄人正常的学习生活人为地隔开，限制他与同龄人的正常交往，会给孩子造成一定的心理障碍，影响孩子的早期社会化。按我国目前的法律规定，在家上学属于合理而不合法。但是，新修订的《义务教育法》对在家教育留有余地和制度创新的空间，第十四条规定：“自行实施义务教育的，应当经县级人民政府教育行政部门批准。”可见，在这个问题上，地方政府可在一定程度上自主操作与管理。

在家上学作为一种受教育的选择权，意味着学生有完成义务教育的义务，却并不意味着一定要在学校和其他常规教育场所内完成。至于如何缓和在家上学与义务教育的冲突，如何使“在家上学”为多元化教育探路，地方政府应该对在家上学给予一定程度的宽容，为在家上学提供一定的帮助：其一，可以通过地方立法允许在家就学，满足家长、学生对教育的多样化和选择性的要求；其二，积极为在家上学提供质量评价标准和评价的形式与途径；其三，推动学习化家庭和学习化社区的建设，为在家学习提供丰富多彩的网络学习资源及其他社区基础教育设施。

第四节 受教育权

一、受教育权的概念与性质

受教育权是指公民作为权利主体依照法律规定具有的接受教育的能力或资格。受教育权的主体具有广泛性，一切公民都具有受教育的权利。《教育法》第九条规定：“中华人民共和国公民有受教育的权利和义务。公民不分民族、种

① 阿部照哉，池田政章，等：《宪法——基本人权篇》（下），周宗宪译，北京：中国政法大学出版社，2006年，第253-259页。

族、性别、职业、财产状况、宗教信仰等，依法享有平等的受教育机会。”受教育权的相对性决定了受教育权的相对方是依法为公民受教育权利的充分实现提供各种条件的义务一方，主要指国家（包括各级人民政府）、学校及其他教育机构（主体主要是教师）、家庭（主体为父母）、社会（包括企业、事业等社会组织和公民个人）。

受教育权的产生经历了一段漫长的发展过程，内涵逐步丰富。受教育权的发展可以分为四个阶段：第一阶段（16 世纪义务教育制度形成以前），受教育属于私人事务；第二阶段（16～20 世纪初），受教育被视为人民的义务；第三阶段（第二次世界大战之后），受教育成为基本人权；第四阶段（20 世纪 80 年代以后），学习权成为基本人权。①

关于受教育权的性质，学界通常认为受教育权是一种自由权与社会权相结合的公民基本权利，它同时兼具社会权与自由权两种权利的特性②，是一种具有复合性格的人权。

1. 受教育权是一项社会权利

受教育权是一项基本人权，是宪法赋予的一项基本权利。到 2003 年为止，世界上有成文宪法的国家中，仅有 43 个国家的宪法未对受教育权做出任何规定，与之形成对比的是，144 个国家都有程度不同的规定。③第一部规定受教育权的宪法是德国 1919 年的《魏玛宪法》。其中，第一百四十三条规定：“青年教育，由公共机关任之。其设备，由联邦各邦及自治区协力设置之。”《魏玛宪法》开了将受教育权规定为公民宪法权利的先河，其后其他国家也在宪法中规定这一权利，受教育权于是与其他社会权利一起，成为现代宪法的突出标志之一。

受教育权作为宪法规定的基本人权，同人的生存权一样优先于其他一般权利，国家、社会等应优先保证公民享受充分的受教育权利。宪法权利的另一面则是国家的义务，国家有责任保障该权利的实现，当公民的受教育权利受到侵害时也应得到及时的救济和补偿。荷兰人权学者冯·科曼斯（Fons Coomans）提出受教育权国家义务矩阵，从“社会”和“自由”两个维度分析受教育权的国家义务。“社会”维度包括教育的可进入性和可利用性要素；“自由”维度包括选择教育的自由和设立教育机构的自由。国家在这两个维度的四个要素方面都承担尊重、保护和实现的义务。④

作为一种积极的权利，受教育权是在 20 世纪以来西方福利国家建设的背景

---

① 周志宏：《受教育的权利与使受教育的义务——强迫入学条例之检讨》，《教育研究月刊》，2002 年，第 97 期，第 32-43 页。

② 温辉：《受教育权入宪研究》，北京：北京大学出版社，2003 年，第 101-115 页。

③ Tomasevski K：Manual on rights-based education，Asia and Pacific regional bureau for education，UNESCO Bangkok，2004。

④ Coomans F：In search of the core content of the right to education，载 Chapmana R：Core Obligations: Building a Framework for Economic，Social and Cultural Rights，Intersentia Publishers，2002，217-246。

下兴起的。联合国大会于 1966 年通过的《经济、社会和文化权利国际公约》(简称《公约》)第十三条第二款对受教育权做出规定。根据《公约》的规定，对于公民经济、社会和文化权利的实现，国家负有包括尊重、保护、促进和给付几个方面在内的重要法律义务。1948 年的《世界人权宣言》第二十六条也对受教育权予以了明确的规定。平等地保护受教育权是联合国各成员国和国际人权公约缔约国义不容辞的国家义务和国际责任。

作为一种社会权，受教育权包括以下内涵：首先，少年儿童有权获得免费的义务教育；其次，教育机会平等。[①]受教育权作为一项社会权利，其实现的程度取决于社会发展的水平，社会经济的发展是受教育权充分实现的根本性保障。国家的义务首先在于尽最大可能采取行动以发展社会经济，并使其对受教育权的实际保障水平不低于其真实能力所应当达到的保障水平，使教育的发展同步于社会的发展和国家义务能力的发展。

2. 受教育权是公民的自由权

自由权的实质是个人私领域生活的不受干预，要求国家权力不得介入和干涉公民私领域生活自由的权利。它对应的是国家的消极不作为，要求国家不得侵害。

受教育权的自由属性表现为自由教育或教育自由。在公共教育和国家教育产生之前，传统上的教育具有浓厚的自由主义色彩，儿童的受教育机会与受教育程度一定程度上由父母所决定。现代法律制度中仍然保留其固有的、源于血亲关系的教育自由权，这种教育自由权受宪法保护。例如，德国《基本法》第三条规定：父母对其子女的抚养和教育有所谓的“天赋之权利”。按照德国联邦宪法法院的解释，这项条款旨在保护家庭教育不受公权力的非法干预。[②]

3. 受教育权是绝对权利也是相对权利

受教育权利要求其他任何组织、个人，不得做出妨碍、侵犯受教育者接受教育的行为，以不作为的形式履行义务，以保障受教育者充分行使受教育权利。从这个意义上说，受教育权利是一种绝对权利。但由于某些或某类主体受教育权利的实现又依赖于特定的义务人，依赖于自己的积极作为，如对必须接受一定年限义务教育的儿童来说，其接受教育必须由其相对方——国家、学校（教师）、父母等为其提供一定条件，满足其受教育的要求，所以受教育权利又是一种相对权利。

4. 受教育权是专属权

教育作为个体谋求自我发展，提高生活质量的重要手段，只有通过个体自身的积极行为才能完成。它同个人的人身权一样，不可，也不能转让给他人，属于

① 张步峰:《兼具社会权与自由权性质的受教育权》,《北京行政学院学报》, 2009 年, 第 5 期, 第 80-83 页。

② 李道刚:《论德国家庭教育权》,《山东社会科学》, 2003 年, 第 4 期, 第 86-87 页。

专属权。这意味着在一个家庭中，父母不能因为某种原因中止某个子女的受教育权利，而让与其他子女，将受教育权集中到一个儿童身上行使。

5. 受教育权是行动权和接受权

受教育权的实现离开了个体自身的积极行为是不可能的，即使国家、学校、家庭等为其提供了完好的教育条件，倘若个体不接受、不学习，那么受教育权依然只是法定的而非现实的。尤其在受教育权的内涵发展至学习权的今天，从受教育权强调个体积极主动地学习的意义上看，受教育权自然是一种行动权。

二、受教育权的内容

受教育权包括受教育机会权、受教育条件权、获取受教育结果权三个方面。

（一）受教育机会权

受教育机会权是指受教育者有权通过学习和受教育获得生存与发展能力的可能性空间和余地，是受教育者接受任何等级或类型的教育的起点、资格与身份。受教育机会权是受教育权存在与发展的前提性与基础性权利。学者龚向和把受教育机会权分为入学机会权、升学机会权、受教育选择权和学生身份权①。入学机会权、升学机会权是受教育机会权的重要表现形式，也是重要的实现方式，受教育选择权是指公民对接受教育的种类、学校、教师等有自由选择的权利。受教育选择权与入学机会权、升学机会权是密不可分的。入学机会权、升学机会权及受教育选择权的行使所产生的结果：进入某一教育机构而获得该教育机构的学生身份，享有学生的一切权利，而一旦丧失学生身份权，其他形式的受教育权也就一同丧失。因此，学生身份权是受教育机会权的核心，享有受教育机会权，实质是要享有学生身份权。所以，受教育者要十分珍惜学生身份权，教育机构或教育者不可轻易剥夺学生身份权。

（二）受教育条件权

受教育条件权是受教育者请求国家积极作为，提供教育设施和保障教育教学正常运转的权利。它包括教育条件建设请求权、教育条件利用权及获得教育资助权。

教育条件建设请求权主要包括教育设施建设请求权和教育财政措施请求权；教育条件利用权是指对于已有的教育条件如教育设施或教育资源，受教育者享有平等的利用权；获得教育资助权，主要针对经济困难的学生。公民个人无法交付

① 龚向和：《受教育权论》，北京：中国人民公安大学出版社，2004年，第36-59页。

教育费用时，国家有义务按成绩和能力给予经济资助。有资格接受教育但无力负担教育费用的学生享有从国家获得教育资助的权利。

（三）获取受教育结果权

获取受教育结果权指受教育者经过努力学习有权获得应有的教育结果。获取受教育结果权包括获得公正评价权和获得学业学位证书权。获得公正评价权，是指受教育者在德、智、体各方面有获得按照国家统一标准一视同仁的客观评价的权利。获得学业证书、学位证书权是指受教育者在完成规定的学业之后，应享有获得证明其完成相应学业的证书的权利。

三、教育公平与平等的受教育权

教育公平是现代社会的重要特征和社会原则。教育公平，是指国家对教育资源进行配置时所依据的合理性的规范或原则。这里所说的“合理”是指要符合社会整体的发展和稳定，符合社会成员的个体发展和需要，并从两者的辩证关系出发来统一配置教育资源。

依据教育公平原则，受教育者应该享有平等的受教育权。根据以上受教育权的内容，平等的受教育权表现在以下四个方面。

（1）平等的受教育机会。公民均有上学接受教育的权利，即公民都有受教育机会。教育机会均等原则，不仅是国际社会普遍公认的教育理想，也是被国际法准则和各国国内法所确立的基本原则。

（2）平等的受教育设施。国家提供教育设施，培养教师，为公民受教育创造必要的机会和物质条件。这些教育条件既有设施设备、教员工资待遇等“物质上的”条件，也有学校体系、学区制、学校运营体制等“制度上的”条件。

（3）平等的受教育过程。平等的受教育过程包括起点的平等、过程的平等、结果的平等三个方面：①起点的平等，即学生享有平等的受教育机会。我国教育法规规定，所有的适龄儿童少年，无论其种族、民族、性别和宗教信仰如何，都有入学接受教育的平等权利。②过程的平等，即学生在受教育过程中，在课程、教育教学中享有被平等对待的权利，即不论其性别、种族、民族、宗教信仰，也不论其家庭经济、政治地位及出生所在地如何，教育机构、教育者一视同仁。③结果的平等，即不论其性别、种族、民族、宗教信仰，也不论其家庭经济、政治地位及出生所在地如何，受教育者有权通过公平、客观、合理的竞争升入高一级学校的权利。

（4）公正的受教育评价。受教育评价权是公民受教育权的重要内容，指公民在利用教学条件，身心发展产生变化后，其身心状况获得公正评价的权利。

四、受教育权与教育权的关系

（一）受教育权与教育权之间平衡与制约的关系

（1）国家教育权和学校教育权来源于社会教育权和家庭教育权的委托。从权利的起源看，社会教育权比国家教育权、家庭教育权、学校教育权都要早。社会教育权从远古时期教育产生以来就存在，而国家教育权、家庭教育权、学校教育权都是私有制的产物。以天赋人权理论分析，在国家形成之前的自然状态下，人的权利平等、自由受到自然法支配。国家权力来源于人民上交的部分权利，国家代表“公意”管理社会，如果国家侵犯了人民的权利，人民有权收回自己的天赋权利。我国《宪法》也规定国家权力是人民授予的。从这个意义上而言，国家教育权来源于社会教育权和家庭教育权，学校教育权也如此。

（2）国家通过教育立法权、教育行政权和教育司法权对社会教育、家庭教育和学校教育进行法制化管理。虽然社会教育权和家庭教育权授权于国家，国家获得了教育管理权，但是近代以来随着民族国家权力上升，国家的教育管理权被普遍强化，形成了教育立法权、教育行政权和教育司法权，其中教育行政权是最为活跃的力量，成为国家高权的重要组成部分。

（3）国家授权学校，学校依法自主办学。现代国家都有对学校教育，包括公立教育和私立教育的管理权。学校教育权源于国家教育权的授权，学校获得授权后要接受国家监督，依法管理，自主办学。另外，学校教育权源于社会教育权与家庭教育权的委托，因此，学校教育也要受到社会公众和学生家长的监督管理。

（4）受教育权与国家教育权、社会教育权、家庭教育权、学校教育权分别构成不同类型和层次的施教与受教的教育关系。不同的教育关系中，教育者和受教育者的权利和义务不同，互相构成平衡制约的关系[①]（图 3-1）。

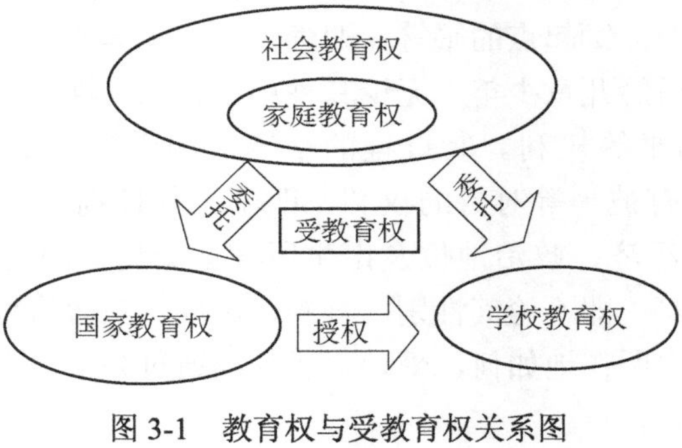

图 3-1 教育权与受教育权关系图

① 尹力：《教育法学》，北京：人民教育出版社，2015 年，第 99 页。

（二）教育权与受教育权的关系演变的规律性

（1）伴随信息社会的来临国家教育权开始向社会教育权和家庭教育权回归。随着工业社会的形成与发展，社会教育权和家庭教育权受到压抑，国家教育权强大。但是20世纪80年代以来，伴随着经济领域的市场化和公民社会领域的自治化，西方国家以国家教育权为主要形式的公共教育权力开始向社会转移国家原来由自己行使的一部分职能，如教育中的准公共产品的供给职能转移给非政府组织，通过合同出租的方式让社会力量和市场力量参与公共产品的供给等，把一切可以由市场调节和社会自治的事项交给市场和社会中介组织。与此同时，强制性教育，如义务教育也开始松动，父母在家教育的自由也得到伸张。我国也经历了上述西方国家教育权与受教育权的回归历程：20世纪80年代以来，我国政府也对地方教育行政部门和学校从两个向度放权，并于90年代中期开启教育市场化改革，市场化办学中学校获得了更大的办学自主权，社会也取得更大的决策管理参与权，教育向民主化、自由化发展。

（2）随着学习化社会和知识经济时代的到来，受教育权逐渐走向学习权。受教育权在全世界范围内已经被公认为一项基本人权。从根本上说，受教育权是公民为了能够使自己更好地生存和发展下去而不断地提高自己的思想意识、文化素养、生存技能等的权利。受教育权强调的是人们对教育的接受，在教育过程中处于被动接受的地位。随着社会的民主化发展，学生的受教育权利和受教育意识不断增长，受教育权逐渐向学习权过渡。联合国教育、科学及文化组织（以下简称联合国教科文组织）于1984年在巴黎召开的第四次国际成人教育会议上正式将学习权作为人类的一项基本权利提出。学习权是基于受教育权发展而来的，主要包括学习自由权、保障学习条件权和全面发展权三项权利，其意义在于将接受教育这一行为从原来的国家法律规定的被动接受教育的权利发展成为人们可以以自由的方式来选择接受教育和生存发展方式的权利，它强调了受教育权利主体在接受教育上的主动性。顺应这种发展变化趋势，现代国家都要改革各级学校体制和各类教育制度，积极制定法律，保障学生的学习自由权，进一步释放学生学习的积极性，为学生的主动学习提供便利设施和条件，通过个性化教育培养学生的民主精神和创造能力。

第五节 案例分析与讨论

一、1819 年达特茅斯学院诉伍德沃德案

（一）案情简介①

达特茅斯学院（Dartmouth College）是美国东北部的新罕布什尔州（New Hampshire）的一所私立文理学院，是美国著名的 8 所常春藤大学之一。该校成立于 1769 年，当时北美还是英国的殖民地，当时的英国总督向学院颁发了经国王乔治三世签字的特许状。根据这一特许状，学院建立了用于募捐的信托基金，设立了管理学院的董事会，它有权补充董事缺额，选任院长。

惠洛克任院长期间与董事会产生矛盾，州议会于是组成调查小组前去学校考察。校董会利用这一机会向调查小组揭发惠洛克滥用职权、损害学校利益，州议会却根据惠洛克的一面之词在 1816 年 6 月 27 日通过了一项改变达特茅斯学院性质的法律。新罕布什尔州议会通过的这项法律修改了达特茅斯学院原来的特许状，把学院转为公立大学，由州长威廉·普卢默（William Plumer）和州政府选派的监事会（overseer）管理。

面对州政府的压力，学院的秘书兼司库威廉·伍德沃德（William Woodward）偷偷地带走学院的校印、账本和文件，投奔了新设的公立大学。在伍德沃德拒绝归还这些物品后，学院的董事会向州法院控告伍德沃德非法侵占学院财物，还连带控告新罕布什尔州议会，要求法院宣布州议会通过的法律无效。

新罕布什尔州的各级法院判原告败诉，理由是：达特茅斯学院非私人财产，而是公共机构（public corporation），即使该校最初由董事会出资创办，董事会也不能只考虑私人利益而把它仅仅看成是私人财产。该校既具有公共性质，加之独立后建立起来的州政府已经继承了原有的英殖民地的一切权力和责任，作为民意机构的州议会就有权修改原来的特许状，并把它改为公立大学。

学院董事会不服判决，1817 年 12 月 25 日将案件上诉到最高法院，请求最高法院判决。1818 年 3 月 10 日，最高法院开庭审理此案，丹尼尔·韦伯斯特（Daniel Webster）为学院做了著名的辩护，在辩论中他指出：特许状是英皇为学院颁发的一种契约，具有法律效力；根据美国宪法的规定，州立法机关无权修改或废除该契约；新罕布什尔州立法机关试图修改它是对契约承担责任的单方面损

① 任东来、陈伟、白雪峰等：《美国宪政历程——影响美国的 25 个司法大案》，北京：中国法制出版社，2015 年，第 45-57 页。

害，是直接违背联邦宪法的。1819 年 2 月 2 日，由首席大法官约翰·马歇尔（John Marshall）宣读判决意见，法院以 5∶1 的多数判决学院特许状受美国宪法第一条第十款的合同条款的保护，州议会的立法行为损害了达特茅斯学院的合法权利。

（二）案例分析

1. 法理分析

该案的不同观点实际上反映了美国不同政治集团的分歧和法院的态度。在新罕布什尔州，作为共和党和民主党代表的联邦集权派和杰斐逊派彼此对立。前者坚持英国王室颁发的特许状是一种契约应被世人所认可的观点，而且认为学院的董事会应是学院的最高权力机构，其权力神圣不可侵犯。后者则支持取消达特斯学院的特许状，另建新罕布什尔州立大学。在审判过程中，州法院始终站在州政府的立场上并一致认为：该学院属于公共机构，州议会有权修改其特许状；如果校董事会拒绝这样做，州政府将强行接管该学院。

最高法院的理由是：马歇尔着重分析契约条款和达特茅斯学院法律地位的关系。马歇尔大法官认为，"通过对章程的重新审视，达特茅斯学院是一所慈善机构，是为了把捐赠者的资助应用到特定目的上而建立的；它的董事会或管理者最先是由创建者任命的，并被授权永久自我延续；他们并不是参与政府管理的行政官员，学院也不是公共机构"①。马歇尔并不否认学院在目的和功能上的公共性，但这不影响学院性质的私立性，在他看来，不能以机构目的来判断机构性质，如果学院不是政府机构，那就不应该是公共机构。特许状是一种由英国君主签发的正式文书，欧洲早自中世纪便已经有颁发特许状的习惯，用于向个人或法人团体授予特定的权利或权力，不少城市和大学等重要机构都是通过制定皇家特许状而设立。根据美国宪法第一条第十款的规定，各州不得制定法律去破坏契约义务。

2. 达特茅斯学院诉伍德沃德案的意义

（1）达特茅斯诉讼案是美国历史上第一桩关于高等教育的诉讼案，这个判决促进了私立教育的大发展。这个判决使私立院校的自治权有了法律保障，从而使它的自治传统变得神圣不可侵犯。②同时，由于私人捐赠的意愿能够通过特许状的形式呈现并被宪法保护，这刺激了潜在的私人捐赠者。此外，由于确定私立高等教育机构同时也是慈善机构，所以它享有免税权及免受政府管理的

---

① Marshall J：Chief Justice John Marshall's opinion in the Dartmouth College case，1819，载 Hofstadter R，Smith W：American Higher Education：A Documentary History，Chicago：The University of Chicago Press，1961，216。

② 约翰·布鲁贝克：《高等教育哲学》，王承绪等译，杭州：浙江教育出版社，1987 年，第 35 页。

权利，使私人办学、助学的积极性受到极大鼓舞，任何团体、组织和个人都可以建立私立学院或大学，特别是教会院校更是如雨后春笋般发展起来。马丁·特罗（Martin Trow）也认为，达特茅斯案的判决具有开拓性，这对公共机构在美国高等教育发展中的地位意义深远，使得学院没有变成完全屈从于政府意愿的机器，划清了政府对私立学院的权限范围，从而促进私立学院的建立和发展，该判决形成了保护个人和团体自由建立各种规格和教义的学院的“特许状”。①

（2）达特茅斯学院诉讼案的判决给公立大学的发展提供了机会和条件。达特茅斯案导致了学院和州政府的分离，是美国高等教育机构发展的“大宪章”，是公私立大学体系的分水岭。达特茅斯学院诉讼案的判决结束了州政府试图控制高等院校的努力，只能另行拨款创建州立高校，从而促使州立高校也得到相应的发展。比尔德（C. Beard）在《美国文化的勃兴》一书中认为，这项判决给私立院校和州立院校的前进廓清了道路，它使教会掌握的学院在风暴中感到安全，又提醒州政府不能违反原有学院的意愿而把它们改为州立学府。②1776 年，弗吉尼亚州在州立宪法中规定可以独立设置州立大学，之后州立大学在各州相继建立并保持着迅猛的发展势头，正是 18 世纪美国政府创设州立大学这一创举，使大学的行政管理权从教会全部垄断到部分政府直接管理，开美国历史上高等教育公有之先河。

（3）达特茅斯学院诉讼案的判决促使整个美国高等教育系统进一步朝着多元化、多样化的方向发展。自此以后，美国各州高等教育自由发展，全美高等教育系统出现了百花齐放、百家争鸣的局面。多样性不仅保证美国高等教育能够适应美国经济和社会发展的需要，而且使美国大学形成一种自主发展的逻辑，整个高等教育系统之间充满激烈的竞争，在这种激烈竞争的环境中，为了赢得市场，它们特别注重塑造自己的个性和特色，促使具有美国特色的高等教育体系初步形成，为整个美国高等教育体系的建立奠定了基础。

（三）案例讨论

（1）达特茅斯案中国家教育权和社会教育权的法律依据有哪些？

（2）以达特茅斯案为例谈谈美国国家教育权与社会教育权的界限和关系。

（3）以达特茅斯案为例谈谈如何实现国家教育权与社会教育权的平衡。

（4）达特茅斯案对我国私立教育发展有何启发？

---

① Trow M：In praise of weakness：Charting，the University of the United States，and Dartmouth College，Higher Education Policy，2003，(16)，9-26。

② 滕大春：《美国教育史》，北京：人民教育出版社，2001 年，第 205-207 页。

二、家永三郎教科书案

（一）案情简介[①]

1952 年，家永三郎编写的日本高级中学历史教科书《新日本史》因客观、公正地记述日本历史，从 1953 年开始发行被日本高中广泛采用。但从 1955 年起，他编写的教科书受到文部省的审查，当年就有 216 处被审定为“不合格”，1962 年，日本文部省认定该教科书不合格，要求篡改书中有关日本在第二次世界大战中犯滔天罪行的描述。经过修改的教科书到 1963 年还是没有得到文部省的认可，不得不再次修改。到 1964 年文部省才表示“有条件的合格”，但由审查官口头提出的问题还有 293 处。

1965 年 6 月 12 日，51 岁的家永三郎以文部省的审定违反了宪法第二十六条（受教育权）、第 21 条第二款（禁止审查）、第 23 条（学术自由）和教育基本法，使自己遭受精神损害为由，向东京地方法院提起了国家赔偿诉讼，要求文部省赔偿损失 187 万日元。这次诉讼由于涉及宪法问题和日本对侵略历史的态度，法院一直拖到 9 年后方才开庭宣判。1974 年 7 月 16 日，东京地方法院做出判决，从“国家教育权”立场出发，主张国家可以相当程度地干涉教育内容，否认教科书审定制度违宪，而只是确认文部省大臣在 1963 年做出的修改指示部分有误，判被告赔偿 10 万日元。

家永三郎对该判决不满，很快又提起上诉。这一次又拖了 12 年，东京高等法院于 1986 年 3 月 19 日做出判决，再次确认教科书审定制度不违宪，文部省大臣所做的审定处分也未超越行政裁量权范围，驳回上诉。

他再次上诉至最高法院。7 年后的 1993 年 3 月 16 日，最高法院小法庭做出裁定，维持二审判决。至此，第一次诉讼以家永三郎败诉结束。

在等待第一次诉讼开庭的 9 年里，家永三郎提起了行政诉讼。这次诉讼针对的是 1967 年文部省因家永三郎拒绝修改《新日本史》，而将其审定为“不合格”的行政裁定。

这场行政诉讼一审于 1970 年 7 月开庭。审判长杉本良吉在判决书中指出：“负责儿童教育的是以双亲为中心的全体国民，应保障国民的教育权和儿童的学习权，国家不应干预教育的内容。”并指出，对家永三郎原稿的审定，是对作者思想的审定，违反了宪法第二十一条第二款及教育基本法第十条（教育不受不当势力支配，直接对全体国民负责），宣布家永三郎胜诉，撤销文部省对《新日本史》“不合格”的裁定。

文部省旋即上诉。二审于 5 年后开庭，法院判决如下：第一，文部省对该历

---

① 家永诉讼案，http：//www.law.ruc.edu.cn/lab/showarticle.asp？16382.html。

史教科书内容的审定，超越了审定范围而违法；第二，不作宪法判断。对此，文部省放弃上诉。而家永三郎认为这一审判回避了宪法判断，而向最高法院提起上诉。

1982 年 4 月，最高法院撤销二审判决，退回东京高等法院审查“是否仍有诉讼价值”。1989 年 6 月，东京高等法院做出判决，以“文部省已修改《学习指导纲领》，不需要再进行诉讼”为由，而最终驳回起诉。家永三郎实质上再次败诉。

1980 年和 1983 年，文部省对《新日本史》再度进行审定，审定意见集中于四个方面：侵华战争的性质、南京大屠杀、731 部队和日军的暴行。家永三郎认为，文部省的审定意见有误，遂于 1984 年第三次提起国家赔偿诉讼。

此次诉讼历时 13 年。东京地方法院于 1989 年 10 月 3 日做出“加藤判决”，认定审定意见合法。二审于 1993 年 10 月 20 日由东京高等法院做出“川上判决”，再次确定审定制度合宪，但关于南京大屠杀、日军暴行等审定意见不当，因而判决文部省赔偿家永三郎 30 万日元的精神安慰费。

家永三郎继续上诉，1997 年 8 月 29 日，最高法院做出最终判决，认定文部省在教科书中删掉有关“731 部队”的记述是违法的，同时认定教科书中关于“南京大屠杀”“日军的残暴行为”等记述是合法的，应向家永三郎赔款 40 万日元。长达 32 年的家永三郎教科书诉讼案最终落下帷幕：第一次诉讼三审全部失败；第二次诉讼先胜后败；第三次诉讼部分胜诉。

（二）案例分析

1. 教科书审查案反映了军国主义教育思想根深蒂固

1868 年明治维新后，日本虽效仿西方确立了近代教育制度，却在思想上加强了“忠君爱国”的教育，“皇国观念”和忠君思想成为主流意识形态，各地方政府加大了贯彻上述思想的教育措施。1890 年，天皇以圣旨形式颁布《教育敕语》，其中“为天皇尽忠”“保卫天壤无穷皇运”的思想被当作日本教育的指导理念。1903 年日本修改《小学校令》，加强了政府对小学教科书编纂的干涉。在修身、日本历史、国语、音乐等教科书中，都有大量军国主义教育的内容。本来可以由民间编写的学校教科书，此后都必须由文部省组织编写（即“国定教科书”）。这一制度一直延续到 1945 年日本战败。第二次世界大战后教科书由民间编写，但是必须通过文部省（现文部科学省）的审查，这就是日本的教科书审定制度。审定教科书的基准是文部科学省制定的《学习指导纲领》。文部科学省大约每隔 4 年审定一次。

1958 年文部省审定各家出版社送审历史教科书时，33%的教科书被认为不合格，其理由主要是“对社会历史发展表现得过于阴暗”，“热衷于对过去史实的反省，与教科书的目标相去甚远”，不利于培养学生作为日本人的自豪感。文部省还建议将一些教科书中的“侵略中国”改为“进出中国大陆”。这是日本战后第一次对教科书的“改恶”事件。正是在这样的历史背景下，出现了家永三郎教科书诉讼案。

2. 教科书审查案反映了国家教育权对民间教育的不当干涉

家永三郎诉讼的重要目的是反对国家教育权对教科书的错误的干涉，维护历史的本来面目和教科书叙述的正确性。第二次世界大战结束后日本宪法和基本教育法中，都提出了“保障表现自由”“保障学问自由”“保障受教育自由”等口号，但是与这些口号相悖的教科书审查制度却没有改变。日本制定的《学校教育法》规定，凡教科书必须经文部科学省（原文部省）审定方可在学校使用。文部省在审查家永三郎的教科书后批评他的教科书“在不少事实的取舍、选择方面欠妥”；“记述往往流于评论，语气和表达不符合教科书的方式”；“热衷于对过去的历史进行反省，与日本史的教育目标相去甚远”①。审定意见的立场很明显：竭力掩盖日本当年发动的战争的非正义性。

庭审中的分歧主要有：①对战争是美化还是揭露？②承认不承认“侵略”？③“南京大屠杀”是有组织的行为还是“混乱”中发生的？④关于“731 细菌部队”问题的学术研究是否可信？⑤奸污妇女是不是属于犯罪？②

庭审中法庭对日本侵略避重就轻，把南京大屠杀说成是混乱中的非组织事件，认为“731 细菌部队”还经不住专门的学术研究的推敲，在教科书中使用为时过早，等等。涉及战争中惨烈的照片，法庭又说它们对正在身心发育的中学生是不适合的。三次诉讼的各次审判在时间上是交叉的，互相有影响。总的来说，在第一和第二次诉讼过程中，虽然有部分胜诉的时候，但最后仍然被推翻，以败诉告终。例如，关于对战争的美化问题，在第一次诉讼的一审判决（高津判决）中，认定“把战争称为圣战是对战争的美化；在战场上的暴虐行为尽管是很遗憾的，但的确是事实，因此审定的意见不正确”。然而，二审判决（铃木判决）却完全改变了这一结论，认定“在战争上实行暴虐的行为，不限于我国军队，而在战争中有许多复杂的情况，笼统地用‘盲目的’概括有问题”。第二次诉讼一审判决（杉本判决）取消了对教科书不合格处分的各种审定的意见，认为基于宪法和教育基本法的立场，“国民的教育的自由”应当予以确认，这在当时引起了不小的反响。然而，到了最高法院，这一结论还是被驳回。

3. 教科书审查案的不当处置反映了日本右翼势力和军国主义思想抬头的倾向

家永三郎提出诉讼，不在于获得赔偿，而在于辩论日本用什么样的思想教育

---

① 步平：《关于日本的自由主义史观》，《抗日战争研究》，1998 年，第 4 期，第 3-15 页。
② 步平：《家永三郎和日本教科书诉讼案》，《社会科学战线》，1995年，第5期，第60-65页。

后代和日本今后走什么样的道路。所以，诉讼的结果总是同在日本占上风的政治态度紧密地联系在一起。家永三郎的败诉，实际是否认侵略的日本右翼势力活动的结果。

2001 年和 2005 年，日本文部科学省两度审定通过了由右翼学者团体“新历史教科书编纂委员会”编写的《新历史教科书》，这本严重歪曲历史的中学教科书被审定合格，引起了中国政府和民众的强烈不满。

1981 年 6 月，文部省公布了对 1982 年高中社会科教科书的审定结果，送审的教科书全部合格，但对审定合格的教科书提出了大量的修改意见，要求作者对南京大屠杀等历史事实进行淡化和删减。第二次“改恶”遭到了亚洲邻国的强烈抗议后，日本提出教科书编写中的“近邻国际原则”，即在叙述日本侵略战争时，应该考虑亚洲国家的国民感情。但是，实际上日本的历史认识却不断倒退，并在历史教科书编纂上反映出来。

2000 年 9 月，日本“新历史教科书编纂委员会”编写了一部否认侵略历史、淡化甚至美化军国主义罪行的《新历史教科书》，2001 年 3 月文部科学省审定该教科书合格，由日本扶桑出版社出版，酿成了又一起“教科书事件”。2013 年 3 月 26 日，日本文部科学省公布了明年春季起使用的高中教科书的审定结果。全部 2 册地理教科书及 7 册政治经济教科书中的 6 册均明确把所谓“尖阁诸岛”（即钓鱼岛）及竹岛（韩国称独岛）称为“日本领土”。

（三）案例讨论

（1）对达特茅斯学院诉伍德沃德案和家永三郎教科书案的背景、进程、结果进行比较，讨论两国国家教育权与社会教育权的关系有何特点。

（2）以达特茅斯学院诉伍德沃德案和家永三郎教科书案为例讨论国家教育权的边界及如何以社会教育权制衡国家教育权。

（3）讨论家永三郎教科书案的历史意义和对当前日本教科书审查的影响。

三、齐某某诉陈某某冒名顶替上学案

（一）案情简介

见本书绪论。

（二）案例分析

本案中，最高人民法院运用民法理论，将公民受教育权理解为作为一般人格权的人身自由权，用保护人格利益的方式来保护公民的受教育权，并通过司法解释性的批复，明确指出了以侵犯姓名权的手段来侵犯公民受教育的宪法权利应当承担民事责任，从而为该案的终审裁决提供了依据。山东省高级人民法院依据《宪法》第四十六条确认侵权者的行为不合法，再依据最高人民法院的批复和《民事诉讼法》第五十三条的相关规定做出被告应承担民事责任的终审判决。

1. 本案是否超过了诉讼时效

一审过程中，被告陈某某辩称，原告齐某某的诉讼请求已超过《民法通则》规定的 2 年诉讼时效，民事法律规定的诉讼时效从何时起算？诉讼时效的期限为多长？

诉讼时效又称消灭时效，在我国民事法律中是指对在法定期间内不行使权利的权利人，使其丧失胜诉权的法律制度。依据我国相关民事法律的规定，在诉讼时效期间，债权人的权益受到司法保护；在诉讼时效期限届满前，若权利人未向义务人主张权利，义务人亦未表示履行义务，权利人即从诉讼时效期限届满之日起，失去对义务人的实体意义上的请求权，也就是说，权利人的权益在诉讼时效期满后丧失司法上的保护。诉讼时效只消灭权利人的诉讼权利而不消灭其实体权利。

关于诉讼时效的算法，《民法通则》第一百三十七条规定为 2 年，诉讼时效期间从知道或者应当知道权利被侵害时起算。本案的权利人齐某某直到 1999 年才得知陈某某冒用其姓名上学并就业这一情况，所以诉讼时效应该从这个时候开始计算。本案的诉讼时间在 2001 年之前，所以本案并没有超过诉讼时效。

2. 原告主张的姓名权和受教育权之间存在怎样的联系

姓名权是公民享有的依法获得姓名并从中受益的人格权。除姓名权之外，人格权还包括健康权、生命权、肖像权、自由权等，可以说，人格权是一个变化多端、内容丰富的民事权利概念。而对于受教育权，《宪法》第四十六条规定："中华人民共和国公民有受教育的权利和义务。"

受教育权是否也是一种人格权？按照《教育法》第四十二条规定，受教育权包括 6 项内容。在这些权利中，有的属于财产性质的权利，如获得奖学金、贷学金、助学金的权利等；有的则属于救济权，如对学校给予的处分不服向有关部门提出申诉，对学校、教师侵犯其人身权、财产权等合法权益，提出申诉或者依法提起诉讼的权利等；还有的属于人格权性质的权利，如在品行上获得公正的评价权利等。所以，不能简单地将受教育权等同于人格权，因为受教育权是一种内容广泛的民事权利，它既包括财产权，也包括人格权，并且是多个具体的人格权的组合。被告陈某某等的行为究竟侵犯了原告齐某某什么性质的权利呢？从最高人民法院司法解释的名称上看，受教育权既涉及公民的民法权利——姓名权，又涉及公民的宪法权利——受教育权。

3. 本案中宪法司法化的问题

我国宪法虽然规定了公民在政治、社会经济、教育文化及人身自由等方面的基本权利，这些权利除了一部分通过普通法律法规得到切实有效的保护以外，还有相当一部分基本权利并没有具体化为普通法律法规上的权利，公民的这部分权利在受到侵害时，法院往往因为没有具体的法律规范可以援引，而导致公民在宪法上所享有的这些基本权利得不到应有的保护。这说明，当时我国缺乏将宪法权利的受教育权作为下位法具体落实。

我国公民依照宪法规定享有的基本权利在宪法上有明确规定而又没有具体化为普通法律规范上的权利。该案中最高人民法院的《批复》指出，公民宪法上所享有的基本权利，即使没有转化为普通法律规范上的权利，在受到侵害时也应当得到保护。这在我国司法实践中无疑具有里程碑式意义。

本案当事人的受教育权就属于民法理论难以包容的权利，明显属于宪法规定的公民的基本权利，如不直接使用宪法的规定，司法救济是无法实现的。公民在宪法上所享有的基本权利通过何种方法来保护，这在我国司法实务中一直是一个悬而未决的问题。就本案而言，陈某某实际上先后侵害了齐某某的姓名权、受教育权及劳动就业权三种不同的权利。最高人民法院在该《批复》中并没有将公民在宪法上所享有的受教育的权利视为一项民事权利，而是将其作为宪法上的专有基本权利来看待。将本案定性为受教育权纠纷之后，如何对公民的这一权利提供救济，出台《教育法》就非常急切了。

（三）案例讨论

（1）讨论一审法院对原告主张的姓名权支持的法律依据，以及对其主张的受教育权拒绝采纳的法律依据。

（2）以该案为例讨论教育权和姓名权的联系与区别。查阅该案中最高人民法院出台的专门的司法解释中对齐某某受教育权的性质的解释。

（3）受教育权与《宪法》中的基本权利的关系是什么？谈谈基本权利与自由权利的区别。

（4）为什么要制定《教育法》？《教育法》与教育法领域的其他教育法律法规是什么关系？

（5）查找《教育法》及其他教育法律法规中有关受教育权的规定，比较这些规定的区别与联系。

四、Wisconsin V. Yoder 在家上学案（1972）[①]

（一）案情简介

被上诉人 Yoder 等三人，是 Amish 宗教保守信徒。他们和他们的家人是威斯康星州格林县的居民，他们让他们的孩子（Yoder 等两名被上诉人的孩子是 15 岁，另一名被上诉人的孩子是 14 岁）上完第八学年之后，就停止上学。

威斯康星州政府将 Yoder 等三人起诉，格林县法院认为“要求进行到 16 岁为止的义务教育，是合理而合宪地行使州的权利”，格林县法院认定被告人是有罪的，判处其分别罚款 5 美元。该有罪判决在上诉的巡回法院也得到了肯定，但是该州的最高法院取消了该判决。

州最高法院认为，本案的义务教育法适用于 Amish 宗教信徒的被告人是违宪的。对此判决，威斯康星州向联邦最高法院提起上诉。联邦最高法院支持了威斯康星州最高法院的判决。大法官认为 Amish 所提供的职业教育并非不妥适，因此，州政府宣称的利益受损并不明显，所以无权将 Yoder 等三人起诉。

（二）案例分析

此案牵涉到美国境内的特殊族群 Amish。Amish 为基督教的一支，散居于美国各地，多以农耕为主，不使用机械或电器，过着工业革命前的淳朴生活。Amish 族群坚信现代文明将使人类生活堕落，其思想与现实社会有所不同，因此引起争议。

被告人理由：被告人坚持子女念完八年级（约 14 岁）应辍学回家接受其所提供的相关职业教育，以应付未来的农耕生活。他们主张威斯康星州的义务教育法的规定使自己在自由信教条款（联邦宪法第十四修正案和州的第一修正案）中得到的保障的权利受到了侵害。专家证人的证词也证明强制进行第 9 年及以后学校教育违反了 Amish 的宗教信念。

州法院理由：Yoder 等三人上完第八学年之后，就不让他们再去公立学校上学，也没有进私立学校，他们不属于该州的州法规定的例外，违反了“家长要把未满 16 周岁的孩子送公立学校或者私立学校上学”的威斯康星州的义务教育法的规定。但是，格林县法院承认被告人的宗教信仰是诚挚的，州“要求进行到 16 岁为止的义务教育，是合理而合宪地行使州的权利”。州法院认为，本案所包含的不是孩子自身的权利问题，而是作为孩子家长的被告人（信仰自由）的权利问题，州即使允许被告人免除义务教育法也不违背第一修正案的政教分离条款。

---

① 科尔•达勒姆、布雷特•G. 沙夫斯：《法治与宗教》，梁爽译，北京：中国民主法制出版社，2012 年，第 218-221 页。

州最高法院的意见：作为自由信教条款的合宪性判断标准，州的最高法院采用了平衡标准，首先认定使用该义务教育法给被告人的联邦宪法上的权利课以了重大负担。州最高法院认为，州提不出证据证明州要求被告人让其孩子再上 1～2 年的高中是因为“存在有必要的国家利益”。

联邦最高法院的意见：联邦最高法院认为该案的争论点是：“对 Amish 信教徒的被告人适用该州的义务教育法（而认定被告人有罪），是否侵害了第一修正案的自由信教条款？”大法官认为州可强迫学生接受基本教育，但却必须与父母的亲权取得平衡。大法官认为 Amish 所提供的职业教育并非不妥适，因此，州政府宣称的利益受损并不明显，所以无权将父母起诉。但是，大法官也明文指出，此项判决是基于对 Amish 宗教自由的尊重，仅适用于孤立的社区，并非认为父母可依自我的信仰为子女安排教育，而完全不顾州政府的规定。

（三）案例讨论

（1）从 Wisconsin V. Yoder 在家上学案来分析，家庭教育权表现在哪些方面？家庭教育权的性质是什么？

（2）以国家教育权向社会教育权、家庭教育权回归理论解释家庭教育权和学校教育权、国家教育权之间的关系。

（3）本案中联邦最高法院是如何平衡国家教育权与家庭教育权的？

（4）目前我国在家上学儿童已经达到 2 万人左右，如何看待这个问题？Wisconsin V. Yoder 在家上学案对我国有何启示？

◇要点归纳

1. 国家教育权是主权国家享有的公权力，具体表现为教育立法权、教育行政权及教育司法权。国家教育权属于国家权力范畴，是国家主权的重要内容和表现，也是国家独立的重要标志；国家教育权的统一性是国家主权的重要标志；现代国家教育权的行使日益民主化和法治化。

2. 国家教育权的横向分配主要是指国家教育权在不同的国家机关之间的分配。横向上国家教育权包括教育立法权、教育行政权和教育司法权。现代资本主义国家教育权中的立法权、行政权、司法权三权分立，相互牵制、相互制衡。我国则是以“议行合一”理论为基础。国家教育权的纵向分配是指国家教育权在不同层次的各级政权组织的分配。国家教育权纵向分配形式有地方分权制和中央集权制两种形式。纵向上国家教育权包括中央教育权和地方教育权。

3. 社会教育权就是除国家和家庭之外的社会主体依法享有的从事教育活动的权利。社会教育权更多地与市民社会紧密相关，具有更多的自治性质；社会教育权主体与受教育者主体之间的关系主要依赖习惯法、民法的调整；社会教育权受实体法的规限。社会教育权的内容包括三个方面：学校的举办经营权、教育内容的决定权、决策管理参与权。

4. 家庭教育权也叫父母教育权，是指建立在亲属关系基础上的、父母享有的对其未成年子女进行教育和选择教育的权利。家庭教育权是一种私权；家庭教育权的行使有一定限度；家庭教育权的行使具有阶段性。家庭教育权的内容主要包括学校的自由选择权；父母对学校教育的参加权；在家上学的权利。

5. 受教育权是指公民作为权利主体依照法律规定，具有的接受教育的能力或资格。受教育权是一项社会权利；受教育权是公民的自由权；受教育权是绝对权利也是相对权利；受教育权是专属权；受教育权是行动权和接受权。

平等的受教育权包括平等的受教育机会、平等的受教育设施、平等的受教育过程、公正的受教育评价四个方面。

6. 受教育权与教育权的关系：一是受教育权与教育权之间是平衡与制约的关系：国家教育权和学校教育权来源于社会教育权和家庭教育权的委托；国家通过教育立法权、教育行政权和教育司法权对社会教育、家庭教育和学校教育进行法制化管理；国家授权学校，学校依法自主办学。二是教育权与受教育权的关系演变具有规律性：伴随信息社会的来临，国家教育权开始向社会教育权和家庭教育权回归；随着学习化社会和知识经济时代的到来，受教育权逐渐走向学习权。

7. 国家教育权、社会教育权、家庭教育权和受教育权的平衡与制约：积极履行国家教育职能，清晰划分法律干涉边界；适度分权，国家教育权向社会转移；充分尊重社会教育权、家庭教育权，保障公民的受教育权。

◇思考与练习

1. 国家教育权与社会教育权有何区别与联系？
2. 简述国家教育权的性质与结构。
3. 简述社会教育权的内容。
4. 联系实际论述受教育权的性质与内容。
5. 如何实现国家教育权、社会教育权、学校教育权、家庭教育权和受教育权之间的平衡与制约？
6. 调查我国在家上学的发展状况，并结合实际谈谈自己对在家上学的看法。

◇拓展阅读

1. 郭道晖：《法的时代精神》，湖南出版社，1997 年。

2. 秦惠民：《走入教育法制的深处——论教育权的演变》，中国人民公安大学出版社，1998 年。

3. 布赖恩、克里滕登：《父母、国家与教育权》，秦惠民、张东辉、张卫国译，教育科学出版社，2009 年。

第四章

教育行政机关

内容提要

本章共四节。第一节介绍了教育行政机关的权利与义务。第二节介绍了教育合法行政原则、合理行政原则、正当程序原则。第三节介绍了教育行政行为的特征、常见的行政行为、行政行为的构成要件和实施程序。第四节通过四个案例分析了具体教育行政行为的程序问题、依法治教问题及教育行政权的合法化行使问题。

学习目标

1. 识记教育行政机关、教育行政行为的概念。
2. 了解教育行政行为的类型、实施程序。
3. 理解教育行政机关的法律地位、教育行政行为构成要件及其特点。
4. 掌握教育行政机关的权利与义务。
5. 运用行政行为理论、行政原则理论、教育行政主体的权利和义务理论分析与教育行政机关相关案例和教育实践中的相关问题。

关键词

教育行政机关；教育行政行为；合法行政原则；合理行政原则；正当程序原则

第一节 教育行政机关的权利与义务

一、教育行政机关概述

（一）教育行政机关的概念

国家教育行政机关是按照宪法和相关法律的规定而设置的行使国家在教育方面行政职能的国家行政机关。教育行政机关是我国政府行使教育职能的部门。

教育行政机关是国家行政机关的一部分。国家教育行政机关分为中央教育行政机关和地方教育行政机关。横向上教育行政机关内部根据职权不同划分为不同的部门。教育行政机关依据宪法、行政法、教育法规及其他有关法律组织和管理国家的教育事业。《宪法》第一百零七条规定："县级以上地方各级人民政府依照法律规定的权限，管理本行政区域内的经济、教育、科学、文化、卫生、体育事业、城乡建设事业和财政、民政、公安、民族事务、司法行政、监察、计划生育等行政工作。"其中包括政府依法领导和管理本行政区的教育事业。

（二）教育行政机关的法律地位

教育行政机关的法律地位，是教育行政机关在国家教育行政管理中权利义务的综合体现。其主要表现在以下两个方面。

（1）以行政管理者的身份同相对人发生行政法律关系。例如，《教育法》第八十条规定：学校或其他教育机构违反法律、行政法规的规定，颁发学位、学历或者其他学业证书，由教育行政部门宣布该证书无效，责令收回或者予以没收，有违法所得的，没收违法所得；情节严重的，取消其颁发证书的资格。

教育行政机关是独立行使国家行政职能的行政法律关系主体，具体体现在：①教育行政机关是同级人民政府组成部分，对同级人民政府负责。其行政权力的行使不得违反教育法律和同级人民政府的决定、指示、命令，否则，该行为无效，将被撤销。同时，地方各级教育行政机关非经授权不得代行本级人民政府的权力。②教育行政机关在遵守宪法和教育法律法规的前提下，根据需要和可能，有权独立行使主管事项的决定权，不必请示人民政府。③教育行政机关专门行使教育行政权，不受其他机关的非法干涉。④各级教育行政机关都是相对独立的行政法律关系主体。教育行政机关上级对下级虽然有执法监督、业务指导关系，但下级教育行政机关也有权以自己的名义，独立处理自己职权范围内的教育行政事务，并承担相应的法律责任。

教育行政机关作为一种公务主体，教育行政机关上下级之间存在公务关系。其特点是：一是上下级教育行政机关之间不存在从属关系，他们都是独立的行政法人；二是上下级教育行政机关之间存在执法监督关系，即上级教育行政机关通过行政复议等途径可以撤销下级教育行政机关违法或不当的决定，达到监督的目的；三是上级教育行政机关在公务职责范围内可以对下级教育行政机关进行指导，主要是指导其贯彻党的教育方针、政策和国家的教育法，同时也对专门业务进行指导。

（2）以平等身份同相对人发生权利与义务关系。这种关系不是行政机关与相对人之间的管理与被管理的隶属关系，而是具有明显教育特征的民事关系，如基于教育合同而产生的法律关系。

二、教育行政机关的权利

（一）教育行政机关的权利概述

"权利"是指在一定法律关系中，法律关系的一方对另一方所享有的可以要求对方作为或者不作为，并为法律规范所认可的一种行为。自从各国把教育纳入到国家管理之中，用行政手段促进教育发展，以法律为保障，就产生了专门负责的机构教育行政机关，相应也赋予其一定范围内的职权。教育行政机关的权利可以界定为：以国家经济为基础、以国家强制力为后盾保证实施，专门负责管理教育行政方面的权能。

（二）教育行政机关权利的表现

1. 教育行政立法权

教育行政立法权是教育行政机关依据宪法和法律的要求，按照法定程序制定教育方面的行政法规和规章的权能。《立法法》第七十一条规定："国务院各部、委员会、中国人民银行、审计署和具有行政职能的直属机构，可以根据法律和国务院的行政法规、决定、命令，在本部门的职权范围内制定规章。"教育行政立法的内容不得与宪法、法律及上级行政机关制定的行政法规相抵触。通过制定教育行政法规可以规范约束教育行政机关的教育行政行为，还可以监督教育行政机关是否做到依法行政，做到有法可依、有法必依。

2. 教育行政决定权

教育行政决定权是指教育行政机关讨论、决定重要教育行政事项的权力。教育行政机关做出有关教育机构的设置，教育行政人员的任免、培训、考核，教师队伍的建设与管理，教育经费的使用，拟定全国教育事业发展规划，义务教育宏观管理工作，职业教育与成人教育等相关重大决定都是在行使决定权。教育行政决定权根据行政主体是否主动实施可以分为依职权做出的教育行政决定和依申请做出的教育行政决定。发布有关教育行政法规、规章、命令和指示，制定教育事业发展规划，指导教育改革工作，统筹各部门的教育工作等做出的重要决定都是依职权做出的有关教育行政决定；教育行政许可是依申请做出的教育行政决定。

3. 教育行政命令权

教育行政命令权是指教育行政机关要求相对人进行一定的作为或不作为的权力。教育行政命令是教育行政机关依职权设定的、国家强制力保证实施的，具有强制性。教育行政命令包括两类：一类是要求相对人有一定作为的命令；另一类是教育行政机关要求相对人不作为的命令。在具体的教育工作中，教育行政法规的贯彻实施都是在具体的行政命令中实现的，通过教育行政命令的发布可以更好地促进教育行政工作的发展，提高教育管理效率。

4. 教育行政执法权

教育行政执法权是指教育行政机关和法律授权的组织及公职人员，为贯彻实施国家立法机关制定的法律法规，依照法定职权和程序行使教育行政管理的一种权能。国家教育行政机关对教育事业进行教育行政执法是在行使教育管理的职能。国家教育行政机关是有关教育法律法规及具体教育行政行为的执行机关。国家教育行政机关有教育行政的执法权，具有强制性。《教育行政处罚暂行实施办法》第三十条规定：“教育行政处罚决定作出后，当事人应当在行政处罚决定的期限内，予以履行。当事人逾期不履行的，教育行政部门可以申请人民法院强制执行。”

5. 教育行政处罚权

教育行政处罚权是指教育行政机关依法定职权和程序对违反教育行政法规尚未构成犯罪的相对人给予行政制裁的权力。教育行政处罚的对象是那些违反教育行政法规，情节较轻尚未构成犯罪的行为当事人。对行为当事人以惩戒为手段、教育为目的，约束当事人行为，教育行为当事人知法、守法。教育行政处罚的主体是教育行政机关或者依法授权的组织或当事人。实施教育行政处罚必须以事实为依据，以法律为准绳，遵循公正、公开、及时的原则。《教育行政处罚暂行实施办法》规定了教育行政机关行政处罚的管辖范围。

6. 教育行政监督权

教育行政监督权是指教育行政机关主体依法定职权，对相对人是否遵守教育法律法规、执行教育行政命令的情况进行检查、了解、监督的权能。教育行政监督既包括教育行政机关对相对人是否遵守教育行政法律法规，执行教育行政命令、教育行政决定的监督，也包括教育行政机关组织内部的监督检查，如教育行政机关上下级之间的监督检查和工作人员的监督。我国已形成内部监督与外部监督相结合，职能部门监督、执政党监督和人民群众监督相结合的监督体制。

7. 教育行政奖励权

教育行政奖励权是指教育行政机关对于贡献突出或者模范遵纪守法的组织或个人给予物质奖励和精神奖励的权能。教育行政奖励的形式主要是物质奖励和精神奖励，通常是采用二者结合的方式对相对人进行奖励。教育行政奖励的主体是教育行政贡献突出、成就卓越的相对人，通过教育行政奖励来表扬先进组织或个人，激励后进，从而更好地促进教育行政管理。

8. 教育行政物质帮助权

教育行政的物质帮助权指教育行政机关对有特殊困难的相对人给予物质帮助的权力。通过对有特殊困难的组织或个人给予物质帮助，从而帮助一些师资薄弱的学校把教育办好，帮助一些家庭困难的学生完成学业，获得受教育的机会。近年来，我国陆续实施义务教育“两免一补”、中等职业教育免学费、教育援藏援疆等20 项对贫困地区全覆盖教育政策，正在努力办好贫困地区每一所学校，惠及每一位教师和每一位学生，如学前教育三年行动计划、全面改善贫困地区义务教育薄弱学校基本办学条件、普通高中学生资助政策等多种政策。

三、教育行政机关的义务

（一）教育行政机关的义务概述

教育行政机关的义务是指教育行政机关必须依法履行承担的责任，即教育行政机关在行使自己的权利的同时必须履行的责任。义务来源于权利，教育行政机关的义务来源于教育行政机关的权利，由其权利决定其义务，从属于其权利，具有从属性。《教育法》第十五条规定：“国务院教育行政部门主管全国教育工作，统筹规划、协调管理全国教育事业。县级以上地方各级人民政府教育行政部门主管本行政区域内的教育工作。”明确规定了教育行政机关管理教育的责任。

（二）教育行政机关义务的体现

1. 制定教育发展的总体战略、规划和计划

教育是民族兴旺和国家发展的基石，为实现国家现代化必须优先发展教育，制定教育发展战略规划。教育战略规划是在考虑我国现有市场经济基础之下，为实现教育发展目标制定的有关教育发展的全局性、长期性的谋划和对策。例如，科教兴国战略、人才强国战略，以及在《国家中长期教育改革和发展规划纲要（2010—2020 年）》中提到的到 2020 年基本实现教育现代化，基本建成学习型社会，进入人力资源强国行列等一系列的教育发展战略规划。现在国与国之间的竞

争越来越明显地表现为教育的竞争，通过制定教育发展规划，明确教育目标、教育方针，根据内外环境的变化适时调整教育战略规划，把握教育发展全局，发挥教育竞争优势。

2. 制定和颁布重大国家教育政策和法规

法规、规章是国家行政机关特别是较高层次的行政机关领导和管理国家行政事务的主要形式。教育政策则是国家行政机关为达到教育目的而制定的一系列行为准则。教育法律法规是教育政策的具体化，如《小学生日常行为规范》《教师和教育工作者奖励规定》《教育行政处罚实施办法》《基础教育课程改革纲要》《爱国主义实施纲要》等一系列教育政策。教育政策和法规可以指导教育事业的发展方向，协调各项教育事业共同发展，从而保障教育方针的贯彻实施，促进教育事业蓬勃发展，保证人民受教育的权利与义务，同时也规范组织和个人的教育行为。

3. 领导组织开展教育体制改革

教育行政体制是有关教育行政机关设置、教育行政职权划分及教育行政运行等一套制度的总称。我国现行的教育行政体制分为中央和地方两个层级，宪法和组织法对各级行政机关的设置、职权划分、工作程序等都做了明确分工。我国教育行政体制在新中国成立以后不断发展完善，从开始参照苏联教育体制建立起来的集中统一的教育行政体制到新中国成立初期在“统一领导，分级负责”指导思想下建立的集中统一的教育行政体制，再到 1985 年通过的《中共中央关于教育体制改革的决定》开启教育体制改革。由于我国人口多、面积大、民族多、情况复杂等问题突出，教育行政体制改革都是集中解决中央与地方、集中管理与合理分权的问题，使教育体制能同我国经济与社会发展相适应，更好地培养各级各类人才。

4. 对学校管理人员和师资的人事管理

学校是专门从事教书育人的场所，是以教师为主体的教育机构，这就决定了教育人事管理有自身的特殊性。在人事管理中应该贯彻尊重教师的学术自由原则，协调学校与学校之间、学校内部各部门之间、工作与工作之间、人员与人员之间的矛盾；在审评考核教师中，必须恰当地评价教师，妥善地做好教师的聘任、晋升工作，调动教师的积极性，保障教师的权益。

5. 对有关部门和各级各类学校进行检查和监督

监督检查是教育行政管理的重要环节，对于教育行政活动的运行起着至关重要的作用，受到世界各国的重视，我国也建立了较为完善的教育监督检查机构，形成了一支教育监督检查队伍。具体包括：对教育路线、方针、政策和国家教育法律法规的实施情况的监督；监督有关部门和学校管理人员是否有行政违法行为；监督学校教学实施情况；对教育队伍建设及校园文化建设的监督等。对各级各类学校和有关部门进行监督可以保障学校的正常运行，提高教育质量。

第二节　教育行政原则

一、教育行政

（一）教育行政概述

“行政”是国家对社会生活各个领域所进行的管理活动。教育行政就是国家对教育所进行的管理活动，教育行政是国家进行教育管理的一部分，教育管理主要包括教育行政管理和学校管理两个方面。法国是最早实行国家对教育进行行政管理的国家，在拿破仑执政期间，加强国家对教育的控制，建立双轨制学校体系，成立各种院校，而且还建立了专门负责管理法国所有学校的最高行政机关法兰西大学。现代国家普遍加强对教育的管理，教育行政发挥越来越大的作用。但是，教育行政活动受教育本身规律的影响，不能用普通的行政手段管理教育活动，如不能用行政手段强令教师采用某种教学方式，也不能采用一般量化的方式进行教育评价等。

（二）教育行政的对象与性质

教育行政管理的对象是各级各类教育行政管理过程中的领导、组织、运行和控制问题，以及诸领域彼此之间的内在联系。因此，教育行政是介于教育和管理之间的一种交叉学科，具有很强的综合性。同时，教育行政可以解决现实社会中、教育领域内具体的实际问题，具有很强的操作性。

二、教育行政的原则

（一）合法行政原则

合法行政原则主要是指行政权力的设立、行使、运用必须依据法律，符合法律要求，不能与法律相抵触，合法行政是行政法的首要原则。

合法行政原则在结构上包括两个方面：行政机关必须遵守现行有效法律；行政机关应当依照法律授权活动。

合法行政有法律优先和法律保留两项核心原则。法律优先原则又称法律优越或法律优位，是指行政应当受现行法律的约束，不得采取任何违反法律的措施，也就是“法不禁止皆自由”。因为法律优先只要求行政行为不抵触法律即可，并不要求所有的行政行为必须有法律依据，所以是消极意义的依法行政原则。法律优先原则无限制和无条件地适用于一切行政领域，无论是干预行政还是给付行政，也无论是行政合同还是行政指导。法律保留原则指行政行为必须按照法律的规定做出，法律没规定的就不能作为，也就是“法无明文规定不得为”。法律保留原则是积极意义的依法行政原则，它要求行政机关只有在取得法律授权的情况下才能实施相应的行为。法律保留显然比法律优先更严格。

合法行政原则的内容主要有主体合法、内容合法、权限合法、程序合法四方面。行政行为的主体合法是行政行为合法有效的主体要件。主体合法是指实施行政行为的组织必须具有行政主体资格，能以自己的名义独立承担法律责任。权限合法是指行政主体必须在法定的职权范围内实施行为，这是行政行为合法有效的权限方面的要件。行政行为的内容应当合法、适当是行政行为合法有效的内容要件。行政行为的内容合法是指行为所涉及的权利、义务，以及对这些权利、义务的影响或处理，均应符合法律、法规的规定和社会公共利益，行政行为的内容要明确、适当，而且应当公正、合理。程序合法指行政行为应当符合法定程序，行政行为的实施所要经过的步骤、方式、顺序及时限必须按照法定的程序进行，不得违反法定程序，任意做出某种行为。

合法行政原则是制约教育行政机关合法管理教育活动的有效途径，只有坚持教育领域的法制化，才能促进我国教育事业的改革和发展，充分保障公民受教育的权利与需要，全面提高全民族素质。

（二）合理行政原则

合理行政原则指行政机关做出的行政行为内容要客观、适度、符合理性。合理行政原则作为一项普遍适用的行政法的基本原则，其具体要求是：①行政行为的动因应符合行政目的；②行政行为应建立在正当考虑的基础之上；③行政机关的自由裁量行为要做到合法、合情、合理、恰当和适度。合法主要是遵循法律法规，以法律为标准；合理则主要考虑道德、伦理和人情；合情指行政时要考虑道德、伦理和人情的因素；恰当和适度指做出行政行为时应该考虑行政相对人的权利与义务、个人所受损害与社会所获利益、个人利益与国家集体利益之间的平衡。合理行政原则是对行政自由裁量权的限制，防止与法律精神相抵触的行政行为的出现，是合法行政原则的延伸和发展。

合理行政原则包括不当联结禁止原则、比例原则和正当程序原则。

1. 不当联结禁止原则

不当联结禁止原则是指行政权力的行使必须与公权力的目的保持合理正当的关联，即公权力行使所选择的手段必须符合公权力目的，禁止手段与目的之间不正当、不合理的关联、联结。不当联结禁止原则在行政法领域具有普遍的适用性，是约束行政裁量权，防止权力滥用的有效工具。不当联结禁止原则经常用来考量师生因言论、服饰、行为等外部表现不当与应该承担的法律责任之间的关系。

2. 比例原则

比例原则即禁止越权的原则，又称狭义的合理性原则。比例原则是指行政主体实施行政行为应兼顾行政目标的实现和保护相对人的权益，如果行政目标的实现可能对相对人的权益造成不利影响，则这种不利影响应被限制在尽可能小的范围和限度之内，二者有适当的比例。比例原则的主要功能就在于规范行政自由裁量权，使自由裁量行为尽量妥当而温和地做出，使行政目的与可能造成的相对人的损失之间保持适度比例。所以，比例原则被称为行政法的“皇冠原则”与“帝王条款”。

比例原则有三个子原则：适当性原则、必要性原则及狭义比例原则。[①]适当性原则，又称合目的性原则，是指所采取的措施应适应于它所追求的或者法律所规定的目的。例如，学校采取的管理措施或手段，应有助于学校教育目的或目标的达成，不得偏离。必要性原则，又称最少侵害原则，是指应选择对相对人侵害与负担最少的干预措施。例如，对学生进行惩戒时应将对学生的不利影响限制在尽可能小的范围内。狭义比例原则，又称过度禁止原则，指某种干预或管理措施所造成的损害，不得与欲达成的利益明显不均衡，即在措施做成后，整个结果应是利大于弊的。比例原则经常用来考量教师身份、学生的受教育权与学生身份的丧失等重要事项。

教育法律对教育行政行为的内容、方式、程序只规定一定的范围和幅度，行政主体在法律规定的范围和幅度内选择，有一定的自由裁量权，这种自由裁量权必须合情合理，否则，会侵害学校、师生的权益。

3. 正当程序原则

正当程序原则是指行政权力运行应当符合最低限度程序公正的标准。具体来讲，其是指行政权力的运行应当符合法律规定的方式、形式、步骤和时限，符合正当合理的操作规则，从而为人们提供一种体现最低限度公正的权益保障。

正当程序在具体内容上包括信息公开、参与原则、回避原则等几个方面。信息公开指的是行政机关应向社会大众公开其活动的依据、过程及结果。涉及国家秘密和依法受到保护的商业秘密、个人隐私的信息，不在公开之列。参与原则指做出行政行为应当说明理由，并告知相对人权利；做出影响相对人权益的行为，应当听取相对人的意见；特别是做出对相对人不利的行为时，须听取他们的陈述

① 申素平：《教育法学：原理、规范与应用》，北京：教育科学出版社，2009 年，第 154 页。

和申辩。回避原则指行政公务人员履行职责，与行政管理相对人存在利害关系时，应当回避。一个不健全的法律，如果用一种完善的程序去执行，可以减少不良后果的发生，因此，正当程序原则在现代法制中发挥着越来越大的作用。学校与教师、学生的法律纠纷中，学校败诉经常与正当程序原则的违反有关。

第三节　教育行政行为

一、教育行政行为的含义

教育行政行为指教育行政机关及其工作人员按照法定程序对教育进行行政管理的活动。教育行政行为必须以教育法律法规为依据，受教育法律法规的约束。教育行政行为是教育行政机关的行为，其主体是教育行政机关，同时也是教育行政机关依职权进行管理的行为。

二、教育行政行为的特征

（一）意志的单向性

教育行政机关在法定职权范围内，可自行决定教育行政行为，不受教育行政相对人的影响。

（二）强制性

教育行政行为是教育行政机关代表国家意志，以国家强制力保证实施的，而且教育行政行为是依据国家教育法律法规实施的，具有法律效力，一经做出行为相对人必须服从和遵守，否则，国家教育行政机关有权要求强制执行。这种强制性与意志的单向性是紧密联系在一起的，没有教育行政行为的强制性就没有教育行政行为的意志的单向性。

（三）效力的先定性

教育行政行为一经做出，其效力就已被法律所认可，在法律上具有合法性，教育相对人就应当履行，如果教育相对人对教育行政行为提出质疑，也不影响教育行政行为的先行，只有在按照法定程序宣告无效的情况下才能停止执行。

三、教育行政行为的类型

教育行政行为可根据不同维度进行分类。根据教育行政行为适用对象的范围可分为内部教育行政行为和外部教育行政行为。内部教育行政行为是指教育行政机关在系统内部管理过程中只对行政机关内部产生法律效力的管理行为，如上级教育行政机关对下级教育行政机关下达的命令指令；外部教育行政行为是指教育行政机关在对教育活动进行管理过程中对相对人做出的行政管理行为，如教育行政机关发出的强制执行指令。

根据教育行政机关是否主动做出教育行政行为，可分为依职权的教育行政行为和依申请的教育行政行为。依职权的教育行政行为即教育行政机关依据法定职权主动实施的教育行政行为，如教育行政机关要求未成年人必须完成九年义务教育和对家庭经济困难的学生给予物质帮助的行为都是依职权的教育行政行为；依申请的教育行政行为是指教育行政机关依据相对人的申请才实施的教育行政行为，如教育机关发放民办教育机构办学许可证。

具体教育行政行为是教育行政机关针对特定的对象，就特定的事项做出的处理决定，直接影响一个人或组织的权益，如教育行政机关做出的警告、通告批评、罚款等处罚决定。抽象教育行政行为是指教育行政机关制定普遍适用的法规、规章及教育行政命令的行为。以下介绍常见的教育行政行为。

（一）教育行政立法

教育行政立法是指特定的国家行政机关依照法律规定的权限和程序，制定有关教育的行政法规和行政规章的行为。它主要是针对一些具有全局性的具体教育管理问题而制定的。

教育行政立法的特点是：

第一，实施教育行政立法的主体是特定的国家行政机关，如中央的国务院和国务院各部委，地方的省一级政府或较大的市的政府。

第二，教育行政立法是依照严格的程序进行的，一般要经过规划、起草、征求意见、审查、通过和发布、备案等几个环节。

第三，通过教育行政立法制定的教育行政法规、规章是教育法的一种形式，具有教育法的效力，但是它又不同于国家权力机关的立法行为，从法律效力而言具有从属性。

（二）教育行政监督检查

教育行政监督检查，是指具有教育事业管理权的行政机关对学校及其他教育机构、教育者、受教育者或公民是否遵守教育法规、执行教育行政机关的决定等情况进行的监督检查活动。教育行政监督检查是一种重要的教育行政管理方式。

行政监督包括上下级行政机关的相互监督和特设的行政监察机关对行政的监督及督导制度。教育督导的主要任务是对下级人民政府、下级教育行政部门和学校的工作进行监督、检查、评估、指导，以保证国家有关教育的方针、政策、法规的贯彻执行和教育目标的实现。教育督导可分为综合督导、专项督导和经常性检查，由教育督导机构根据本级人民政府、教育行政部门或上级督导机构的决定实施。

（三）教育行政许可

教育行政许可是指教育行政机关应教育行政管理相对方的申请，通过颁发许可证等形式，依法赋予教育行政管理相对方从事某种教育活动的法律资格或法律权利的行政行为。在一般情况下，教育行政许可必须以教育行政管理相对方提出的申请为前提，如果没有相对方的申请，教育行政机关不能主动予以许可，如县级以上教育主管部门或乡级人民政府对需接受义务教育的适龄儿童、少年缓学、免学的许可，需首先由其父母或其他监护人提出缓学或免学的申请。教育行政许可在程序上主要由受理申请、审查、颁发许可证明三个环节组成。

（四）教育行政处罚

教育行政处罚是指教育行政机关依照法定的权限和程序对违反教育法律规范但尚未构成犯罪的教育行政管理相对方给予行政制裁的具体行政行为。与教育行政许可不同的是，教育行政处罚是教育行政机关依职权主动进行的一种教育行政执法活动。教育行政处罚的种类主要包括：警告；罚款；没收违法所得；没收违法颁发、印制的学历证书、学位证书及其他学业证书；撤销违法举办的学校和其他教育机构；取消颁发学历、学位和其他学业证书的资格；撤销教师资格，停考、停止申请认定资格；责令停止招生；吊销办学许可证；法律法规规定的其他教育行政处罚。

（五）教育行政强制执行

教育行政强制执行是指教育行政机关对拒不履行教育法规定的义务的教育行政管理相对方，依法强制其履行义务或达到与履行义务相同状态的教育行政执法行为。例如，政府或教育行政部门依法强制监护人履行被监护人入学的义务。教育行政强制执行的主体是教育行政机关，强制执行的目的在于维护正常的教育教学秩序，保障教育关系主体权利的实现。

四、教育行政行为的构成要件

（一）主体合法

教育行政行为的主体必须是教育行政机关或者法律法规授权的组织。行政行为的主体必须是依法成立或者依法授权的组织。

（二）内容合法

教育行政行为的内容必须以事实为依据，明确具体，适用于教育法律法规，符合法律法规的要求，并且教育行政行为必须公正、公开、合理，且符合法定程序。

（三）程序合法

程序即行政行为所经历的步骤和顺序，任何行政行为都必须遵循一定的程序。教育行政行为也是通过一定的程序做出来的决定，没有程序也无所谓教育行政行为，程序也影响教育行政行为的合法性。教育行政行为的程序要符合教育行政行为的性质，同时也要符合程序的一般要求。

（四）职权合法

职权合法，即教育行政行为的主体必须有法律法规赋予的一定职权，其行政行为必须在职权范围内。教育行政机关的职权是法律法规明文规定的，一切行政行为必须以法律法规为依据，不得超越职权、滥用职权。

（五）形式合法

教育行政行为必须借助一定的载体才能表现出来，这种载体就是教育行政行为的形式。法律法规往往对教育行政行为的形式做出严格的规定，教育行政主体应严格遵循其行为形式，否则不具有法律效力。

五、教育行政行为的实施程序

教育行政行为的实施程序是指教育行政主体依法行使教育行政权力，做出教育行政行为所必需的步骤、顺序、期限和方式的总和。通过制定教育行政行为实施程序可以规范和制约教育行政主体，合理使用职权，同时也为维护相对人的法律地位和人格尊严提供法律保障，促进教育行政机关的合理行政，提高行政效率。

（一）步骤

教育行政行为从开始到结束所经历的若干阶段，主要包括立案、调查取证、听取意见或申辩、裁决四个阶段。

（二）顺序

顺序，即实施教育行政行为各个阶段的先后顺序，如先取证后裁决，先裁决后执行。教育行政行为的顺序一经确认就不能颠倒，否则就构成违法行为。

（三）期限

期限，即教育行政行为的时间限制，具体指的是教育行政行为从开始确定到执行完成的时间结点，超出这一结点教育行政行为就失去了法律效力，这样既有效提高了教育行政机关的管理效率，也保护了行政当事人的合法权益。

（四）方式

方式，指的是教育行政行为的形式，如书面形式、特定形式等。

六、教育行政行为的生效、无效、撤销及废止

（一）教育行政行为的生效

教育行政行为的生效即教育行政行为被赋予法律效力，教育行政行为生效以后，就有教育行政效力。

教育行政行为的生效主要有即时生效、受领生效、告知生效和附条件生效四种。即时生效即教育行政行为一经做出就被赋予法律效力；受领生效即教育行政机关将教育行政行为告知相对人并被对方所接受，才开始生效；告知生效即教育行政机关将教育行政行为告知相对人，使相对人熟知教育行政行为；附条件生效是指教育行政行为的生效被附加一定的条款，教育行政行为才开始生效。教育行政行为生效之后就具有法律效力，对教育行政行为相对人具有一定的约束力，相关当事人必须遵守或服从，行政主体有权采取一定的措施保证教育行政行为的执行。

（二）教育行政行为的无效

教育行政行为的无效指教育行政行为严重违法不具有公定力，从而不具有法律效力的行政行为。

教育行政行为无效的情形包括：①教育行政行为的无效在范围上是指那些有

重大明显违法行为的行政行为，这些违法行为包括行政主体超越权限或者无权限做出的行政行为；②行政行为在具体内容上存在重大、明显违法行为；③行政行为在程序上存在重大违法行为和行政行为在形式上存在明显缺陷的违法行为；④在效力上指确定无效的教育行政行为，与法律法规相抵触，没有强制力保障实施。

（三）教育行政行为的撤销

对于不当的教育行政行为和合法要件受到损害的教育行政行为，教育行政机关应予以撤销，不当的教育行政行为和合法要件受到损害的教育行政行为指的是适用的法律法规错误、违反法定程序、超越和滥用职权的教育行政行为，相应的教育行政行为自撤销之日起就失去法律效力。

（四）教育行政行为的废止

教育行政行为的废止指本来具备合法要件的教育行政行为，因法律和政策的变化而不再适应新的社会情况，而由有关国家机关宣布废除并使其不再发生法律效力。从内容上讲，教育行政行为的废止包括法律文件的修改、废止或撤销，教育行政行为所适用的地区发生变化，以达已经达成教育行政行为目标三种行为。废止的教育行政行为自废止之日起失去法律效力，教育行政行为的相对人也无须履行相应的教育行政责任。

第四节　案例分析与讨论

一、民办学校与县教育委员会教育行政许可纠纷案[①]

（一）案情简介

上诉人：（一审原告）丰都县先进中学；被上诉人：（一审被告）丰都县教育委员会。

上诉人因被上诉人教育行政许可一案，不服丰都县人民法院行政判决，向重庆市第三中级人民法院提起上诉。重庆市第三中级人民法院 2008 年 4 月 17 日立案受理后依法组成合议庭，于 2008 年 5 月 28 日公开开庭审理了本案。

法庭查明如下事实：先进中学设立于 2004 年 8 月，同年 9 月 7 日，被上诉

① 上诉人丰都县先进中学诉丰都县教育委员会教育行政许可一案，http：//www.110.com/ziliao/article-132203.html。

人以该校系违法办学为由，对举办者刘某某做出行政处罚决定，撤销先进中学。之后，刘某某向被上诉人重新提出办学申请。由于先进中学在未经批准的情况下擅自招生办学，被上诉人对该校做出行政处罚决定，撤销先进中学，但该校自2004 年秋以来未停止办学，未执行该行政处罚决定。同时，该校在未申请筹建的情况下，擅自选校址建校舍，并已投入使用，未进行建设工程竣工验收，只是由丰都县康居房屋安全咨询有限公司进行了房屋安全性鉴定，其办学地址不适合举办初级中学。被上诉人于 2007 年 8 月 17 日做出批复，决定不予批准举办先进中学。在审理过程中，被上诉人于 2008 年 3 月 6 日做出决定，撤销其于 2007 年 8 月 17 日做出的关于不同意设立先进中学的批复，先进中学明确表示不撤回起诉。被上诉人于 2007 年 6 月安排先进中学 2007 年初中毕业升学考试和 2007 年初中结业考试，并向 2007 届毕业生颁发毕业证书。

上诉人先进中学辩称：①上诉人于 2006 年 4 月 21 日递交申办报告及所需材料后，被上诉人向上诉人的所有学生建立学籍，组织各种考试，颁发毕业证书的行为客观存在，上诉人现要求补发办学许可证。②被上诉人事实上已批准设立先进中学，只是没有履行颁发办学许可证。

被上诉人丰都县教委答辩：学生是无辜的，学生享有受教育的权利，任何人均不能剥夺学生受教育的权利，鉴于这种情况，被上诉人为上诉人所办中学仅有的一、二年级学生建立了学籍，并在 2007 年对三年级学生组织了考试，这与事实上上诉人违法办学是两个不同性质的问题。按照《民办教育促进法》第 17 条的规定，对已具备办学条件的民办学校颁发办学许可证，而不是对不具备办学条件的也要发给行政办学许可证。上述事实都有证据材料。重庆市第三中级人民法院于 2008 年 5 月 28 日做出二审（终审）判决，判决生效。

一审法院裁判：依照《最高人民法院关于执行〈中华人民共和国行政诉讼法〉若干问题的解释》第五十条第三款、第五十六条第四项之规定，判决：①确认被告丰都县教育委员会于 2007 年 8 月 17 日做出的关于不同意设立先进中学的批复违法；②驳回原告先进中学要求补发办学许可证的诉讼请求。案件受理费 50 元，由原告先进中学和被告各负担 25 元。

二审法院：驳回上诉，维持原判。

（二）案例分析

本案是由一起私人办学引起的教育行政案件，在案件中法律关系的主体是丰都县先进中学和丰都县教育委员会，本案争论的焦点及意义如下。

（1）被告丰都县教育委员会对丰都县先进中学不予补发办学许可证的诉讼请求是否合法。根据《教育法》第二十六条规定，符合规定的教学场所和设施是办学的必备条件之一，最重要的教学场所和设施是校舍，我国还制定了一系列法律法规，确保校舍建设的标准。先进中学的校舍建设的申请、选址、建设和验收都达不到国家规定的要求，不符合国家对于教学场所及设施的要求。国家对不同等级的教师资格都有明确的要求，对于从事初中教学的教师，应当具备大学本科及以上学历，先进中学的老师具备教师资格证的很少，而且具备初级中学教师资格证的教师都没有，只有一个小学的教师资格证，不符合中学任教的基本条件。本案中原告丰都县先进中学出具的教师资格证书证明，不具有符合规定的相应的教师资格，同时先进中学的校舍安全证明不符合初级中学办学最基本的教学场所及设施的要求，这些都不符合中学办学的基本条件，因此，被告丰都县教育委员会对原告先进中学不予补发办学许可证的诉讼请求是符合法律、法规的规定的。

（2）被告丰都县教育委员会关于不同意设立先进中学的批复程序是否合法。《民办教育促进法》第十七条规定审批机关对批准正式设立的民办学校发给办学许可证。审批机关对不批准正式设立的，应当说明理由。《行政许可法》第三十二条第一款第四项规定，行政机关对申请人提出的行政许可申请，申请材料不齐全或者不符合法定形式的，行政机关应当当场或者在 5 日内一次告知申请人需要补正的全部内容，逾期不告知的，自收到申请材料之日起即为受理。第三十四条规定行政机关应当对申请人提交的申请材料进行审查。根据法定条件和程序，需要对申请材料的实质内容进行核实的，行政机关应当指派两名以上工作人员进行核查。行政机关对申请人提出行政许可申请的申请材料不齐全或者不符合法定形式有告知的义务，行政机关对申请人提交的申请材料的实质内容需要进行核实的则有核查的义务。本案中丰都县教育委员会，未能告知先进中学申请办学的材料哪些需要补充，哪些需要改正，未履行其教育行政的基本义务，也不符合教育行政行为的基本程序。对于对原告提交的申请材料的实质内容进行核查，并未在做出该批复前指派两名以上工作人员对申请材料的实质内容进行核查，做出不予办理行政许可行政行为是违反法定程序的。

（3）意义。根据以上分析可以看出，丰都县教育委员会对先进中学不予补发办学许可证的决定是在职权范围内的行为。作为教育行政机关，丰都县教育委员会有权决定是否颁发办学许可证，丰都县教育委员会行使决定权的具体表现：教育机构的设置，教育行政人员的任免、培训、考核，教师队伍的建设与管理，教育经费使用，拟定全国教育事业发展规划，义务教育宏观管理工作，职业教育与成人教育等相关重大决定。丰都县教育委员会对先进中学做出行政处罚的决定是在行使其行政处罚权，对于违反教育行政规定的行为，教育行政机关有权做出相应的处罚。同时，丰都县教育委员会对先进中学不予补发办学许可证的行政行为是合法的，作为教育行政机关，丰都县教育委员会的做法符合教育行政的合法性原则。

丰都县教育委员会关于不同意设立先进中学的批复程序是不合法的，任何教育行政行为都必须符合相应的程序，程序就是应当遵循的步骤、顺序、期限和方式，《行政诉讼法》第五十四条明确规定："违反法定程序的行政行为应予撤销。违反法定程序的行政行为应当不附加任何条件予以撤销。"教育行政行为必须保证程序合法才能规范教育行政机关合理使用职权，确保依法执政的理念，提高行政办事效率，同时也可以维护相对人的合法权益，推动行政程序法制化在我国的发展，对于任何行政行为应严格按照相应的程序执行，否则，行政相对人有权要求撤销相应的行政行为。

（三）案例讨论

（1）国家教育行政机关做出的行政行为的程序具体有哪些？

（2）国家教育行政机关如何做到依法行政？

二、上海 6 岁女童不满学校安排起诉教育局[①]

（一）案情简介

上诉人是 6 岁女童小甜（化名）。她在起诉状中称，在浦东新区教育局 2014 年 4 月 1 日公布的《2014 年浦东新区义务教育招生小学招生地段公示》上，自己的户籍地址，同时也是小甜的房产所在地和实际居住地，居然没有对口的小学。这种做法，严重违反了《义务教育法》和《上海市未成年人保护条例》的相关规定，侵犯了原告合法的受教育权。原告的法定代理人多次走访浦东新区教育局的相关部门，争取给小甜公开、公平、公正的小学就学学位，而被告至今不予答复和拒绝履行。

小甜在诉讼中提出，请求法院判令浦东新区教育局按照由近及远的顺序，安排小学就学学位，自己因是否能得到公开、公平、公正的入学而精神紧张，请求法院判令浦东新区教育局赔付精神损失费 1 元，诉讼费由浦东新区教育局承担。

浦东新区教育局在庭审中辩称，小甜的户籍所在地没有对口小学事出有因。一方面，小甜的户籍地编制单元内小学班级规模严重短缺。根据规划，这里应该配置的小学班级规模至少 50 个，但小甜入学前实际只有 40 个班级的配置。另一方面，小甜的户籍地是新建住宅，建设时并未配套教育公建设施。按照规定，对涉及教育公建配套设施建设的，应事先征求教育部门的意见，但小甜户籍地的住宅从规划到建成从未向教育局征求有关教育公建配套设施意见。浦东新区教育局辩称：小甜的户籍地址没有在《2014 年浦东新区义务教育招生小学招生地段公示》中，是因为她的户籍所在地没有对口小学。浦东新区教育局表示，尽管小甜

---

① "就近入学"不等于"最近入学"，http：//shfy.chinacourt.org/article/detail/2015/11/id/1735313.shtml。

户籍地没有对口小学，但在她提出申请后，教育局先后提出了让小甜在六师二附小或二中心小学就读的方案，后来又向她发送了《告知书》，告知其到二中心小学报名。因此，请求驳回原告诉讼。

浦东新区法院认为教育局已履行法定职责并未侵害原告受教育权。法院认为，被告浦东新区教育局作为教育行政部门，具有按照公办学校“免试就近入学”原则和本地区实际情况制订招生计划和相关政策，确定各校对口招生入学范围等法定职权。因此，被告有权对原告就读小学做出具体安排。

本案审判长认为，《义务教育法》“就近入学”是原则性规定，其模糊性和不确定性使这一规定在具体化为教育行政行为时，可能出现一些误解。“就近入学”并非就读离户籍地址直线距离最近的学校，而是指相对就近所属地段的学校。就读学校的招生地段由所在区县教育行政部门根据辖区人口分布、道路、小区边界等因素合理进行划分。本案中法院认为，浦东新区教育局为小甜安排的二中心小学，虽然不是最近的小学，但结合学校规模、街道设置等诸多因素，属于“就近入学”的合理范围。法院在审查教育行政部门履行保障适龄儿童、少年就近入学法定职责的合法性时，应将合法性与合理性、整体均衡与个体照顾等问题综合考虑，判定履职行为的合法性。

（二）案例分析

（1）本案法律关系的主体是小甜和浦东新区教育局，焦点是就近入学是否等于最近入学。

（2）浦东新区教育局作为地方上的教育行政机关，行使一个地区的教育管理职能。根据《教育法》第十五条，国务院教育行政部门主管全国教育工作，统筹规划、协调管理全国的教育事业；县级以上各级人民政府教育行政部门主管本行政区域内的教育工作；县级以上各级人民政府其他部门在各自职权范围内，负责有关教育工作。浦东新区教育局对本地区的教育工作负责，管理本地区的教育活动。浦东新区教育局提出就读的方案，后来又向小甜发送了《告知书》的行为，符合教育行政行为的法定程序。

（3）本案争论的焦点是就近入学是否等于最近入学。为了保证教育公平，保证适龄儿童接受义务教育，我国规定适龄儿童、少年持户口簿可在户口所在地或家庭实际居住地（凭房屋产权证或相关证明）就近安排入学。按照就近入学整体制度设计，市属学校应当在市、县统筹下纳入就近入学。具体政策及标准由市级和县级教育行政部门按照权责分配确定。具体操作执行由区县级教育行政部门实施。对于像小甜这种户籍所在地没有对应的学校，浦东新区教育局有责任根据就近入学的原则为小甜选择合适的学校。但是，由于部分地区人口分布不均、学校布局各异、街区形状不规则等因素，教育发展不平衡，导致各地区之间学校分布不平衡和学生的分布不均衡。为此，我们必须根据实际情况，积极稳妥地采取多校划片，将热点小学、初中分散至每个片区，确保各大片区、区内部学校与学校之间的相对平衡，促进教育公平，安排学生入学。但是，就近入学并不意味着最近入学，而是考虑多种因素下的相对较近的入学安排。浦东新区教育局为小甜安排的二中心小学，符合就近入学的原则，浦东新区教育局的做法是正确的。

（三）案例讨论

（1）教育行政机关的职责义务有哪些？

（2）案例中教育行政机关的教育行政行为是否合法？

三、擅自离岗教师与教育局劳动争议案①

（一）案情简介

上诉人李某某教师就与被上诉人福建长汀县教育局劳动争议纠纷一案，不服长汀县人民法院判决，向本院提起上诉。本院依法组成合议庭，公开开庭审理了本案。

原审判决查明，原告系长汀县涂坊中心学校教师。自 2006 年 9 月起未经被告批准，先后五次擅自离岗，每次均超过一个月以上。三次向被告写有书面检查，保证不再发生离岗行为，否则，任由被告按自动离职或擅自离岗或开除处理。对于第四次擅自离岗行为，被告在原告的检讨书上注明“经局领导同意，暂缓处理，以观其安心工作表现”。2009 年 12 月 2 日，长汀县教育局做出处理决定，给予原告自动离职处理。原告不服处理决定，就该人事争议申请仲裁，长汀县人事争议仲裁委员会于 2010 年 5 月 12 日做出仲裁，维持教育局做出的处理决定。被告不服该人事争议裁决，在法定期限内向该院提起诉讼。

原审判决认为，原告先后五次擅自离岗，每次均超过一个月以上，前四次被告对原告均作宽容处理，让其自我检讨，望其改正。其中，第四次擅自离岗后，原告在检讨书中保证“不再发生离岗行为，否则，任由被告按自动离职或擅自离岗或开除处理”。被告则在此检讨书上注明“经局领导同意，暂缓处理，以观其安心工作表现”。但此后原告并未改正，其后又擅自离岗 36 天。对此，被告给予原告自动离职处理，完全符合《福建省中小学教师队伍管理暂行规定》第四十四条第二款“教师擅自离开工作岗位，自离岗之日起即停发工资，如在离岗后一个月内，本人承认错误返回原单位，可继续安排其工作，但应予以批评教育以至给

① 上诉人李建生不服长汀县人民法院判决其与福建长汀县教育局劳动争议纠纷一案，http://www.110.com/panli/panli_24959888.html。

予适当处分；超过一个月的，即按自动离职处理”的规定；其处理程序亦符合该暂行规定第四十五条第一款“对中小学教师自动离职的处理，应严格按规定程序办理。处理前应书面通知其本人或登报公告，限期返回，逾期不归的由学校提出处理意见，报教育行政主管部门审批，同时抄报同级政府人事部门备案”的规定。依照《中华人民共和国劳动法》第七十八条、《最高人民法院关于人民法院审理事业单位人事争议案件若干问题的规定》第一条及《最高人民法院关于审理劳动争议案件适用法律若干问题的解释》第二十条之规定，判决：驳回原告李某某的诉讼请求。

判决后原告李某某不服，向本院提出上诉。

上诉人李某某上诉称：①上诉人所在的单位系涂坊中心学校，非被上诉人长汀县教育局。被上诉人系教育行政主管部门，法律未赋予其具有解除或终止用人单位与劳动者之间建立的劳动关系和劳动合同的权力。因此，被上诉人做出处理决定不具有法律主体资格。②一审判决认定事实不清，表现在：第一，原审认定上诉人擅自离岗五次与客观事实不符。前四次是涂坊中心学校同意上诉人外出勤工俭学，上诉人写书面检查而未被处理就充分说明了这一点。涂坊中心学校是因为上诉人之兄在考核校级领导班子时得罪了领导班子成员而对上诉人做出离职处理决定的。第二，一审法院依据不具有法律效力的证据，仅凭上诉人三次的检查、保证，做出事实不清的判决，损害上诉人的合法权益，请求二审法院撤销原判，恢复上诉人教师职务。

被上诉人长汀县教育局答辩称：①上诉人多次违反《长汀县处理教职工自动离职问题的若干规定》，教育局的处理决定有事实依据，应予维持。②上诉人自行选择了自动离职，处理决定符合政策法规和规章的规定，应予维持其效力。③根据《福建省中小学教师队伍管理暂行规定》的规定，县教育行政部门负责本县教师队伍管理。多年来，长汀县中小学教师队伍的管理，特别是聘用、除名、按自动离职处理均是由被上诉人做出决定并发文，不存在主体资格问题。

经庭审，上诉人对原审判决认定的“先后五次擅自离岗，每次均超过一个月以上”有异议，认为上诉人不是擅自离岗。前四次是其与涂坊中心学校协议留职停薪勤工俭学，第五次是向学校请假。被上诉人对原审判决认定的事实没有异议。本院对双方当事人没有异议的事实予以确认。

本院认为，长汀县教育局有权录用、处置教师，其做出上诉人离职的处理决定符合规定，上诉人主张被上诉人不具备做出处理决定的主体资格的理由不能成立，本院不予支持。上诉人做出的三次书面检查已明确表明其属未经批准擅自离岗，并表示若今后再发生离岗行为，愿意接受教育局的处理，因此，上诉人主张其系经学校同意外出勤工俭学，不属于擅自离岗的上诉理由不能成立，本院不予支持。综上，原审判决正确，上诉人的上诉理由不能成立，驳回上诉，维持原判。二审案件受理费10元，由上诉人李某某负担。本判决为终审判决。

（二）案例分析

（1）该案的法律关系主体为长汀县涂坊中心学校教师李某某、福建省长汀县教育局。

（2）长汀县教育局是教育行政机关，有职责管理本地区的教育行政事务，有权开除教师，长汀县教育局是否有权处理是本案争论的焦点。根据《教师法》第二十二条，学校或者其他教育机构应当对教师的政治思想、业务水平、工作态度和工作成绩进行考核。教育行政部门对教师的考核工作进行指导、监督。第三十七条规定，教师有下列情形之一的，由所在学校、其他教育机构或者教育行政部门给予行政处分或解聘：①故意不完成教育教学任务给教育教学工作造成损失的；②体罚学生，经教育不改的；③品行不良、侮辱学生，影响恶劣的。

本案例中原长汀县涂坊中心学校教师李某某因多次无故旷工，持续时间长，工作态度不端正，进取心不强，影响教育任务的进度，严重影响学生的学习，对教育教学工作造成巨大损失。长汀县教育局对于李某某的多次无故旷工的行为，先后四次进行批评教育，并让其自我检讨，但其仍不知悔改，对于李某某这种严重违反教育法律法规的行为，长汀县教育局有义务对李某某的问题做出行政处罚，这是在履行自己的责任与义务。

本案中争论的焦点是长汀县教育局是否有权对原告做出开除处理，我国的教师聘任制度是在学校和教师平等自愿的基础上，由学校或者教育行政部门根据学校需要设置工作岗位，以签订聘任合同的方式聘请具有教师资格的公民担任相应教师职务的一项教师作用制度。教育行政部门对于教师的任用、解聘都要进行指导、监督和管理。虽然李某某实在涂坊中心学校任教，但长汀县教育局是有权对其违法行为进行行政处罚的。

（3）意义。教师不仅要有渊博的学科知识和教育教学的能力，更要有高尚的职业道德。高尚的职业道德首先体现在对自己职业的热爱，要有教书育人的使命感和责任感，用自己高尚的人格、真挚的爱使学生受到感染和熏陶，以严谨的职业态度、扎实的基本功和求实向上的精神为学生做个好的榜样。其次是以高尚的道德风貌、高水平的思想觉悟、高尚的感情和精神风貌来感染学生。教师是履行教育教学职责的专业人员，担负着教书育人，培养社会主义事业建设者和接班人、提高民族素质的使命。教师是学生的榜样、模仿的对象，为此必须加强教师的职业道德建设。李某某的先后五次旷工，每次都长达一个多月，这样的行为严重违反了最基本的职业道德要求，与教师身份严重不符，同时也与《教师法》的相关规定相抵触。此案中李某某的行为会给学生带来严重的负面影响，如无故逃课、厌学、学习态度等问题，后果严重，如不加以制止，则影响严重，无法控制。

（三）案例讨论

（1）国家教育行政机关对哪些行为可以进行行政处罚？

（2）国家教育行政机关有哪些权力？

四、中师民招生与转正中教育行政机关不履行职责案[①]

（一）案情简介

江苏省教育厅（原江苏省教育委员会）为稳定苏北偏远农村中小学教师队伍，提高其整体素质，决定以中小学民办教师为招生对象招收中等师范学生（简称中师民）。为此下发的《关于中师招收中小学民办教师有关问题的通知》和《关于中师招收中小学民办教师有关问题的答复意见》规定：招生对象为 1984 年年底以前从事中小学教育教学工作并取得任用证书的现仍在岗的中小学民办教师和 1986 年年底以前经县（市）教育行政部门批准聘用并报省辖市教育行政部门备案的现仍在岗的中小学合同代课教师；中学教师应具有国家承认的专科毕业及以上学历，小学教师应具有国家承认的中师或其他中专及以上学历；以省辖市为单位，在师范院校单独办班，学制两年；平时以自学为主，每年利用假期办班，教学计划应体现在职、成人特点；学员成绩合格，颁发中师毕业证书，纳入国家分配计划，回原单位工作；其审核录取权为江苏省教育厅，具有违反计划生育政策行为的，不得录取。

孙某某于 2000 年 8 月以小学民办教师身份参加江苏省中师民考试，其文化成绩进入录取最低控制线。在成绩公布和公示期间，有来电、来信举报孙某某存在违反计划生育问题，后经兴化市竹泓镇计划生育服务站出具孙某某无计划外生育行为的证明，兴化市教育局将孙某某列入录取上报名单，2001 年 11 月江苏省教育厅批准原告为录取对象，录取学校为江苏省泰兴师范学校。2001 年 12 月，在办理入学手续前，又有来信、来电举报孙某某存在违反计划生育问题，兴化市教育局遂将举报情况向上级教育行政主管机关报告，致孙某某被推缓入学。为此，孙某某于 2003 年 5 月 19 日向江苏省兴化市人民法院提起行政诉讼。

原告孙某某诉称，原告事实上已经江苏省教育厅审核通过为录取对象，且根据兴化市竹泓镇竹二村村民委员会及竹泓镇计划生育服务站与兴化市计划生育局核查，均证明原告仅生育一胎女孩，无违反计划生育行为。两被告在无证据证实

---

① 卞文斌等：孙庆龙认为兴化市教育局等拒不履行法定职责案，http: //sifaku.com/falvanjian/6/zaz5p99eda1p.html。

原告具有违反计划生育行为的情况下使原告被推缓入学至今，实属违法行政。两被告的不作为是对原告合法权益的共同侵犯。请求人民法院判令两被告立即同意原告就读江苏省泰兴师范学校，为原告办理教师进编手续，并承担本案诉讼费用。

被告兴化市教育局辩称，对举报原告违反计划生育的问题进行调查，符合中师民录取工作原则和政策，不属违法行政。原告未收到江苏省泰兴师范学校入学通知书与被告调查处理原告有无违反计划生育行为的问题没有关系。原告起诉的要求办理入学手续及教师进编，不属人民法院受案范围，且兴化市教育局不存在履行法定职责之说。

被告泰州市教育局辩称，泰州市教育局与兴化市教育局同属教育行政主管部门，区别在于是两级行政机关，各自行使的职权（职责）不尽相同，相关文件并未赋予两被告共同行政的职权。依照江苏省教育厅《关于中师招收中小学民办教师有关问题的通知》［苏教师（2000）21 号］第七条第二款，招生录取的审核权是江苏省教育厅，并非第一被告和第二被告；原告所诉第二被告主体不适格。民办教师转为计划内公职教师，亦不属于人民法院的受案范围，请求驳回原告的起诉。

兴化市人民法院经审理认为，江苏省教育厅以中小学民办教师为招生对象的中师民招生专门针对教育行政系统内部人员民办教师，是在职教育培训，与民办教师转为公办教师的教师进编行为同属教育行政系统内部行政行为，不属人民法院行政诉讼案件受案范围，且中师民录取工作最终审核权在江苏省教育厅，录取原告的学校是江苏省泰兴师范学校，两被告并无发放原告入学通知书的法定职责，原告所诉被告主体不适格。依照《中华人民共和国行政诉讼法》第十二条、《最高人民法院关于执行〈中华人民共和国行政诉讼法〉若干问题的解释》第四十四条第一款第（一）项、第六十三条第一款第（二）项的规定，该院于 2003 年 8 月 15 日做出裁定：驳回原告孙某某的起诉。本案诉讼费 100 元，由原告孙某某负担。一审裁定送达后，当事人在法定期限内未提起上诉，裁定已经产生法律效力。

另外，兴化市人民法院同时认为，调查核实原告孙某某是否存在违反计划生育行为的职权在兴化市计划生育行政主管部门。而原告孙某某在诉讼中提供的兴化市竹泓镇计划生育服务站出具的证明材料上有兴化市计划生育局加盖公章证明情况属实，该证明材料的真实性经庭审质证当事人均无异议，应作为认定原告孙某某有无违反计划生育行为问题的有效证据。为维护社会稳定，防止诉累，该院于 2003 年 8 月 1 日发出司法建议，建议兴化市教育局尽快向上级教育行政主管部门报告，妥善处理原告孙某某的中师民入学问题。并将上述司法建议函抄送泰州市教育局和江苏省教育厅，原告孙某某已于 2003 年 10 月收到入学通知书。

（二）案例分析

本案争议焦点是本案原告的诉讼请求是否属于人民法院的受案范围、两被告是否为适格被告。

（1）中师民招生及教师进编行为是否同属教育行政系统内部行政行为？在行政法律关系中，按照双方当事人的相互关系来分类，可分为外部行政法律关系和内部行政法律关系两类。

行政机关与公民、法人和其他组织之间作为管理和被管理关系的是外部行政法律关系；双方当事人作为上下级的从属关系的是内部行政法律关系。对具有内部行政法律关系的行政行为，《中华人民共和国行政诉讼法》第十二条第（三）项规定，行政机关对行政机关工作人员的奖惩、任免等行为不属于行政诉讼受案范围。不属于行政诉讼受案范围的行政行为是所有行政机关的内部人事管理行为，包括工资升降、福利待遇、住房分配、进修培训等行为。区分内部行政行为与外部行政行为的关键：一是看行政行为所针对的对象与做出该行为的机关是否存在行政隶属关系或行政监察关系。内部行政行为是行政机关针对具有隶属关系或行政监察关系的行政机关工作人员做出的行为；如果行政行为是针对没有这种特定关系的人做出的，则不属于内部行政行为。二是看为行政行为所拘束的权益的性质。行政行为所涉及的如果是行政机关工作人员所特有的权利义务，应当认定为内部行政行为；如果所拘束的是一个普通公民的权利义务，则属于外部行政行为。

本案教师进编属教育系统招录、任免工作人员的人事管理行为。就中师民招生而言，仅从表面上看，涉及公民受教育权利的法律保护问题，但仔细推敲不难发现它是在岗教师所特有的权利。首先，中师民招生对象为 1984 年年底以前从事中小学教育教学工作并取得任用证书的现仍在岗的中小学民办教师和 1986 年年底以前经县（市）教育行政部门批准聘用并报省辖市教育行政部门备案的现仍在岗的中小学合同代课教师。民办教师或代课教师虽然与公办教师在人员性质和福利待遇上有一定区别，但他们都由地方财政拨款发放工资，都履行着教师职责，同属教育系统的工作人员，与教育行政部门存在行政隶属关系。其次，中师民招生要求报考时，中学教师应具有国家承认的专科及以上学历，小学教师应具有国家承认的中师或其他中专及以上学历，被录取的学员毕业时颁发中师证书，显然不是学历教育，而是教育系统内部的进修培训。再次，中师民教学计划体现在职和成人特点，学员毕业纳入国家分配计划，回原单位工作，完全有别于普通国民教育，实质上是为了稳定苏北偏远农村中小学教师队伍而有条件地将民办教师、代课教师转为公办教师的过渡措施。因此，兴化市人民法院认定中师民招生与民办教师转为公办教师的教师进编行为同属教育行政系统内部行政行为，不属人民法院行政诉讼案件受案范围是正确的。

（2）两被告不具有发放原告入学通知书的法定职责。行政主体行使行政权力必须有法律依据，即必须要有合法有效的权力来源。行政机关的法定职权由部门管辖权、级别管辖权、地域管辖权和内容管辖权四个方面的职权构成，行政机关必须在法律、法规或规章授权的范围内行使行政职权，不得超出授权的范围，否则就是越权行为。本案被告兴化市教育局对他人举报原告违反计划生育的情况，向上级教育行政主管机关报告，并按照上级教育行政主管机关的指令进行调查及配合计划生育行政主管部门调查，系依法履行行政监察职能，且符合中师民录取工作原则和政策。中师民录取工作最终审核权在江苏省教育厅，录取原告的学校是江苏省泰兴师范学校，两被告并无发放原告入学通知书的法定职责。所以，兴化市人民法院确认原告所诉被告主体不适格是恰当的。

行政监察行为虽然不可诉，但其旷日持久的调查、年复一年不作结论，往往严重影响当事人的合法权益。兴化市人民法院在驳回原告起诉的同时，针对被告兴化市教育局对原告孙某某是否存在违反计划生育行为的调查迟迟不作结论的状况，发出司法建议，并将司法建议函抄送泰州市教育局和江苏省教育厅，从而使原告孙某某的中师民入学问题得到妥善处理。此做法，不但有利于维护社会稳定，而且体现了人民法院司法为民，值得提倡、借鉴。

（三）案例讨论

（1）以该案为例谈谈内部行政行为与外部行政行为的区别。思考为什么内部行政行为为不可诉行政行为。

（2）该案中中师民招生与其他招生有何不同？法院为什么没有认定它为受教育权被侵害而保护？

（3）该案孙某某的权利到底有没有受到不法侵害？有没有主体承担法律责任？为什么？

◇要点归纳

1. 国家教育行政机关是按照宪法和相关法律的规定而设置的行使国家在教育方面行政职能的国家行政机关。

2. 教育行政机关的权利主要包括教育行政立法权、教育行政决定权、教育行政命令权、教育行政执法权、教育行政处罚权、教育行政监督权、教育行政奖励权、教育行政物质帮助权等。

3. 教育行政机关的义务包括制定教育发展的总体战略、规划和计划，制定和颁布重大国家教育政策和法规，组织教育体制改革，对学校师资各级管理人员的人事管理，对有关部门和各级各类学校进行检查和监督等。

4. 合法行政原则主要是指行政权力的设立、行使、运用必须依据法律，符合法律要求，不能与法律相抵触；合理行政原则指行政机关做出的行政行为内容要客观、适度、符合理性；正当程序是指行政权力的运行应当符合法律规定的方式、形式、步骤和时限，符合正当合理的操作规则，从而为人们提供一种体现最低限度公正的权益保障。

5. 教育行政行为指教育行政机关及其工作人员按照法定程序对教育进行行政管理的活动。教育行政行为必须以教育法律法规为依据，受教育法律法规的约束。教育行政行为的特征：意志的单向性、强制性、效力的先定性。

6. 教育行政行为的构成要件：主体合法、内容合法、程序合法、职权合法、形式合法。

7. 教育行政行为实施程序主要包括立案、调查取证、听取意见或申辩、裁决四个阶段。

◇思考与练习

1. 教育行政机关的权利有哪些？
2. 教育行政机关的义务有哪些？
3. 教育行政处罚的实施程序包括哪些内容？
4. 教育行政的具体原则是什么？
5. 教育行政机关如何做到“依法行政”？

◇拓展阅读

1. 郝维谦、李连宁：《各国教育法制比较研究》，人民教育出版社，1998 年。
2. 张维平、马立武：《美国教育法研究》，中国法制出版社，2005 年。
3. 马怀德：《行政法学》，中国政法大学出版社，2009 年。

第五章

教　师

内容提要

本章共四节。第一节介绍了教师的法律地位。第二节介绍了教师的权利与义务、教师的惩戒权的概念、教师惩戒行为遵守的原则，以及惩戒权的规范化行使。第三节介绍了教师资格的类别、获得、认定和丧失，以及教师聘任制度的特征、形式和教师聘任的实施程序。第四节通过教师教案的所有权案例、教育局收回奖励的案例、教师与学校的劳动合同案例和教师辞退案例讨论了教师的权利与义务问题、教师与民办学校的法律关系问题，以及教师聘任中的不规范问题。

学习目标

1. 识记教师的法律地位、教师的惩戒权、教师资格制度、教师聘任制度的概念。

2. 了解教师资格的分类，以及认定、获得和丧失政策。

3. 掌握教师权利和义务的主要内容。

4. 理解教师惩戒权的概念、教师惩戒遵守的原则和教师惩戒权规范化行使的要求。

5. 理解教师聘任制度的特点、形式及解聘和辞聘条件。

关键词

教师法律地位；教师权利；教师义务；教师惩戒权；教师资格制度；教师聘任制度

第一节　教师的法律地位

一、对教师法律地位的认识

教师是履行教育教学职责的专业人员，承担教书育人，培养社会主义建设者和接班人、提高民族素质的使命。教师职业具有其独特性，历史悠久。教师职业既是古代社会分工的产物，又是现代职业专门化发展的体现，它伴随着教育的产生而出现，随着教育的发展而变化，并贯穿在整个人类社会的发展过程中。在社会的发展过程中，教师职业的地位也发生显著的改变。教师地位指社会给予教师的政治地位、经济待遇，以及社会对教师职业的认可程度，通过教师职业在整个社会中发挥的作用和所占有的社会资源来体现。在一定程度上，它受社会的政治、经济、文化和思想观念的制约，与人类的进步和社会的文明密切相关。教师职业劳动具有创造性、复杂性、灵活性、示范性、长期性和高度责任性等特点，这些特征决定了教师是不可替代的专门性的社会职业。正因为如此，教师职业具有崇高的社会地位。教师社会地位是通过教师的法律地位来体现并进行保障的，许多国家都通过国家立法来确认和保护教师的法律地位。

教师法律地位是指以法律形式规定的教师在各种社会关系中的位置。教师法律地位与教师的社会地位紧密相连，它是法律所认可的教师的社会地位。这主要涉及教师的法定身份、教师法律关系的特征，以及法律规定的教师的权利与义务等问题。我国 1993 年通过的《教师法》第三条规定："教师是履行教育教学职责的专业人员，承担教书育人，培养社会主义建设者和接班人、提高民族素质的使命。"《教师法》将教师确定为教育教学的专业人员，同时将这类专业人员的使命与民族素质的提高、国家建设者和接班人的培养联系在一起，第一次在法律上确认了教师社会地位的专业性和神圣性。明确教师的法律地位，在法律上对教师的职业进行合理定位，有利于提高教师的社会地位、优化教师队伍结构、促进教师专业发展及保障教师合法权益，对提高教学质量、促进教育事业的发展有着重要意义。

新中国成立以来，教师曾长期被定位为国家干部，在任用、晋升、工资、福利、退休、奖惩等方面一直适用国家干部管理的相关政策法规，教师与国家直接构成了一种隶属性内部行政关系，权益由国家保障。从 20 世纪 90 年代初开始，我国酝酿建立公务员制度，庞大且外延模糊不清的干部群体开始分化，由此带来的问题是如何为教师定位。根据《教师法》的相关规定，随着国家公务员制度的建立，教师与政府之间的纵向型行政法律关系已经转化为性质不同的横向型民事法律关系。教师法律地位的变迁引发了法律调节和教育管理上的一系列问题。有学者认为，只有把教师的身份明确规定为教育公务员，才能从根本上解决教师权益得不到保障、师资队伍不稳定的问题；有学者认为，教师属于专业性人才，在权利义务的设定上应具有自由职业者的特点；还有学者认为，教师聘用合同在性质上应属于劳动合同，因此，教师身份应定性为“普通劳动者”。对教师职业的不同法律定位，实质上涉及教育和教师的根本利益，涉及教师与政府、社会、学校和学生的关系，涉及教师的权利义务、资格任用及工资待遇等。①

二、我国教师法律地位的确定

在《教师法》未颁布之前，我国的教师身份从属于干部系列。从世界各国的相关法律看，对公立中小学教师法律地位的规定大致有三种类型。一是公务员。德国、法国、日本等大陆法系国家，一般都把公立中小学教师定位为公务员或教育公务员。在这些国家，教师由政府任用，享有《公务员法》规定的各项权利。二是公务雇员。英国、美国、加拿大、澳大利亚等英美法系国家一般都把公立中小学教师定位为公务雇员，具有“准公务员”性质。教师由地方教育当局任用，并签订聘任合同。三是雇员。新西兰等少数国家把公立中小学教师定位为雇员。教师由校长聘任，但由政府支付工资。总的来说，尽管世界各国对教师法律地位的规定各有不同，但都强调教师职业的公务性质，并把对教师的管理纳入政府的管理职能之中。根据我国现行的《国家公务员暂行条例》，教师不属于国家公务员系列。《教师法》从法律上明确界定“教师是履行教育教学职责的专业人员”，我们可以从教师的内涵、外延这两方面来把握。

（一）教师是履行教育教学职责的专业人员

教师是履行教育教学职责的专业人员。其含义有二：①履行教育教学职责，教书育人。教育教学是教师的职业，教书育人是教师的责任。教书与育人相结合，要求教师关心爱护学生，在传授专业知识的同时，言传身教，引导学生寻找自己生命的意义，实现人生应有的价值追求，塑造健康完美的人格。②专业人员是教师的身份特征。“专业人员”包含三层含义：一是教师要达到符合规定的相应学历；二是教师要具备相应的专业知识；三是教师要符合与其职业相称的其他有关规定。教师作为从事专门职业活动的专业性人员，要具备专业知识、专业技能和专业情意，符合专门规定的从教资格的要求。

① 劳凯声：《应明确义务教育教师的法律地位》，中国教育报，2010年5月17日，第2版。

（二）教师必须从教于各级各类学校或其他教育机构

教师是具备教师资格并与教育教学机构建立聘任关系，直接在各级各类学校或其他教育机构从事教育教学工作的专业技术人员。只具备教师的资格或曾经被聘为教师而目前不从事教育教学活动的人，以及不是在国家批准设立的学校或其他教育机构中从事教育教学活动的人，不属于法律意义上的教师。这里的“各级各类学校”，是指实施学前教育、普通初等教育、普通中等教育、职业教育、普通高等教育，以及特殊教育、成人教育的学校。这里的“其他教育机构”是指与中小学教育教学工作紧密相连的公办机构或民办机构。

三、我国教师的法律地位的特点

在高等学校，我国教师为专业技术人员，与学校之间建立自由聘任关系。而公立中小学教师的聘任仍然具有公法性质的契约关系，民办学校教师虽然具有民法上的契约关系，但是没有与公立学校教师具有相同的法律地位。

（一）我国教师不是国家公务员

《公务员法》规定：“本法所称公务员，是指依法履行公职、纳入国家行政编制、由国家财政负担工资福利的工作人员。”现阶段我国对公务员范围的界定从严把握，该法律所规定的公务员范畴，显然把教师排除在外。一是因为学校不属于行政机关系列，教师没有被纳入国家行政编制，所以不属于国家公务员。二是因为公务员与教师的工作特性也有一定差异：公务员要严格按照上级的指令从事，其任何职务行为都应有法律依据并严格遵照法定程序；而教师不仅要依据国家的教育方针、培养目标，还需要着眼于学校和学生的实际情况因材施教，充分发挥教师的想象力和创造力，具有相当程度的自由发挥空间。

（二）我国教师也不是与学校结成劳动合同关系的雇佣劳动者

实行教师聘任制以来，教师与学校签订的合同与其他事业单位和专业技术人员签订的合同一样都称“聘用合同”而不称“劳动合同”，其形成的关系称“人事关系”而不称“劳动关系”，聘用关系的主管部门不是劳动行政部门而是人事行政部门。可见，属于事业单位的公办学校与教师签订的聘任合同，不能按一般劳动合同对待，不能将公立中小学教师与学校的关系完全界定为劳动关系。

（三）“专业人员”难以对教师的法律身份进行完整表述

《教师法》第三条规定：“教师是履行教育教学职责的专业人员，承担教书育人，培养社会主义事业建设者和接班人、提高民族素质的使命。”这表明，教师是履行教育教学职责的专业人员。虽然这种说法从立法上表述了教师职业的社会性质，确认了教师社会地位的专业性，但是“专业人员”的定位无法明确教师在各种法律关系中的地位，所以这种定位不能很好地解决实践中的各种聘任法律纠纷及现实中其他各种复杂的问题。

可见，我国教师的职业身份不太明确，需要从法律上清晰界定。明确教师的法律地位有利于促进教师队伍的稳定和发展，推动全社会形成尊师重教、尊重知识、尊重人才的观念，形成全社会支持教师工作、关心教师生活、维护教师合法权益的良好氛围，从而提高教师的社会声望，提高教师的教育教学能力和教学管理水平，使教师职业真正成为受人尊敬的崇高职业。

第二节　教师的权利与义务

一、教师权利概述

教师权利是指教师依法享有的某种权能和利益，表现为教师作为权利享有者能够做出或不做出一定的行为，或者要求他人做出或不做出一定行为的资格。教师的权利包括两个方面的内容：一方面是指教师作为公民所享有的一般性权利，即受到法律普遍保护的应当或可以享有的利益，包括广泛的民事权利、诉讼权利、知识产权、人身权和诸多程序性权利等；另一方面是指教师所特有的基于法律的特别规定所享有的专属利益，即《教育法》和《教师法》及其他教育法律法规所赋予教师的、为保证教师在教育教学活动中能够正常履行职责而专门赋予教师的特定利益。

这两部分权利既有联系，又有区别。教师作为专业人员的同时，也属于社会公民，所以依法享有公民权利。教师作为公民享有的权利，有一部分体现在教师的职业中。教师职业特定的权利有一部分是公民权利的具体化和职业化。然而，教师权利也有一部分是教师职业所独具的，与其他公民的权利不同，这也正是其专业性的体现。按照《教师法》第七条的规定，我国教师的基本权利可概括为：教育教学权、科学研究与学术活动权、指导评定学生权、获得劳动报酬和享受福利待遇权、参与民主管理权、进修培训权等。

二、教师基本权利的内容

（一）教育教学权

《教师法》第七条首先规定教师有权“进行教育教学活动，开展教育改革和实验”。这是教师作为一名教育工作者最基本的权利。教师在教学中享受相应的自主权，主要包括：①教师要在国家允许的范围内选择教材，依据其所在学校的教学计划、教学工作量等具体要求，结合自身的教学特点，确定教学方法和教具，自主地组织课堂教学；②按照教学大纲的要求确定其教学内容和进度，并不断完善教学内容；③针对不同的教育对象，在不影响国家和学校教学计划的前提下，在教育教学的形式、方法、具体内容等方面进行改革、实验，组织学生进行有益的课外活动。学校和其他任何组织或个人都应当尊重教师工作的独特性，不得非法剥夺或不必要地干涉教师的法定权利。但是，教师的教育教学权必须限定在法律和国家有关规定允许的范围之内，教师在行使这项权利时，应以有益于学生身心的健康发展为准则，把学生培养成社会主义事业的建设者和接班人。[①]

（二）科学研究与学术活动权

《教师法》第七条第二款规定教师有权“从事科学研究、学术交流，参加专业的学术团体，在学术活动中发表意见”。这项权利也是我国《宪法》第四十七条规定的“中华人民共和国公民有进行科学研究、文学艺术创作和其他文化自由”的体现，这是教师作为专业人员享有的一项基本权利。主要包括：①教师在完成规定的教育教学任务的前提下，有权进行科学研究、技术开发、技术咨询等创造性活动；②教师有权将教育教学中的成功经验或专业领域的研究成果，撰写成学术论文或著书立说；③教师有权参加有关学术交流活动，以及参加依法成立的学术团体；④教师有权在学术研究中发表自己的观点，开展学术争鸣，并决定是否出版论文、著作等。教师在行使此项权利时，要处理好教学与科研的关系，促进教师和学校的共同发展。

（三）指导评定学生权

《教师法》第七条第三款规定教师有权“指导学生的学习和发展，评定学生的品行和学生成绩”。这是与教师在教育教学过程中的主导地位相适应的基本权利。主要包括：①教师有权根据教育规律和学生的身心发展特点，有针对性地指导学生的学习，在学习方法、学习内容、学习材料等方面提出指导意见，并在学生的升学、就业等方面给予指导；②教师有权对学生的思想品德、学习、文体活

---

① 张维平、张乃翼：《教育政策法规专题》，北京：当代世界出版社，2001 年。

动、劳动等方面给予客观公正的评价，要遵循实事求是的原则，也要注意学生的发展和进步，调动学生的积极性；③教师有权运用正确的指导思想和科学的方式方法，使学生的个性和能力得到充分发展。教师有权严格要求学生，对好的行为进行表扬，对不良行为进行批评。教师在行使指导评定学生权时，要客观、公正和科学，将关爱学生与严格要求相结合，促进学生德、智、体等方面全面发展。

（四）获得劳动报酬和享受福利待遇权

《教师法》第七条第四款规定教师有权“按时获取工资报酬，享受国家规定的福利待遇以及寒暑假的带薪休息”。这是宪法规定的公民享有的劳动权利和劳动者有休息的权利的具体化，主要包括：①教师有权要求所在学校及其主管部门根据教育法律、教师聘用合同的约定，按时足额支付工资报酬；②教师的工资报酬一般包括基础工资、职务工资、课时报酬、奖金、教龄津贴、班主任津贴及其他各种津贴在内的工资性收入；③教师享有的福利待遇主要包括教师的医疗、住房、退休等方面的各项待遇和优惠，以及寒暑假期的带薪休假。学校要依据法律的规定，切实保障教师的这一基本权利。

（五）参与民主管理权

《教师法》第七条第五款规定教师有权“对学校教育教学、管理工作和教育行政部门的工作提出意见和建议，通过教职工代表大会或其他形式，参与学校民主管理”。这是教师参与教育管理的民主权利。教师参与民主管理权表现在：①有权通过教职工代表大会、工会等组织形式及其他适当方式，参与学校民主管理，讨论学校改革、发展等方面的重大事项，保障自身的民主权利和切身利益，推进学校的民主建设；②教师有权讨论职工奖惩办法及其他与教职工有关的基本管理制度，讨论教职工的住房分配及其他有关教职工的一些福利事项；③教师享有对学校及其他教育行政部门工作的批评权和建议权，监督学校管理工作。学校及其他教育机构负责人，以及教育行政部门的工作人员应当创造条件，保障教师参与教育民主管理的权利。教师在行使民主管理权时，应注意遵循民主集中制的原则，并充分发挥自己对学校、教育行政部门工作的监督作用。

（六）进修培训权

《教师法》第七条第六款规定教师有权“参加进修或者其他方式培训”。这是教师享有的接受继续教育不断获得充实和发展的基本权利。这主要包括：①教师有权参加进修和接受其他多种形式的培训，不断更新知识，调整知识结构，提高自己的思想品德修养和业务素质，保障教育教学质量；②教师有权参加达到法定学历标准和达到高一级学历水平的进修或以拓宽知识为主继续接受教育培训等；

③教育行政部门和学校及其他教育机构要采取各种形式，开辟多种渠道，保证教师进修培训的落实。教师享有进修培训权，也意味着学校和政府要承担此项义务。学校和教育行政部门要为教师参加进修和培训创造条件、提供机会，切实保障教师权利的实现。

三、有关教师权利的特别规定

除了上述六大基本权利外，法律中关于不同类型教师的权利还有一些特殊的规定，主要包括以下几点。

（1）中小学教师和职业学校教师享受教龄津贴和其他津贴。《教师法》第二十六条规定，中小学教师和职业教师享受教龄津贴和其他津贴。根据国务院教育行政部门做出的具体规定，发放教师教龄津贴的执行范围是中等专业学校、教师进修学校、技工学校、普通中学、职业中学、小学、特殊教育学校和幼儿园的教师。同时，这些教师还可以根据担任工作的不同，享受其他与教育教学工作有关的津贴，如班主任津贴等。

（2）《教师法》第二十七条规定，到少数民族地区和边远贫困地区从事教育教学工作的教师及具有中专以上学历的毕业生，应当予以相应的补贴。

（3）在社会力量举办的学校中任教的教师与公立学校教师的法律地位平等，教师的基本权利同样受《教师法》保护。《教师法》第三十二条规定："社会力量所办学校的教师待遇，由举办者自行确定并予以保障。"《教师法》所规定的有关教师工资和其他物质方面待遇方面的规定应由举办者依法保障。社会力量举办的学校中的教师应当通过与学校签订聘任合同的方式，获得相应的工资待遇。[①]

四、教师惩戒权

（一）教师惩戒权概述

教师惩戒行为是指教师在不损害学生身心健康的前提下，对违规学生施加的惩罚性管理措施。劳凯声教授等把惩戒定义为"通过对不规范行为施予否定性制裁，从而避免其再次发生，以促进规范行为的产生与巩固"[②]。教师的惩戒权是教师基于其职业身份而获得的一种强制性管理学生的权利。教师有权对教育活动的整个过程施加某种影响和控制，有权做出职责范围内的专业性行为。教师惩戒

① 教育部全国教育普法领导小组办公室：《教师法治教育读本》，北京：教育科学出版社，2002 年，第 12 页。

② 劳凯声：《变革社会中的教育权和受教育权：教育法学基本问题研究》，北京：教育科学出版社，2003 年，第 375-376 页。

权是教师作为社会代言人，依法代表社会和国家对学生行使的管理权利。

对教师而言，采取否定性制裁是为了达到教育的效果，对学生的不规范行为起到一定的警示和遏制作用，所以作为一种教育手段。在惩戒过程中，惩戒行为直接针对失范行为，其严厉程度与失范行为偏离社会规范的严重程度相一致，手段和目的与“惩”和“戒”相统一，即把“惩”作为一种手段，是为了达到“戒”这一目的。学生的发展和进步是惩戒的根本出发点和落脚点，使学生更好地社会化是惩戒活动的最终目标。

（二）教师惩戒行为的基本原则

惩戒在规范学生行为方面有着重要的作用，教师惩戒行为有其存在的必要性和合理性。但教师的惩戒行为是受限制的，要在特定的情形下，遵循一定的原则，以达到促进学生进步和发展的目的。教师惩戒行为应当遵守以下原则。

（1）必要性原则。教师惩戒的对象是违反校规校纪的学生，其目的是通过否定性制裁来避免违规行为的再次发生。也就是说，只有在学生违反校规校纪，而其他教育方式无效的前提下，教师才能对学生实施惩戒手段。教师实施惩戒手段之前，要充分考虑学生的可承受能力和其所犯错误的严重程度，要避免对学生造成伤害，选择对其学习和生活影响最小的、教育效果最优的手段。

（2）合理性原则。教师对学生实施惩戒行为时，要做到公平公正，不能因为学生成绩、性别或家庭背景的差异而丧失公正。教师要克服情感因素的影响，不受自身对学生以往印象的影响，科学合理地选择惩戒方式。要谨记惩戒手段是针对学生的失范行为，而不是其本人，教师要在客观分析学生失范行为的基础上，在法律允许的范围内，施以最合理的惩戒方式。教师一方面要增强自身的法制观念，明确法律赋予教师职业的权利与义务，严格依法执教、依法施教；另一方面也要明确作为教育对象的未成年学生的权利与义务，切忌做出侵犯学生合法权益的行为。

（3）教育性原则。惩戒作为一种教育手段，其目的不是对学生进行惩罚，而是教育失范的学生，避免违规行为的再次发生。惩戒只是一种手段，教育才是真正的目的。教师对学生进行惩戒时，要注意以说服教育为主，惩戒为辅。争取用最轻微的惩戒手段达到最理想化的教育效果，不仅对违规学生进行教育，也起到警示其他同学的作用。

（4）尊重与保护学生原则。作为教师，肩负着尊重和保护学生的责任，在进行惩戒时，依然要坚持尊重学生的原则。学生作为教育对象，在教育活动中居于主体地位，被尊重和理解是学生的基本需要。教师首先要尊重学生的人格尊严，才能建立和谐的师生关系，促进学生身心的健康发展。建立在尊重学生基础上的惩戒，才会使学生深刻认识到自身的错误，认识到惩戒手段是对其负责的行为，从而使学生从心里接受这种教育手段，更好地达到教育学生的目的。

（5）适时适度原则。学生做出失范行为时，教师要及时发现并予以指正，这样有利于学生第一时间认识到自身的不当行为，防止类似行为再次发生。此外，教师对学生采取的惩戒行为要适度，掌握好分寸，依据其行为的严重性进行惩戒，并要在学生的可接受范围之内。

（6）个别差异性原则。教师行使惩戒方法时，要避免千篇一律，要针对学生的个别差异性，因材施教。学生是有主观能动性的个体，每个人的身心发展程度各不相同，其所犯的错误也因人而异，这就要求教师要依据学生的差异性，综合考虑学生的特点，选择合适的惩戒手段。

（三）我国教师惩戒权的现状

在世界各国，惩戒权被普遍地认为是教师基于职业的特殊性而获得的专业权利，是一项被法律确认的由教师独立行使的权利。在我国，尽管教育惩戒现象在学校的教育实践中广泛存在，但惩戒权未能像教师的其他权利一样被纳入法定的权利范畴，造成教育实践上的混乱。

（1）从立法上来看，教育法没有对惩戒做出明确规定，教师惩戒权的行使缺乏确定的法律依据。现行《教育法》《教师法》等教育法律法规并没有对惩戒做出直接的规定，与教育惩戒相关的一些规定零散地分布在相关法律中。例如，《教育法》第二十八条规定“学校及其他教育机构行使下列权利：对受教育者进行学籍管理，实施奖励或者处分”；《教师法》第七条规定“教师享有下列权利：指导学生的学习和发展，评定学生的品行和学业成绩”；《教师法》第三十七条规定“教师有下列情形之一的，由所在学校、其他教育机构或者教育行政部门给予行政处分或者解聘：……体罚学生，经教育不改的……”等。然而，处分和体罚并不能完全等同于惩戒，以处分和体罚来代替惩戒更会引发学生管理中的一系列复杂问题。

（2）从教师对违纪学生的管理方式上看，经常选择放任或体罚两个错误的极端。根据我国《小学管理规程》的相关规定，处分的形式包括警告、严重警告和记过处分。但是，由于中小学生身心发展尚不成熟，社会化程度较低，对自身行为与社会规范的理解和认识达不到成年人的水平，所以对于警告、严重警告和记过等形式的处分及其所带来的负面影响缺乏应有的认识，使得处分不能发挥其约束和规范学生行为的效力。对体罚而言，现行立法一方面对学校体罚做出了一般的禁止性规定，另一方面又没能在惩戒与体罚之间做出区分，存在以体罚掩盖合法惩戒权利的可能，或者将合法惩戒误认为非法体罚，导致法律在保护学生权利与维护学校秩序二者之间出现失衡，教师难以进行有效的课堂管理，这种困境不利于学校教学活动的正常开展。

（3）从教师对违纪学生的管理实践来看，教师惩戒行为中还存在着程序性缺失、学生法律救济途径不足等问题。我国《教育法》第四十二条规定了学生的申诉权，但并未就其具体问题，如学生申诉的范围、内容、程序等做出明确详细的规定，学生申诉权的行使一定程度上带有不确定性。对学生而言，教师的不当惩戒行为若构成犯罪，则可以此为由请求检察院提起公诉或自行起诉，由法院追究其刑事责任。而当教师的不当惩戒行为并未触犯刑法，在追究行政或民事法律责任时就遇到了实际困难，既不符合行政诉讼要求，又与民事诉讼存在着一定的距离，这使得学生在为维护自身权益而行使起诉权时，常被法院以“不在受案范围内”为由驳回。不解决这一具体问题，就会使学生无法寻求恰当的救济途径。

（四）教师惩戒权的性质与规范化行使

1. 惩戒权具有公法性质，是教师的合法权利

学校及其教师与学生或其家长之间的法律关系是确立如何规范惩戒权的基础，由于现行的相关法律都未对此做出明确的规定，所以造成了认识上的分歧。从目前学校与学生法律关系成立的前提看，这对关系应具有公权的性质。学校招生办学所依据的是教育权，不是来自家长的监护权，不是受托于家长而形成的代理权，也不是由于提供某种服务而形成的契约之权，而是根据国家相关法律和政策及行政上的要求而获得的权利。对未成年学生的人身监护而言，事实上存在着两种不同的监护权，即私法上的监护权和公法上的监护权。两种监护职责尽管从内容看有相似之处，但性质完全不同。学校对未成年学生身心方面的监护资格不是来自私法的规定，不是来自私法权利的转移，也不是来自监护人的委托，而是来自《教育法》《未成年人保护法》的规定。这种关系不是民事法律关系，而是一种特殊的、具有公法性质的法律关系，是基于教育关系而成立的一种公权关系，因此，公权关系是准确理解学校与学生之间法律关系的一个重要前提。

学校与未成年学生之间在教育与被教育、管理与被管理的过程中产生的权利与义务关系，我们可以称之为教育法律关系。教育法律关系是学校及其他教育机构依据国家的教育方针和教育教学标准，依法实施教育教学活动的过程中产生的关系，这类关系不同于民事法律关系和特别权力关系，有其自己的法律特征。由于决定这类法律关系的权利和义务都是由教育法明确规定的，所以学校及其教师与学生或其家长之间的法律关系是一种具有公法特征的法律关系，与此相适应，惩戒权作为立法赋予学校或教师的权利，是国家教育权的具体化，具有典型的公法特征。

2. 教师惩戒权的规范化行使

教师惩戒权的规范化行使包括三个方面的含义：

（1）合法化行使。教育立法应严格清晰界定惩戒权，赋予教师惩戒权以明确

的法律地位，明确将惩戒权作为教师职业性权利，将其与教师授课自由权、授课内容编辑权、对学生的教育评价权并列作为教师职业必备权利。将其纳入《教师法》有关教师权利义务的章节中。

（2）合理化行使。法律针对惩戒权的行使要做出必要的规范和限制。依据惩戒形式的法定原则，采用列举的方法为惩戒提供可选的形式，严禁自创或自设惩戒形式，随意变更惩戒的范围、程度和形式，限制惩戒权行使的自由裁量程度。法律还应明确规定教师违法惩戒的法律责任，完善学生寻求救济的具体途径，并建立起相应的赔偿机制。

（3）按法定程序行使。法律应当为惩戒权的行使设定必要合理的程序，使惩戒权的行使遵循公正、公开的原则，无法定依据或者不遵守法定程序的，应视为非法惩戒行为。在做出停学、开除等涉及学生人身权和受教育权等惩戒行为之前，应当告知当事人及其监护人做出惩戒决定的事实、理由及依据，并告知当事人依法享有的权利。当事人要求听证的，学校应当组织简易听证程序，惩戒实施后应对所有相关事宜进行备案。

五、教师的基本义务

教师的义务，广义上是指教师作为公民在教育教学活动和其他各种社会活动中依照国家法律的规定必须做出或不做出一定行为的规定；狭义上是指法律规定的教师从事教育教学工作必须履行的职责，表现为教师在教育教学活动中必须做出或不做出一定行为。

教师的义务如同教师的权利一样，可以分为两个部分：一是教师作为公民应承担的义务；二是作为专业人员应承担的义务，这部分义务与教师的职业特点相关，是教师特定的义务。这两部分义务既有联系，又有区别，教师作为公民应承担的一部分义务体现在教师特定的义务中，教师的特定义务有一部分是公民义务的具体化、职业化。两者也各有一部分是独立的，互不重复。

（一）教师作为公民所应履行的义务

《宪法》规定了中华人民共和国公民应履行的义务，其主要内容包括：①维护国家统一和全国各民族团结的义务；②遵守宪法和法律，保守国家秘密，爱护公共财产，遵守劳动纪律，遵守公共秩序，尊重社会公德的义务；③维护祖国的安全、荣誉和利益的义务；④保卫祖国、抵抗侵略的职责和依法服兵役、参加民兵组织的义务；⑤依法纳税的义务。教师作为中华人民共和国的公民，应同等地履行这些基本义务。

（二）《教师法》规定的教师义务

按照《教师法》第八条的规定，我国教师应承担的基本义务主要有以下六项。

1.“遵守宪法、法律和职业道德，为人师表”的义务

《教师法》第八条第一款规定教师应“遵守宪法、法律和职业道德，为人师表”。宪法和法律是国家、社会组织和公民活动的基本行为准则，任何组织和公民都必须遵守。教师职业的独特性在于为人师表，其行为语言对学生有着强烈的表率作用，这些特性决定了教师要严格要求自己，给学生以正面积极的影响。教师职业是一种专门化的职业，也有着自身的职业道德准则。教育部 2008 年修订的《中小学教师职业道德规范》明确规定了中小学教师应当遵守的职业道德准则，即爱国守法、爱岗敬业、关爱学生、教书育人、为人师表、终身学习。这些规范对教师的思想和行为共同做出了要求，教师应当自觉遵守职业道德。

2.“贯彻国家的教育方针，遵守规章制度，执行学校的教学计划，履行教师聘约，完成教育教学工作任务”的义务

《教师法》第八条第二款规定教师应“贯彻国家的教育方针，遵守规章制度，执行学校的教学计划，履行教师聘约，完成教育教学工作任务”。教师的本职工作就是教育教学。教师在教育教学活动中，应当全面贯彻国家关于教育必须为社会主义现代化建设服务，必须与生产劳动相结合，培养德、智、体等方面全面发展的社会主义事业的建设者和接班人的方针；自觉遵守教育行政部门和学校及其他教育机构制定的教育教学管理的各项规章制度；认真执行学校依据国家规定的教学大纲、教学计划或教学基本要求制订的具体教学计划；严格履行教师聘任合同中约定的教育教学职责，完成规定的教育教学任务，保证教育教学质量。

3.“对学生进行宪法所确定的基本原则的教育和爱国主义、民族团结的教育，法制教育以及思想品德、文化、科学技术教育，组织、带领学生开展有益的社会活动”的义务

《教师法》第八条第三款规定教师应“对学生进行宪法所确定的基本原则的教育和爱国主义、民族团结的教育，法制教育以及思想品德、文化、科学技术教育，组织、带领学生开展有益的社会活动”。这项义务可称为“思想教育义务，也是教师应当对学生进行政治思想教育，组织学生开展有益的社会活动的义务规范”。教师应结合自身教育教学职责的特点，将思想政治教育和品德教育贯穿于教育教学活动的全过程，帮助学生逐步树立正确的人生观、价值观，促进学生全面发展。对学生进行政治思想品德教育，不仅是政治思想品德课教师的职责，也是每一位教师的基本义务；在对学生进行政治思想品德教育的内容上，教师要遵循我国宪法确定的坚持社会主义道路、坚持人民民主专政、坚持中国共产党的领

导、坚持马克思列宁主义、毛泽东思想四项基本原则，并将其作为对学生进行思想政治教育的首要内容；教师应当有意识地对学生进行爱国主义教育、民族团结教育、法制教育、文化科学技术教育，弘扬中华民族优良传统，引导学生逐步树立科学的人生观和世界观，教育学生热爱祖国，爱人民、爱劳动、爱科学、爱社会主义，把学生培养成有理想、有道德、有文化、有纪律的社会主义新人。

4.“关心、爱护全体学生，尊重学生人格，促进学生在品德、智力、体质等方面全面发展”的义务

《教师法》第八条第四款规定教师应“关心，爱护全体学生，尊重学生人格，促进学生在品德、智力、体质等方面全面发展”。爱护学生是教师的职业道德，是对教师的基本要求。我国《宪法》规定：“中华人民共和国公民的人格尊严不受侵犯。”人格尊严是宪法赋予公民的一项基本权利。由于学生在教育教学活动中居于受教育者的地位，其人格尊严往往容易受到侵犯。青少年学生都有较强的自尊心和上进心，都希望得到家长和教师的尊重、信任与鼓励。作为教师要关心、爱护全体学生，尊重学生人格，维护学生的尊严，帮助学生形成健康的人格，对学生应一视同仁，不因为民族、性别、残疾、学习成绩等因素歧视学生，尤其是对那些有缺陷的学生，教师应给予鼓励和关怀，不能侮辱、歧视学生，不能体罚或变相体罚学生，不能泄露学生隐私，要关心学生的成长，促进学生全面发展。

5.“制止有害于学生的行为或者其他侵犯学生合法权益的行为，批评和抵制有害于学生健康成长的现象”的义务

《教师法》第八条第五款规定教师应“制止有害于学生的行为或者其他侵犯学生合法权益的行为，批评和抵制有害于学生健康成长的现象”。保护学生的合法权益和身心健康成长，是全社会的共同责任，更是教师的法律义务。教师履行此项义务具有特定的范围，主要是指在学校工作和与教育教学工作相关的活动中，制止侵犯其所负责教育管理的学生合法权益的违法行为，保护学生的健康成长；教师还有批评和抵制社会上出现的有害于学生身心健康成长的不良现象的义务，教师是为社会主义培养建设者和接班人的专业人员，有义务对社会中不利于学生成长的现象进行批评和抵制，保证学生的健康成长。

6.“不断提高思想觉悟和教育教学业务水平”的义务

《教师法》第八条第六款规定教师有“不断提高思想觉悟和教育教学业务水平”的义务。教师肩负着为社会主义培养建设者和接班人的重任，担负着提高民族素质的使命，这就要求教师具有较高的思想觉悟和业务水平。首先，其自身要有坚定的政治立场，要不断完善自身的政治水平和觉悟，努力学习和贯彻党的方针政策，才能进一步加强对学生思想政治的教育工作；教师的教育教学职责是一

项专业性较强的工作，不仅要求教师具有强大的知识体系，更要求教师要跟进社会的脚步，及时更新自身知识、提高自身能力。因此，教师要积极进取，虚心学习，树立终身学习的理念。作为培养人才的教师队伍，决定着人才的培养质量，教师要首先提高自身的水平，才有可能培养出高质量的人才。教育面临的最大挑战，不是技术，不是教学设备，而是教师的思想观念、思维方式和人文素质，教师的教育观、教学观、质量观显得尤其重要。为此，教师应加强学习，调整知识结构，不断提高思想政治觉悟和教育教学业务水平，以适应教育教学的实际需要。

第三节　教师的资格与聘任制度

一、教师资格制度

教师资格制度是对教师实行的法定的职业许可制度，是国家对专门从事教育教学工作人员的最基本要求，它规定着从事教师工作必须具备的条件。《教师法》第十条规定："国家实行教师资格制度。"《教师资格条例》第二条规定："中国公民在各级各类学校和其他教育机构中专门从事教育教学工作，应当依法律取得教师资格。"2000 年 9 月教育部发布了《〈教师资格条例〉实施办法》，对教师资格分类与适用，教师资格条件、教师资格考试、教师资格认定、教师资格法定凭证等方面的内容做出了明确规定，构成了我国教师资格制度的基本框架，为教师队伍的专业化发展提供了有力的制度支持。2013 年 8 月，教育部发布了《中小学教师资格考试暂行办法》和《中小学教师资格定期注册暂行办法》，提高了教师职业准入门槛，打破了教师资格终身制，教师资格制度日臻完善，有利于教师队伍整体质量的提高。

二、教师资格的分类

根据《教师资格条例》第四条的规定，教师资格分为七类：①幼儿园教师资格；②小学教师资格；③初级中学教师和初级职业学校文化课、专业课教师资格；④高级中学教师资格；⑤中等专业学校、技工学校、职业高级中学文化课、专业课教师资格；⑥中等专业学校、技工学校、职业高级中学实习指导教师资格；⑦高等学校教师资格。《教师资格条例》第五条规定："取得教师资格的公民，可以在本级及以下等级的各类学校和其他教育机构担任教师；但是，取得中等职业学校实习指导教师资格的公民只能在中等专业学校、技工学校、职业高级中学或者初级职业学校担任实习指导教师；高级中学教师资格与中等职业学校教师资格互相通用。”

在很多实行教师资格制度的国家，各种教师资格是不能互相融通的。我国的教师资格制度之所以规定取得某种教师资格者可以在本级及其以下等级的学校任教，主要是从我国的教育实际出发，鼓励教师向下层学校流通而制定的。各类普通学校的教师资格适用于相同层次的成人学校，因此，不设立专门的成人学校教师资格。

三、教师资格的获得

根据《教师法》第十条的规定，公民要获得教师资格，须具备中国国籍、思想品德良好、学历合格和有教育教学能力四个条件。

（一）中国公民

取得中国教师资格的首要条件是必须是中国公民，并且是遵守宪法和法律的合格公民。《教师法》第十四条规定：“受到剥夺政治权利或者故意犯罪受到有期徒刑以上刑事处罚的，不能取得教师资格；已经取得教师资格的，丧失教师资格。”凡是中国公民符合规定的条件，不分职业均可取得教师资格。国家鼓励从事其他职业的人员申请取得教师资格。

（二）思想道德要求

教师肩负着培养社会主义事业建设者和接班人的光荣使命，这必然要求教师要首先提高自身思想政治觉悟，加强党性修养，才能教育出积极向上的学生。教师的教育对象是可塑性很强的学生，加之教师为人师表的职业特性，使其言传身教对学生的政治思想和道德品质等方面素质的形成具有很大影响。因此，国家对教师职业具有比一般职业更高的思想道德水准和职业道德规范要求。国家要求教师应具有坚定正确的政治方向，热爱教育事业，实事求是，探求真理，爱护学生，作风正派，团结协作，贯彻执行党和国家的教育方针政策，模范遵守公民道德规范和教师职业道德规范。教师要教书育人，为人师表，必须具备良好的思想政治和道德素质，履行《教师法》规定的教师义务。

（三）学历条件

学历是人们从事一定层次工作所应具备的基本条件。教师是专业技术人员，必须具有专门知识，受过专门训练。申请确认教师资格应当具备《教师法》《教师资格条例》《〈教师资格条例〉实施办法》规定的相应学历，具体包括：①取得幼儿园教师资格，应当具备幼儿师范学校毕业及其以上学历。②取得小学教师资格，应当具备中等师范学校毕业及其以上学历。③取得初级中学教师、初级职业学校文化课、专业课教师资格，应当具备高等师范专科学校毕业或者其他大学专科毕业及其以上学历。④取得高级中学教师资格和中等专业学校、技工学校、职业高中文化课、专业课教师资格，应当具备高等师范院校本科或者其他大学本科毕业及其以上学历。⑤取得中等专业学校、技工学校和职业高中学生实习指导教师资格，应当具备中等职业学校毕业及其以上学历，并且具有相当于助理工程师以上专业技术职务或者中级以上工人技术等级。对于确有特殊技艺者，经省级以上人民政府教育行政部门批准，其学历要求可适当放宽。⑥取得高等学校教师资格，应当具备研究生或者大学本科毕业学历。⑦取得成人教育教师资格，应当按照成人教育的层次、类别，分别具备高等、中等学校毕业及其以上学历。

不具备《教师法》规定的教师资格学历的公民，申请获取教师资格，必须通过国家举办或者认可的教师资格考试，国家教师资格考试制度由国务院规定；已经在学校或者其他教育机构任教的教师，未具备规定学历的，由国务院教育行政部门规定教师资格过渡办法。

（四）教育教学能力要求

履行教育教学职责是教师的本职工作，教育教学能力是教师不同于其他职业的特殊要求，是教师完成教育教学任务的必备条件，主要包括语言表达能力，科学地选择、运用教育教学方法的能力，课堂管理能力，组织能力，提高教学水平的能力等。此外，教师的身体状况也应当符合有关规定。申请认定教师资格者的教育教学能力应当符合下列要求：

（1）具备承担教育教学工作的基本素质和能力。具体测试办法和标准由省级人民政府教育行政部门规定。

（2）普通话水平应当达到国家语言文字工作委员会颁布的《普通话水平测试等级标准》二级乙等以上标准。少数方言复杂地区的普通话水平应达到三级甲等以上标准；使用汉语和当地民族语言教学的少数民族自治地区的普通话水平，由省级人民政府教育行政部门规定标准。

（3）具有良好的身体素质和心理素质，无传染性疾病，无精神病史，适应教育教学工作的需要，在教师资格认定的县级以上医院体检合格。

（4）教育学、心理学知识要求。对于非师范院校毕业或者教师资格考试合格的公民申请认定幼儿园、小学或者其他教师资格的，教育行政部门或者受委托的高等学校可以根据实际情况和需要，要求申请人补修教育学、心理学等课程。

2013 年 8 月，为进一步规范教师资格程序，教育部颁布了《中小学教师资格考试暂行办法》，确定了教师资格考试制度，改变了教师资格获得的方式，即无论是师范生还是非师范生，都必须参加并通过全国统一的教师资格考试，以证明其具备从事教师职业所必需的教育教学基本素质和能力。2015 年教师资格考试制度在全国范围推广。

四、教师资格的认定

教师资格的取得，必须经法定机构认定。具备《教师法》规定的教师资格条件的中国公民，并不意味着就能取得教师资格，还必须经过法定的程序和法定机构的认可才能取得教师资格。

（一）教师资格的认定机构

教师资格的认定机构，指依据法律规定负责认定教师资格的教育行政机构或依法委托的教育机构，其他机构认定的教师资格无效。《教师法》第十三条规定："中小学教师资格由县级以上地方人民政府教育行政部门认定。中等专业学校、技工学校的教师资格由县级以上地方人民政府教育行政部门组织有关主管部门认定。普通高等学校的教师资格由国务院或者省、自治区、直辖市教育行政部门或者由其委托的学校认定。"

幼儿园、小学和初级中学教师资格，由申请人户籍所在地或者申请人任教学校所在地的县级人民政府教育行政部门认定。高级中学教师资格，由申请人户籍所在地或者申请人任教学校所在地的县级人民政府教育行政部门审查后，报上一级教育行政部门认定。中等职业学校教师资格和中等职业学校实习指导教师资格，由申请人户籍所在地或者申请人任教学校所在地的县级人民政府教育行政部门审查后，报上一级教育行政部门认定或者组织有关部门认定。受国务院教育行政部门或者省（自治区、直辖市）人民政府教育行政部门委托的高等学校，负责认定在本校任职的人员和拟聘人员的高等学校教师资格。未受国务院教育行政部门或者省（自治区、直辖市）人民政府教育行政部门委托的高等学校教师资格，按照学校行政隶属关系，由国务院教育行政部门认定或由学校所在地的省（自治区、直辖市）人民政府教育行政部门认定。

（二）教师资格的认定程序

要取得教师资格，教师本人必须先提出申请，并提交教师资格认定申请表和有关证明材料。具体认定程序如下。

（1）提出申请。申请人应当在每年春季或者秋季规定的受理期限内提出申请。具体受理期限由教育行政部门或者受委托的高等学校规定。申请人在申请时应提交教师资格认定申请表和下列证明或材料：身份证明，学历证书或教师资格合格证明，教育行政部门或者受委托的高等学校指定的医院出具的体格检查证明，户籍所在地的街道办事处、乡人民政府或者工作单位、所毕业的学校对其思想品德、有无犯罪记录等方面情况的鉴定及证明材料。

（2）专家审查。教师资格认定机构或者依法接受委托的高等学校，组织成立教师资格专家审查委员会，按照省级教育行政部门指定的测试办法和标准组织面试、试讲，对申请人的教育教学能力进行考察，提出审查意见，报教师资格认定机构或者依法接受委托的高等学校。对符合认定条件的，应当在受理期限终止之日起 30 日内颁发相应的教师资格证书；对不符合认定条件的，应当在受理期限终止之日起 30 日内将认定结论通知本人。

（3）颁发证书。教师资格认定机构根据教师资格专家审查委员会的审查意见，在受理期限终止之日 30 个法定工作日内做出是否认定教师资格的结论。申请人提出的教师资格认定申请经认定合格后，由教育行政部门颁发由国务院教育行政部门统一印制的教师资格证书。

五、教师资格的丧失

我国《教师法》第十四条明确规定："受到剥夺政治权利或者故意犯罪受到有期徒刑以上刑事处罚的，不能取得教师资格；已经取得教师资格的，丧失教师资格。"《教师资格条例》进一步规定，依照《教师法》第十四条，丧失教师资格的，不能重新取得教师资格，其教师资格证书由县级以上人民政府教育行政部门收缴。对于弄虚作假骗取教师资格的或者品行不良、侮辱学生、影响恶劣的，由县级以上人民政府教育行政部门撤销其教师资格。被撤销教师资格的，自撤销之日起 5 年内不得重新申请认定教师资格，其教师资格证书由县级以上人民政府教育行政部门收缴。

六、教师聘任制度

教师聘任制度是聘任双方在平等自愿的前提下，由学校或者教育行政部门根据教育教学岗位设置，通过签订聘任合同聘请有资格的公民担任相应教师职务的一项教师任用制度。我国《教育法》规定，国家实行教师聘任制度。《教师法》第十七条规定："学校和其他教育机构应当逐步实行教师聘任制。教师的聘任应当遵循双方地位平等的原则，由学校和教师签订聘任合同，明确规定双方的权利、义务和责任。"实行教师聘任制度，使得我国教师任用进一步制度化和规范化。

（一）教师聘任制度的特征

教师聘任作为教师任用的一种基本制度，具有六个特征：①聘任关系平等。教师与聘用单位在平等自愿、协商一致的基础上签订聘任合同。教师具有选择岗位的自由，聘用单位根据聘任合同享有聘任和解聘教师的权利。②聘任关系契约化。教师与聘用单位通过签订聘任合同的形式，明确双方的权利、义务和责任关系。③实行聘期制。聘任合同具有明确的聘任期限，不搞终身制。④聘任过程社会化、公开化。聘用单位可以面向社会招聘人才，教师个人也不再固定为某一用人单位所有。教师聘任时，采取公开的方式保证聘任的公平、公正。⑤实行竞争和双向择优机制。教师凭实力竞争上岗，聘用单位择优聘任，教师和聘用单位都是优胜劣汰。⑥聘任形式多样化。教师聘任合同制也是一种灵活的用人形式。依据教师和学校达成的协议，教师可以为一个或多个用人单位同时聘任，聘任教师可以有长期聘任、短期聘任等多种形式。

教师聘任制的实施，有利于建立充满生机的用人机制，提高教学质量和办学效益；有利于打破教师职业终身制，激发教师的工作积极性；有利于促进教师合理流动，优化教师队伍，调动教师的教育教学和科研工作积极性，实现人力资源的合理配置，它对于实现教师管理的法治化具有十分重要的意义。

（二）教师聘任制度的形式

（1）招聘，即用人单位面向社会公开、择优选择具有教师资格的应聘人员。一般是用人单位经人才交流部门批准后，将所需人员的任职条件、职责及工资待遇等，以广告或启事的形式提出来，并对应聘者进行审查和考核，符合条件即予以聘任。招聘、受聘双方签订聘任合同，明确双方的权利、义务和责任。聘任合同一经成立，即具有法律效力。招聘形式具有公开、直接、透明度高等优点。

（2）续聘，即聘任期满后，聘任单位与教师继续签订聘任合同。通常是聘任期间双方合作愉快，聘任单位对在聘教师的工作满意，教师对自己的工作状况和报酬满意，双方自愿续签聘任合同。聘任书一经签订，即具有法律效力。续聘合同的内容可与上次聘任相同，也可以根据实际需要进行一定变更。

（3）解聘，即用人单位因某种原因不适宜继续聘任教师，双方解除合同关系。这里的原因可能是用人单位发现聘任后受聘者不符合原定聘用条件，也可能是受聘者不称职或违反有关规定，已不适合继续聘任。聘任合同具有法律效力，用人单位在解聘教师时，须有正当理由，否则应承担相应的法律责任。

（4）辞聘，即受聘教师主动请求用人单位解除聘任合同的行为。对辞聘原因要正确区分。教师因某种原因，不能继续履行聘任合同，给用人单位造成损失的，应依合同规定承担相应的法律责任。

（三）教师聘任合同的性质与合同的订立

教师聘任合同是指政府相关职能部门和（或）学校为实现国家和社会的公共教育目标，依据教育政策和法律，与教师通过协商的方式，在意思表示一致的基础上所达成的协议。教师聘任合同是规范聘任双方权利义务关系的法律文本，是教师聘任的基石和载体。聘任合同应当以书面形式订立，具备聘任合同期限、岗位及其职责要求、岗位纪律、岗位工作条件、工资待遇、聘任合同变更和终止的条件、违反聘任合同的责任等基本条款。关于教师聘任合同的性质，主要有三种看法：一种认为是民事合同，应按照《合同法》进行调整；一种认为是劳动合同，应适用《劳动合同法》；一种认为是行政合同，应接受相关行政法律法规的调整。

首先，民事合同是平等主体的自然人、法人及其他组织之间设立、变更、终止民事权利义务的协议。只要当事人不违反法律法规和公序良俗，就享有完全的契约自由。虽然教师聘任合同是在双方平等协商的基础上达成的，但教师职业的公共性决定了该合同必须以促进公共教育利益的实现为目的，其内容并不能完全由双方自由约定。因此，教师聘任合同不属于民事合同。

其次，劳动合同是劳动者与用工单位之间确立劳动关系、明确双方权利和义务的协议。由于教师职业具有专业性，教师付出的不仅是简单的劳务，还涉及教师知识、情感、人格等的投入，涉及教师与学生的情感交流，因而教师不同于一般的劳动者，这就使其聘任合同也不能归类为劳动合同。

最后，行政合同是行政主体为实施行政管理的目的，与行政相对人就有关事项经协商一致而达成的协议。公立中小学教师作为国家教育责任的具体担当者，所实施的教育教学活动具有一定的国家性、连续性和稳定性等公务活动的典型性质，因此，其与用人单位之间的聘任关系要在一定程度上受到公法的制约，具有不对等性、法定性，属于行政法律关系。

可见，教师聘任合同实际是用人单位为实施教育管理目的而与教师经协商一致达成的协议，用人单位在合同缔结和履行的过程中为公共目标的实现依法享有一定的行政特权，具有行政合同的特征。目前，我国尚未出台专门的规定来对教师聘任合同进行规范，导致实践中教师聘任合同纠纷的法律适用存在较大的盲目性，因此，急需进行相关立法。

（四）教师的解聘

教师的解聘是指教师因某种原因不再适宜担任教师岗位，聘用单位与其解除聘任合同。聘用单位解聘教师时，要有正当理由，否则应承担相应的法律责任。

《教师法》第三十七条对聘用单位可解聘教师的情形做了规定，包括：故意不完成教育教学任务，给教育教学工作造成损失的；体罚学生，经教育不改的；品行不良、侮辱学生，影响恶劣的。此外，根据《关于在事业单位试行人员聘用制度的意见》和《事业单位人事管理条例》的规定，受聘人员有下列情形之一的，聘用单位可以随时单方面解除聘任合同：①连续旷工超过 15 个工作日或者 1 年内累计旷工超过 30 个工作日的；②未经聘用单位同意，擅自出国或者出国逾期不归的；③违反工作规定或者操作规程，发生责任事故，或者失职、渎职，造成严重后果的；④严重扰乱工作秩序，致使聘用单位、其他单位工作不能正常进行的；⑤被判处有期徒刑以上刑罚收监执行的，或者被劳动教养的；⑥对在试用期内被证明不符合本岗位要求又不同意单位调整其工作岗位的。聘用单位应该提前 30 日以书面形式通知受聘教师解除聘任关系。

第四节　案例分析与讨论

一、教师教案所有权与处置权[①]

（一）案情简介

2002 年 5 月 30 日，重庆南岸区四公里小学高某某老师将自己所在的四公里小学推上被告席。原告在诉状中称：根据被告要求，在 1990～2002 年，原告先后交给被告 48 本教案，被告在收取、检查教案后没有及时归还给原告。原告多次向被告提出退还教案要求，被告仅退还了 4 本，其余 44 本被告之“处理了”。原告认为，被告的做法侵犯了教师的合法权益，根据《民法通则》《教师法》《民事诉讼法》的有关规定，要求原告返还 44 本教案，赔偿损失 8800 元及承担诉讼费。

2003 年 8 月 5 日，南岸区法院判决：被告是原告的管理者，因此，被告和原告之间是隶属关系，处于不同等的法律地位，被告接受原告的教案是一种管理的职务行为。由于民法调整的是平等主体之间的财产关系，所以原告和被告之间在职务活动中产生的纠纷，就不属于人民法院受案范围，由此驳回原告高某某的起诉。原告高某某不服，上诉至重庆市第一中级人民法院。

---

① 李先禄：教案权属应归谁？——全国首例“教案官司”之我见，http：//www.lawtime.cn/info/minfa/minfadongtai/2011072674979.html。

10 月 29 日，重庆市第一中级人民法院开庭审理该案，市一中院审理认为，高某某作为教师与被上诉人在工作方面存在隶属和管理关系，但起诉中返还教案的要求是一种物权请求，属于民法调整的范围，高某某的上诉理由成立。

经重庆市第一中级人民法院审判委员会讨论决定，判决如下：被告重庆市南岸区四公里小学私自处理原告高某某教案原稿的行为侵犯了原告高某某的著作权；被告重庆市南岸区四公里小学赔偿原告高某某经济损失 5000 元。

（二）案例分析

1. 涉案的教案是否属于作品

根据《中华人民共和国著作权法》（以下简称《著作权法》）第三条和《中华人民共和国著作权法实施条例》（以下简称《实施条例》）第四条之规定，教案并没有被明确纳入我国著作权法中作品的保护范围。但根据《实施条例》第二条之规定“著作权法所称作品，是指文学、艺术和科学领域内具有独创性并能以某种有形形式复制的智力成果”，教案作为一个教师对其教学工作的经验总结和积累，凝聚了教师的心血和智慧，它可以并且应该具有独创性，因此，教案是符合作品定义的，应当受到著作权法的保护。从《实施条例》第四条关于文字作品的具体规定来看，文字作品显然不应仅指小说、诗词、散文、论文四种，其他所有符合作品法律定义的文字作品均应受到著作权法的保护。另外，涉案的教案不属于法律、行政法规规定或者合同约定著作权由学校享有的职务作品，虽然教师创作涉案的教案职务作品利用了学校一定的物质技术条件（如空白教案本等），但并不是主要地利用了学校的物质技术条件，而且涉案的教案职务作品也不是由学校承担著作权法律责任。因此，涉案的教案作品应当属于《著作权法》第十六条第一款规定的一般职务作品。

2. 涉案的教案知识产权应归教师还是学校所有

（1）著作权的一般规定。《著作权法》第十一条规定：“著作权属于作者，本法另有规定的除外。创作作品的公民是作者。由法人或者非法人单位主持，代表法人或者非法人单位意志创作，并由法人或者非法人单位承担责任的作品，法人或者非法人单位视为作者。如无相反证明，在作品上署名的公民、法人或者非法人单位为作者。”可见，一般的创作作品应归作者个人所有，只有由单位主持下，代表单位意志进行的创作，其著作权才归单位所有。

（2）职务著作的权属规定。《著作权法》第十六条规定：“公民为完成法人或者非法人单位工作任务所创作的作品是职务作品，除本条第二款的规定以外，著作权由作者享有，但法人或者非法人单位有权在其业务范围内优先使用。作品完成两年内，未经单位同意，作者不得许可第三人以与单位使用的相同方式使用该作品。有下列情形之一的职务作品，作者享有署名权，著作权的其他权利由法人或者非法人单位享有，法人或者非法人单位可以给予作者奖励：主要是利用法人或者非法人单位的物质技术条件创作，并由法人或者非法人单位承担责任的工程设计、产品设计图纸及其说明、计算机软件、地图等职务作品；法律、行政法规规定或者合同约定著作权由法人或者非法人单位享有的职务作品。”

3. 校方毁坏教案本的行为是否侵犯著作权

《著作权法》第四十六条详细规定了侵犯著作权的十种行为，但唯独没有规定导致著作权的唯一物质载体灭失是否构成侵犯著作权。著作权在本质上是权利人对其作品表达形式、作品传播和使用的专有控制权、支配权。所谓的支配权，是相对于请求权而言的一种权利，系指权利人可以不依赖他人而直接对客体进行占有、使用、收益、处分等，义务人只要不妨碍权利人行使权利即可。著作权作为一种支配权，权利人在行使自己的著作权时，不需要向义务人请求积极配合，权利人可以根据自己的意志确定何时及如何行使自己的著作权。教师没有及时取回自己教案的行为不是怠于行使其著作权，不能成为学校侵权免责的借口。作为义务人的校方，仍然负有不得妨害著作权人教师行使其权利的义务。

（三）案例讨论

（1）结合《著作权法》相关内容，讨论分析教案是否属于我国《著作权法》中所规定的作品。

（2）教案的知识产权到底属于教师还是属于学校？

（3）从教师权利的角度出发，分析其维护知识产权与其他公民有何异同。

（4）谈谈你对教师教案归属问题引发法律诉讼的认识。

二、教育局能否撤销教师奖励收回奖金[①]

（一）案情简介

张某系第一高中教师，在教育战线上奋斗了二十余载。由于他对工作认真负责，刻苦钻研业务，努力提高自己的教学科研水平，先后在教育报刊上发表论文若干篇，探讨教学方法的改进。其中，某篇论文主张根据学生的性格特点、学习基础因人施教，教学工作要有针对性，而不能不顾对象，千人一面，千篇一律，生搬硬套，那样只会把工作搞砸，误人子弟。此文见报后，受到教育界同仁的一致好评，被评为教学论文二等奖。张某本人不仅刻苦钻研理论，更重要的是他能

① 不顺从领导被打击 教师依法维护教育教学权，http：//teacher.eol.cn/jiaoshiweiquan_9522/20110307/t20110307_584806.shtml。

把自己的科研成果付诸实践，他利用自己的心得体会，在班上因材施教，对症下药。张某以自己的言传身教在学生中树立了崇高的威信。由于张某在工作中取得了巨大的成绩，2005 年他被评为县模范教师，获得县教育局颁发的荣誉证书和奖金 500 元。

2005 年年底，县教育局某位领导找到张某，想让他的侄子进入张某任教的毕业班，但由于该领导侄子的成绩较差，张某按照学校的规定拒绝了该领导的要求。事隔不久，县教育局突然收回张某所获的模范教师称号，收回所得奖金，理由是教学模式老化，学生反映意见挺大，张某不配得模范教师称号。张某得知后立即找县教育局交涉，要求县教育局承认自己的教学科研能力，保护自己辛苦得到的荣誉称号。但县教育局不予理睬。张某所在学校议论纷纷，人们传说张某出了问题，要不怎么会被剥夺“模范教师”称号。张某为此精神恍惚，精神压力很大，以至住院月余，花去医疗费 500 余元。张某向县人民法院提起诉讼，称县教育局非法剥夺自己的荣誉称号，给自己造成了精神损害和经济损失，要求人民法院判令县教育局返还荣誉证书及奖金，并在原有范围内消除影响，并赔偿经济损失和精神抚慰金。

县人民法院经审理认为，张某对工作认真负责，刻苦钻研，勇于探索，在长期的实践中摸索出一套成功的方法，用它来促进教学水平的提高，效果十分显著。这已经被实践所证实。张某所撰写的教育方面的论文，受到广大教师的好评，具有一定的科研价值，对实践有较好的指导作用。他提出的因材施教，有针对性地教育学生的观点，发展了前人的理论，具有很强的操作性和实用性，其已在实践中得到广泛应用、重视，证明是可行的。县教育局所说的“张某撰写的论文哗众取宠，没有实际效果；张某教学模式老化，学生反映意见挺大”的观点，是站不住脚的。县教育局未经认真调查，只凭领导个人好恶（本案中所提到的领导在剥夺张某荣誉称号的过程中起了决定性作用），未依法定程序便剥夺张某的模范教师荣誉称号及奖金，构成对张某荣誉权的侵害，应当承担侵权的民事责任。县教育局返还张某模范教师的荣誉证书及奖金 500 元；在原有范围内为张某消除影响，恢复名誉，并赔偿经济损失和精神抚慰金 4000 元等。

（二）案例分析

1. 张某是否有权拒绝县教育局的要求

《教师法》第七条首先规定教师有权“进行教育教学活动，开展教育改革和实验”。这是教师作为一名教育工作者最基本的权利。依据教师工作的特点，教师必须能够针对学生的具体情况自主地组织教育教学的内容，按照教学大纲的要求确定其教学内容和进度，并不断完善教学内容；针对不同的教育教学对象，在教育教学的形式、方法、具体内容等方面进行改革、实验和完善，并选择合理的教育教学方法。教师教育教学活动受学校和教育局的监督与管理，但同时教师依据法律规定享有进行教育教学活动的权利，即教育教学自主权。此外，教师依法享有管理学生权，即教师在教学活动中指导学生的学习和发展，评定学生的品行和学生成绩的权利。本案例中，县教育局领导由于其侄子的成绩较差，想让他的侄子进入张某任教的毕业班，这本身就违背了教育的公平性原则，加之其提出的要求不属于合理的教育教学安排，与统一的课程安排和教学计划无关，而且影响了教师对学生的正常管理，不利于教育教学的正常进行和班级的建设，侵犯了张某的教育教学自主权和管理权，张某有权利对其进行拒绝。

2. 县教育局是否有权收回张某模范教师的称号

《教师法》第七条第二款规定教师有权“从事科学研究、学术交流，参加专业的学术团体，在学术活动中发表意见”。这项权利也是我国《宪法》第四十七条规定的“中华人民共和国公民有进行科学研究、文学艺术创作和其他文化自由”的体现，这是教师作为专业人员享有的一项基本权利，即学术自由权，包括：进行科学研究、技术开发、技术咨询等创造性活动；参加有关学术交流活动；在学术研究中发表自己的观点，开展学术争鸣的自由。教师的教育教学活动是在学校和教育局的统一监督下进行的，教育局有权利对教师的教学活动进行管理，但教师依法享有开展教学改革和实验的权利，这是国家赋予教师职业的特定权利，任何人都无权干涉或阻挠。本案张某婉拒了县教育局领导不合理的私人要求，导致县教育局的领导打击报复教师张某，收回其所获的模范教师称号，收回所得奖金的一系列行为。这种行为不属于合理的监管范围，对于张某取得的学术成果及其奖金，县教育局领导无权收回。县教育局领导的行为侵犯了教师依法享有的学术研究权，对此应承担相应的法律责任。《教师法》第三十九条规定：“教师对学校或者其他教育机构侵犯其合法权益的，或者对学校或者其他教育机构作出的处理不服的，可以向教育行政部门提出申诉，教育行政部门应当在接到申诉三十日内，作出处理。教师认为当地人民政府有关行政部门侵犯其根据本法规定享有的权利的，可以向同级人民政府或者上一级人民政府有关部门提出申诉，同级人民政府或者上一级人民政府有关部门应当作出处理。”这些规定确立了教师申诉制度的法律地位，使其成为保障教师权利的一项重要措施。除此之外，张某还可援用《行政复议法》、《行政诉讼法》及《国家赔偿法》等救济性法律来获得法律救济，维护其正当权利。

（三）案例讨论

（1）从此案来看，教师依法享有哪些权利？

（2）你如何看待张某婉拒县教育局领导要求的行为？

（3）教师的合法权利受到侵犯时，可以采取哪些法律手段进行维权？

（4）针对此案例，谈谈我国教师权利的保障机制。

三、教师与民办学校的劳动合同与劳动关系是否有效[①]

（一）案情简介

原告李某某与被告北京市徐悲鸿中学（简称徐悲鸿中学）签订了《兼职教职员工聘用书》，该聘用书约定李某某工作岗位为英语教师，劳动合同期限为2008～2010学年。聘用合同到期后，双方未再签订书面协议。李某某继续工作至2011年7月13日。李某某工作期间，从事过班主任工作。2009年，徐悲鸿中学进行了体制改革，转制为公办美术特色高中。2011年7月，徐悲鸿中学因改制及李某某未取得教师资格，停止了李某某的工作，但未做出解除劳动关系的书面决定。李某某诉至法院，要求徐悲鸿中学与其签订无固定期限的劳动合同，并给付2010年9月至2011年7月的双倍工资36 191.6元。

北京市西城区人民法院经审理认为，依据法律规定，国家实行教师资格制度。由于李某某未取得教师资格，其不具备与徐悲鸿中学继续签订劳动合同的条件。所以，李某某要求与徐悲鸿中学签订无固定期限劳动合同的诉讼请求，依据不足，不予支持。但劳动合同是一种继续性合同，用人单位应当支付未签订劳动合同的双倍工资。法院判决：被告徐悲鸿中学给付原告李某某2010年9月至2011年7月的双倍工资36 191.6元，驳回原告其他诉讼请求。

（二）案例分析

1. 李某某与徐悲鸿中学的劳动关系是否有效

确定李某某与徐悲鸿中学的劳动关系是否有效，首先需要确定李某某是否具备签订劳动合同的条件，这也是双方争议的焦点之一。我国《劳动法》和《劳动合同法》虽然没有对劳动者的主体资格进行规定，但依据常识，劳动是后天形成的，需要具备一定的知识和技能。要成为一名劳动者，首先需满足从事相应工作的自然条件，如脑力和体力。其次，不能违反法律基于权益保护而做出的规定，如《劳动法》第十五条规定：“禁止用人单位招用未满十六周岁的未成年人。文艺、体育和特种工艺单位招用未满十六周岁的未成年人，必须依照国家有关规定，履行审批手续，并保障其接受义务教育的权利。”最后，劳动者应满足从事

---

① 许庆涛：未取得教师资格的劳动合同效力认定，http://rmfyb.chinacourt.org/paper/html/2012-12/27/content_55789.htm。

特定行业设定的资质准入条款。《教师法》第十条第一款规定："国家实行教师资格制度。"《教师资格条例》第二条规定："中国公民在各级各类学校和其他教育机构中专门从事教育教学工作，应当依法取得教师资格。"

本案中，李某某于 2008 年开始在徐悲鸿中学从事英语教学工作，徐悲鸿中学 2009 年转制为公办美术特色高中。根据我国《民办教育促进法》第二十八条规定，"民办学校聘任的教师，应当具有国家规定的任教资格"。《民办教育促进法实施条例》第二十三条第一款规定："民办学校聘任的教师应当具备教师法和有关行政法规规定的教师资格和任职条件。"从上述规定可以看出，徐悲鸿中学的民办和公办性质并不影响对教师资质的要求。《北京市实施〈中华人民共和国教师法〉办法》第十条规定："学校和其他教育机构不得聘任未取得教师资格的人员任教。"国家设定教师资格是为了保证教学质量，而且是以法律的形式设定的。因此，未取得教师资格证的劳动者不具备与学校签订教师岗位劳动合同的条件。从上述分析可以看出，李某某未取得教师资格证，不具备从事教师岗位的资质。根据《劳动法》第十八条第一款及《劳动合同法》第二十六条第一款第三项的规定，违反法律、行政法规的劳动合同无效或者部分无效。所以，北京市西城区人民法院不支持李某某要求签订无固定期限劳动合同的主张是正确的。

2. 劳动合同无效后如何处理

《劳动法》第十八条第二款规定："无效的劳动合同，从订立的时候起，就没有法律约束力。"但《劳动合同法》对此条款没有规定。《民法通则》第五十八条第二款规定："无效的民事行为，从行为开始起就没有法律约束力。"《合同法》第五十六条规定："无效的合同或者被撤销的合同自始没有法律约束力。"在买卖、赠予等合同中，合同的"自始无效"很正常。但是对于劳动合同，劳动合同属于一种继续性合同，这类合同无效后无法进行各自返还；而且是一种行为性合同，合同无效后对劳动者的利益容易造成损害，尤其是在用人单位也存在过错的情况下。本案中，学校明知道劳动者不具备教师资格仍与其签订了合同，并在合同履行完毕后继续履行原来的合同，学校的过错很明显，如果按照传统民法理论，合同自始无效，不利于保护劳动者权益。本案的处理结果正是这种思路的结果，既遵循了教师法关于教师资格的规定，也维护了劳动者权益，用人单位应当支付未签订劳动合同的双倍工资。

《劳动合同法》第二十八条规定："劳动合同被确认无效，劳动者已付出劳动的，用人单位应当向劳动者支付劳动报酬。劳动报酬的数额，参照本单位相同或者相近岗位劳动者的劳动报酬确定。"从该条规定也可以看出，此条款对于无效合同的效力也是面向将来的，劳动者已经付出劳动的，用人单位仍应支付报酬。

（三）案例讨论

（1）李某某与徐悲鸿中学是否符合签订无固定期限劳动合同的条件？

（2）从此案来看，学校在签订聘任合同时应遵守哪些原则？

（3）根据此案例，谈谈你对我国实行教师资格制度和教师聘任制度的意义。

四、教师因病被辞退是否合法①

（一）案情简介

王某系上海市某某学校（事业单位）的在编教师，学校与其签订了订立至退休的聘用合同。2005 年 10 月，王某经医院诊断为颈椎病，于是向学校请长病假。病假期间，学校每月支付王某生活费 500 元。因王某的医疗期已超过 2 年，学校于 2007 年 12 月 15 日向王某送达书面通知，通知要求：王某必须于 2007 年 12 月 20 日之前回学校报到，恢复正常上班；如因身体健康状况仍无法继续工作，需提供相关有效的病假单和病历证明；如逾期未回学校报到或未提供有效的病假单和病历证明，则将视为旷工；连续旷工达 10 个工作日，将与其解除聘用合同。王某在书面通知书上签字确认，并表示已经收到和知晓。2007 年 12 月 25 日，王某向学校递交病假单，休息时间为一个月。之后未提交病假单，也未回学校上班。2008 年 3 月 9 日，学校校务委员会经讨论决定，因王某连续旷工已超 10 个工作日，决定于 2008 年 3 月 10 日解除与王某的聘用关系，并出具解除聘用关系证明。王某对学校解除聘用合同的行为不服，向学校所在地人事争议仲裁委员会提起仲裁，仲裁请求为：①按 3000 元/月的标准支付相当于 20 个月的解除聘用合同经济补偿金 59 000 元；②支付 2005 年 10 月至 2008 年 3 月 10 日期间被克扣的病假工资 56 000 元。人事争议仲裁委员会经过审理，做出对王某主张经济补偿金的请求不予支持，学校支付王某病假工资差额 21 000 元的裁决。

（二）案例分析

1. 学校解聘患病期间教师的行为是否合法

王某和学校签订的是订立至退休的聘用合同，双方建立的是人事关系，适用的法律法规为《上海市事业单位聘用合同办法》。根据《上海市事业单位聘用合同办法》第三十一条规定，受聘人员连续旷工超过 10 个工作日或 1 年内累计旷工超过 20 个工作日的，聘用单位可以随时解除聘用合同，并书面通知受聘人员。问题在于本案中，王某的行为是否属于旷工行为。王某医疗期满后，学校书

---

① 李华平：教师因病被辞退，主张补偿缘何未获支持，http：//www.fawuzaixian.com/news/info/16156.html。

面通知如因病无法继续上班的，应提供有效的病历证明和病假单，同时明确告知其逾期未上班或未提供病历证明和病假单将承担的法律后果。王某签收了书面通知，并提交了请假一个月的病假单，证明王某对学校的通知内容及法律后果是完全知晓的。王某之后未上班也未提交病假单的行为已构成旷二，因此，学校与其解除聘用合同的行为于法有据。对教师而言，签订了订立至退休的聘用合同并非“铁饭碗”，一旦严重违反学校规章制度，也一样可被辞退。患病不被解除聘用合同必须要有两个前提条件，一是在规定的医疗期内，二是应当履行规范的请假手续，遵守学校规章制度；否则，若严重违反学校规章制度，即使是签订了订立至退休的聘用合同，即使是患病期间，仍然存在被解除的可能，而无法获得任何经济补偿。

2. 学校向患病教师发放生活费的行为是否合法

王某在病假期间，学校向其每月发放 500 元的生活费，该行为与《上海市人事局关于本市机关事业单位工作人员病假事假期间工资计发问题的通知》（沪人[1994] 46 号）的规定不相符合，违反了这一规定。学校应当依据该规定，按照王某的病假时间和工作年限按比例发放病假工资，于是做出了学校支付王某病假工资差额 21 000 元的裁决。对学校而言，教师患病期间学校应当按照相关规定，根据其病假时间和工作年限按比例发放病假工资，而不是简单地发放生活费，否则就构成克扣工资。如果本案中，王某以学校克扣工资为由先于学校提出单方解除合同，则学校除了补足病假工资差额外还需支付经济补偿金。

（三）案例讨论

（1）学校解除与王某的聘任关系是否合法？

（2）学校解除与王某的聘任关系，为什么不需要支付经济补偿金？

（3）学校为什么要补足王某病假期间的工资？

（4）结合此案例并联系实际，谈谈你对教师解聘和辞聘的认识。

◇要点归纳

1. 教师法律地位是指以法律形式规定的教师在各种社会关系中的位置。教师法律地位与教师的社会地位紧密相连，它是法律所认可的教师的社会地位。教师法律地位主要涉及教师的法定身份、教师法律关系的特征及法律规定的教师的权利与义务等问题。我国《教师法》规定教师是履行教育教学职责的专业人员，从教于各级各类学校或其他教育机构。

2. 教师既享有《宪法》所规定的公民基本权利，即受到法律普遍保护的应当或可以享有的利益，包括广泛的民事权利、诉讼权利、知识产权、人身权和诸多程序性权利等，也享有《教师法》规定的职业性权利，包括教育教学权、科学研究权、指导评价权、获得报酬待遇权、参与管理权和进修培训权。以法律规定教师的权利，有利于维护教师的合法利益，保障教育教学工作的顺利进行。

3. 教师既要履行《宪法》规定的公民义务，也要履行《教师法》规定的义务，包括：遵守宪法、法律和职业道德，为人师表；贯彻国家的教育方针，遵守规章制度，执行学校的教学计划，履行教师聘约，完成教育教学工作任务；对学生进行宪法所确定的基本原则的教育和爱国主义、民族团结的教育，法制教育，以及思想品德、文化、科学技术教育，组织、带领学生开展有益的社会活动；关心、爱护全体学生，尊重学生人格，促进学生在品德、智力、体质等方面全面发展；制止有害于学生的行为或者其他侵犯学生合法权益的行为，批评和抵制有害于学生健康成长的现象；不断提高思想政治觉悟和教育教学业务水平。

4. 教师惩戒行为是指教师在不损害学生身心健康的前提下，对违规学生施加的惩罚性管理措施。教师惩戒行为应当遵守必要性原则、合理性原则、教育性原则、尊重与保护学生原则、适时适度原则、个别差异性原则。

教师的惩戒权是教师基于其职业身份而获得的一种强制性管理学生的权利。惩戒权具有公法性质，是教师的合法权利。教师惩戒权的规范化行使包括三个方面的含义：合法化行使、合理化行使、按法定程序行使。

5. 教师资格制度是对教师实行的法定的职业许可制度，是国家对专门从事教育教学工作人员的最基本要求，它规定着从事教师工作必须具备的条件；教师聘任制度是聘任双方在平等自愿的前提下，由学校或者教育行政部门根据教育教学岗位设置，通过签订聘任合同聘请有资格的公民担任相应教师职务的一项教师任用制度。教师的聘任应当遵循双方地位平等的原则，由学校和教师签订聘任合同，明确规定双方的权利、义务和责任。实行教师聘任制度，使得我国教师任用进一步制度化和规范化。

◇思考与练习

1. 教师职业的基本性质是什么？教师享有怎样的法律地位？
2. 简述教师依法享有权利和所承担义务的内容。
3. 简述教师的合法权益受到侵犯时，可以通过哪些法律手段进行维权。
4. 简述实施教师资格制度的意义。
5. 联系实际谈谈你对教师聘任制度的看法。
6. 联系实际论述教师的惩戒权与教师体罚的区别，并简述如何规范化行使惩戒权。

◇拓展阅读

1. 储宏启：《教育法制基础》，北京师范大学出版社，2002 年。

2. 黄崴：《教育法学》，广州教育出版社，2002 年。

3. 米基・英伯、泰尔・范・吉尔：《美国教育法》，李晓燕、申素平、陈蔚译，教育科学出版社，2011 年。

第六章

学　　生

内容提要

本章共四节。第一节介绍了学生的法律地位的概念和理论，讨论了学生与学校、学生与教师之间的法律关系的特征。第二节、第三节分别介绍了学生的权利和义务，以及学生权利，尤其是部分弱势群体受教育权利的法律保护途径。第四节通过学生的隐私权案例、自由表达权案例、体罚案例和学生在校意外病亡案例讨论了学生与学校的法律关系、教师惩戒权的边界问题，以及学生权利的司法保护问题。

学习目标

1. 识记学生的法律地位、学生的权利、学生的义务的概念。
2. 了解学生的法律地位、学生的权利与义务变迁的历程。
3. 理解学生与学校、学生与教师之间的法律关系及其发展变化的特点。
4. 掌握学生的权利和义务的具体内容。
5. 掌握学生的学生权利保护的渠道与方法。
6. 运用学生的法律地位理论，学生与学校、学生与教师之间的法律关系的理论，以及学生的权利和义务理论分析教育领域中与学生有关的案例和分析教育实践中的相关问题。

关键词

法律地位；学生的权利；学生的义务

第一节 学生的法律地位

在教育法学中，学生是指在依法成立或国家认可的学校及其他教育机构按规定条件具有或取得学籍，并在其中接受教育的公民。作为受教育的公民，学生是教育法律关系中的重要主体，是学校及其他教育机构施行教育的对象，也是教育活动的参加者。如果没有学生，学校、教师及相关的行政机关就失去了存在的价值。因此，明确学生的法律地位，才能更好地运用法律，依法履行教育职责。

一、学生法律地位的概念

学生的法律地位，是指学生以其权利能力和行为能力在具体法律关系中取得一种主体资格，它通过学生的法律身份，以及学生在不同法律关系中享有的权利与应履行的义务来表现。学生的法律地位因其特殊的身份而具有不同的内容和特点，因此，需要在具体的法律关系中加以界定。

学生所处的社会关系主要有两种：一种是作为普通公民所处的社会关系；另一种是作为学生所处的教育法律关系。在这两种不同的社会关系中，学生的个人身份不同，法律地位也不同。学生作为社会的一员，与普通公民一样享有法律规定的同等权利，并且不受民族、职业、家庭出身、宗教信仰、教育程度、财产状况诸因素的限制。例如，我国《宪法》第四十六条规定："中华人民共和国公民有受教育的权利和义务。国家培养青年、少年、儿童在品德、智力、体质等方面全面发展。"作为学校教育中的主体，学生更是具有其特殊的法律地位。学生的法律地位由《宪法》《教育法》《未成年人保护法》《义务教育法》等法律明确规定。

二、学生法律地位分析

学生作为教育法律关系的主体与学校所具有的特殊关系，主要体现在学生与学校的法律关系、学生与教师的法律关系两个方面。下面先介绍学生与学校的法律关系。

（一）学生与学校法律关系的理论

1. 特别权力关系理论

德国及受大陆法系影响较深的日本和我国台湾地区主要用这种理论来解释学校与学生的关系。该理论认为，学校与学生之间的关系是公法上的特别权力关系。[①]它的含义包括：①学校及其他教育机构作为行使特别权力的主体，对学生及其父母具有总体上的支配权。尤其是在学校内，以及和学校教育有直接、间接关系的生活领域，作为特别权力服从者的学生，原则上不能主张其基本的人权，在广泛的范围内受到来自学校的多方约束。②在合理的界限内，学校作为特别权力机构，可以在没有法律依据的前提下，实施其命令或限制学生的特别权力。③作为特别权力关系的内部行为，学校对学生实施教育上的停课、退学等会对学生个人造成重大影响和具有重大法律效果的处分时，学校仍具有广泛的自由裁量权。

2. 公法契约理论

公法契约通常是指普通民众个人与代表国家行使权力的机关订立的契约。在教育的法制化、民主化的影响、自由化进程中，学校与学生及其父母之间的关系是一种教育契约关系。这种契约关系既不是一般行政法上的公法契约，也不是一般民法上的契约关系，其主要契约内容是教育法构成的特殊契约关系。这种特殊性在于：①教育契约受到很大的限制——缔约的自由、相对方的自由、契约内容的自由等方面；②教育契约具有“父母教育权的委托契约”的性质；③学校教育的本质决定了教育契约带有附和契约的特性，附和契约是指契约当事者一方就契约的内容事先已经规定了成型的款项，相对方只能无条件接受的契约。教育契约关系的形成，改变了学校传统的科层制管理方式，推动了尊重学生权利与教育自由的民主管理制度的建立。

3. 私法契约理论

私法契约理论在日本和英、美等国都受到相当的重视，在当今学生作为消费者观念的背景下，这种理论受到更多国家的重视。日本的一些教育法学理论指出，教育本质上在于为学生提供教育服务，而不是在公权力强制下的单向教育活动。所以，无论公立学校还是私立学校，都是基于教育目的的契约关系，是排除公权力管制下的在学契约关系，因而是私法契约关系。这种理论把教育看成是某种商品，学生则是购买服务、购买教育的消费者，而学校行政当局作为一个教育企业的经营者，有义务和责任在收取学费以后，向学生提供有效率的高品质的教育和服务。

4. 监护代理关系理论

这种理论认为，学校与学生之间是以监护代理关系为基础的民事法律关系，

---

① 申素平：《高等学校与学生法律关系的基本理论》，《中国高教研究》，2007年，第2期，第45-47页。

学生家长是监护人，学校是监护人代理人，而学生是第三人。学校对未成年学生的监护权来源于学生监护人的授权。[①]根据法律的规定，监护人要对未成年人履行监护职责，对被监护人进行管理和教育，照顾被监护人的生活。学校作为专门的机构，监护人将监护职责中适于学校履行的部分委托给学校，同时向学校支付学费、管理费及其他各种费用；学校以履行教育职责为主，同时履行监护人授权的其他管理事宜。在这种关系中，学校只是代理监护人在履行某些监护职责而已。由于法律将监护人依法应履行的监护职责部分规定为学校的义务，学生和学校双方可不再以合同形式表现权利和义务。

5. 宪法理论

宪法理论是用于阐释美国当下公立学校与学生关系的理论。20 世纪 60 年代的学生权利运动，使美国学生权利意识不断得到强化，学生被许可进入学校之后仍享有公民的基本权利。这种理论的主要内容是，学校对学生的管理和教导不是不受限制的，二者之间的关系应受到宪法的规制。学生作为普通公民的权利在进入学校后依然适用，公立学校作为公共利益的代表，必须尊重学生的公民权利，在行使权力时必须与学生个人的自由与权利相平衡。宪法理论的精神实质是学生的权利受到宪法的保护。

（二）学生与学校之间的法律关系

目前我国普遍承认的观点是，学生与学校之间所构成的是一种在教育与被教育、管理与被管理的过程中产生的权利与义务关系，即教育法律关系[②]。教育法律关系是学校及其他教育机构依据国家的教育方针和教育教学标准，依法实施教育教学活动的过程中产生的关系。由于这类法律关系的权利和义务都是由教育法明确规定的，所以是一种具有公法特征的法律关系。学生与学校的教育法律关系可从以下几方面理解。

（1）学生与学校之间的关系是教育与被教育的关系、管理与被管理的关系。学校是承担教学任务的重要主体，对学生有实施教育教学活动的权利；同时，学校有对学生进行学籍管理，实施奖励或者处分的权利，以及对受教育者颁发相应的学业证书的权利。我国的《教育法》和《义务教育法》中明确规定，学校要按照我国国务院教育主管部门和省部级教育主管部门制订的教学计划及教学大纲，选用国务院教育主管部门审定或省部级教育主管部门授权的教科书，对学生进行教育教学活动。

（2）学生与学校在权利和义务上相互影响、相互制约的平等关系。学校应使

---

① 佟丽华：《未成年人法学》，北京：中国民主法制出版社，2001 年，第 147-149 页。

② 劳凯声：《中小学学生伤害事故及责任归结问题研究》，《中国教育法制评论》（第 3 辑），北京：教育科学出版社，2004 年，第 13-23 页。

学生在平等、民主的环境、气氛中接受教育，这是现代教育理念和现代教育改革的目标。学生与学校之间是基于平等主体之间的教育民事法律关系，主要体现在学生人身安全、财产、生活服务、隐私、肖像、名誉、著作权等方面。这种平等关系不仅强调学生有遵守学校规章制度、服从学校的管理等多方面的义务，也强调学校有多方面的义务，如维护学生的各项合法权益不受侵害、尊重学生的人格尊严、不得体罚学生等。

（三）学生与教师之间的法律关系

1. 教育与被教育的关系

教育与被教育的关系是教师与学生最基本的关系。学生具有可塑性、依附性和向师性的特点。另外，学生有自觉性、独立性和主观能动性，是自我教育和发展的主体。学生是教育的对象，也是教育的主体。教师是专业技术人员，是教育活动的组织者和领导者，因此，在教育过程中教师与学生之间就构成了教育与被教育的关系。我国《教师法》第三条明确规定“教师是履行教育教学职责的专业人员，承担教书育人，培养社会主义事业建设者和接班人、提高民族素质的使命”。《义务教育法》第二十九条指出：“教师在教育教学活动中平等对待学生，关注学生的个体差异，因材施教，促进学生的充分发展。”

2. 管理与被管理的关系

在学校教育教学活动中没有管理就没有秩序，没有秩序就没有教育质量。为了形成有序、正常的课堂秩序和活动秩序，履行教育学生、培养学生的法定义务，教师可以在教育教学活动中对学生进行管理。我国《教育法》规定：“教师对受教育者进行学籍管理，实施奖励和处分。”只有对学生进行适度的管理，才能更加顺利地达到教育教学目的和国家教育质量标准。《预防未成年人犯罪法》也规定了学校和教师在纠正未成年人的不良行为，预防未成年人犯罪方面负有的责任。但是，教师对学生的法制化管理并不是传统意义上的专制式的，也不是一味地迁就学生。要使管理行之有效，对学生的管理就必须建立在了解学生、尊重和爱护学生的基础上。另外，也要避免过度管理，要针对不同的学生采取适当的管理形式。管理应当是师生之间在沟通的基础上的和谐与统一。

3. 保护与被保护的关系

教师作为一种专门的特殊职业，面对的大多数是心智尚未成熟及与社会接触较少的学生，这种教育职业的特殊性决定了教师在教育教学活动中不仅要教书育人，还负有保护学生身心健康、保护学生不受侵害的职责和义务。《教师法》第八条教师义务中明确规定：“制止有害于学生的行为或者其他侵犯学生合法权益的行为，批评和抵制有害学生健康成长的现象。”教师对学生的保护既有身体安全的保护，还有学生心理健康的保护，体现在及时关注学生的心理和情绪上的变化，了解学生的基本情况。一方面，教师要做到防微杜渐，及早发现有可能对学生造成伤害的事物，才能避免各种事故；另一方面，保护学生的身心健康，还要让学生掌握扎实的科学知识，锻炼学生健康的体格，使学生形成良好的心理品质。

4. 相互尊重的平等关系

教师与学生之间不仅是教与学的关系，而且是人格、地位平等的师生关系。例如，《教师法》第八条第四款规定："关心、爱护全体学生，尊重学生人格，促进学生在品德、智力、体质等方面全面发展。"《未成年人保护法》第十五条规定："学校、幼儿园的教职员应当尊重未成年人的人格尊严，不得对未成年学生和儿童实施体罚、变相体罚或者其他侮辱人格尊严的行为。"《未成年人保护法》第十八条第二款规定："工读学校的教职员应当关心、爱护、尊重学生，不得歧视、厌弃。"因此，教师要尊重学生、平等对待学生，保护、管理和教育学生。

第二节　学生的权利与义务

在教育教学活动中，学生作为受教育者享有教育法律法规规定的基本权利，并履行教育法律法规规定的基本义务。学生的权利和义务具有阶段性、不可转让性和相对性等特点。学生的权利和义务是整个教育法学的核心内容之一。

一、学生的基本权利

学生的基本权利是指教育法律赋予学生的在教育教学活动中享有的权利。20世纪中后期，随着国际人权运动的不断高涨和深入人心，儿童权利受到社会各界的广泛重视。各国纷纷出台法律法规保障学生的基本权利，同时也对学生的基本义务做出了明确的规定。例如，美国规定中小学生的权利为受教育和学习的权利、表达自由的权利、平等权、人身安全及隐私权等。在第 44 届联合国大会上获得一致通过，旨在保护儿童权利，为世界各国儿童创建良好的成长环境的《儿童权利公约》，是迄今为止得到最广泛接受的国际人权条约，它规定了儿童应该享有的权利。从内容上进行概括，可分为四个方面：

（1）生存权。每个儿童都有其固有的生命权和健康权，包括有权接受可达到的最高标准的医疗保健服务。

（2）受保护权。受保护权是指儿童享有不受歧视、虐待和忽视的权利，包括保护儿童免受歧视、剥削、酷刑、虐待或疏忽照料，以及对失去家庭的儿童和难民儿童的基本保证。

（3）发展权。充分发展其全部体能和智能的权利。每位儿童都有权接受一切形式（正规和非正规）的教育，以及儿童有权享有促进其身体、心理、精神、道德及社会发展的生活条件。

（4）参与权。参与家庭、文化和社会生活的权利。儿童有参与社会生活的权利，并有权对影响他们的任何事情发表自己的意见，即表达的权利。

在国际和国内大环境的影响与推动下，我国政府非常重视学生权利的保护工作，在《宪法》《未成年人保护法》《教育法》《义务教育法》（2006 年修订）中均有对学生权利的规定。各级政府及有关方面坚持学生优先原则，学生的成长环境不断优化，尊重学生、关心学生、帮助学生的社会氛围日益浓厚，学生的受教育权、人身权、人格权、隐私权等各项权利得到进一步实现。

根据《教育法》第四十二条的规定，学生享有以下基本权利。

（一）参加教育教学计划安排的各种活动，使用教育教学设施、设备、图书资料

这项权利简称为“接受、享用教育权”。受教育权是公民所享有的并由国家保障实现的接受教育的权利，即公民享有从国家接受文化教育的机会和获得受教育的物质帮助的权利，以及学生享有的平等的受教育权利。接受、享用教育的权利是保障学生参加学习、接受教育、享有实质性受教育权的前提和基础，也是学生受教育权的具体体现。

学生接受教育和享有受教育的权利有两个前提：

（1）教育机构的教育教学计划对本机构的学生公开。学生有权了解教育计划，按照教育教学计划的安排参加相应的活动，如本年级本班教师的授课活动、围绕课堂教学所安排的课外活动，包括参观访问、社会实践、勤工俭学等。一般来说，学校及其他教育机构的教育教学计划都是具体、确定的，具有规范性和可操作性，学生对照教育教学计划，即可知道自己有权参加的活动项目和内容。

（2）为学生提供教育教学活动开展的物质条件。教育教学的物质设施是教育教学活动开展的基础。教育教学中学生享有使用多种教育设施、教学设备、图书资料的权利，例如：学生有权使用教室、课桌椅等课堂教学最基本的物质条件；学生有权参加实验课，有权按实验课的要求使用实验室里的仪器设备，包括微机、试剂、模型、标本等；学生有权按规定查询和借阅学校图书馆（室）的藏书和各种信息资料，有权使用图书馆的学习设施和设备。

（二）按照国家有关规定获得奖学金、贷学金、助学金

这项权利简称为“获取物质保障的权利”或“获取各种学金资助的权利”。这项权利体现了国家政府对为学生提供完成学业的物质保障的重视，是学生获得国家各种经济资助的实质性权利。

奖学金主要是为品学兼优的学生和报考国家重点保证的、特殊的、条件艰苦的专业的学生而设立的资助项目，体现了国家对特殊群体学生的鼓励和扶助。按照奖学金的不同阶段可分为本专科生奖学金、研究生奖学金等。按照奖学金的不同类型可分为优秀学生奖学金、专业奖学金及定向奖学金。优秀学生奖学金用于鼓励成绩优异、品德良好的学生；专业奖学金主要适用于报考特殊专业的学生，如报考师范、农林、民族、体育和航海等专业的学生。其中表现优异的，还可以有机会获得较高等级的奖学金。

贷学金主要适用于家庭困难的学生，是为他们提供经济上的资助而设立的。普通高等院校的学生，家庭确实有困难的，可向国家申请无息贷款，但在一定期限内必须偿还。2005 年《教育部办公厅关于采取措施进一步推动以国家助学贷款为重点的高校贫困家庭学生资助工作的通知》，就要求各省（自治区、直辖市）采取有效措施，贯彻落实以国家助学贷款为重点的资助高校贫困家庭学生的政策，确保贫困地区及贫困学生享有平等的受教育权。①

助学金制度主要适用于义务教育阶段。我国的《义务教育法》第十条明确规定：“国家设立助学金，帮助贫困学生就学。”根据《义务教育法实施细则》，贫困学生包括初级中等学校、特殊教育学校的家庭经济困难的学生，以及少数民族聚居地区、经济困难地区、边远地区的小学及其他寄宿小学的家庭经济困难的学生。这些学生有权按省级人民政府制定的实行助学金制度的具体办法申请享受助学金。城镇和大部分农村的小学不设立助学金，但家庭经济困难的少数学生，可申请减免杂费。

（三）在学业成绩和品行上获得公正评价，完成规定的学业后获得相应的学业证书、学位证书

这项权利简称为“获得公正评价与证书权”。它包括以下几个方面的内容。

（1）有获得公正评价的权利。学业成绩的评价是教育机构对学生在受教育的某一阶段（时期）的学习情况和知识结构、能力水平的概括性鉴定，包括课程考试成绩记录、平时学习情况和总评等。品行评价是教育机构对学生的思想品德和行为表现做出鉴定，包括对学生政治觉悟、道德品质、劳动态度等的评定。学生有权要求获得学业成绩评价和品行评价，有权要求评价实事求是，体现公平、公

---

① 杨颖秀：《教育法学》，北京：中国人民大学出版社，2014 年，第 233-234 页。

正。学生有权要求所在教育机构出示学业成绩和品行评价，有权要求通过正当途径对各种失真的评价予以更正。在学业成绩和品行上获得公正评价是学生的一项基本权利，是教育机构应尽的义务。

（2）有获得学业、学位证书的权利。学生在思想品德等方面合格的前提下，学完或提前学完教育教学计划所规定的全部课程，经考核（考查、考试）及格或修满学分，在该教育阶段结束时均有获得相应学业证书（包括毕业证书、结业证书和肄业证书等）及学位证书的权利。

（四）学生的财产权和人身权

1. 财产权

财产权指以财产利益为内容，直接体现财产利益的民事权利，一般以货币进行计算。中小学中侵犯学生财产权的情况主要有：以“交班费”“印试卷”“组织活动”等为由向学生摊派费用；要求转学生、不足龄生、择校生、自费生以“赞助”的名义缴纳高额费用；强行向学生推销商品，强迫、暗示或引导学生购买校服，征订教辅资料；强行或变相推销物品，变相或公开地向学生索要礼品或金钱等。

2. 人身权

人身权包括人格权和身份权。人格权是指公民、法人具有法律上的独立人格必须享有的民事权，公民人格权包括公民的生命健康权、身体权、姓名权、肖像权、名誉权、隐私权等；身份权是公民和法人具有特定身份时享有的权利，公民身份权包括公民的荣誉权、著作权、监护权及在婚姻家庭关系中享有的身份权。

（1）学生的人格权。人格权是法律赋予每一个民事主体保持其在法律上的独立人格所必须享有的权利，是一项最基本的权利。人格权包括公民的人身自由和人格尊严。《宪法》第三十八条规定：“中华人民共和国公民的人格尊严不受侵犯。禁止用任何方法对公民进行侮辱、诽谤和诬告陷害。”《未成年人保护法》第二十五条规定：“学校、幼儿园的教职人员应当尊重未成年人的人格尊严，不得对未成年学生和儿童实施体罚、变相体罚或者其他侮辱人格尊严的行为。”

侮辱学生的人格指教育教学中使用损害学生人格尊严的语言、文字、图案，以及手势和威胁性姿势等。侮辱学生人格主要表现为三种形式：一是言语侮辱，如责骂学生是“笨蛋”“蠢驴”“傻瓜”“畜生”等；二是对学生进行行为上的侮辱性惩罚，如在学生胸前挂黑牌，让其在教室里“游街示众”“亮相”，或者在学生脸上贴纸条、涂阴阳脸、刻侮辱性的文字等；三是借助教师在学生中的影响力鼓动、孤立学生，在公共场合随意议论学生的过错，以记档案来威胁学生等。

（2）学生的生命健康权。生命健康权是公民享有的维护其生命安全、身体健康、机能完整，并予以支配的权利。生命健康权包括：①恢复身体健康；②保护生命健康免遭侵害；③容许他人利用自己的肌体、器官；④请求追究侵害人危害其生命健康的法律责任。教学中对学生生命健康权的侵害主要表现为体罚学生、侵占学生休息时间等损害学生身体健康的行为。

体罚指学校教学人员或其他人员对学生实施肉体惩罚而使学生产生痛苦的行为，主要表现为：教师动手殴打学生，罚学生过量劳动、超量运动，罚学生超量做作业、重复抄写校规班规等。体罚的主要特征是使学生的身体受到损伤，无论教师是否亲自（亲手）实施惩罚行为，只要学生身体受到损害或产生不适，都可以归为体罚，如打耳光、打手心、扯耳朵、罚跪、罚晒、罚冻等。教师体罚学生会造成受罚学生的心灵创伤和肉体痛苦，甚至使学生致伤、致残。

我国教育法中还有变相体罚一说。变相体罚是一种具有隐蔽性、欺骗性的体罚行为，如罚抄作业等。关于体罚和变相体罚，我国教育法规尚无明确的界定，这也为实践中区别教育管理行为、体罚行为和变相体罚行为带来了一定的困难。我国教育法严格禁止体罚学生，但对体罚、变相体罚与教师合理的惩戒措施之间的界限又无明确规定，使不少教师在教育教学管理中感到十分为难。

休息权是公民的一项基本权利。保护学生的休息权有利于学生的身体健康，有利于提高学生的学习效率。现实中侵害学生休息权的现象比较普遍，例如：学校经常延长教学时间不按时放学，占用学生周末时间、午饭后休息时间组织大扫除、各类比赛和庆典活动；教师经常不按时下课，占用课余时间或缩短学生的双休日给学生集体补课等。

（3）学生的隐私权。隐私权是指个人的私生活不受他人干扰和侵犯，个人的私生活不得非法公开的权利。隐私权是公民依法享有私人生活安宁和私人信息保密的权利，隐私权在本质上是要保护个人的、与公共利益无关的事情。未成年人的隐私应当受到最大限度的保护才能有利于未成年人的身心健康。

学校中侵犯学生隐私权的情况大致有两类。第一类是有意藏匿、毁弃或者非法开拆学生信件、日记、短信、电子邮件等。学生的通信自由受法律保护，《未成年人保护法》第三十一条规定，对于未成年人的信件，任何组织和个人不得隐匿、毁弃；除因追查犯罪的需要由公安机关或者人民检察院依照法律规定的程序进行检查，或者对无行为能力的未成年人的信件由其父母或者其他监护人代为开拆外，任何组织或个人不得开拆。第二类是公布学生家庭隐私、学生自身隐私，如不适当地提供和公开学生的家庭结构、学生的体检资料、学生成绩，以及公开男女生交往情节等。

学生个人隐私有时可能是真的、善的，但只要学生不愿意让人知道，即属于隐私。如果未经学生本人同意，即使出于表扬或正面宣传的目的而将学生隐私公开，也是对学生隐私权的侵害。犯罪的未成年学生的隐私权也要受到同样的保护。《预防未成年人犯罪法》规定，对未成年人犯罪案件，新闻报道、影视节目、公开出版物、网络等不得披露该未成年人的姓名、住所、照片、图像及可能推断出该未成年人的资料。

（4）学生的身体自由权。身体自由权，也叫人身自由权，指公民在法律规定范围内，人身行动完全受自己支配，不受任何非法搜查、拘禁、逮捕、剥夺、限制的权利。例如，学生被关禁闭、放学后禁止学生回家吃饭、剥夺学生课外自由活动、非法搜身等行为都侵犯了学生的身体自由权。

此外，学生还有肖像权、荣誉权、著作权。例如，学校使用未成年人的照片作为解释其错误行为的说明属于侵犯学生肖像权；学生作文经过老师修改后获奖，但以学校或教师名义领取证书和奖金则侵犯了学生的荣誉权；学生的著作被学校联系出版社出版，而学生本人没有得到样书和稿酬，学校则侵害了学生的著作权。

（五）提出申诉或依法提起诉讼的权利

这项权利简称为“申诉起诉权”或“申请法律救济权”。学生对学校的处分不服，对学校、教师侵犯其人身权、财产权等合法权益，有权提出申诉或依法提起诉讼。学校中学生权利的侵犯行为主要为：学校对学生的人身权的侵犯，如教师体罚或变相体罚学生；对学生受教育权的侵犯，如对学习差、品格有缺陷的学生学校或教师迫使其退学或转学；学校对学生合法财产权的侵犯，如学校违反《义务教育法实施细则》和地方性法规的规定向学生乱收费。针对这些侵犯学生合法权益的行为，学生有权向司法部门和行政主管部门提出申诉。

（六）法律法规规定的其他权利

这项权利简称为“法定其他权”。除上述权利外，学生还享有法律法规规定的其他权利。例如，《未成年人保护法》规定，未成年人享有生存权、发展权、受保护权、参与权等权利，国家根据未成年人身心发展特点给予特殊照顾、优先保护，保障未成年人的合法权益不受侵害。《预防未成年人犯罪法》第四十一条规定：“被父母或者其他监护人遗弃、虐待的未成年人，有权向公安机关、民政部门、共产主义青年团、妇女联合会、未成年人保护组织或者学校、城市居民委员会、农村村民委员会请求保护。被请求的上述部门和组织都应当接受，根据情况需要采取救助措施的，应当先采取救助措施。”

二、学生的基本义务

学生的义务指学生依法应该承担的责任。作为受教育者，学生是教育法律关系中的重要主体。享有一定的权利意味着履行一定的义务。此外，学生既要承担普通公民应尽的义务，又要承担作为受教育者应尽的特定的义务，这里主要讨论的是学生作为受教育者的义务。

学生义务的范围受时间和空间的限制。时间范围上，学生的义务范围为学生在校期间，即学生在某一学校或其他教育机构登记注册，获得档案材料之时开始，在取消注册时结束；空间范围上，主要为教育机构内，但不限于教育机构内。教育法规中规定了作为学生应承担的基本义务，包括四个方面的内容：遵守法律法规；遵守学生行为规范，尊敬师长，养成良好的思想品德和行为习惯；努力学习，完成规定的学习任务；遵守所在学校或其他教育机构的管理制度。

（一）遵守法律法规

这项义务可简称为“遵守法律法规的义务”。国家的法律法规是国家、社会组织、家庭和每个公民的活动准则，遵守法律法规是每个公民应当履行的基本义务。对学生来说，遵守法律法规意味着遵守有关教育的法律、行政法规。此外，国务院教育行政部门单独或与其他部委联合制定、施行了若干有关教育的规章，地方立法机构也依法制定了大量的地方性教育法规和规章，这些教育法律、法规和规章都涉及了学生的权利和义务。例如，《宪法》第三十三条规定：“任何公民享有宪法和法律规定的权利，同时必须履行宪法和法律规定的义务。”《教育法》第四十三条规定受教育者应当履行遵守法律法规的义务。

（二）遵守学生行为规范，尊敬师长

这项义务可简称为“遵规尊师义务”。学生行为规范是关于学生思想和行为的规定，包括《小学生日常行为规范》、《中学生日常行为规范》、《小学生守则》及《中学生守则》等。这些规章从学生日常行为、思想品德、政治素养和认知等方面体现了国家对不同阶段的学生的要求。学生应当自觉遵守相应的行为规范，培养良好的道德品质。

尊敬师长是学生遵守行为规范的具体体现，也是学生在校期间应履行的基本义务。尊敬师长是我国的传统美德，只有尊重教师，才能更好地尊重知识和科学文化。尊师才能重教，才能推动科技进步和社会发展，实现民族复兴。学生要养成尊敬师长的良好的思想品德和行为习惯，提高自身素养，使自己成为新时代的“四有青年”。

（三）努力学习，完成规定的学习任务

这项义务可简称为“努力完成学业的义务”。学习科学文化知识、完成规定的学业，是学生的首要任务，也是学生区别于其他公民的一项主要义务。学生的主要任务是学习，接受教育、完成学业，同时不断地完善自身，成为德、智、

体、美、劳全面发展的受教育者。这就要求学生明确学习目标，按照老师的安排完成既有的学习任务。对义务教育阶段的学生来说，这种义务是强迫的；对非义务教育阶段的学生来说，是依自愿入学在享受教育权利的同时承担的义务。这项义务包含以下方面的内容：

（1）学生应按时到校上课，上课前准备好学习用品。不能无故迟到、早退或辍学，不能去做其他与学习无关的事情。

（2）上课时应专心听讲，勇于提出问题，敢于发表自己的见解，积极回答老师的提问。

（3）放学后，应认真复习功课，按时独立完成作业。考试不作弊。珍惜时间，科学安排课余活动。

（四）遵守所在学校或其他教育机构的管理制度

这项义务可简称为“遵守管理制度的义务”。良好的学校或其他教育机构管理制度是教育教学工作顺利进行的关键，因此，不同地区、不同阶段、不同类型的学校或其他教育机构对学生有不同的管理制度和办法。学生作为受教育者，有服从学校或其他教育机构的规章制度，遵守学校或其他教育机构的管理制度的义务。其主要履行的义务包括以下几个方面：

（1）遵守其所在教育机构的思想政治教育管理制度。

（2）遵守其所在教育机构的教学管理制度。

（3）遵守其所在教育机构的学籍管理制度，包括入学注册，成绩考核，对升级、留级、转学、复学、休学、退学的处理，考勤记录，纪律教育，奖励处分，以及对学生毕业资格的审查等管理规定。

（4）遵守其所在教育机构的体育管理、卫生管理、图书仪器管理、校园管理等方面的制度。

第三节　学生权利的法律保护

一、学生权利的保护

学生享有广泛的权利，既享有作为公民的权利，又享有作为学生的权利。作为社会弱势群体，他们的权利更容易受到侵害。因此，学生的权利需要家庭、学校、国家和社会的保护。

（一）立法保护

国家通过制定有关法律法规为学生的权利提供法律保障，为学生受教育权利的实现提供必要的条件支持。在现代社会，教育既是公民个人人格形成和发展的一个必不可少的手段，也是培育作为民主政治具体承担者的健全公民的重要途径。为了保证宪法规定的受教育权的充分实现，我国还制定了一系列相关的教育法律法规，对不同区域、不同阶段、不同类型的教育的相关制度提出了不同要求和措施。但与法律法规体系较为完善的国家相比，我国关于教育方面的教育立法还存在很大的问题，不能达到建设法制社会进程中对教育方面的要求。这就需要国家进一步制定出针对性强、系统和具体的法律法规，解决明确规定学生主体的权利义务、基本保障制度及措施、法律责任、程序性权利、法律救济等的重要问题，为学生权利的实现提供良好的法律保护。

（二）行政保护

教育行政是国家行政机关对国家教育事务和社会公共教育事务进行的决策、组织、管理和调控。国务院、地方各级人民政府和各级政府教育行政部门保护学生受教育权的手段和方式为在各自职权范围内制定相关的行政法规和规章、发布行政措施决定，举办各类学校或对各类学校予以资助，保护社会其他组织的办学权，裁判教育领域相关纠纷等。

行政保护主要是从以下几个方面进行：①政府应当建立和组织起符合现代教育特征的各种形式与层次的教育，提供足够的教育设施和师资力量，投入充足的教育经费；②政府应主动采取措施消除在获得和享有教育方面所存在的各种歧视与不平等，公平分配各种教育资源，教育条件和机会应该在法律和事实上毫无歧视地提供给所有的人，特别是社会的弱势群体；③教育费用应使所有的人都能负担得起，对于经济困难的学生，政府有义务给予资助，从而实现贫困学生平等的受教育权利。

（三）司法保护

司法保护是指公安机关、人民检察院、人民法院及司法行政部门等国家机关通过依法履行职责，对未成年人所实施的一种专门保护措施。从保护的角度讲，对未成年学生的司法保护包括：依法制裁侵犯未成年人合法权益的违法犯罪行为；人民法院依法审理各种涉及未成年人合法权益的民事案件；依法保障违法犯罪未成年人的合法权益；依法保护未成年人及其监护人、其他组织和公民对诉讼权及检举权、控告权的行使。此外，对受教育权的司法保护还包括司法机关对违法犯罪未成年人所采取的维护其合法权益，促使其早日改过自新的保护措施。

《预防未成年人犯罪法》规定："对不满 16 周岁的已构成违法犯罪行为的、不予刑事处罚而由政府依法收容教养的未成年人，""在被收容教养期间，执行机关应当保证其继续接受文化知识、法律知识或者职业技术教育；对没有完成义务教育的未成年人，执行机关应保证其继续接受义务教育。""解除收容教养、劳动教养的未成年人，在复学、升学、就业等方面与其他未成年人享有同等权利，任何单位和个人不得歧视。""对于被采取刑事强制措施的未成年学生，在人民法院的判决生效之前，不得取消其学籍。""未成年犯人在被执行刑罚期间，执行机关应当加强对未成年犯人的法制教育，对未成年犯人进行职业技术教育。对没有完成义务教育的未成年犯人，执行机关应当保证其继续接受义务教育。""依法免予刑事处罚、判处非监禁刑罚、判处刑罚宣告缓刑、假释或者刑罚执行完毕的未成年人，在复学、升学、就业等方面与其他未成年人享有同等权利，任何单位或个人不得歧视。"

（四）家庭保护

家庭具有教育和保护学生的职责，父母或其他监护人对学生具有履行监护职责的法定义务。根据《教育法》规定，适龄儿童、少年的父母或其他监护人有义务使适龄儿童、少年接受并完成规定年限的义务教育。未成年人的父母或其他监护人应当为其未成年子女或者其他被监护人受教育提供必要条件，应当配合学校及其他教育机构对其未成年子女或其他被监护人进行教育。即使对有违法犯罪行为的未成年人子女也要为其接受特别的教育创造条件。《未成年人保护法》规定："父母或者其他监护人应当依法履行对未成年人的监护和抚养义务，不得虐待、遗弃未成年人"，"应当尊重未成年人接受教育的权利，必须使适龄未成年人按照规定接受义务教育，不得使在校接受义务教育的未成年人辍学"。如果父母或者其他监护人不履行监护职责或者侵害被监护的未成年人的合法权益，要依法追究其法律责任。

（五）学校保护

学校对学生的保护是学生在校期间的主要保护，对保护学生的合法权益、保证学生各方面的健康发展具有重要的作用。学校有权按照国家法律法规的规定，依照国家的授权制定校规、校纪，并有权对在校学生进行教学管理和违纪处理。我国《教育法》规定，学校要尊重学生的权利，不得为追求升学率而禁止差生参加考试或随意开除学生；教师要尊重学生的人格尊严，不得对他们施以体罚、变相体罚及其他侮辱学生尊严的行为；不得以任何理由、任何形式向学生乱收费；不得随意私拆、毁弃或采取强硬态度拆毁学生的信件等；不得随意宣扬学生的隐私；不得使学生在危及人身安全和健康的校舍及其他教育活动场所中活动。

对学生权利的保护，学校应该做到：①提高教育管理人员和教师的法律素质。对教育管理人员和教师进行普法教育，提高教师的守法意识和对学生权利保护的自觉性，使教师明确各个相关主体所享有的权利及应履行的义务，以及违反相关法律法规应承担的责任。②培养教师树立民主的师生观。在传统的师生观的支配下，学生扮演的是服从的角色，教师和学生很难成为互相平等的主体。因此，教师应该树立民主观念，认识到师生之间在人格尊严上的平等，充分尊重学生的人格。③培养学生的自我保护意识和正确对待批评、挫折的意识。学校应该培养学生的权利意识和自我保护意识，使学生知晓自己应享有的权利及自己的合法权益遭到侵犯时应采取的保护措施。另外，学校应该帮助学生养成良好的心理品质和一定的心理承受能力，教育学生以正确的方式面对来自学校和教师的批评，使学生认识到即使教师的行为损害到了自身的合法权益，也要用正确的途径来保护自己。

（六）社会保护

社会保护指社会要给学生提供良好的学习、成长条件，禁止他们参加不利于其成长的活动，保障他们的合法权益不受侵犯。我国《未成年人保护法》第四章第二条规定："国家规定营业性舞厅等不适宜未成年人活动的场所，有关主管部门和经营者应当采取措施，不得允许未成年人进入。严禁任何组织和个人向未成年人出售、出租或以其他方式传播淫秽、暴力、凶杀、恐怖等毒害未成年人的图书、报刊和音像制品。"《义务教育法》第十四条规定："禁止用人单位招用应当接受义务教育的适龄儿童、少年。"对违反规定招用适龄儿童、少年就业的，由当地人民政府给予批评教育，责令停止招用，情节严重的，可以处以罚款、责令停止营业或者吊销营业执照。《预防未成年人犯罪法》第十五条规定："任何经营场所不得向未成年人出售烟酒"，禁止在中小学校附近开办营业性歌舞厅、营业性电子游戏场所等。任何单位和个人不得利用通信、计算机网络等方式向未成年人提供危害未成年人身心健康的内容及信息，否则追究法律责任。对学生受教育权的社会保护，主要是通过社会上其他组织和公民个人依法行使参与教育活动的权利、依法履行相关义务的方式来实现。

二、部分弱势群体受教育权利的法律保护

我国《宪法》《教育法》明确规定，公民享有平等的受教育权利。但是，在学生平等受教育权利的实现和保障方面，我国还存在着体制性障碍，使一些群体的子女无法享受均等的教育机会。

1. 农村、边远和落后地区学生受教育权的法律保护

我国对城市和农村教育实行的是“二元化”的管理，城乡教育在管理、经费投入上完全是两个体系。农村地区的经济社会发展明显低于城市，因此，农村与城市在教育经费、师资、教学物质条件等方面存在巨大差别，导致城乡之间教育质量存在着较大的差距。这种差距突显了农村学生的教育起点的不公平，广大的农村贫困地区，尤其是西部不发达地区、少数民族地区，贫困人口子女受教育机会较少。这些贫困人口越来越没有能力支付儿女昂贵的受教育费用，学龄儿童入学率较低，辍学率较高。①近年来，我国实行合点并校和教育资源向城镇、城市中心地区集中，使农村地区、边远地区和落后地区孩子的受教育问题日益突出。

农村、边远和落后地区学生的受教育权的保护，一是树立教育公平理念，建立教育均衡发展机制；二是加强基础教育资金投入，加强农村地区教师队伍建设；三是加大对薄弱地区和落后地区教育发展资助的倾斜力度，加强基本设施和教育资源的建设，尤其是互联网信息技术软硬件的建设。

2. 农民工子女受教育权的法律保护

由于传统的户籍制度、教育管理体制的局限，我国的农民工子女在城市并没有完全享有平等的受教育权，他们在就近入学方面，在入学的机会与起点上，在受教育过程中和受教育结果上，与城市学生相比还有较大差距。

农民工子女的受教育权利的保障，一是加快改革户籍制度进程，完善相关法律，使农民工及其子女具有与城市居民一样的身份，平等地享有相应的劳动、文化、医疗、养老保险等权利；二是加大教育投资力度，消除教育机会的地区差异、城乡差异、阶层差异，推动教育的公平；三是建立适应“就地入学”的管理服务机制，保证农民工子女公平地接受无差别的优质教育；四是政府设立教育监督检查机构，专门负责监督流动儿童受教育的情况，检查教育法律法规的执行情况，促进教育法的实施与完善，以保障流动儿童的受教育权。

3. 特殊学生群体受教育权的法律保护

特殊学生群体是指由于生理、经济或其他客观原因而在享有和行使受教育权时处于不利境地、需要特别保护的那些学生，主要包括残疾人、女子和家庭经济困难的学生等。

1）残疾人受教育权的法律保护

根据相关法律法规，残疾人享有的受教育权包括两层含义：一是有接受教育的权利；二是有接受适当教育的权利。有接受教育的权利，是指残疾人有进入幼儿园、中小学、职业学校及高等学校学习的权利；有接受适当教育的权利，是指教育要根据残疾人的身心特点和需要，符合他们的实际情况。

---

① 张宝蓉：《以全纳教育的视角看教育公平》，《教育探索》，2002年，第7期，第62-64页。

《世界人权宣言》《人人受教育世界宣言》《残疾者权利宣言》《智力落后者权利宣言》等文件中都肯定了残疾人的受教育权。我国《宪法》《义务教育法》《义务教育法实施细则》《残疾人保障法》等法律法规也规定了残疾人的受教育权。各级各类学校应当遵守有关残疾人教育的法律规定，保障残疾人的受教育权利。社会、家庭对残疾儿童、少年的受教育权也负有保护的责任。例如，家长有义务将适龄残疾儿童、少年送入适合的学校或其他教育机构学习，社会有义务支持残疾人接受教育。《残疾人保障法》中规定了对残疾人的教育要依特性而施的原则，在实施普通教育的思想教育、文化教育的同时，加强身心补偿和劳动技能的教育；依据残疾人的状况，采取普通教育方式或特殊教育方式；有条件的学校，实施小班教学或个别教学；特殊教育的课程设置、教材、教学方法、入学年龄和在校年龄等要适合残疾儿童、少年的特点。

2）女子受教育权的法律保护

女子即女性公民，是女童或女孩、妇女等的统称。由于受社会、历史、宗教、传统观念、性别差异等因素的影响，比起男子，女子权利或权益较容易受到损害，应当使女子的受教育权得到更多的法律保护。

1990 年《世界全民教育宣言》声明："首要任务就是要保证女童和妇女的受教育机会，改善其教育质量并清除一切阻碍她们积极参与教育的障碍，必须铲除教育中有关性别的陈规陋习。"我国制定了保障妇女权益的专门法律《妇女权益保障法》（1992 年），并在《教育法》《义务教育法》《职业教育法》中都对女子受教育的权利做了法律规定。

3）家庭贫困学生受教育权的法律保护

家庭贫困学生是指由于家庭经济困难，无力提供教育费用，从而在适龄受教育期间处于贫困状态，难以完成学业的学生。这部分学生也是难以享有充分受教育权的弱势群体，需要特别保护。国家对贫困学生通过设立、健全和完善奖学金制度、贷学金制度、勤工助学制度，包括学杂费减免、特困生补助等政策和措施，资助他们完成学业。我国《教育法》第三十七条规定："国家、社会对符合入学条件家庭经济困难的儿童、少年、青年，提供各种形式的资助。"《义务教育法》第十条规定："国家设立助学金，帮助贫困学生就学。"第十二条规定："国家对经济困难地区实施义务教育的经费，予以补助。国家鼓励各种社会力量以及个人自愿捐资助学。"

在义务教育阶段，学校（初级中学和部分小学）实行助学金制度，同时在义务教育免收学费的基础上减免杂费。助学金主要用于对有困难的少数民族地区和其他贫困地区及需要寄宿就读地区的学生提供资助。《义务教育法实施细则》第十七条规定："对家庭经济困难的学生，应当酌情减免学费。"第十八条规定，享受助学金的贫困学生包括："初级中等学校、特殊教育学校的家庭经济困难的学生，少数民族聚居地区、经济困难地区、边远地区的小学及其他寄宿小学的家庭经济困难的学生。”

此外，国家鼓励各种社会力量及个人自愿捐资助学，以不同方式帮助贫困学生接受教育。由中国青少年发展基金会等单位发起，并以设立助学金等形式，长期资助贫困地区品学兼优但又家庭经济困难而失学、辍学的学生。此外，我国社会力量和各界人士相继建立了自愿救助贫困辍学少年、儿童和失学女童的“希望工程”与“春蕾计划”，他们为贫困乡村新盖和修缮校舍，购置教具、文具和书籍，为贫困学生接受教育、失学儿童重返校园做出了巨大的贡献。但是，基础教育的主要责任与义务还在于政府，受教育权利的实现与保障也在于政府。

第四节　案例分析与讨论

一、考试分数可否成为学生的隐私

（一）案情简介[①]

2009 年期末考试结束，某县一中学在工商银行办事处和镇政府门口张贴两张“成绩汇报”，除公布了本校部分学生的高分成绩外，还将在该中学读书的 4 名学生的不理想考分做了公布，引起 4 名学生及其监护人的不满。一周后，该中学又将此“成绩汇报”交镇党政办公室。为此，4 名学生状告学校侵犯名誉权，要求其承担相应的民事责任。

县人民法院审理认为：该中学公开张贴“成绩汇报”，虽然是为了吸收生源，主观上无侵害原告名誉权的意思，但在客观上公布了原告不愿公开的成绩，侵犯了原告的隐私权，依法应承担民事责任。据此，做出如下判决：被告在本判决生效后 5 日内，在同一地点以公告形式向四原告赔礼道歉，公告内容交法院审核，此公告应保留 3 天。

法院判决的理由有三。首先，被告损害原告的事实存在。被告在没有取得原告同意的情况下，擅自将其不愿公开的成绩公布于众，侵犯了原告的人格尊严，对原告名誉造成事实上的损害。其次，被告有不可推卸的过错责任。虽然在主观上被告是为吸收生源，但把该校考分高的学生与该校考分低的学生（原告）相比，客观上起到宣扬本校、贬低他校，损害原告名誉的作用。最后，被告的行为具有违法性。《民法通则》规定：“公民、法人享有名誉权，公民的人格尊严受法律保护，禁止用侮辱、诽谤等方式损害公民、法人的名誉。”《最高人民法院关于

① 考试分数可否成为学生的隐私，http：//edu.qq.com/a/20120613/000444.htm。

贯彻执行〈中华人民共和国民法通则〉若干问题的意见》（试行）第一百四十条规定，泄露并宣扬他人隐私，给他人声誉造成不良影响的，也是侵害名誉权行为，加害人要承担名誉侵权的法律责任。被告违反上述法律和司法解释的有关规定，依法应承担相应的民事责任。

（二）案例分析

（1）公布学生考试分数和排名侵犯了学生的隐私权，主要依据是法律原则和教育原则。其一，尊重隐私是《未成年人保护法》强调的四大原则之一，即“尊重未成年人的人格尊严”。《教育法》《教师法》明确提出保护学生的人格尊严。1994 年国家教委在《关于全面贯彻教育方针减轻中小学生过重课业负担的意见》中曾明确规定：“任何部门和个人都不得单纯以学科考试成绩或升学率高低评价学校和教师，不得给学校、学校也不得给教学班和教师下达学生考试成绩或升学率的指标；不得以此排列学校、教师、班级的名次，也不得以此作为评价他们工作好坏，进行奖惩的主要依据；学校、教师不得按学生考分高低排列名次，张榜公布。”其二是教育原则。教师可以将考试作为检验教学效果、改进教学工作、激励学生上进的一种手段。分数是随着学生学习的变化而变化的，但在应试教育中分数和考试的功能异化为对学生管、卡、压的工具，很多悲剧由此引发。

（2）隐私权具有一定界限[①]。所谓隐私权，通常是指有关个人生活领域的一切不愿意为外人所知，并排斥他人干涉的一种独立的人格权。一般来说，个人身体情况、收入情况及家庭成员等情况都属于这种隐私。一个人的特困或者富裕反映的是某个人或者家庭的财产收入状况，属于个人信息的一种，在一般情况下当然是个人隐私，属于隐私权的保护范畴，特困学生及其家长也完全有理由视之为隐私。权利人可以通过处分权放弃个人隐私，如主动或者默许他人使用其隐私信息，外人可以在涉及公共利益时使用权利人的个人隐私。但是，涉及入学选拔、接受公共资助等需要信息公开、环节透明的竞争性活动，个人的基本信息，如考试分数、考核名次、有关家庭贫困状况等在公众需要知情的情形下不应再视为隐私。因为当他参加涉及他人利益或者公共利益的活动时，他人或者公众就有理由知道他的某些属于隐私的个人信息，在这种情况下，个人信息就不能再被认为仅仅是个人隐私，当然其隐私权也不再受到保护。

（3）隐私权“让路”于知情权的条件。知情权是指知悉、获取信息的自由与权利，包括从官方或非官方知悉、获取相关信息，是公民作为民事主体所必须享有的人格权的一部分。当隐私权与公众知情权发生冲突时，要最小化牺牲个人隐私权，为公众知情权“让路”。例如，对学生的捐助、学校的勤工助学岗的竞争

---

① 付建国、赵彦丰：《学校张贴特困学生家庭情况是否侵犯了其隐私权》，http：//www.chinacourt.org/article/detail/id/449094.shtml。

性选择、公务员考试、事业单位招考涉及公共利益，这时就不单纯属于个人隐私范畴，公众具有知情权。

（4）隐私权属于一种权利，可以放弃。权利的本质是一种自由，自由只要在法律许可的范围内是可以自由处分，乃至放弃的。公示有时是为了捍卫公众的知情权，满足公众知情权的事项的公示并不侵犯其隐私权。

（三）案例讨论

（1）学生的成绩等个人信息是否都为隐私权？

（2）学校等公共机构在哪些事务中有权公开学生的个人信息？

（3）结合本案谈谈学校和教师应该怎样保护学生的隐私权。

（4）谈谈学生的隐私权受到侵犯时，学生应该怎样来维护自身权利，其法律依据是什么。

二、教师能否限制学生的服饰与表达自由权

（一）案情简介①

陕西省铜川市省煤炭基建公司第二中学高一（2）班学生王某某，6 月 2 日到学校上课时，内套一件被青年们称为“一把火”的红衬衫。他的显露的红衣领子被班主任孙某发现，当即被责令脱掉。平日少言寡语的王某某不愿当着男女同学的面脱衣服，要求去教室外面脱。孙某不准，强令他在教室里脱。自尊心很强的王某某坚持不脱，并回到自己的座位坐下。孙某走过去揪住衣领把王某某拉出座位，把他的语文书和本子从后窗扔下楼去，大声喊道：“出去！我这个班不要你，以后别来了。”此后，班主任和学校一直未同家长通报情况。直到 6 月 14 日晚入睡前，王某某才对奶奶说：“老师欺负我，我找他讲理去。”次日早 7 时半左右，王某某在铜川市公园湖投湖身亡。

（二）案例分析

（1）该案法律关系的主体为铜川市省煤炭基建公司第二中学教师孙某、第二中学高一（2）班学生王某某。

（2）教师孙某的行为侵犯了学生王某某的表达自由权。

在法学理论中，言论自由通过扩充解释（与限制解释、字面解释不同）可被解释为表达自由。个人表达自己意见的方式有多种，可通过语言，也可通过服饰、化妆、手势、表情、发型、书画等。服饰是个人的一种表达方式，受《宪法》第三十

① 案例来源：张维平、马桂新：《教育法学基础》，沈阳：辽宁大学出版社，1994 年，第 371 页。

五条规定的言论自由保护。言论自由是公民的基本权利之一，我国《宪法》第三十五条规定："中华人民共和国公民有言论、出版、集会、结社、游行、示威的自由。"强迫要求某种特定的服饰是对《宪法》第三十五条赋予的表达自由的干涉，除非是为了实现重要的公共利益，否则学校无权干涉这种表达自由。

学生的个人表达自由不能超越国家和学校的规章制度与社会的道德风尚，同时学校为了达到一定的教育教学目的，有权对学生的服饰提出一定的要求。例如，国家教委发布的《小学生日常行为规范》中规定的小学生行为规范之一就是"穿戴整洁"。国家教委发布的《中学生日常行为规范》规定："穿戴整洁，朴素大方。提倡穿校服。头发干净整齐，男生不留长发，女生不烫发，不化妆，不佩戴首饰，不穿高跟鞋。"也不能穿得太裸露，挑战社会道德习俗。但是，学校和教师对学生服饰提出要求，也不能侵犯学生的个人自由和权利，必须区分合理要求和不合理要求。一般来说，集体活动场合可以对学生服饰提出要求，平时不必提出服饰要求，在不应提出服饰要求的场合提出服饰要求，就可能侵犯学生的自由权利。学校和教师对学生服饰做出要求时应注意：①学校有权对学生的服饰提出要求，但是这项要求的实施，应主要依靠说服动员，一般不宜采用强迫命令的办法。服饰要求，应事先提出。②学校提出服饰要求，应该考虑学生的家庭实际情况。一般不宜要求过高，加重学生的经济负担。最好的办法是不让学生家长负担费用。③学生的服饰违反有关规定时，学校和教师应及时与家长取得联系，共同协商处理有关问题。特别是出现学生不到校上课的情况时，更应及时通知家长。这是学校和教师的一项义务。

（3）教师孙某的行为侵犯了学生王某某的受教育权。受教育权是我国公民的基本权利之一。我国《宪法》第四十六条规定："中华人民共和国公民有受教育的权利和义务。"《义务教育法》第四条规定："国家、社会、学校和家庭依法保障适龄儿童、少年接受义务教育的权利。"《未成年人保护法》第十四条规定："学校应当尊重未成年学生的受教育权。"只要学生没有扰乱课堂秩序，不影响教育教学活动的正常进行，那么学生就有权利听课，教师不能剥夺学生的受教育权。在本案中，学生王某某穿了一件红衬衣，这一行为并不影响课堂秩序，教师不能以此为由将其赶出课堂，剥夺他的受教育权。《未成年人保护法》规定："学校不得违反法律和国家规定开除未成年学生。"教师在未履行任何手续的情况下，不让学生上学，等于实际上开除了该学生。教师孙某的做法侵犯了学生王某某的受教育权。

（4）教师孙某的行为损害了学生王某某的人格权。人格权是人身权利的重要内容，受法律保护。《宪法》第三十八条规定："中华人民共和国公民的人格尊严不受侵犯。"《刑法》第一百三十一条规定："保护公民的人身权利、民主权利和其他权利，不受任何人、任何机关非法侵犯。"《民法》第一百零一条规定："公民的人格尊严受法律保护。”《义务教育法》第二十八条规定：“教师……应当为人师表，忠诚于人民的教育事业。”爱护学生就包括尊重学生的人格。《未成年人保护法》第四条规定：“尊重未成年人的人格尊严。”第十五条规定：“学校、幼儿园的教职员应当尊重未成年人的人格尊严，不得对未成年学生和儿童实施体罚、变相体罚或者其他侮辱人格尊严的行为。”《教师法》第八条规定：“教师应当履行下列义务：……（四）关心、爱护全体学生，尊重学生人格。”在本案中，教师孙某让学生王某某当着全班男女同学的面脱掉衬衣，这是损害王某某的人格尊严。王某某为了维护自己的人格尊严，拒绝当着男女同学的面脱下衬衣，要求到外面去脱，是合理的主张。而教师孙某却强令他在教室里脱，显然是损害学生的人格权。

（5）在本案中，教师孙某所承担的只是侵犯学生表达自由权、人格权和学生的受教育权。教师孙某的行为并不是学生王某某自杀的主要原因。王某某的自杀主要是他自己的心理承受能力太差，不能正确对待教师的要求。即使教师的要求不合理，他也完全可以通过其他渠道去解决，而根本用不着走自杀的道路。因此，不能把王某某的自杀完全归因于教师孙某。对孙某可以给予适当的行政处分。

（三）案例讨论

（1）结合本案，对比中美两国学生在表达自由权方面的异同。

（2）谈谈本案中的教师的问题在哪里。面对不同的学生，教师应该怎么区别对待？

（3）本案中教师有没有权利限制学生的表达自由权，法律依据是什么？

（4）本案中学生采取的方式是不可取的，那么面对这样的问题，学生可以采取哪些方式来维护自身的表达自由权？

三、学生被老师殴打罚站回家后自杀案①

（一）案情简介

2004 年 12 月 13 日，白银市靖远县靖安中学初一学生张某被在同一学校上学的姐姐领了回来，经询问，才知是因为张某的作业没有完成，被班主任张某某打了一顿后称不让张某上学了，并没收了他的凳子。同时，张思某看到儿子的脖子、脸和手上有伤痕。第二天早上，张某去学校给张某某交完期末试卷费后，又被张某某骂了回来。15 日早上，张思某让孩子再去上学，但就在全校出早操

① 张其：初一学生被老师殴打辱骂后喝药自杀险丧命，http: //news.qq.com/a/20041227/000057.htm。

时，班主任张某某看见张某后，揪住张某的耳朵从学生中拉了出来，并骂道："张某，我不想看到你，我不希望你在这个班上上学。"无奈孩子又回到了家。张思某看到孩子又被赶回来后，便领着孩子去学校找张某某，张某某说让孩子把作业补完后再来。下午，当孩子去学校补交作业时，又被张某某打了一顿，并且还不让进教室上课。

当日下午，孩子再次回到了家里，随后，其母亲又将张某领到了学校去见张某某。在张某某的宿舍里，张用木棍点着翻看了一下张某的作业，便让张某到宿舍外面去，孩子不情愿地出了门，在凛冽的寒风中站着。当张某母亲和张某某交谈一会儿出来后，却不见了张某，张母以为孩子去了教室，便回了家。走到家时，张某母亲发现孩子坐在碳房门旁边，身上一股浓浓的农药味，便将孩子送到医院抢救。

张某的班主任张某某说，她发现张某的几门作业都没有做完，便让其回家叫家长来，和家长沟通一下，这样做的目的也是希望通过家长，共同配合督促学生按时完成作业，但家长始终没有来。直到 15 日其家长才来，但她从来都没有不让张某上学的意思，更没有打骂过他。张某某说，后来听说张某在家喝了农药，她也感到非常心痛，并到医院看望了张某。随后，靖安中学的校长王凌云对记者说，事发后，学校也非常重视，事发后，学校出于同情，向张某垫付了 3000 元医疗费。并进行了调查，认为老师并没有过分的行为。学生服毒发生在校外，对此，学校到底该不该承担责任，目前还不好确定，最终需要通过法院来进行裁决。

（二）案例分析

（1）本案中的涉案主体主要有：学生张某及其家长张思某、教师张某某、学校。

（2）本案中教师侵犯了学生张某的人格权和受教育权。

本案中教师张某某侮辱了学生的人格，对其身心发展造成了严重的伤害，侵犯了张某的人身权和受教育权。我国《义务教育法》规定："教师在教育教学中应当平等对待学生，关注学生的个体差异，因材施教，促进学生的充分发展。""教师应当尊重学生的人格，不得歧视学生，不得对学生实施体罚、变相体罚或者其他侮辱人格尊严的行为，不得侵犯学生合法权益。"《未成年人保护法》规定："学校应当尊重未成年学生受教育的权利，关心、爱护学生，对品行有缺点、学习有困难的学生，应当耐心教育、帮助，不得歧视。"本案中教师张某某违反了《义务教育法》《未成年人保护法》等法律法规中的有关规定，侮辱了学生的人格，对其身心发展造成了严重的伤害，侵犯了张某的人身权和受教育权。

（3）《学生伤害事故处理办法》规定："因下列情形之一造成的学生伤害事

故，学校应当依法承担相应的责任：学校教师或者其他工作人员体罚或者变相体罚学生，或者在履行职责过程中违反工作要求、操作规程、职业道德或者其他有关规定的。”“因学校教师或者其他工作人员在履行职务中的故意或者重大过失造成的学生伤害事故，学校予以赔偿后，可以向有关责任人员追偿。”本案中，教师对学生张某实施殴打、歧视、体罚，导致学生不堪忍受最终喝下农药，为此学校应依法承担相应的民事赔偿责任，并向教师张某某追偿。

（4）《教师法》中规定：“教师有下列情形之一的，由所在学校、其他教育机构或者教育行政部门给予行政处分或者解聘：体罚学生，经教育不改的；品行不良、侮辱学生，影响恶劣的。”由此可知，学校应根据实际情况，对教师张某某进行批评教育，并给予相应的行政处分。教师应认真履行自身的义务，应正确行使教育权，关心、爱护每一个学生，应尊重学生的合法权益，不能随意剥夺学生的受教育权，更不能体罚、殴打、谩骂学生。学生应努力学习，认真履行自身的义务，按时完成作业，尊敬教师。当自身的合法权利受到侵犯时，学生应该寻求有效的法律救济途径依法保护自身的合法权利不受侵犯，而不应消极被动地挨打，更不能轻生。

（三）案例讨论

（1）结合本案谈谈体罚和惩戒的含义是什么，二者有什么区别。

（2）本案中教师有没有权利体罚学生？法律依据是什么？

（3）教师对学生惩戒的边界是什么，教师应如何把握管理学生的度？

（4）教师应怎样对待学习兴趣不高的学生？谈谈应该从哪些方面保护学生的基本权利。

四、学生在校得病意外死亡案①

（一）案情简介

1996 年 1 月 27 日，原告袁战某与被告洛阳市光华外语学校（私立学校，全封闭式管理）签订《学生就学协议》，该就学协议关于校方的权利义务第 92 项规定：校方出资为学生入人身保险，如发生意外事故，由保险公司、校方和家长协商确定民事责任。同时，袁某某在入学时，按规定向被告缴纳学籍费、学杂费共计 15 000 元。在同年 9 月 23 日早晨，袁某某班主任发现袁某某有些异常，就将其送往校医务室检查。在校医检查中，袁某某突然开始抽搐，校医对其进行抢

① 袁战通因其子在校就读期间患急病抢救无效死亡诉光华外语学校赔偿案，http：//www.jiaokedu.com/fagui/anlifenxi/5044.html。

救。班主任先到小学部给校领导汇报袁某某病情，然后去给袁某某家打电话，告诉其家长袁某某病情。原告到校后，校医向原告及其妻子谈了袁某某的病情，并催促其把袁某某送洛阳大医院治疗。原告将袁某某先送洛阳市第二人民医院诊治，该院诊断袁某某病症为脑干型乙型脑炎。此时，被告方派人到医院看望，并四处为原告之子请名医会诊。袁某某病情严重，经洛阳市第二人民医院抢救无效，于 1996 年 9 月 26 日下午死亡。原告以其子在被告学校学习期间得病，被告延误其子的治疗造成其子死亡为理由，向孟津县人民法院起诉，请求法院判决被告赔偿医疗费、丧葬费、误工费、陪护费等共计 8 万元，并应退回袁某某入学时所交各项费用 15 000 元。

孟津县人民法院经审理认为：原告之子袁某某虽然在被告处得病，但袁某某所得病为“乙型脑炎”，且系暴发性急症抢救无效死亡。被告对其已尽到应尽责任，被告不应负赔偿责任，原告要求被告赔偿，本院不予支持。但对袁某某入学时所交各项费用 15 000 元（已支付 13 457 元）应予退回。考虑原告因此损失过大，被告应给予原告一定经济补偿。依据《民法通则》第五条规定，该院于 1997 年 8 月 30 日判决如下：

（1）被告应退给原告其子袁某某入学时各项费用 13 457 元。

（2）被告一次性给原告经济补偿 5000 元。

（二）案例分析

（1）该案法律关系的主体为原告袁战某、被告光华外语学校。

（2）本案中原告以被告延误其子的治疗为由，将被告推上法庭，理由不充分。

学校和学生之间是一种学习合同关系。在本案被告就读于全封闭管理型私立学校情况下，学校除有提供良好的学习条件的义务外，还有提供良好的生活服务及卫生保健服务的义务，这是其应履行的合同基本义务。但是，原告之子所患病症并不属学校提供服务不良所造成的，而是一种暴发性急症，学校的医务室是无法预测预防和救治的。同时，校医务室所能提供的卫生保健服务，不能要求其必须达到正规医院的水平，它只是针对一般常见病及常见外伤做常规处置和临时处置。所以，本案被告的校医在做了常规处置后即要求送患者去大医院治疗，处置是得当的，符合其可提供的卫生保健服务的水准要求。

（3）本案判决考虑原告损失过大而要被告给予原告一定的经济补偿，缺乏依据。

本案所涉及的法律关系是合同关系，判决又未认定被告有侵权损害的问题，所以缺乏依公平原则由被告分担原告损失或给予原告一定补偿的依据。被告对原告予以经济补偿，在本案情况下，只能是被告自愿给予补偿。也就是说，在合同关系下，被告作为合同一方当事人，应负的是违约赔偿责任；在损害赔偿关系中，被告应是损害事实的一方当事人，才有分担责任或给予对方补偿的可能。本案被告在合同关系中没有违约，又不是原告之子患病抢救无效死亡事实中的一方当事人，就只有自愿补偿这一种依据作处理依据。

（4）学校应将原告提供的费用返还给原告。

被告对原告虽无因合同违约或侵权损害方面的赔偿责任，但学生合同的一方主体死亡，使合同出现了应予终止履行的事由。在这种情况下，被告作为提供学习给付的一方，无须再提供学生给付，故也不能取得给付的对价，因此，除已提供学习给付部分的对价应由被告取得外，被告已预收的全部对价中的剩余部分即应返给原告。

（5）本案中不存在监护责任转移的问题。

虽然学生在学校读书期间，监护人将部分适合委托给学校的监护责任交予学校，但并不意味着未成年人的监护人之监护责任全部转移，学校对在校读书的学生的责任，是有关学生保护法规定和学校管理法规确定的一种管理、保护责任，也为一种法定责任，但其内容与监护责任是各不相同的，不能等同。

（三）案例讨论

（1）本案中，学校是否对原告中的学生负有监护责任？

（2）在什么情况下，学校应当对学生出现的安全问题负责任？

（3）学生的权利有哪些？本案中涉及学生的哪些权利？

（4）学校和学生之间的法律关系是什么？学校怎样才能更好地保护学生的安全？

◇要点归纳

1. 学生的法律地位是指学生以其权利能力和行为能力在具体法律关系中取得一种主体资格，它通过学生的法律身份及学生在不同法律关系中享有的权利与应履行的义务来表现。学生所处的社会关系主要有两种：一种是作为普通公民所处的社会关系；另一种是作为学生所处的教育法律关系。

2. 在学校教育活动中，学校与学生之间的关系并不是单一的，学生与学校之间是教育与被教育、管理与被管理的关系。一是学校有实施教育教学活动的权利，同时有对学生进行学籍管理，实施奖励或者处分的权利，以及对受教育者颁发相应的学业证书的权利。二是学校有为了贯彻国家的教育方针，执行国家教育教学标准，保证教育教学质量，而对学生和学校的各项事务进行管理的权利。

3. 在教育教学活动中，教师与学生作为教育法律关系的主体，教师与学生的关系为教育与被教育、管理与被管理、保护与被保护、相互尊重的平等关系。

4. 学生的基本权利是指教育法律赋予学生的在教育活动中享有的权利，包括：参加教育教学计划安排的各种活动，使用教育教学设施、设备、图书资料；按照国家有关规定获得奖学金、贷学金、助学金；在学业成绩和品行上获得公正评价，完成规定的学业后获得相应的学业证书、学位证书；学生的人身权和财产权；提出申诉或依法提起诉讼的权利；法律法规规定的其他权利。

5. 农村、边远和落后地区学生、农民工子女、特殊学生群体，如残疾人、女子、家庭贫困学生的受教育权应该得到特殊保护。

6. 学生的义务指学生依法应该承担的责任。学生义务包括：遵守法律法规；遵守学生行为规范，尊敬师长，养成良好的思想品德和行为习惯；努力学习，完成规定的学习任务；遵守所在学校或者其他教育机构的管理制度。

7. 学生作为社会弱势群体，他们的权利更容易受到侵害。学生的权利需要多方面的保护。目前，我国在学生权利保护方面的措施有：立法保护、行政保护、家庭保护、学校保护、社会保护。

◇思考与练习

1. 简述学生的法律地位。
2. 学生与学校、学生与教师之间的法律关系有什么异同点？
3. 简述学生权利和学生义务的内容。
4. 联系实际谈谈学生的权利和义务在实际教育教学活动中的体现。
5. 如何解决学生权利保护中存在的问题。
6. 搜集关于学生权利保护的实际案例，并谈谈自己的看法。

◇拓展阅读

1. 余雅风：《学生权利概论》，北京师范大学出版社，2009 年。

2. 内尔达・H. 坎布朗-麦凯布、马莎・M. 麦卡锡、斯蒂芬・B. 托马斯：《教育法学——教师与学生的权利》，江雪梅、毛锐、王晓玲译，中国人民大学出版社，2010 年。

第七章

学　　校

内容提要

本章共四节。第一节介绍了学校的设置、性质与特点、类型及学校的法律地位。第二节分别介绍了义务教育学校和高等学校的权利与义务，西方高校的自治权、学术自由权和学术责任。第三节介绍了学校事故的特征、类型、事故归责原则及安全注意义务。第四节通过民办学校学费赔偿案、学生在校违纪摔伤案、特殊学校学生人身伤害案讨论了学校的权利不当行使、学校权利的保护问题，以及在校学生人身安全保护问题。

学习目标

1. 识记学校、学校法律地位、安全注意义务、学校事故、归责、免责的概念。

2. 了解学校设置的基本条件、学校设置程序、学校的法人类型、学校所构成的社会关系、学校的主体资格、注意义务的程度与范围。

3. 理解学校事故的特征，以及学校事故的归责原则、免责原则。

4. 掌握学校的基本权利、高等教育学校的权利及学校义务的内容。

5. 运用学校法律地位、学校的权利与义务，以及学校事故的归责原则、免责原则理论分析教育领域中与学校相关的案例和教育实践中的相关问题。

关键词

学校的法律地位；学校的权利；学校的义务；学校事故；注意义务；归责原则；免责原则

第一节　学校的法律地位

一、学校的概念

教育学中的学校指有目的、有计划、有组织地对年轻一代进行培养和教育的场所。法律意义上的学校是指经主管机关审批设立或登记注册，以实施学制系统内各阶段教育为主的教育机构，它包括学制系统以内实施学历性教育为主的教育机构，也包括各种实施非学历教育的教育机构。

《教育法》中第三章“学校及其他教育机构”确立了有关我国学校及其他教育机构的基本法律制度，规定了我国学校及其他教育机构的举办体制、办学的基本原则、设置条件与程序、学校及其他教育机构的法律地位、权利与义务，以及学校内部管理活动的原则、财产关系等问题，为学校及其他教育机构的运行与管理提供了基本的法律依据。

二、学校的设置

学校是依法设立的组织机构。《教育法》第二十六条规定了设立学校及其他教育机构的基本条件，第二十七条规定了学校及其他教育机构的设立、变更和终止的审核、批准、注册或者备案手续。

（一）学校设置的基本条件

1. 有组织机构和章程

组织机构是指学校按照一定的工作任务和目标，将组织成员按不同的工作性质、职务、岗位组合起来，形成层次恰当、结构合理的有机整体。学校组织机构是学校管理实体存在的外在形式，是进行管理的前提和基础。学校的组织机构因学校的层次和类别不同而有所不同。

章程是指为保证学校的正常运行，就办学宗旨、学校的性质类别、内部管理体制、财务管理活动等重大的、基本的问题，做出全面规范而形成的自律性基本文件。现行法律将学校章程规定为设立学校必须具备的基本条件之一，没有章程，学校便无法组成运行。学校章程的制定必须符合法律法规及规章的要求，不能与现行的有关教育法律法规和规章及其他具有法律效力的规范性文件相抵触，不能超越法律法规的授权范围。

一般来说，学校的章程应该包括学校名称、办学宗旨、主要任务、教育教学形式、内部管理体制、财务和人事管理制度、章程的修改程序及其他必要事项等内容。

2. 有合格的教师

学校的设立，要求按照办学规模、教学任务、岗位设置等聘任教师，只有聘任合格的教师，学校才能进行教育活动。

《教师法》第十条第二款规定："中国公民凡遵守宪法和法律，热爱教育事业，具有良好的思想品德，具备本法规定的学历或者经国家教师资格考试合格，有教育教学能力，经认定合格的，可以取得教师资格。"教师资格构成要件包括国籍、品德、业务、学历和认定五个方面，缺一不可：①国籍。取得教师资格者，必须是中国公民，这是成为教师的先决条件。②品德。取得教师资格者必须具有良好的政治思想水平和道德修养，这是成为教师的一个重要条件。③学历。教师是一种专业化的职业，需要从业者具备专门的业务知识和技能才能完成教育教学任务。因此，对取得各级教师专业技术职务有基本的学历要求。《教师法》第十一条对取得教师资格应当具备的相应的学历进行了具体规定。④业务。教育教学能力是完成教育教学任务所必备的条件，也是取得教师资格的重要条件之一。只有具有一定的教育教学能力，才能完成教育教学任务，胜任教师工作。⑤认定。教师资格必须经过法律授权的行政机关或其委托的其他机构通过合法的程序认定。

3. 有符合规定标准的教学场所及设施、设备等

教学场所及设施、设备等是指校舍、活动场地、教学仪器、设备及教育教学所必需的图书资料等。符合规定标准的教学场所及设施、设备等是教学的物质基础，也是教学任务得以顺利完成、培养目标得以真正实现的物质保证。

由于学校存在着不同的层次和类别，受教育者、培养目标等各不相同，所以不同的学校所需的教学场所及设施、设备等标准存在着差异。这里的标准既包括教育教学条件方面的设置标准，也包括卫生、安全等方面的标准。这些标准有的是由国家统一制定的，也有的是由地方人民政府根据国家有关规定制定的地方标准。申请拟设立的学校应根据其性质、层次和规模的不同要求，校舍、场地、教学仪器、设备、图书资料等都要符合规定标准。

4. 有必备的办学资金和稳定的经费来源

学校及其他教育机构一经设立，除了要有必要的物质条件外，还需要不断投入流动资金以保证教育教学活动的正常运转，因此，必备的办学资金和稳定的经费来源是学校及其他教育机构设立和运行的必要条件之一。没有稳定的经费来源，学校就无法进行正常的教育教学活动，甚至无法继续存在下去。

上述四项规定是设立学校及其他教育机构时必须具备的一般条件，由于学校及其他教育机构的种类多种多样，所以举办学校及其他教育机构除必须符合上述要件外，还必须符合相应的设置标准。我国已对幼儿园、小学、中学、中等专业学校、技工学校、各类高等学校分别制定了相应的设置要求。但是，学校的设置标准还需要进一步完善，通过法律手段调节学校及其他教育机构的规模与布局，使教育的发展既与国家的整体发展相配合，又与办学实际互相协调，既保证办学质量，又有利于充分调动社会各个方面的办学积极性，发挥最大的教育经济效益。

（二）学校设置的程序

《教育法》第二十七条规定："学校及其他教育机构的设立、变更和终止，应当按照国家有关规定办理审核、批准、注册或者备案手续。"我国现行对学校及其他教育机构设立、变更和终止的管理，根据机构性质的不同，分别实行审批制度和登记注册制度。

1. 审批制度

审批制度一般适用于各级各类正规学校、独立设置的职业培训机构等。审批与登记注册的不同之处在于，不违背法律法规的规定，符合国家规定的设立条件和设置标准，并不一定就能批准建校，它还受到规划、布局、资金等多种因素的影响。所以，审批制较之于注册登记，相对要严格得多。主管机关有权决定是否准予办学，只有经过批准，如发给批准书或办学许可证，拟办的学校才能取得合法地位。

实行审批制度的学校，其设立分为批准筹建和批准招生两个阶段。在第一个阶段，拟设立学校的举办者要向主管部门递交设立学校的可行性论证报告或筹建申请，其中要对设立学校的必要性和可行性进行论证，并且要包括学校名称、校址、办学宗旨、规模、效益、学科门类、专业设置、招生、师资来源、经费来源、基建计划、领导体制等及主管部门要求的其他内容。对经过论证，确需设立的学校，主管部门批准后，学校进入筹建阶段。筹建基本就绪的学校，其设立审批进入第二个阶段，举办者可向主管部门提出招生申请，并提交筹建情况报告书，主管部门接到建校招生申请书后对学校筹建情况进行审查，认为符合法律规定设立条件并达到有关设置标准的，做出准予正式建校招生的决定。在学校设立条件比较成熟的情况下，学校也可以直接提出招生申请。[①]

2. 登记注册制度

登记注册制度适用于幼儿园等教育机构。《幼儿园管理条例》第十一条规定：

---

① 李素敏、许双全：《教育法制概论》，北京：中国人事出版社，2002年。

“国家实行幼儿园登记注册制度，未经登记注册，任何单位和个人不得举办幼儿园。”登记注册是指主管部门对提交的申请设立教育机构的报告进行审核，若未发现有违背法律法规规定情形的，只要拟办的教育机构符合设立条件和设置标准，就予以登记注册，使其取得合法地位。

三、学校的特点

《教育法》第三十一条第一款规定：“学校及其他教育机构具备法人条件的，自批准设立或者登记注册之日起取得法人资格。”因此，在我国，学校是法人组织。我国《民法通则》依据法人宗旨、任务的不同，把法人分为企业法人和非企业法人两大类。企业法人又分为公司企业法人与非公司企业法人。非企业法人包括机关法人、事业单位法人和社会团体法人。根据《民法通则》的分类，学校应属于非企业法人中的事业单位法人。学校在法律上明显地有别于企业法人，具体体现在：

（1）学校的设置目的不同于企业。学校设置的根本目的是培养德、智、体等方面全面发展的社会主义事业的建设者和接班人，提高全民族的素质。企业是以营利为目的的生产和经营单位，发展动力是追求剩余产品价值的最大化，因此，企业可以以经济效益指标来衡量其对社会的贡献，学校则不能根据其经济标准简单地进行价值判断。

（2）学校与企业的经费来源不同。学校经费主要源于国家的拨款，而企业则必须要拥有直接从事经济活动的资产，并以这种资产为基础，进行经营性活动，经过不断周转而实现增值。企业也可以通过贷款筹集到有偿使用的资金。

（3）学校的调节手段与企业不同。学校属公益性机构，因此，办学时必须对其权能做出必要的限制，使其遵循教育规律。学校在执行国家有关法规、方针、政策时，享有办学决策权、用人自主权、招生分配权、经费使用权、学校财产权等。企业则相反，虽然国家也会用计划的手段对企业进行宏观控制，但在大多数情况下是通过市场机制来调节的。企业拥有自主经营权，对国家授权其经营管理的财产及人员，享有占有、使用和依法处分权。①

但是，学校组织又不同于机关、其他事业单位和社会团体等法人。学校法人的特点如下。

（一）公益性

公益性是指组织机构以国家及社会公众的整体利益为目标，其公众对象是社

① 劳凯声：《教育法学》，沈阳：辽宁大学出版社，2000年，第89-90页。

会各界，它的受益者不限于直接与组织接触的人，还包括不与组织接触的人或组织。《教育法》第八条规定：“教育活动必须符合国家和社会公共利益。”教育的公益性原则要求在中国境内实施的教育活动必须对国家和人民负责，而不是对个人或小团体负责，不能因个人或小团体的利益而损害国家、人民和社会的公共利益。公益性不仅体现在公立学校，民办学校和其他民办教育机构也具有公益性。

（二）公共性

公共性是公共组织所具有的特性。公共组织拥有共享权利或者经过公共权力机关的授权，负有公共责任，以公共利益为目标，为社会提供公共服务或公共产品。学校的公共性可从三个方面理解：首先，学校教育事业是国家、民族乃至全世界的共同事业；其次，受教育者个体发展必然使社会的发展受益；最后，学校教育工作本身就是为社会发展做贡献。学校的公共性要求向社会提供的教育服务都应体现出公正、公平、公开的原则，并接受服务对象和教育行政机关的监督。

（三）中立性

学校的中立性是指学校与宗教相分离。《教育法》第八条规定：“国家实行教育与宗教相分离。任何组织和个人不得利用宗教进行妨碍国家教育制度的活动。”教育与宗教分离是教育价值中立的重要表现。普及和发展教育，就必须建立一种新的教育制度，建立公共的、世俗的国民学校网，使教育与宗教分离。《教育法》做出此规定是排除宗教对教育教学活动非法干预和渗透，维护学校及其他教育机构正常教学秩序，保护未成年学生身心健康的重要举措，是保证学校及其他教育机构公益性的重要标志。

（四）自主性与独立性

这是学校作为法人的重要特征。办学自主权是学校在法律上享有的，为实现其办学宗旨而独立自主进行教育教学管理、实施教育教学活动的资格和能力。其含义是：①自主权是一种资格和能力，这种资格和能力的获得是法律的授权；②自主权既然是一项法律授权，其行使的范围就被限定在了法律所授权的范围，即与“办学”领域相关的范围；③自主权行使的宗旨具有确定性，它以完成教育教学为目的；④强调学校以法律主体的身份，在法律所规定的范围内自主地、独立地进行教育教学活动。

学校的独立性体现在自主组织实施管理和教育教学活动，而不受其他任何组织或个人的非法干涉等方面。学校法人的独立性与企业法人的独立性有很大的不同，政府与学校存在行政法律关系，在此之中，学校的独立性是相对的。学校的独立性并不意味着学校要摆脱行政机关的法定管理和监督，而是通过法律途径确认和保障学校自主办学的权利，发挥学校作为法人的能动性和主动性，开发学校自主办学的潜能，提高教育教学质量。

四、学校法人的类型

（一）公法人与私法人

这是大陆法系法人的一种分类方法。以设立法人的目的为准，学校分为以公共利益为目的的公法人和以私人利益为目的的私法人；以法人设立所依法律为准，依公法设立的学校为公法人，依私法设立的学校为私法人；以设立者为准，由国家或公共团体设立的学校为公法人，由私人组织设立的学校为私法人；以是否行使或分担国家权力为准，凡行使或分担国家权力或政府职能的学校法人为公法人，没有行使或分担国家权力或政府职能的学校为私法人。

（二）社团法人与财团法人

社团法人与财团法人是法学理论的另一种分类方式，即依法人成立的基础划分。社团法人是以人的集合为基础而成立的法人，有自己的组成成员或社员；财团法人是以财产的集合为基础而成立的法人，没有社员，代表财团法人进行活动的人不是它的社员，而是管理人员，管理人员的变更不影响财团法人的存在。社团法人可以分为营利性社团法人和公益性社团法人，而财团法人只能为公益性法人。学校法人中的社团法人与财团法人一般为私法人，但是也有的学校法人为公法社团法人和公法财团法人。以公务人员为基础组成的法人被称为公法社团，以公共财产为基础成立的法人则被称为公法财团。

（三）非营利法人与营利法人

依法人成立时的活动的目的划分，法人可分为非营利法人与营利法人。非营利法人是指取得经济利益不分配给其成员而作为学校滚动发展资金的法人；营利法人则是以取得经济利益并分配给其成员为目的的法人。学校一般为非营利法人，但是20世纪80年代以来教育的民营化、市场化改革中，一些学校采用企业形式成为以营利为目的的法人。应该说，学校无论是非营利法人还是营利法人都具有公益性，都为公益法人。

（四）企业法人、机关事业单位和社会团体法人

这是我国学校法人的设立类型。依据法人所从事的业务活动，《民法通则》把法人分为企业法人、机关事业单位和社会团体法人等类型。

企业法人是从事生产、经营，以创造社会财富、扩大社会积累为目的，实行经济核算制的法人；机关法人、事业单位法人和社会团体法人等是非企业法人。非企业法人是非生产性、非营利性的法人；非企业法人为完成自身的任务，具有民事活动中的主体资格，参与民事活动，实现自身的职能和使命。机关法人指从事国家管理或行使国家权力，以国家预算作为独立活动经费，具有法人地位的中央和地方各级国家机关。事业单位法人指的是由国家机关举办或者其他组织利用国有资产举办，从事教育、科技、文化等活动的社会公益组织。社会团体法人简称社团法人，一般指由人的集合而组成的法人。社团法人的主要特点是：从事营利性经济活动（也有从事非营利性组织活动的）与行政管理活动以外的其他社会活动；依法自愿成立；拥有独立财产或经费，且依法向有关机关登记成立。我国的公立学校属于事业单位法人，民办学校为“民办非企业法人”。

五、学校的法律地位

学校的法律地位，主要是指学校作为实施教育教学活动的社会组织和机构，在法律上所享有的权利能力、行为能力及责任能力。确认学校的法律地位具有重要意义，学校是组织教育教学的实体，是教育法律关系中最重要的主体之一。明确学校的法律地位，是规范办学行为，正确处理学校与社会关系，维护学校办学自主权的前提。

（一）发达国家学校的法律地位

从国外发达国家教育法的规定来看，学校的法律地位既有共同的特征，也有各自不同的特点。一般而言，法、德、英、美、日等主要国家的公立中小学校大多不具法人资格，在法律上仅是地方政府的一部分。但是，这些国家的公立高等学校则普遍具有法人资格且趋向公法人：法国高等学校为科学文化和职业公务法人；德国高等学校兼具公法社团与国家机构双重身份；日本的国立大学为独立行政法人；英美法制虽然不区分公法人和私法人，但公立高等学校受到专门规范政府公共机构的相关宪法和法律条款，特别是行政程序条款的规范和制约，体现出其不同于私立学校的公共机构的地位。[①]美国部分高等学校由法人设立，但它们本身不是法人。

在私立学校的法人地位问题上，各国呈现出较多差异。德国等欧洲大陆国家的私立学校在数量和地位上处于弱势，有的具有法人资格，有的没有法人资格。但英、美国家的私立学校，数量较多，一般具有法人资格。日本私立学校的法律

① 申素平：《教育法学原理规范与应用》，北京：教育科学出版社，2009年，第14C页。

地位较为独特，它将学校与学校设置者加以区别，学校法人是指以设立私立学校为目的的法人，但根据日本《私立学校法》，私立学校本身并不具有法人资格。

（二）我国学校的法律地位

1986 年我国《民法通则》的颁布，标志着法人制度的正式确立。根据《民法通则》的规定，事业单位只要具备依法成立，有必要的财产或者经费，有自己的名称、组织机构和场所，能够独立承担民事责任，则自其成立之日起就成为事业单位法人，可以独立地进行民事活动并独立承担责任。1992 年，在《关于国家教委直属高等学校内部管理体制改革的若干意见》中，我国首次提出“国家教委直属高校是由国家教委直接管理的教育实体，具有法人地位”。1995 年《教育法》首次在法律上明确了学校的“法人”资格。该法第三十一条规定：“学校及其他教育机构具备法人条件的，自批准设立或者登记注册之日起取得法人资格。”

明确学校的法律地位，是规范办学行为，正确处理学校与社会关系，维护学校自主管理、自我约束的前提。一般说来，学校的类型与层次不同，其权利能力也不同，所以也体现出不同的法律地位。我国学校的法律地位体现在三对关系中：从学校为社会组织接受政府行政管理的角度来说，学校的法律地位是“行政相对人”；从学校作为教育机构对教师及学生进行管理和处分的角度来说，部分学校又可以具有“授权行政主体”的地位；从学校作为市场经济主体参与民事活动的角度来说，学校的法律地位是民事法律关系中的平等主体。

1. 行政相对人

在政府与学校之间的行政法律关系中，政府与学校构成管理与被管理的关系，这时学校作为行政相对人。学校的行政相对人地位由行政法规定。我国宪法和有关法律、行政法规规定了社会组织作为行政法律关系的相对人的权利：排除违法行政的请求权和行政介入权、参与制定教育法规或计划的权利、听证的权利。具体包括：①依法独立自主管理各自内部事务的权利；②依法捍卫自己合法权益的权利；③依法代表和维护自己所代表的那部分组织成员的权益和要求的权利；④参与国家管理的权利；⑤依法对行政机关监督或诉讼的权利。

在享有上述权利的同时，作为行政相对人的学校还应承担或履行以下义务：①接受中国共产党领导；②遵守国家宪法和法律、法令，执行行政管理法规；③接受国家行政机关委托代理执行的义务；④承担违法后依法受到处罚的义务等。行政法律关系的主要特征是非对等性。因此，学校在同国家行政机关发生行政法律关系时地位不同。只要是国家行政机关依法下达的行政指令，学校必须遵照执行。如果学校认为某项行政指令有违背法律法规的地方，可以通过一定的程序向上反映或依法提出行政诉讼，但在没有做出否决之前，仍然要遵照执行。

2. 行政法律法规的授权组织

学校不是严格意义上的行政主体，是法律法规授权的组织。法律法规授权的组织是指法律法规授权而行使特定行政职能的非国家机关组织。学校通过授权获得行政主体资格，拥有处理授权事项时的行政主体法律地位。作为公务法人实体，学校可以独立对外承担法律责任。学校与教师、学校与学生之间既存在着平等地位的民事法律关系，又存在着不平等地位的行政法律关系，学校对其教师和学生享有特别的支配权力，教师和学生有服从的义务，这种特别的权力源于行政授权，《教育法》第二十八条就授予学校这种行政职权，具体包括：学校按照章程自主管理；组织实施教育教学活动；招收学生或其他受教育者；对受教育者进行学籍管理，实施奖励或处分；为受教育者颁发相应的学业证书；聘任教师及其他职工，实施奖励或处分；管理、使用本单位的设施和经费；拒绝任何组织和个人对教育教学活动的非法干涉；法律法规规定的其他权利。这些权利都是国家对学校进行的特殊行政管理授权，使学校有权管理受教育者。根据我国现行法的规定，学校尤其是高等学校在某些具体事项上具有行政主体的法律地位。

3. 民事法律关系主体

作为民事法律关系的主体，学校应符合《民法通则》规定的法人条件，具有法人资格。法人是和自然人相对应的，在法律上能够作为民事法律关系主体的社会组织。作为社会的组成部分，法人应能以自己的名义，作为独立完整的单位参与民事法律关系，享有权利，承担义务，并能在法院或仲裁机构起诉或应诉。

学校作为民事法律关系的主体，其民事权利能力和行为能力受到一定的限制。这种限制主要表现在三个方面。第一，国有资产的使用权与处置权的限制。国有资产是当前我国学校，特别是国家举办的教育机构中重要的教育资源，学校依法享有对这部分国有资产的占有权和使用权，但在对其进行使用和管理的同时，必须保证国有资产的国家所有，任何部门、组织和个人都不得侵占、挪用、截留，甚至破坏、私分。学校应根据国家的有关规定用好、管好国有资产，不得随意改变用途、挪作他用，不得用作抵押或为他人担保等，以确保国有资产的安全。第二，学校的担保与连带责任的限制。学校在保证正常的教育教学活动和科研活动所需资产的前提下，可以利用自有资金，面向社会，投资兴办产业，以其所获收益，补充学校办学经费的不足。但是，校办产业应当取得法人资格，以其全部法人财产独立承担民事责任，学校不对校办产业的行为承担连带民事责任，也不得以用于教学和科研的资产为校办产业提供担保。第三，各级各类学校法人在权利能力和行为能力方面是存在限制的。它必须严格按照本校章程规定的活动范围从事有关教育的活动，学校不能实施与其教育培养目标不相符的活动。另外，学校承担民事责任的能力，特别是公立学校的民事责任能力也有其特殊性。

行政法律关系是我国教育领域法律关系的基础。但是长期以来我国政府对学校的管理中以单纯的行政手段为主，学校缺乏独立性，这种管理方式束缚学校的进一步发展。随着教育体制改革的深入，学校扩大了办学自主权，原先的部分行政关系将发生性质上的变化，成为具有民事性质的关系，这种趋势随着教育体制改革的深入而日趋明显。因此，在推进教育体制改革的同时，确立学校的法人地位，赋予其独立的民事主体资格具有重要的现实意义。

第二节　学校的权利与义务

学校的权利与义务是学校法律制度中的核心内容。学校作为依法实施教育教学活动的专门机构，为完成其基本职能，必须享有不同于其他社会组织的特定权利并承担相应的义务。只有赋予学校权利，学校才有资格与能力实施教育教学活动，达到教育教学目的；只有明确义务，才能做到有权必有责，为规范和监督学校办学提供法律依据。

一、学校的基本权利

学校是依法成立的实施教育教学活动的专门机构，为完成其基本职能，必须拥有相应的权利。在不同的法律关系中，学校的权利是不同的。从民法角度看，学校作为法人从其登记之日起就享有民事权利能力。学校法人的民事权利能力指法人享有民事权利、承担民事义务的资格。学校法人的民事权利能力始于学校法人依法设立或进行法人登记的法律事实，终于学校法人依法撤销或解散的法律事实。

（一）义务教育阶段学校的权利

义务教育阶段学校的权利是指学校为了实现我国义务教育的宗旨，独立自主地进行教育教学管理、实施教育教学活动的资格和能力，也叫办学自主权。办学自主权是学校专有的权利，是教育机构成为教育法律关系主体的前提。如果学校违背国家法律和有关规定滥用这一权利，危及国家和社会的公共利益，或者有严重的渎职行为，侵害了受教育者、教职员工的合法权益，主管机关可以分情节轻重，予以行政处理，必要时剥夺某项自主权，直至勒令停办。

根据《教育法》和《义务教育法》的规定，义务教育阶段的学校享有以下基本权利。

1. 按照章程自主管理

章程是指学校为保证正常运行，对内部管理进行规范而制定的基本制度，是实行依法治校，提高学校管理水平和效率的重要保证。学校章程的主要内容包括：学校的名称、地点、规模、宗旨、体制、任务、法人代表、人事制度、课程与教学制度、招生制度、财务制度等。章程是学校设立的基本条件之一，也是学校自主管理的基本依据。学校可以根据章程确立的办学宗旨、管理体制及各项重大原则，制定具体的管理规章和发展规划，自主地做出管理决策，并建立和完善自己的管理系统，组织实施管理活动，这是建立现代学校管理体制的重要前提。

2. 组织实施教育教学活动

组织实施教育教学活动是学校的职责和权利，也是最基本、最核心的权利，即学校有权根据自己的办学宗旨和任务，依据国家主管部门有关教育计划、课程、专业设置等方面的规定，决定和实施自己的教学计划，决定具体课程和专业发展，决定选用何种教材，决定具体课时和教学进度，组织教学评比、教学研究，对学生进行考试、考核等。教育教学活动分为课堂教学和课外活动，其组织实施工作可以分为多个方面，主要包括教学管理、教师教学、学生学习和课外活动的组织等。

3. 招收学生或其他受教育者

学校有权依据国家招生法律法规和主管部门的招生管理规定，根据自己的办学宗旨、培养目标、任务，以及办学条件和能力，制定本机构具体的招生办法，发布招生广告，决定具体数量和人员，确定招生范围和来源，决定录取或不录取。学校依法行使招生权利，是学校自主管理的重要表现。九年制义务教育实行的是免费教育，所有适龄儿童都必须入学；义务教育后的教育则实行的是择优录取。学校招生简章和广告内容必须真实、准确，严格按规定履行审核手续，不得制发虚假招生简章和广告。

4. 对受教育者进行学籍管理，实施奖励或处分

学校有权针对受教育者的不同层次、类别，制定有关入学与报名注册、成绩考核、纪律与考勤、升留级、转专业与转系、退学、休学与复学、转学的管理办法，并对其实施具体的管理活动。学籍管理的基本内容有学生的政治思想、成绩与考核、升级、留级、降级、转学、休学、复学、退学、报到与注册、考勤等。学籍管理的目的是通过规范化的方法对学生进行严格管理，以培养德、智、体、美、劳全面发展的人。

学校有权针对受教育者有德、智、体等方面的突出表现，给予精神的、物质的奖励，如颁发荣誉证书、给予奖学金等。学校有权对违反校纪校规的受教育

者，给予校内处分，包括警告、记过、留校察看、勒令退学、开除学籍等处分形式。学校有权根据国家有关学生奖励、处分的规定，结合本校的实际，制定具体的奖励与处分办法，并对受教育者实施奖励和处分。

5. 对受教育颁发相应的学业证书

学业证书是对受教育者学习经历、知识水平、专业技能等的证明，是国家承认的具有法定效力的文件。学校依据国家有关学业证书的管理规定，根据自己的办学宗旨、培养目标和教育教学任务要求，有权对经考核成绩合格的受教育者，按其类别，颁发毕业证书、结业证书等学业证书。根据国家有关规定，实施学历教育的学校，对完成规定学业并考试合格的学生，颁发毕业证书，对考试不合格者，发给结业证书，对未完成学业者发给肄业证书。学校在行使这一权利时，应该严格依据法律法规及规章的规定维护学生的受教育权利，遵循公开、公正的原则，并接受主管机关和学生的监督。

6. 聘任并管理教师及其他职工，实施奖励或处分

学校根据国家有关教师和其他教职工管理的法律法规及规章的规定，从本校的办学条件、办学能力和实际编制情况出发，自主决定聘任、解聘有关教师和其他职工，有权制定本校的教师及其他职工聘任办法，签订和解除聘任合同，有权对教职工实施包括奖励、处分在内的具体管理活动。我国《教师法》第十七条规定："教师的聘任应当遵循双方地位平等的原则，由学校和教师签订聘任合同，明确规定双方的权利、义务和责任。"实施教师聘任制，学校和教师的关系以共同意愿为前提，以平等为原则，双方的权利和义务是对等的，没有行政隶属关系。同时，教职工在接受聘任后，学校有权对其工作成绩进行奖励，对其不良表现进行惩罚。

7. 管理、使用本单位设施和经费

学校对其占有的场地、教室、宿舍、教学设备等设施、办学经费及其他有关财产，享有财产管理权和使用权，必要时可对其占用的财产进行处置或获得一定的收益。学校行使此项权利时，应遵守国家有关国有资产管理、教育经费投入及学校财务活动的管理规定，符合国家和社会公共利益。学校用于教学、科研的资产不得随意转移使用目的，不得用作抵押或为他人担保。

8. 拒绝任何组织和个人对教育教学活动的非法干涉

学校对来自行政机关（包括教育行政机关）、企业事业组织、社会团体、个人等任何方面的非法干涉教育教学活动的行为，有权拒绝和抵御。其他社会组织和个人也不得侵犯学校资产，侵犯教师、学生合法权益，不得非法干涉学校正常的教育教学秩序。我国《教育法》第七十二条规定："结伙斗殴、寻衅滋事，扰乱学校及其他教育机构教育教学秩序或者破坏校舍、场地及其他财产的，由公安

机关给予治安管理处罚；构成犯罪的，依法追究刑事责任。”

9. 法律、法规规定的其他权利

学校作为社会组织，除前述八项权利外，还享有现行法律、行政法规及地方性法规赋予的其他权利，以及即将制定的法律法规确立的有关权利。此项规定，是对学校享有除前述八项权利外的其他合法权利的概括，有利于将来制定有关教育法律法规，进一步完善学校的办学自主权。

《教育法》在列举上述办学自主权后，规定了国家保护学校合法权益不受侵犯的原则。国家对侵犯学校及其他教育机构合法权益的违法行为所实施的法律制裁一般分为司法制裁与行政制裁两大类。司法制裁是由国家司法机关对违法、犯罪行为实施的惩罚性强制措施，可分为刑事制裁、民事制裁和经济制裁等；行政制裁是由国家行政机关对违反行政法律、法规的单位或个人所实施的强制措施。根据行政违法行为的性质、程度、实施行政制裁的主体和承受行政制裁的主体的不同，可分为行政处分和行政处罚等。

（二）高等学校的权利

1. 我国高等学校的权利

《高等教育法》中特别强调高等学校的七项自主权利，即办学自主权。具体内容如下。

1）招生权

《高等教育法》第三十二条规定：“高等学校根据社会需求、办学条件和国家核定的办学规模，制定招生方案，自主调节系科招生比例。”这一规定的基本含义就是国家只控制办学规模，高校在办学规模内自主招生，并自主调节系科招生比例。

2）学科专业设置权

《高等教育法》第三十三条规定：“高等学校依法自主设置和调整学科、专业。”把学科、专业的设置权下放给高校，高校根据社会的需求，自主决定设置学科和专业，国家主要以法律的形式规定学科、专业设置的条件。

3）教学权

《高等教育法》规定的教学权包括三个方面，即制订教学计划权、选择教材权、组织实施教学活动权。这三种权利的自主行使是由高等教育自身的特点决定的，高等教育是专业教育，只有根据各专业的特点和社会的需要确定和调整教学计划、选择教材、组织实施教学活动，才能培养出有创新精神和实践能力的高级专门人才。

4）科研开发和社会服务权

高等学校不仅是教学单位，还是研究机构。《高等教育法》第三十五条第一款规定：“高等学校根据自身条件，自主开展科学研究、技术开发和社会服务。”

该条款有利于调动高校的科研积极性。

5）国际交流合作权

高等学校有权按照国家的有关规定，自主开展与境外高等学校的科学技术文化交流与合作。国家间的交流与合作，有利于我国高校学习外国高校的管理经验，有利于提高我国高校的科技文化水平，有利于培养高级人才。

6）机构设置与人事权

我国高校的机构与人事制度长期以来都是由国家统一规定、统一管理、统一进行的。《高等教育法》在总结近些年的改革经验的基础上将上述权利交还给高校，规定："高等学校根据实际需要和精简、效能的原则，自主确定教学、科学研究、行政职能部门等内部组织机构的设置和人员配备；按照国家有关规定，评聘教师和其他专业技术人员的职务，调整津贴及工资分配。"

7）财产管理与使用权

《高等教育法》规定："高等学校对举办者提供的财产、国家财政性资助、受捐赠财产依法自主管理和使用。"这项权利是高校自主办学的物质保障。

2. 西方国家高等学校的权利与义务

1）大学自治

大学自治（university autonomy）权，指大学不受政府、教会或其他势力干预，具有独立办学的权利。在教育法律法规中，西方国家一般没有列举大学的权利和义务。在西方国家，大学自主权称为自治权。美国学者爱德华•希尔斯（Edward Shils）认为大学自治是指大学作为一个法人团体享有不受国家、教会及任何其他官方或非官方法人团体和个人，如统治者、政治家、政府官员、教派官员、宣传人员或企业主干预的自由。①大学自治反映的正是最初行会式大学所追求的大学的对外自治。英国学者罗伯特 • 伯达尔（Robert Berdahl）则把大学自治划分为实质自治与程序自治两种。实质自治是学校法人决定自身的目标和计划，即决定学术内容的权利。英国学者埃里克•阿什比（Eric Ashby）将其概括为三项：选择职员和学生并决定他们在学校中地位的自由；决定课程内容和学位水准的自由；在给定的数额内以不同消费渠道分配经费的自由。程序自治是学校法人具有的决定达成其目的和计划的手段，即决定学术形式的权力，它主要涉及诸如事前听证、程序、规则等。西方国家对高等学校的干预，一般都主要集中在高等学校的实质性自治领域，对程序性自治领域的事务极少直接施加影响。美国卡内基高等教育委员会对大学自治权范围的界定更加广泛，主要包括：制订学校特殊发展所需资金的使用计划；支出费用仅受审计上的监督；决定大学雇员的分配、工作负担、薪资升迁；选择教师、行政人员及学生；制定有关等级学位授

① 陈学飞：《美国、德国、法国、日本当代高等教育思想研究》，上海：上海教育出版社，1998 年，第 88 页。

予、开设课程及发展计划上的学术政策；形成有关学术自由、成长比例及研究和服务活动的行政政策六个方面。[①]

2）学术自由

学术自由（academic freedom）权，指教师和学生不受法律、学校各种规定的限制或公众不合理干扰而进行讲课学习、探求知识及研究的自由权利。作为一项学术活动的伦理原则，学术自由的形成历经数百年，中世纪中后期学术逐步走出宗教的阴影，形成学术自由的思想。在法律上，1158 年神圣罗马帝国皇帝腓特烈一世颁布一项法令，以保证学者不因学术活动而招致惩罚，但学术自由首先由 1919 年德国《魏玛宪法》第一百四十二条所明确肯定。1966 年联合国的《经济、社会及文化权利国际公约》第十五条载明本公约缔约各国承担尊重进行科学研究和创造性活动所不可缺少的自由。与之紧密相连的是《公民权利和政治权利国际公约》第十八条关于思想自由、第十九条关于主张自由和发表自由的规定。德国《高等教育总法》（1976 年）明确地将研究自由、教学自由、学习自由作为三大学术自由进行保护。我国《宪法》第四十七条规定公民有进行科学研究和文学艺术创作及其他文化活动的自由，构成学术自由在中国的宪法基础。现代学术自由思想诞生于柏林大学，并逐渐传播到英、美等国，成为现代大学制度最基本的原则之一。

美国学者胡克（S. Hook）在其《学术自由原则》（1985 年）中指出，学术自由是指专业上合格的人士在他们所胜任的学科中自由地调查、讨论、发表或教授他们所认为的真理，而不接受宗教或政治的控制和权威的许可，除非这种控制是职业道德标准，除非这种权威是在有关学科中用来证明真理和结论的合理方法。由于学术主要由大学承担，学术自由在 19 世纪指教授的自由和学习的自由。达尔曼（C. Dahlman）说过，对于教师，意味着在其职业范围内有权讲授他所认为正确和好的内容，因为科学的真理非法律所裁决的对象；对于大学生，意味着根据自己或得自他人的观点选择课程和教师的权利。[②]

学术自由不是随心所欲，而是要坚守学术中立原则。学术中立是美国高等教育的基本原则之一，美国高等教育的基本原则包括学术自由、学术自治、学术中立三项内容。博克（D. Bok）的学术中立的观点是大学既要坚守学术原则，也要承担相应的社会责任，在两者之间保持学术中立以达到双方的平衡。学术中立原则也称价值中立原则。价值中立由马克斯·韦伯提出，并把它作为科学研究必须遵守的方法论规范原则，他认为："一名科学工作者，在他表明自己的价值判断之时也就是事实充分理解的终结之时。"[③]他认为科学研究作为人类追求真理的理

---

① 周志宏：《学术自由和大学法》，台北：蔚理法律出版社，1989 年，第 121 页。
② 陈洪捷：《德国古典大学观及其对中国大学的影响》，北京：北京大学出版社，2002 年，第 76 页。
③ 马克斯·韦伯：《学术与政治》，北京：生活·读书·新知三联书店，1998 年，第 38 页。

性活动，就必须排除研究者个人的情感好恶，避免以自己的价值、好恶去解释客观对象，实事求是地做出事实判断。学术研究只解决是什么的问题，不解决应当是什么的问题。是什么与应当是什么之间存在不可逾越的鸿沟，研究者不能受到情感的影响而丧失理智，应该区分价值和事实，在研究中应该保持中立的态度。价值中立并不是价值无涉，他认为在选择研究的课题时，可以有自己的价值判断，按照自己的兴趣爱好确定自己研究的内容。但是，在研究的过程中，则不能有任何的偏见，而应遵循科学的原则。

3）学术责任

学术责任（academic responsibility），指学者在开展学术活动、处理学术事务和学术关系时应尽的职责。斯坦福大学前校长唐纳德·肯尼迪（Donald Kennedy）指出："大学至高无上之处在于给人类提供改良文化、创造文化、延续生命和保障人类可持续发展的一个智力平台。"[①]因此，大学不仅负有为民族国家服务，同时也负有为人类发展服务的使命。唐纳德·肯尼迪曾把大学的学术责任归纳为培养的责任、教学的责任、指导的责任、服务的责任、研究发现的责任、学术成果发表的责任，以及技术转让的责任等。

西方教育法学理论中，大学权利和义务的核心是学术自由，学术自由是大学的灵魂，大学自治是学术自由的制度性保障。大学自治在于学术自由，而学术自由又有利于加强大学的自治；责任是自治、自由存在的基础。不负责任的大学或学者难以享有自治或自由，而只讲责任，不承认自治和自由，大学或学者就有可能沦为某种权利、利益的工具。

二、学校的基本义务

学校的义务是指其在教育活动中必须履行的法律义务，即学校在教育活动中必须做出一定行为或不得做出一定行为的约束。学校的义务根据法律产生，并以国家强制力保障其履行。现对六项义务分述如下。

（一）遵守法律法规

这是法律对任一社会组织和个人的基本要求。作为履行义务的主体，学校不仅应履行一般意义上的对于社会组织的义务，而且应履行教育法律、法规、规章中为学校及其他教育机构确立的特定意义上的义务，这些义务与实施教育教学活动，实现其办学宗旨有密切联系。

---

① 唐纳德·肯尼迪：《学术责任》，阎凤桥等译，北京：新华出版社，2002年，第3页。

（二）贯彻国家的教育方针，执行国家教育教学标准，保证教育教学质量

国家作为社会整体利益和整体意志的代表，以法律的形式规定共同遵循的教育方针和教育教学标准。学校在组织实施教育教学活动的过程中，必须贯彻国家的教育方针，按照国家教育教学标准，组织教育教学活动，以达到提高教育教学质量的目的。各级各类学校在教育教学的组织实施过程中，应当自觉地遵守和执行质量标准，保证学生的学业成绩达到基本的标准和要求。不履行此项义务，或者不执行统一的国家教育标准等行为，主管部门要予以追究。

（三）维护受教育者、教师及其他职工的合法权益

学校作为社会组织，有责任维护本机构内部成员的合法权益。一方面，学校自身的行为不得侵犯受教育者、教师及其他职工的合法权益；另一方面，当学校以外的其他社会组织和个人侵犯了本校学生、教师及其他职工的合法权益时，学校应当以合法方式，积极协助有关单位查处违法行为的当事人，维护他们的合法权益。

（四）为受教育者及其监护人了解受教育者的学业成绩及其他有关情况提供便利

受教育者在学校接受教育以后，有权了解自己的学业成绩及其他有关情况。这是加强学校教育与家庭教育的联系和沟通的需要，也是保证学生在学业方面受到公正评价的一种途径。学校不得拒绝受教育者及其监护人了解学业成绩和其他在校情况等的请求，还应当提供便利条件，帮助受教育者及其监护人行使此项知情权。学校在履行此项义务时，要特别注意不得侵犯受教育者的隐私权、名誉权等合法权益。

（五）遵照国家有关规定收取费用并公开收费项目

学校是公益性机构，公民依法享有受教育权利，同时应按所入学校的不同性质依照有关规定缴纳一定费用。学校应严格依据中央和地方各级政府及其有关部门的规定，确定收费项目和收费标准。同时，学校必须采取方便当事人查询的适当方式，公开收费的项目与标准，实行校务公开，接受学生及其家长和社会各界的监督。学校代收费应遵循“随时发生、随时收取、多退少补、不得盈利、及时结算”的原则。不履行此项义务，不执行各级政府有关主管部门的规定，巧立名目，乱收费用，甚至把学校变成牟利的工具，都是非法行为，学校及其直接责任人员须承担相应的法律责任。

（六）依法接受监督

为了保证教育事业的社会主义方向，贯彻国家教育方针，执行国家教育标准，学校必须接受来自权力机关、行政机关、司法机关的监督，以及来自执政党的监督和社会监督。监督的内容主要有以下几个方面：是否按照国家的方针、政策办学；是否有违法行为；是否按照国家的规定做好学校的财政预算、执行和结算工作；学校的发展是否有利于社会的健康发展等。

学校应当正确地认识其权利与义务，在享有权利的同时，应当自觉地履行其基本义务。这对端正办学思想、规范学校的管理、保护社会公益、促进学校自主办学、提高教育教学质量、实现办学宗旨，具有十分重要的意义。不履行法律规定的这些义务的行为，按法律规定，应分别追究法律责任。

第三节 学 校 事 故

一、学校事故的概念、特点和类型

（一）学校事故的概念

学校事故，又称“学生伤害事故”，是指在学校实施的教育教学活动或学校组织的校外活动中，以及在学校负有管理责任的校舍、场地、其他教育教学设施、生活设施内发生的，造成在校学生人身损害后果的事故。这个概念强调了三个要点[①]：

（1）从空间上看，学校事故可以发生在学校内，也可以发生在学校在校外组织的活动所涉及的场所中，可以在学校内，也可以在学校外，但是校园外的学校事故必须发生在学校组织中。

（2）从时间上看，学校事故是在学校负有管理职责期间发生的事故。对学生而言，学校负有管理职责的期间是有限的、明确的，一般可能发生在上学及上课期间，也可能发生在放学及下课期间，但不包括节假日、上学以前和放学以后。

（3）从被伤害的对象来看，本书所述学校事故仅指在校就读学生的人身伤害事故，专指其标准在于学生的生命权或健康权受到伤害。

学校事故从 20 世纪 90 年代中期以来一直是社会各界关注的话题。我国自 2010 年 7 月 1 日起开始实施的《侵权责任法》第四章关于“责任主体的特殊规定”部分，专门就未成年学生在学校学习、生活期间受到人身损害的责任承担问

① 申素平：《教育法学：原理、规范与应用》，北京：教育科学出版社，2009 年，第 174 页。

题做了规定，为学校事故的处理提供了法律依据。

（二）学校事故的特征

学校事故作为一种特定类型的伤害事故，有以下几个特征。

（1）学校事故发生的环境多种多样，多样化特征十分明显。课堂上、下课后、校园内、校园外都是十分有可能发生事故的地方。相比较而言，课外活动的事故发生风险比课堂教学事故的发生风险大，体育课、实验课的事故发生风险比语文课、数学课等文化课的发生风险大，不同环境发生的频率有所不同。

（2）学校事故的发生多是由学校和教师的过失行为或者学生和学生之间的意外伤害引起的。因此，故意伤害产生的校园事故所占比例较小。

（3）学校事故的受害者多数情况下是未成年人，他们自我约束能力差，身体和心理发育不成熟，当事故发生时自我保护意识不强，缺乏较强的自我保护能力。

（4）学校事故的责任方难以确定，各种原因交错在一起，很多情况下是双方甚至多方的责任，责任认定较困难。

（5）学校事故常常涉及家庭、学校、教师、学生、教育行政部门等多个群体的利益，处理起来十分复杂，如果处理不当，很容易对学校产生不利影响，引起社会上人们的不满。

（三）学校事故的类型

学校事故的范围、种类极其复杂，可从不同角度加以分类。学校事故可能发生在学校组织的教育教学活动和学生自由活动的环节中，分布相当广泛。

从事故发生的地点来看，分为校内伤害事故和校外伤害事故，校内伤害事故又分为课堂事故和课余事故；从事故的表现形式上看，分为游戏型伤害事故、恶作剧型伤害事故、失职型伤害事故、突发型伤害事故；从是否有明确的侵权行为来看，分为有明确侵权人的伤害事故和无侵权人的伤害事故；从事故与责任人关系的角度来看，学校事故分为意外事故和责任事故。意外事故包括由自然灾害和其他不可抗力造成的事故；责任事故按责任人的不同，分为与学校制度、设施、设备等有关的责任事故，与教职员工故意或过失行为有关的责任事故，与受害学生及其他学生有关的责任事故。

从学校活动的领域出发，学校事故可以分为 10 种类型[①]，包括：学校管理不严造成的事故；学校建筑物存在质量问题造成的事故；学校设施陈旧造成的事故；体育课和运动会上出现的事故；文化课和实验课上出现的事故；劳动和卫生

① 褚宏启：《论学校事故及其法律责任》，《中国教育学刊》，2000 年，第 1 期，第 44-48 页。

扫除时出现的事故；学生之间在自由活动时间和课外活动时间出现的事故；食物中毒造成的事故；校内车辆行驶造成的事故；学校组织学生外出活动时出现的事故。从近几年发生的中小学安全事故来看，第一是溺水，第二是交通事故，第三是打架斗殴，第四是治安侵害，第五是食物中毒，第六是建筑物倒塌，第七是拥挤踩踏及煤气中毒等其他因素导致的事故。

二、安全注意义务

（一）安全注意义务的概念

安全注意义务，又称注意义务，指行为人能够而且应当预见到危害结果可能发生的情况下应尽的责任。行为人在民事活动领域中，应当运用自己所掌握的知识、经验和技能，并达到理性人的行为标准，不应造成对他人人身和财产可能造成重大不合理损害的危险。①学校管理人员和教师的注意义务不是道德义务，而是基于职业性质法定产生的。在现代社会，教师的注意义务成为法律上的义务。这一义务的违反，本质上系属过失的行为，是一种“业务上的过失”，即侵权。

注意义务的基础在于职业的性质和职业要求所产生的可预见性。可预见性指学校管理人员和教师预测特定活动和环境可能对学生造成伤害的能力。学校管理人员和教师必须预见某些不利于学生安全的情形，采取必要的措施来保证学习环境对学生人身是安全的。

（二）注意义务的程度与范围

1. 注意义务的程度

首先，注意的程度与学生本身情况有关，如学生年龄、能力、心理、精神状况、伤害发生时的环境状况等。一般情况下，对于无民事行为能力的学生，学校管理人员和教师则相应持“较高标准”的注意义务；对于限制民事行为能力的学生，对于精神压抑的学生、有问题倾向的学生，学校管理人员和教师则持“中等标准”的注意义务；对于具有完全民事行为能力的学生，学校管理人员和教师只有“较低标准”的注意义务。其次，在某些环境，如实验室作业、实地调查、参观游览活动中对教师注意程度的要求比在课堂、阅览室的要求要高。此外，还需考虑学校管理人员和教师的特定状况。

2. 注意义务的范围

学校管理人员和教师注意义务的范围可从注意对象的活动来划分。从注意对象的活动时间方面可以分为：课前的注意义务、课中的注意义务、课后的注意义

---

① 张民安：《过错侵权责任制度研究》，北京：中国政法大学出版社，2002年，第293页。

务；从注意对象的活动场合方面可以分为上学前的注意义务、上学期间的注意义务、放学后的注意义务或校内注意义务与校外注意义务；从注意对象的活动方式上可以分为不同类型的教学活动中的注意义务。注意义务对象的活动时间、场合和方式不同，学校管理人员和教师的注意义务的程度不同。

从学校管理人员和教师的注意义务的内容本身来划分，注意义务的范围包括：

（1）教导的义务。学校管理人员和教师在开始一项具有危险性的教学活动前，如体育活动、化学实验等，对于危险性的活动，教师应该给学生提供充足的教导。

（2）监管的义务。学校管理人员和教师要对学校发起的各项活动、校外活动进行监管。

（3）维护学校公共设施安全的义务。

（4）警告的义务。学校管理人员和教师有警告学生或者学生家长的义务。警告的义务存在于体育课、运动会、实验课，以及学生运用有潜在危险的机器和设备的领域，警告应明确，有时需要提供书面资料或使用电话等通信手段告知有关当事人。

（5）事故后处理的义务。首先，学校管理人员和教师应于知悉发生事故后立即进行必要的专业性保护性措施。其次，学校管理人员和教师还应立即通知学生家长，对于严重伤害必须第一时间联系医院。

三、学校事故的归责与免责

（一）归责原则体系

归责原则是损害赔偿理论的核心，也是处理赔偿纠纷的基本准则。我国的侵权理论在侵权归责原则上使用的原则有过错责任原则、过错推定原则、无过错责任原则、公平责任原则。

（1）过错责任原则。过错责任原则是我国民法中对侵权行为承担责任的最基本规定。它要求行为人有过错才承担责任，无过错就不承担责任。责任的承担以过错为基础，责任的免除以无过错为依据。过错责任以行为人的过错作为归责的根据和最终要件，加害行为人主观上具有故意或过失才能承担侵权责任。它贯彻“谁主张谁举证”的原则，受害人在主张加害人承担民事责任时，要举证证明加害人对损害的发生具有主观过错，若不能举证证明，则其主张不成立。

（2）过错推定原则，也称过失推定原则，指如果受害人能证明其所受的损害是由加害人所致，则由加害人负责举证证明其无过错，如加害人不能举证证明，则推定其有过错并应承担责任。《侵权责任法》第三十八条规定，无民事行为能力人在幼儿园、学校或者其他教育机构学习、生活期间受到人身损害的，幼儿园、学校或者其他教育机构应当承担责任，但能够证明尽到教育、管理职责的，不承担责任。

（3）无过错责任原则。无过错责任原则是指依照法律规定不以当事人的主观过错为构成侵权行为的必备要件的归责原则，即无论当事人在主观上有没有过错，都应当承担民事责任。无过错责任不问行为人主观上是否有过错，只要其行为与损害后果间存在因果关系，就应承担民事责任。无过错责任原则的适用范围由法律做出特别规定。

（4）公平责任原则，又称平衡责任原则，指在当事人双方对损害的发生均无过错，法律又无特别规定适用无过错责任原则时，由法院根据公平观念，责令加害人对受害人的财产损害给予适当的补偿，由当事人合理地分担损失的一种归责原则。

（二）学校事故归责原则的适用

1. 学校不是学生的监护人，不承担无过错责任

我国监护人制度主要包括监护人的产生和监护人的资格两个方面的内容。根据《民法通则》第十六条的规定，未成年人的父母是未成年人的监护人。未成年人的父母死亡或丧失监护能力的，由下列有监护能力的人担任监护人：祖父母、外祖父母；兄、姐；关系密切的其他亲属、朋友愿意承担监护责任，经未成年人的父、母的所在单位或未成年人住所地的居民委员会、村民委员会同意的。没有上述监护人的，由未成年人父母的单位或未成年人住所地的居民委员会、村民委员会或民政部门担任监护人。根据《民法通则》第十六条和教育部《学生伤害事故处理办法》第七条的有关规定，除法律有规定或者学校依法接受委托承担相应的监护职责外，教师对学生不承担监护职责。

学校不具备承担未成年学生监护责任的能力。学校的主要职能是承担教育教学的职责。一所学校里往往有成百上千的学生，学校的每名教师一般要负责教育管理几名甚至几十名学生，他们不能同时去监护好这些活泼好动的无行为能力和限制行为能力的未成年人，保证他们不出现任何伤害事故。要求学校承担监护责任是根本不现实的。同时，学校也不具有充当未成年学生监护人的经济条件。公立学校的主要经费来源于公共财政拨款，学校教育经费的使用，各项法律法规都有严格的规定。这些资金必须专款专用，不得挪作他用。因此，学校没有对未成年学生发生伤害进行赔偿的资金来源，无力承担此项赔偿责任，不宜充当监护人。

就学校和教师是否尽到管理的职责，应以其是否履行了法定义务，以及是否

在可预见的范围内尽到了谨慎的注意义务为判断依据，不应该将该义务无限扩大。欧洲各国明确反对社会对学校的管理提出苛刻的要求，它们认为教师应该是“有理性的细心的父母”，不应该是“过分谨慎的父母”。未成年学生在校期间，如果学校未尽到相当的注意义务，如因教育设施不合理、管理制度不健全、教师有失职行为或其他基于学校的因素而导致伤害，那么学校根据过错大小承担相应的赔偿责任。

2. 学校有过错时承担过错责任

学校事故中一般不适用无过错责任原则。无过错责任的应用范围很狭窄，一般是高度危险作业才适用，而学校本身并未对学生有潜在的威胁，且双方民事地位是平等的，学校与学生相比并不存在极大优势。适用无过错责任原则的情形主要有：高度危险作业致人损害的侵权行为；污染环境致人损害的侵权行为；饲养的动物致人损害的侵权行为；产品缺陷致人损害的侵权行为。

《最高人民法院关于贯彻执行〈中华人民共和国民法通则〉若干问题的意见》（试行）第一百六十条规定：“在幼儿园、学校生活、学习的无民事行为能力人或者精神病院治疗的精神病人，受到伤害或者给他人造成损害，单位有过错的，可以责令这些单位适当给予赔偿。”由此可见，存在过错是学校承担责任的前提，因而学校应主要根据过错责任原则承担责任。根据过错责任原则的规定性，同时根据学校事故的特殊性，学校事故民事责任需具备以下要件：

（1）损害事实。损害事实是指因一定的行为或事件使某人受到侵权法保护的权利和权益遭受某种不利影响。在学校事故中，损害事实主要是指人身伤害事实，还包括因人身伤害引起的财产损害事实。

（2）损害必须发生在学生在校或学校组织的活动中，因为此时学生处于学校所能教育监管的控制范围，这是构成学校民事责任的重要条件。

（3）学校行为与损害结果之间有因果关系。这是指学校的某一行为是导致学生某个损害结果发生的原因或条件。学校的行为是通过学校管理人员及其教师的行为表现出来的，主要是指他们的职务行为。而行为与损害结果之间的这种因果关系必须是客观存在的，不一定是直接因果关系，间接因果关系的存在也符合承担责任的要件。

（4）学校主观上有过错。所谓过错，是指行为人的一种心理状态，其形式主要表现为故意和过失。故意就是行为人明知自己的行为可能产生不良后果，但希望或放任这种结果的发生。例如，教师体罚学生造成损害后果的发生就是这种情况。但大多数情况下过失的情况更为普遍，它是指行为人应该预见到自己的行为可能产生危害社会的结果，但因疏忽大意而未预见到，或者已经预见到却存有侥幸心理而轻信能够避免的心理状态。例如，学生正在做危险行为，教师已经预见到或应当预见到伤害可能发生，但轻信能够避免而未予以制止，而致学生受伤的情况。

在实践中，学校的过错主要表现在以下几个方面：在提供安全设施、建立安全制度和实施安全教育方面不作为的过错；在教育教学过程中，学校工作人员教育方法、管理方法失当或疏于管理的过错；依法接受未成年学生家长的委托，承担部分监护职责后，未尽监护职责或监护不力的过错；学生伤害事故发生后，怠于处理或处理不当的过错。对于学生伤害事故，如果能证明学校的过错行为与损害结果的发生或损害结果的扩大之间有因果关系，那么学校就应当承担民事责任。

3. 特殊情形下公平责任原则的适用

学校事故一般适用过错责任原则，但有可能举证责任倒置，由学校承担证明自己没有过错的责任。如果学校不能证明自己无过错则从公平原则出发承担一定责任。公平责任原则，实质上是根据法律不能适用“无过错责任原则”，而适用“过错责任原则”又会使受害人遭受的重大损害得不到赔偿，为避免显失公平，可根据实际情况，由双方分担损失的原则。我国《民法通则》第一百三十二条规定：“当事人对造成损害都没有过错的，可以根据实际情况，由当事人分担责任。”《最高人民法院关于贯彻执行〈中华人民共和国民法通则〉若干问题的意见》（试行）第一百五十七条规定：“当事人对造成损害均无过错，但一方是在为对方的利益或者共同的利益进行活动的过程中受到损害的，可以责令对方或者受益人给予一定的经济补偿。”通常认为，上述《民法通则》第一百三十二条和《最高人民法院关于贯彻执行〈中华人民共和国民法通则〉若干问题的意见》（试行）第一百五十七条就是关于“公平责任原则”的具体规定。对于在学校发生的某些伤害事故，学校和学生均无过错，也不存在第三方具有过错的情况，如果仅仅让学生家长独自承担因事故造成的损失，那么就有可能造成学生因家庭经济困难而无力承担医疗费，从而得不到及时救助的严重后果。在这一情况下，如果让有一定经济负担能力的学校分担学生的部分损失，则有助于实现社会公平，有利于社会的安定。

（三）学校事故风险责任社会分担

一般来说，学校安全事故及其人身伤害事故中教师出于疏忽或大意，或者学生本身忘记甚至有意违反教师监管与警告发生较多，而教师故意伤害学生事件比较少见。学校事故对学生个人及其家长而言无疑会产生巨大影响，除经济损失和人身伤害外，有时还会对当事人产生巨大的心理创伤。从事故解决而言，责任由学校和教师独立承担，势必影响教育的发展。因此，建立社会保险，转嫁风险责任，使损害赔偿社会化，无疑是解决学校事故损害赔偿问题的最佳途径。

（四）学校事故的免责条件

免责条件是指法律责任免除的合法条件。我国民法规定的民事责任的免责条件一般有：依法执行公务；正当防卫；紧急避险；受害人的同意；自助，以及受害人故意；第三人的过错；不可抗力和意外事件等。其中，与学校事故有关的，主要是第三人的过错、不可抗力和意外事件。

第三人的过错是指除原告和被告之外的第三人对原告损害的发生或扩大具有过错，这种过错包括故意和过失。

第三人的过错是减轻或者免除被告责任的依据。被告应就第三人对损害的发生有过错提出举证，以求免责或者减轻责任。

不可抗力是指独立于人的行为之外，并且不受当事人的意志支配的力量，它包括某些自然现象（如地震、台风、洪水、海啸等）和某些社会现象（如战争等）。

意外事件是指非当事人的故意或者过失而偶然发生的事故。不可预见性、偶然性和不可避免性是意外事故的基本条件。

第四节　案例分析与讨论

一、学生家长要求民办学校退还学费赔偿损失案①

（一）案情简介

被告岳阳宜登文法学校始建于 1994 年，是一所私立学校，于同年取得了岳阳市社会力量办学管理办公室颁发的《湖南省岳阳市社会力量办学许可证》。1997 年 7 月被告印刷招生简章。简章介绍了该校的基本环境和设施及管理措施并载明：“毕业生优秀率在 90%以上”；简章中学校承诺：“我校对每个学生都负责，保证学生个个成才，成绩每学期上台阶，大多数毕业生进入国内外大学深造。”报名收费为每学期 1950 元。同时，被告校长的名片背面上也载明：“学校以培养当代特优人才为目标，博采中西方教育之所长，毕业生均可入重点中学和海内外大学深造。”1999 年 8 月，被告迁到龟山宜登路后，用水笔将这份简章的校址做了更改后，继续吹嘘校风优良、成绩优秀、学生文明，已名扬十余省（自治区、直辖市）。校长名片背面、学校向学生颁发的学生证背面也有“每年升学率和优秀率在 90%以上”的内容。

---

① 饶常林：《热点教育纠纷案例评析之学校篇》，北京：中国法制出版社，2007 年，第 164 页。

9 名原告的家长看到被告的招生简章和名片后陆续将自己的子女送于被告学校插班就读。另查明：1995 年 3 月 3 日，岳阳市物价局向被告颁发了“湖南省行政事业性收费许可证”。核准该校普教班收费为每学期每人 2950 元。依此，刘西子 3 年交 17 700 元，周盟、白舜、刘吕 2 年各交 11 800 元，徐莉莎 3 学期交 8800 元，陈瑾迪、计琳娜、吴鹏、杨帆 1 年各交 5900 元，以上共计 85 500 元。

刘西子等 9 人向岳阳市岳阳楼区人民法院提起诉讼称：从 1997 年下学期开始，被告限额招收全日制中小学生，每人每学期收费 2950 元，并承诺毕业优秀率在 90%以上，90%以上的学生能进入重点中学学习。但在 2000 年初中毕业考试中，不仅全班无一人达到重点中学录取分数线，且无一人达到普通中学录取分数线，给原告造成了损失。请求判令被告退还已收取学杂费共计 85 500 元，赔偿就读高中的额外收费 78 920 元和补课费 12 000 元。

岳阳宜登文法学校答辩称未对原告做出任何承诺。原告考试成绩未达到普高最低录取分数线虽属事实，但其原因是原告在升学考试中受到不公正待遇，导致原告心理压力太大，出现厌考情绪所致，与学校教学质量无关。原告要求学校赔偿损失没有任何法律依据，请求法院依法驳回原告的诉讼请求。依照《中华人民共和国广告法》第三、第四、第三十八条第一款之规定，该院于 2001 年 5 月 23 日判决：由被告赔偿刘西子 17 700 元，刘吕、周盟、白舜各 11 800 元，徐莉莎 8800 元，陈瑾迪、计琳娜、吴鹏、杨帆各 5900 元，共计 85 500 元；驳回原告其他诉讼请求。

岳阳宜登文法学校不服，向岳阳市中级人民法院提起上诉称：一审判决认定事实错误：①1997 年 7 月、1999 年 11 月广告因印刷错误，收回重印，2000 年春节前后使用第三份广告与原告无关。②招生广告中没有对升学率做出承诺，只有招生资料引言和校长名片反面才有这些内容。③原告均是合格的毕业生，均领取了市教委颁发的初中毕业证。④该次初中会考原告受到不公平对待，影响了情绪。⑤刘西子在我校就读 3 年，周、白、刘 3 人只读 2 年，但在初二的会考中成绩优良，实现了我校“每期上台阶”的承诺。⑥因原告就读时间不一，所以影响毕业成绩。⑦学生及家长自身也有责任。⑧新生录取分为公费与交费两大类，学历同等。法庭只认定了公费的标准，以偏概全。⑨2950 元/期的收费含书籍工本费、住宿费等共计 1400 元，不应列入赔偿范围。原判适用法律不当，不应适用《广告法》，应适用《教育法》和《义务教育法》。

（二）案例分析

本案例争议的焦点为：一是学校是否应该对刘西子等人的教育承担责任；二是赔偿责任的承担。

岳阳市岳阳楼区人民法院经审理认为：被告发布的两份招生广告及其法定代

表人名片的内容为虚假广告。9 名原告因未能正常进入高级中学学习造成的相应损失与被告发布虚假广告有因果关系，但不能排除原告自身因素的影响，故对原告的损失被告只承担部分赔偿责任。考虑各原告在被告处就读时间不一，损失应有区别。对原告要求被告赔偿学杂费的诉讼请求予以支持。对原告要求被告赔偿毕业后继续学习而额外支付的费用及补课费用的诉讼请求，因被告已承担了相应的赔偿责任，故该诉讼请求不予支持。被告辩称未对原告做出承诺不是事实。被告明知教育活动是一种双向活动，却仍然向原告做出承诺，表明其对承诺的风险是明知的，理应赔偿因此而给原告造成的损失。被告关于原告考试失利原因的辩解理由不能成立，不认定。

（三）案例讨论

（1）上述案例中法院判决合理的地方具体体现在哪些地方？

（2）“学校有权招收学生和其他受教育者”这项基本权利的具体要求是什么？案例中岳阳宜登文法学校的招生是否符合这项权利的要求？

（3）《教育法》规定的学校的基本权利有哪些？

（4）如何认识招生简章的性质？

（5）上述案例给我们什么启示？

二、学生违纪翻墙摔伤责任由谁承担

（一）案情简介①

1994 年 4 月 6 日下午 2 时许上海市五十四中学初中预备班学生肖某与同年级的 300 余名 6 个班级同学一起在上体育锻炼课。肖与另外两名同学甲、乙在打排球时一脚将球踢出了有 3 米多高的校园围墙。为外出捡球肖提议由两位同学甲、乙分别抱住其双腿协助他爬围墙。爬墙时肖某从围墙上摔下头先着地。两同学甲、乙见状忙将肖送往学校医务室。医务室老师为肖头部做了冷敷处理后进行观察，同时与肖母进行联系。至下午 3 时许肖母同事赶至学校将其送往医院治疗。经医院检查肖为颅内出血。在医生的抢救下肖保住了生命、恢复了智力，但因颅内出血引发脑疝，留下了双腿及左上肢的终身瘫痪，司法鉴定为二级伤残。

1996 年 4 月 24 日，身为职业律师的肖母向徐汇区法院状告该中学，要求赔偿医药费、护理费、营养费等 19 万元。1996 年 6 月开庭时，肖母追加两位学生甲、乙为被告，并将赔偿金额提高到 94 万元。徐汇区法院经过 1 年零 5 个月的审理，认为肖某违反学校纪律爬墙摔伤，责任主要在自己；学校在肖摔伤后，未

① 学校学生伤害事故案例及处理的基本原则，www.smelawyers.cn/12c.asp？lb_id=147。

立即送往医院，应赔偿肖某经济损失 4 万元，两位学生甲、乙各一次性赔偿 5000 元。

一审判决后，原告被告双方均不服判定，双双同时向上海市中级人民法院提出上诉。二审法院经审理后认为，根据《民法通则》、《义务教育法》和《未成年人保护法》的规定，学校对肖某负有教育和保护的义务。肖某在校因爬墙受到伤害且造成严重后果，该中学应为自己的消极救治（客观上）承担赔偿责任。一审判决认定双方过错责任不当，拟予以改判。二审法院确定：该中学承担总费用 772 771.96 元的 55%的赔偿责任，计 425 024 元；肖某自己承担 45%的民事责任；肖某的两名同学各分担 5000 元的赔偿责任。

（二）案例分析

（1）本案中法律关系的主体为上海市五十四中、该校学生肖某、同学甲、同学乙。

（2）本案争议的焦点主要为：一是该中学在肖某爬墙致残中有无过错；二是赔偿责任的承担。

第一，关于过错责任。本案属于侵权损害赔偿诉讼，侵权损害赔偿最基本的归责原则是过错责任原则，也就是在损害发生的情况下，谁有过错，谁承担赔偿责任。判断该中学有无过错，首先需搞清学校对未成年人应承担什么责任。虽然学校不是未成年人的法定监护人，但未成年人在学校接受教育期间学校承担临时监管的责任。因此，该中学对在校接受教育的肖某具有教育管理和保护的责任。

该中学对肖某是否尽到了教育、保护和管理的职责呢？肖某在爬墙摔伤时已年满 12 周岁，是限制民事行为能力人，对于爬墙的危险性应该能够认知。其在体育锻炼课期间擅自爬墙，造成摔伤，应该说过错在肖某本人。

该中学在肖某爬墙摔伤这一期间有无尽到管理职责？该中学在体育锻炼课配备了两个老师，符合教育教学要求，并将不得擅自外出翻墙捡球作为学校纪律，且肖某已是限制民事行为能力人，因此，学校尽到了教育、管理的义务，在这一阶段学校并无过错。但在肖某摔伤后救治阶段，学校存在明显过错：一是当天值班的卫生老师缺乏卫生专业知识，直接导致学校对肖某伤情的严重状况缺乏科学的认识和判断；二是当肖某摔伤行为发生后，学校没有马上将其送医院抢救。本案中该学校在联系、通知和寻找肖母过程中花去了较长时间，从而延误了最佳救治时间，学校有一定的过错。

第二，关于赔偿责任的承担。本案中肖某虽然是受害人，但是肖某的违规翻墙与其摔伤构成直接因果关系，应承担一定民事责任。协助肖某爬墙的两位同学，一审和二审认定他们应承担一部分民事责任也是正确的。

肖某违反学校纪律爬墙捡球摔伤，责任在其自己，但是导致后来肖某继发性脑疝，左上肢和下肢瘫痪，与抢救不及时有直接因果关系。某中学未及时送肖某去医院抢救，致延误了医疗时机，造成肖某终身残废，该中学对此后果应当承担主要民事赔偿责任。二审判决由该中学承担主要责任，肖某承担次要责任，该中学承担 55%的赔偿责任，肖某承担 45%，协助肖某爬墙的另两名同学分担赔偿责任，应该合理。

（三）案例讨论

（1）运用安全管理理论从学校事故发生的三阶段谈谈学校如何开展预防工作。

（2）运用教育法学理论谈谈学校如何既能有效地教学，出色地完成自己的教书育人工作，又不至于违反其注意义务，既保护学生又捍卫自己的合法权益。

（3）谈谈学校事故的主要类型中，哪些内容和事项可以设计为“学生家长安全告知书”，简明扼要地通知家长。

（4）联系实际谈谈如何通过教育主体之间的民主与协商构建有效的学校安全管理制度。

三、聋儿语训中心与其学生人身损害赔偿纠纷案[①]

（一）案情简介

王某及韩某、牛某均以月托的方式在被告康源聋儿语训中心接受康复语言培训。2002 年 11 月 6 日下午 2 点 50 分左右，孩子们在玩耍时，王某被韩某、牛某推倒摔伤，班主任老师立即将王某送进医院。经诊断为右肱骨低位髁上骨折。后王某在治疗期间共花费 319 元，交通费 105 元，在一审期间，王某于 2003 年元月向法院提出伤残鉴定申请。经郑州市中级人民法院鉴定，王某被评为十级伤残。后几方当事人就赔偿问题发生争执，遂成纠纷。

一审法院认为，王某及韩某、牛某均系无民事行为能力人。三人的父母在缴纳了相应的费用后，将子女送进康源中心，实际上已经将监护责任转移给了康源中心。而康源中心不能证明其已经尽了监护责任，韩某、牛某致王某受到损害，康源中心应承担全部赔偿责任，韩某和牛某不需要再承担赔偿责任。判决康源中心赔偿王某医疗费、交通费、伤残补助费、精神损害抚慰金 16 644.34 元。

郑州康源聋儿语训中心不服，提出上诉称，自己已尽到监护职责，不存在过错，原判判令其承担全部责任是错误的。

二审法院经审理认为，被上诉人王某系无行为能力人，上诉人虽对以月托方

---

① 饶常林：《热点教育纠纷案例评析之学校篇》，北京：中国法制出版社，2007 年，第 205-212 页。

式接受培训的被上诉人王某有监护职责，但发生事故是在课间活动、学生相互玩耍时，事故的发生具有突然性，事故发生后该中心尽快将王某送到医院并积极为之进行治疗，已尽到了合理的监护职责。但该中心教师应知学生玩耍时有出现危险的可能，而对此采取的管理及防范措施不够，对事故的发生有一定的过错，应承担相应的赔偿责任。被上诉人韩某、牛某的父母作为其子女的法定监护人，对其子女的过失行为给他人造成的伤害后果，应承担赔偿责任。判决上诉人康源聋儿语训中心赔偿被上诉人王某的各项损失费用的40%，被上诉人韩某、牛某的法定代理人各赔偿王某各项损失的30%，并互负连带赔偿责任。

（二）案例分析

（1）本案中法律关系的主体为郑州市康源聋儿语训中心、该中心的王某、牛某、韩某。

（2）本案争议的焦点主要是：无民事行为能力人在校期间受到伤害责任应该由谁承担、承担多少，学校对此应尽到何种程度的努力。

本案的一个重要情节是，伤害事故发生时，致害人韩某和牛某及受害人王某都是未满 10 周岁的未成年人，依照我国《民法通则》第十条第二款的规定，三人都属于无民事行为能力人。无民事行为能力人既不能以自己的行为取得民事权利，也不能以自己的行为负担民事义务，其民事活动按照法律规定要由其法定代理人代理。本案中，王某、韩某、牛某的父母分别是他们各自的监护人和法定代理人，既要代理他们取得民事权利，也要代理他们履行民事义务、承担民事责任。致害人韩某、牛某虽然直接实施了侵害行为，但因为他们是无民事行为能力人，不能承担损害赔偿责任，所以法律规定由他们的法定代理人即其父母对侵权行为的损害后果承担赔偿责任。

本案中，伤害事故的发生地点是学校，即上诉人康源聋儿语训中心，尽管学校并不是致害人和受害人的法定监护人，但学校对于学生特别是未成年人在校期间的人身安全是负有一定责任的。对学校而言，它有义务为学生提供符合安全标准的教育教学设施和生活设施，建立健全安全制度，采取适当的管理措施和救护措施，并针对学生年龄、认知能力的不同对其进行安全教育。本案中，伤害事故虽然是在课间活动学生相互玩耍时发生的，具有一定的突然性，事故发生后，学校也及时采取了救护措施，但考虑到该所学校所招收学生的特殊性，学校应该对其学生玩耍时出现的危险进行警惕，并采取适当的防范措施，因此，学校的不作为已经构成对受害人王某的侵权，应当根据其过错的大小承担适当的赔偿责任。

本案二审法院判决韩某、牛某的法定代理人各承担30%的赔偿责任，并互负连带赔偿责任。本案中，韩某和牛某共同推倒王某，二人共同导致了这场事故的发生，应属于共同加害行为，二人同是致害人，应该对王某承担赔偿责任。

（三）案例讨论

（1）如何划分自然人的民事行为能力？

（2）什么是监护人？监护人的职责是什么？

（3）我国法律规定的未成年人致人损害时民事赔偿责任的承担应遵循什么原则？

（4）学校在拥有一定权利时，应该承担什么义务？

◇要点归纳

1. 学校是教育法调整的重要对象，是享有一定权利并承担一定义务的社会组织。学校作为法人，具备法人的一般特点：财产的独立性、独立承担民事责任。学校法人的主要特点有公益性、公共性、中立性、自主性与独立性。学校法人根据设立的目的与条件可以分为公法人、私法人，营利法人、非营利法人，财团法人、社团法人等。

2. 学校的法律地位，主要是指学校作为实施教育教学活动的社会组织和机构，在法律上所享有的权利能力、行为能力及责任能力。学校及其他教育机构构成的社会关系主要分为教育行政关系和教育民事关系。学校在这两类不同的法律关系中的法律地位不同。

3. 学校的权利与义务是学校法律制度中的核心内容。义务教育阶段学校的基本权利有：按照章程自主管理；组织实施教育教学活动；招收学生或其他受教育者；对受教育者进行学籍管理，实施奖励或处分；对受教育颁发相应的学业证书；聘任并管理教师及其他职工，实施奖励或处分；管理、使用本单位设施和经费；拒绝任何组织和个人对教育教学活动的非法干涉等。高等学校的权利主要有：招生权、学科专业设置权、教学权、科研开发和社会服务权、国际交流合作权、机构设置与人事权、财产管理与使用权这几项权利。

4. 学校的基本义务有：遵守法律法规；贯彻国家的教育方针，执行国家教育教学标准，保证教育教学质量；维护受教育者、教师及其他职工的合法权益；以适当方式为受教育者及其监护人了解受教育者的学业成绩及其他有关情况提供便利；遵照国家有关规定收取费用并公开收费项目；依法接受监督等。

5. 西方国家高等学校的权利、义务包括：大学自治、学术自由、学术责任等。大学权利和义务的核心是学术自由，大学自治是学术自由的制度性保障。

大学自治权指大学不受政府、教会或其他势力干预，具有独立办学的权利。大学自治有实质自治与程序自治。实质自治是学校法人决定自身的目标和计划，即决定学术内容的权力。程序自治是学校法人具有的决定达成其目的和计划的手段，它主要涉及诸如事前听证、程序、规则等。西方国家对高等学校的干预，一般都主要集中在高等学校的实质性自治领域。

学术自由权指教师和学生不受法律、学校各种规定的限制或公众不合理干扰而进行讲课学习、探求知识及研究的自由权利。

学术责任指学者在开展学术活动、处理学术事务和学术关系时应尽的职责。

6. 注意义务指行为人在能够而且应当预见到危害结果可能发生的情况下应尽的责任。注意义务的程度与学生、教师、环境、任务都有关系。注意义务的范围包括教导的义务、监管的义务、维护学校公共设施安全的义务、警告的义务、事故后处理的义务。

7. 学校事故指在学校实施的教育教学活动或学校组织的校外活动中，以及在学校负有管理责任的校舍、场地、其他教育教学设施、生活设施内发生的，造成在校学生人身损害后果的事故。学校事故中主要根据过错责任原则承担责任，一般不适用无过错责任原则，特殊情形下适用公平责任原则。学校事故民事责任需具备以下要件：一是损害事实；二是损害必须发生在学生在校或学校组织的活动中；三是学校行为与损害结果之间有因果关系；四是学校主观上有过错。

8. 建立社会保险，转嫁风险责任，使损害赔偿社会化是解决学校事故损害赔偿问题的最佳途径。

9. 学校事故的免责条件主要是第三人的过错、不可抗力和意外事件。

◇思考与练习

1. 掌握学校区别于企业的基本特点和学校法人的特点，并理解其区别。
2. 简述学校作为事业单位，在法律上有别于企业的表现。
3. 学校设置的条件和程序是什么？
4. 掌握学校在教育行政关系和教育民事关系中的法律地位。
5. 掌握学校的基本权利和义务，并对中西方高校的权利和义务的内容、特点进行比较。
6. 联系实际谈一谈如何才能避免学校事故的发生。

◇拓展阅读

1. 秦梦群：《美国教育法与判例》，北京大学出版社，2006 年。
2. 张民安：《过错侵权责任制度研究》，中国政法大学出版社，2002 年。

第八章

各级各类教育法律制度

内容提要

本章主要论述各级各类教育法律制度。第一节介绍了学前教育法、义务教育法、高中教育法、高等教育法等各级教育的立法进展与主要法律法规。第二节论述了职业教育领域、特殊教育领域、民办教育领域、民族教育领域、继续教育领域等各类教育的主要法律法规，以及法律调整中的主要问题及完善措施。第三节通过案例讨论了民族教育和民办教育司法实践中的问题。

学习目标

1. 识记学前教育法、义务教育法、高中教育法、高等教育法、职业教育法、特殊教育法、民办教育法、民族教育法、继续教育法的概念。

2. 了解国内外学前教育法、义务教育法、高中教育法、高等教育法、职业教育法、特殊教育法、民办教育法、民族教育法、继续教育法的发展历程。

3. 掌握《教育法》《高等教育法》《职业教育法》《残疾人教育条例》《民办教育促进法》的主要内容。

4. 运用各级各类教育领域中的主要法律规范分析该领域中的案例及教育实践中的法律问题。

5. 调查分析各级各类教育领域中的立法状况，分析存在的问题并提出完善法律法规的主要措施。

关键词

学前教育法；义务教育法；高中教育法；高等教育法；职业教育法；特殊教育法；民办教育法；民族教育法；继续教育法

第一节　各级教育法律制度

一、学前教育法律制度

（一）学前教育法

学前教育，又称幼儿教育，是指对学龄前儿童实施的一种有目的、有计划的教育。它包括托儿所、幼儿园、学前班等教育机构对学龄前儿童实施的早期教育。学前教育对人的发展具有重要的意义。

学前教育法是指规制学前教育关系的法律规范的总称。它调整的对象主要是学前教育机构的教育行为。狭义的学前教育法专指国家立法机关制定的《学前教育法》，广义的学前教育法还包括《教育法》及其他法律中有关学前教育的法律规范，国务院颁布的幼教行政法规中有关学前教育的法律规范，以及国家及教育部（原国家教委）颁布的教育规章和地方立法机关、民族自治机关颁布的地方法规中有关学前教育的法律规范。[①]

（二）国外学前教育法的发展

国外比较重视学前教育立法，由于各国的社会传统、社会发展程度和对幼儿教育的重视程度不同，其幼儿教育立法状况也各具特色，大致可分为三种情况：有独立的幼儿教育法规；幼儿教育规范散见于其他教育法规；没有具体法规，只有行政规定。美国是十分重视幼儿教育立法的国家。1979 年通过了《儿童保育法》。为了达成“所有幼儿都能进入幼儿园”的国家教育目标，在大力扶持公立幼儿园的同时，通过立法明确了私立幼儿园的地位。例如，1990 年的《儿童早期教育法》和《儿童保育和发展固定拨款法》，以及 1994 年成为正式法律的《美国 2000 年教育目标》，把私立幼儿园纳入了国家的教育管理体制，给予私立幼儿园与公立幼儿园同等法律地位。1926 年，日本文部省制定了《幼儿园令》。1947 年，日本《教育基本法》和《学校教育法》，确认幼儿园是学校教育体系中的一环，是受文部省管辖的正规学校的一种。日本政府从 2006 年到 2010 年实施为期 5 年的“幼儿教育振兴项目”。

---

① 蒋超：《学校法通论》，成都：四川出版集团巴蜀书社，2006 年，第 194 页。

（三）我国学前教育法的发展

我国尚未进行专门的学前教育立法，只有一些规章涉及行政机关在学前教育方面的职责及教育行政部门对学前教育机构进行行政管理方面的规定。

1. 学前教育行政

在我国学前教育领导管理实行“地方负责，分级管理”体制和各有关部门分工负责的原则。1987 年国家教委联合 9 部委下发的《关于明确幼儿教育事业领导管理职责分工的请示》指出：“幼儿教育是社会主义教育事业的重要组成部分，是我国学校教育的预备阶段，同时又是一项社会公共福利事业”，“必须在政府统一领导下，除地方政府举办幼儿园外，主要依靠部门、单位和集体、个人等方面力量发展幼儿教育事业，实行‘地方负责，分级管理’体制和有关部门分工负责的原则”。该文件还规定了教育部、卫生部的职责。

教育行政部门是学前教育的主管部门。教育部主管全国学前教育机构管理工作，涉及幼儿教育的重大政策问题，由教育部牵头，有关部门参加，共同研制。地方各级政府的教育行政部门主管本行政区域内的学前教育机构管理工作。学前教育机构在业务上归当地教育行政部门统一管理。

2. 学前教育机构的设置

举办幼儿园应当具备的基本条件是：

（1）必须具有与保育、教育的要求相适应的园舍和设施。园舍包括活动及辅助用房、办公及辅助用房和生活用房。

（2）必须具有符合法定任职条件的保育、幼儿教育、医务和其他工作人员。

（3）必须具有必要的经费来源。

在我国由于各地经济、文化、教育发展很不平衡，大部分地区在学前教育尚不够发达的情况下采用学前班的教育形式。举办学前班，必须具备如下条件：①必须具有必要的校舍条件；②必须具有合格的师资。

我国对学前教育机构实行注册登记制度。任何单位和个人举办学前班和幼儿园，都必须经过登记注册，未经登记注册，任何单位和个人不得举办学前班和幼儿园。城市幼儿园和学前班的举办、停办，由所在区、不设区的市的人民政府教育行政部门登记注册。农村幼儿园和学前班的举办、停办，由所在乡、镇人民政府登记注册，并报县人民政府教育行政部门备案。

学前教育机构的设立，21 世纪以前各国大多采用自由制，即其设立法律不加干涉，也不需要经过任何手续。现在多采用许可设立制，即学前教育机构的设立除了必须具备法律所规定的条件外，还必须经过行政机关核准，否则不得成立。我国长期实行许可制，如 1986 年《国家教育委员会关于进一步办好幼儿学前班的意见》第四条规定：“乡、村举办和停办学前班，由乡人民政府审批，报县（区）教育行政部门备案；城镇举办和停办学前班，由区、县教育行政部门审批。私人举办学前班，由区、县教育行政部门审批。”1991 年《国家教委关于改进和加强学前班管理的意见》规定：“各地应根据《幼儿园管理条例》的有关规定，建立学前班登记注册制度。”该条例没有再规定要经过审批程序。从现有规定看，我国学前教育机构的设立，基本上采用了许可制，但在实际设立过程中的登记注册制还是带有一定的审批性质。

近年来，我国学前教育事业有了较大的发展。但入园难、入园贵等问题十分突出，学前教育乱收费、学前教育小学化现象愈演愈烈。学前教育已成为我国整个教育体系的“短板”。应该尽快出台《学前教育法》，明确学前教育的法律地位和发展方针；明确学前教育的管理体制与机构；明确学前教育国家标准，明确公办幼儿园教师编制标准和办法，保障教师的合法权益；明确学前教育机构中学龄前儿童的权利，制定幼儿教育课程标准；建立以公共财政为支撑的学前教育投入机制；建立学前教育的督导评估与问责制度。

二、义务教育法律制度

（一）义务教育法的特征

义务教育也称强迫教育，是依照法律的规定，适龄儿童和少年必须接受的，国家、社会、学校和家庭必须予以保证的国民教育。义务教育法，是指规范义务教育过程中各方权利义务的法律规范的总称。

义务教育作为一项教育制度和法律制度，具有强制性、普及性、公共性、免费性、基础性[①]。义务教育的国家强制性是指义务教育是依据法律的规定，由国家强制力保证其推行和实施的。义务教育的普及性是指全体适龄儿童、少年，除依照法律规定办理缓学或免学手续的以外，都必须入学接受教育，并且必须完成规定年限的义务教育。义务教育的公共性也称义务教育的国民性，是指义务教育是一种社会公共事业，属于国民教育的范畴。义务教育的公共性具体表现在四个方面：一是教育与宗教相分离；二是义务教育由国家设立或批准的学校来实施；三是实施义务教育的学校和教师具有公共和公务性质；四是国家对实施义务教育进行有效的管理与监督。义务教育的免费性是指国家对接受义务教育的适龄儿童、少年免除其全部或大部分就学费用。义务教育的基础性是指义务教育是基础教育，其目的是为提高民族素质，培养“四有”社会主义人才奠定基础。

① 劳凯声：《教育法学》，沈阳：辽宁大学出版社，2000 年，第 245-247 页。

（二）国外义务教育法的发展

国外义务教育立法始于 16 世纪的德国。德国是世界上最早颁布和实施义务教育法的国家，早在 1559 年威登堡就公布强迫教育法令。从 17 世纪开始，大多数公国都颁布了强迫教育法令。1763 年腓特烈二世颁布了著名的普鲁士学校总法令。这个法令明确规定 5～12 岁的儿童必须到学校接受教育，否则对家长课以罚金，这些强迫教育法令已具有了义务教育的雏形，也是历史上最早的义务教育法令。目前，德国实行 12 年义务教育，小学普及率达 100%，中学达 99%。

18 世纪后期，在工业革命的推动下欧洲各国相继颁布了义务教育法令，开始实施义务教育。1870 年英国国会正式通过《初等教育法》（又称福斯特法案），规定各学区有权对 5～12 岁的儿童实行强迫教育。1944 年英国《教育改革方案》将义务教育年龄延长到 5～15 岁。1972 年英国又将义务教育年限延长至 11 年，并规定学校实行免费教育。

美国马萨诸塞州和纽约州分别于 1852 年和 1853 年颁布了义务教育法令。密西西比州和亚拉巴马州分别于 1918 年和 1919 年也通过义务教育法。美国用了 60 年的时间基本普及了义务教育。目前，美国各州的义务教育年限为 9～11 年不等，公立小学一律免费。

法国 1833 年颁布大力发展初等教育和师范教育的《基佐教育法》。1881 年和 1882 年又制定了《费里教育法》，该法规定儿童 6 岁入学，初等教育为免费的义务教育。1939 年法国政府通过法令将义务教育年龄延长到 14 岁，1959 年又延长到 16 岁。

日本 1872 年《学制令》规定小学为初级教育，一般公民必须就学，还明确规定了父兄关于儿童就学的责任。1886 年《小学校令》正式提出了“义务”的概念，规定“儿童的就学期间为 6 岁至 14 岁 8 年”，适龄儿童接受义务教育是监护人的法定义务。目前日本已基本普及高中教育。

（三）我国义务教育法的发展

我国义务教育立法始于清末。1898 年 7 月康有为奏请光绪皇帝《请开学校折》提倡乡立小学，儿童 7 岁入学，学习 8 年卒业；儿童不入学者，当罚其父母。1902 年张百熙拟定《钦定学堂章程》，提出实行 7 年义务教育；1903 年张之洞等又拟定《奏定学堂章程》，将义务教育年限改为 5 年，其中的《初等小学章程》规定：“初等小学堂，全国人民均应入学，名为强迫教育。”1906 年清政府又颁布的《强迫教育章程》规定“幼童至 7 岁须令入学”。

辛亥革命后，南京政府于 1912 年颁布壬子学制，规定初等小学 4 年为义务教育。袁世凯政府、北洋军阀政府都颁布了义务教育法令。尤其是民国时期的义务教育立法形式多样、内容齐全、规范周密，但是未能得到有效实施，直到新中国成立前，我国初等教育的普及率还不到 20%。

在革命根据地和解放区，义务教育也得到大力发展。《中华苏维埃共和国宪法大纲》和《中华苏维埃共和国小学校制度暂行条例》都提出免费的义务教育。1941 年陕甘宁边区政府和晋冀鲁豫边区政府分别制定了《实施普及教育暂行条例》和《强迫儿童入学暂行办法》，对立法目的、入学年龄、学制、实施步骤、经费、免学、责任等都做了详尽规定。

新中国成立后，党和政府非常重视教育工作，特别是普及教育工作。1949 年 9 月中国人民政治协商会议第一届全体会议通过的《中国人民政治协商会议共同纲领》中规定："要有计划、有步骤地实行普及教育。"在第一个五年计划期间，小学教育有了迅速发展，到 1965 年适龄儿童入学率已达 84.7%。

1980 年中共中央、国务院发布的《关于普及小学教育若干问题的决定》提出"分期分批"实现义务教育，"经济比较发达、教育基础较好的地区应在 1985 年前普及小学教育，其他地区一般应在 1990 年前基本普及，至于极少数经济特别困难、山高林深、人口稀少的地区，普及期限还可延长一些"。1984 年，全国学龄儿童平均入学率已达到 95%。1985 年《中共中央关于教育体制改革的决定》明确提出"实行九年义务教育"，1986 年 4 月《中华人民共和国义务教育法（草案）》经第六届全国人民代表大会审议通过。2006 年 6 月第十届全国人大常委会第 22 次会议通过《中华人民共和国义务教育法（修订案）》。

新修订的《义务教育法》共有七章和附件，共六十三条。第一章"总则"为立法目的、立法任务；第二、三、四章"学生""学校""教师"，分别规定了学生、学校、教师的权利与义务；第五章"教育教学"规定了教育的内容和方法；第六、七章"经费保障""法律责任"分别规定了对国务院和地方各级人民政府的要求和承担的法律责任。新修订的《义务教育法》明确了义务教育免收杂费的原则和实施步骤，凸显均衡发展的原则，突出强调了对义务教育的质量要求，建立了一系列促进义务教育均衡发展的制度与机制，确立了以省统筹为主体的投入体制和以县为主的管理体制，针对"上学难、上学贵"等热点、难点问题，有针对性地建立了预防、管理与监督机制。

三、高中教育法律制度

世界上只有日本有系统和专门的普通高中教育立法。1872 年日本明治政府颁布的《学制》规定设上等中学，收 17～19 岁学生。1881 年公布《中学教则大纲》，1886 年公布《中学校令》，1894 年公布《高中令》（1911 年改行《高等中学校令》，1918 年又复行《高中令》）和《高中修业年限及入学程度》，1919 年制定《高中规程》。日本还有关于女子高中教育的专门法令，如1895年的《高等女学校规程》、1899年的《高等女学校令》。1943年日本公布了综合性中等教育法令，如《中学校规程》、《高等女学校规程》和《实习学校规程》。第二次世界大战后又制定了规定基本事项的《学校教育法》、规范设置基准的《高中设置基准》（1948年）、规定公立高中设置及教职员定员标准的《关于公立高中的设置、适当配置及教职员定员标准的法律》（1961年）及其“施行令”和“施行规则”、关于函授教育的《高中函授教育规程》（1962年）及关于高中教育内容的《高中学习指导要领》（1978年）。这些系统完备的高中教育立法对日本高中教育起到了积极的规范和促进作用。

我国普通高中教育除了《关于在普通高中实行毕业会考制度的意见》（1996年）外没有其他的专门立法。我国关于高中教育的立法集中在职业高中方面，此外还有一些地方教育规章，如《四川省普通高中学生学籍管理和成绩考核暂行办法》（1993年）。随着义务教育法的全面实施，“普通高中教育要纳入依法治教的轨道”，制定《普通高中管理规程》一定会提上议事日程。

四、高等教育法律制度

高等教育是在完成中等教育的基础上进行的专业教育，是培养高级专门人才和进行科学研究服务社会的活动。广义的高等教育法是指调整高等教育关系的法律规范的总称，它包括《教育法》《高等教育法》《学位条例》等法律中涉及高等教育的法律规范，也包括其他法律、法规和规章中涉及高等教育的法律规范。狭义的高等教育法仅指《高等教育法》法规。

（一）国外高等教育法的发展

最早将高等教育纳入法治轨道的是法国。1231年教皇发布“谕告”，赋予巴黎大学自行招聘教师、组织教学及其他工作，有不经教区而直接向教皇上诉的特权。1806年，拿破仑颁布法律组成“帝国大学”，明确规定了帝国大学的权利、义务，开创了国家高教立法的历史。1968年法国议会通过了《高等教育法》，该法规定大学由“教学与科研单位”组成，在教学、行政、财政方面拥有自治权。1989年和2009年法国又分别颁布了《教育方针法》和《大学自由与责任法》。

德国是实行教育立法较早的国家，在18世纪就有了较为完整的教育法规。1949年由联邦德国公布的《基本法》规定了联邦和各州教育行政部门的职能。1976年颁布的《高等教育总法》是第一部全国性的高等教育法，它经过1985年、1993年、1998年的修订，它在教育领域的效力仅次于《基本法》。此外，德国各州也制定了大学法，如1950年的《吉森大学法》、1961年的《缅因大学法》、1966 年的《黑森邦大学法》、2002 年的《下萨克森邦大学法》等。2006 年德国通过了《联邦制改革方案》，以《2020 年高校协定》取代《高等教育总法》。

美国是世界上典型的教育分权制国家，早期的高等教育立法主要由各州进行。1963 年美国首次颁布了《高等教育设施法》，1965 年颁布《高等教育法》，1968 年颁布了《高等教育法修正案》。

日本也非常重视高等教育立法。早在 1886 年就颁布《帝国大学令》，1918 年又重新修订《大学令》。现行日本高等教育法规体系始于第二次世界大战结束之后。1947 年颁布《教育基本法》和《学校教育法》。20 世纪 50 年代中后期陆续颁布《学位规则》《大学设置基准》等法规。日本高等教育法规体系完整、范围广泛、内容详细、责任明确。第二次世界大战后日本高等教育快速发展与日本注重教育立法密切相关。

（二）我国高等教育法的发展

我国高等教育立法始于 1903 年清政府颁布的《奏定大学章程》。1912 年，中华民国临时政府颁布《大学令》、《专门学校令》和《大学规程》等法规，一年之间制定了 10 部高等教育法规。此后，中华民国政府还制定了《国立大学校条例》（1924 年）、《私立学校条例》（1928 年）、《师范教育制度》（1928 年）、《考试法》等法规，初步形成临时政府高等教育法规体系。1927 年南京国民政府成立后先后颁布《师范学校法》《大学法》等法规。南京国民政府执政的约 20 年间共颁布教育法规 1500 余件，这些法规全面、具体、明确、操作性强，但是带有浓厚的封建性和党化色彩。

新中国成立后，1950 年公布了《高等学校暂行规程》和《专科学校暂行规程》，开辟了我国高等教育立法的新篇章。改革开放以后，我国高等教育法制建设进程加快。1980 年全国人大常委会通过了《中华人民共和国学位条例》。此后，国务院发布了 18 个有关高等教育的法规，如《高等教育管理职责暂行规定》《高等学校设置暂行条例》《高等教育自学考试条例》等，国家教委也颁布了上百件普通高等教育规章性文件。1997 年九届人大常委会第四次会议四次审议通过了具有里程碑意义的《高等教育法》（2015 年修订），为 21 世纪中国高等教育的持续、健康发展奠定了坚实的法律基础。

《高等教育法》共八章六十九条。主要内容包括：总则（高等教育事业的发展原则及主要管理机制）；高等教育基本制度（高等教育所涵盖的内容和标准）；高等学校的设立（高等学校设立的条件和审批程序）；高等学校的组织和活动（高等学校内部的组织机构和分工活动）；高等学校教师和其他教育工作者（高校教师和其他人员的任职条件、权利和义务）；高等学校的学生（学生的权益保护和义务）；高等教育投入和条件保障（经费来源和使用监督）；附则（法律责任、概念界定、实施时间等)。《高等教育法》规定了国家对高等教育的基本要求，规定了相应的教育方针和发展方向，同时原则性地规定了学校和学生在教育关系中的权利义务。

2015 年 12 月修订的《高等教育法》删除了“设立高等学校不得以营利为目的”的规定。新修改的《高等教育法》下放设立高校审批权限，规定设立实施本科及以上教育、专科教育的高等学校，分别由国务院教育行政部门、省级人民政府审批；强化高等学校学术委员会的作用，规定学术委员会审议、决定有关学术发展、学术评价、学术规范的事项，调查、处理学术纠纷和学术不端行为；改进高等学校评价模式，规定高等学校应当建立本校办学水平、教育质量的评价制度，教育行政部门负责组织专家或者委托专业机构对高等学校的办学水平、效益和教育质量进行评估；完善高等教育投入机制，高等教育实行以举办者投入为主、受教育者合理分担培养成本、高等学校多种渠道筹措经费的机制。

第二节 各类教育法律制度

一、职业教育法律制度

职业教育，也称职业技术教育，是指根据一定社会的发展需要，在一定的普通教育基础上，对受教育者进行从事某种职业所需要的专门知识、技能和职业道德教育，使受教育者成为社会职业所需要的人才。现代职业教育是经济和社会发展的重要基础，也是使人的个性得到充分发展的重要渠道。职业教育是我国现代教育体系的重要组成部分。

职业教育法有广义和狭义之分。狭义的职业教育法特指由全国人大常委会制定的法典《职业教育法》，全国人大已于 1996 年 5 月 15 日制定了《职业教育法》，该法于 1996 年 9 月 1 日起施行。广义的职业教育法，是指调整职业教育关系的法律规范的总称，它不仅包括《职业教育法》法典中的职业教育法律规范，还包括其他法律法规和规章中有关职业教育的法律规范。

（一）国外职业教育法的历史发展

美国是世界上最早利用法治手段管理职业教育的国家之一。1862 年美国国会制定了《摩利尔法案》，规定每个州捐出部分土地，开办至少一所农工学院，主要讲授农业、机械技艺、军事训练方面的知识，为农工业的发展培养专门人才。1890 年又制定了第二个《摩利尔法案》，这两个法案对美国的职业教育起到了极大的推动作用。1917 年制定《史密斯-休斯法》，这是专门的职业教育法案。第二次世界大战期间，美国国会制定了《国际职业教育法案》，1963 年制定了《职业教育法》。这些职业教育法推动了美国职业教育的发展，对美国经济发展具有重要的意义。

德国也是最早用法制手段管理职业教育的国家之一。1878 年德国制定的《工业法典》、1891 年制定的《工业法》，都明确规定了补习教育。1969 年德国正式颁布《职业教育法》，1981 年又颁布《教育促进法》，德国职业教育完全纳入了法制化轨道。德国职业教育法制的基本特点是各级各类学校属于州一级的国家设施，学校形式的职业教育由各州负责，按州《州学校法》的规定实施；校外特别是企业形式的职业教育，由联邦政府负责。德国职业教育经费分担情况，以企业为主。德国实行“双元制”职业教育。“双元制”职业教育就是整个培训过程是在工厂企业和国家的职业学校（BBS）进行。“双元制”是一种国家立法支持、校企合作共建的办学制度，即由企业和学校共同担负培养人才的任务，按照企业对人才的要求组织教学和岗位培训。根据 2005 年 4 月 1 日颁布并生效的新《联邦职业教育法》，职业教育包括职业准备教育、职业教育、职业进修教育及职业改行教育。德国《联邦职业教育法》仅规范相当于高中阶段的“双元制”职业教育的企业部分。20 世纪 70 年代以来“双元制”职业教育逐渐向高等教育延伸，出现了采用“双元制”模式的职业学院及部分专科大学，可纳入高等职业教育范畴。

高度发达的日本职业教育与注重职业教育立法有密切关系。第二次世界大战后日本为了促进经济发展，在 1951 年制定了《职业教育振兴法》。1958 年又制定了《职业训练法》，全国普遍建立了工业教育委员会，建立职业教育学校，至 60 年代日本职业教育在校生占高中阶段在校生总数的 60%左右。此外，其他发达国家也十分重视职业教育立法，如英国 1964 年制定了《产业训练法》，法国 1971 年制定了《职业继续教育法》。

（二）我国职业教育法的发展

我国职业教育立法最早见于清光绪二十年（1902 年）的《钦定学堂章程》。1913 年中华民国临时政府颁布《实业学校令》，之后又颁布了《实业学校规程》，将实业学校分为农业、工业、商业、补习学校。该法案还规定了女子实业学校的设置。1917 年 5 月中华职业教育社成立后，实业教育正式改名为职业教育。1932 年国民政府颁布了《职业学校法》，1947 年国民政府颁布了《职业学校规程》。这些法规未能较好地实施，但推动了我国职业教育的初创与发展。

新中国成立后，党和政府非常重视职业教育工作，整顿和发展中等技术学校，创办各种技术培训班。1952 年政务院发布《关于整顿和发展中等技术教育的指示》，积极发展各种形式的职业技术教育和职业技术培训。党的十一届三中全会确定了全党的工作重点转移到社会主义经济建设上来，给职业教育的恢复和发展提供了强大的动力，职业技术学校、职业大学、职业师范院校和各种短期的职业培训也得到了较快发展。1996 年 5 月 15 日颁布的《中华人民共和国职业教育法》，是职业教育发展史上的重要里程碑。《职业教育法》的颁布实施，使我国职业教育进入法制化发展新阶段。

《职业教育法》共五章四十条，内容包括总则、职业教育体系、职业教育的实施、职业教育的保障条件、附则，该法对职业教育的地位作用、体系结构、方针原则、办学职责、管理体制和经费渠道等都做出了原则规范。21 世纪后我国社会经济发生了重大变化，职业教育与经济社会发展很不适应。需要对职业教育法进行比较大的修订。新的职业教育法应该进一步明确职业教育的法律地位、体系架构、基本制度、条件保障、统筹协调等关键问题。

二、特殊教育法律制度

特殊教育是对有特殊需要的儿童进行旨在达到一般和特殊培养目标的教育，它的目的和任务是最大限度地满足社会特殊儿童的教育需要，发展他们的潜能，使他们增长知识、获得技能、完善人格，增强社会适应能力，成为对社会有用的人才。

特殊教育立法是对有关特殊人群的教育立法，主要是指针对各类身体和智力残障儿童的教育立法。在国际上，从 20 世纪 70 年代开始，由于社会经济的发展，教育观念的更新和人道主义思想的普及，各国开始重视残疾人问题，纷纷制定各种有关残疾人的法令法规，保障残疾人的权益。特殊教育立法对于保障有特殊需要人群的受教育权利，使他们能平等地接受良好的教育，促进自身的发展，积极融于社会具有重要意义。

（一）国外特殊教育法的发展

国际社会和联合国教科文组织非常重视特殊儿童的教育。联合国成立以后通过了一系列有关残疾人受教育权保护的法律文件，如 1948 年的《世界人权宣言》、1971 年的《智力落后者权利宣言》、1975 年的《残疾人权利宣言》、1982 年的《关于残疾人的世界行动纲领》、1983 年国际劳工组织的《残疾人职业康复和就业公约》、1993 年的《残疾人机会均等标准规则》、1994 年联合国教科文组织推行全纳教育的《萨拉曼卡宣言》和 2006 年的《残疾人权利公约》。

发达国家都注重残疾儿童教育立法。1975 年 11 月，美国颁布了《所有残疾儿童教育法》（即 94-142 公法）。该法案由评估保护、正当法律程序、最少受限制环境、个别化教育计划四个部分组成，其内容主要是：对全部 11 类残疾儿童

（5～17 岁，有条件的州为 3～21 岁）提供免费义务教育。这一法案经过 5 次修订及补充，最后形成 2004 年《残疾人教育促进法》，即 108-446 公法。1975 年，法国政府制定了《残疾人照顾方针的法律》，规定残疾儿童的预防、保健、教育、职业教育、雇佣、最低限度的生活保障、社会融合、休闲等均为国家的义务，残疾儿童有接受教育的义务。1970 年日本颁布《残疾人基本法》，2004 年修订。该法案要求国家及地方为了使残疾人能够根据自己的能力从事适当的职业，应采取职业指导、职业培训及职业介绍和其他必要的措施，在残疾人适合的职业及工作范围内，实施对残疾人优先雇佣的政策。

（二）我国特殊教育法的发展

新中国成立前我国缺乏专门特殊教育立法。新中国成立后我国开始了特殊教育立法。1951 年 10 月，中央人民政府政务院颁发的《关于改革学制的决定》明确提出："各级人民政府并应设立聋哑、盲目等特种学校，对生理上有缺陷的儿童、青年和成人，施以教育。"此后，国家教委先后颁布《关于聋哑学校使用手势教学的班级的学制和教学计划问题的指示》（1956 年）、《关于聋哑学校口语教学班级教学计划（草案）的通知》（1957 年）等文件，特殊教育走上科学化、规范化的道路。

20 世纪 80 年代以来，我国特殊教育立法进程加快，全国人大、国务院及其下属国家机关制定颁布的《宪法》（1982 年）、《义务教育法》（1986 年）、《职业教育法》（1996 年）等一系列法律法规都明确提出保障特殊儿童受教育权利，使我国特殊教育走上了法制化轨道。

1990 年颁布实施的《中华人民共和国残疾人保障法》（2015 年 4 月修订）是我国第一部旨在全面保障残疾人权利的专门法律，它对特殊教育的发展方针、办学渠道、教育方式、成人教育、师资培养、辅助手段等都有明确规定。1994 年 8 月国务院发布《中华人民共和国残疾人教育条例》，这是我国有关残疾人教育的专项法规，标志着我国特殊教育立法进入了专项立法阶段，改变了特殊教育法律法规嵌套于普通教育法的现状。

《残疾人教育条例》共九章五十二条，对学前教育、义务教育、职业教育、普通高级中等以上教育及成人教育等各级各类特殊教育的组织机构、课程设置、教学模式等做了规定，并就特殊教育教师、物质条件保障、奖励与处罚等做了相应的规定。2013 年 2 月《残疾人教育条例》的修订启动。新的法规应该突出对各类残疾人教育全覆盖、零拒绝的理念，从结构上和内容上反映融合教育的要求，解决保障机制不健全，经费投入不足，以及特殊教育教师队伍的数量、质量不能满足要求，待遇和地位偏低等问题。

三、民办教育法律制度

民办教育，国外称私立教育（private education），指国家机构以外的社会组织或个人，利用非国家财政性经费，面向社会举办学校及其他教育机构的活动。

民办教育法有广义和狭义两种含义。广义的民办教育法指所有调整民办教育活动的法律规范的总称，它既包括《宪法》《教育法》《高等教育法》《义务教育法》等其他法律中关于民办教育的规范，也包括行政法规、规章和司法解释等有关民办教育的规范；狭义的民办教育法专指全国人大及其常委会制定颁布的调整民办教育关系的专门法律，在我国专指《中华人民共和国民办教育促进法》。①

（一）国外民办教育法的发展

民办教育在国外主要是以社会办学形式存在，性质上为私立教育，区别于国家投资举办的公立教育。社会办学在国际上普遍存在。为了加强对私人办学的管理，不少国家都制定了有关法律。国外关于私人办学的立法可分为三种情况。②第一种是，专门制定私人办学法规，形成私人办学法规体系，以日本、韩国为代表。例如，日本的《私立学校法》《私立学校法实施细则》《私立学校振兴援助法》《私立学校振兴财团法》《学校法人会计基准》等；韩国的《私立学校法》《私立学校施行令》等。第二种是不专门制定有关法律，只是在学校教育法中对私人办学做出规定，以英国为代表。第三种虽然制定了关于私立学校的法规，但仍附属于其他相关的教育法规中，未形成完善的私立学校法规体系，以法国为代表，如法国的《国家与私立学校关系法》。

（二）我国民办教育法的发展

在我国，民办教育得到国家的大力支持。在《宪法》《教育法》等法律法规中明确规定国家积极支持社会力量办学。为了促进和规范民办教育的发展，20 世纪 80 年代以来我国出台有关民办教育的专门法律法规，包括《关于社会力量办学几个问题的通知》（1987 年）、《关于社会力量办学的若干暂行规定》（1987 年）、《社会力量办学财务管理暂行规定》（1987 年）、《社会力量办学教学管理暂行规定》（1988 年）、《社会力量办学印章管理暂行规定》（1991 年）、《民办高等学校设置暂行规定》（1993 年）、《关于民办学校向社会筹集资金问题的通知》（1994 年），以及《社会力量办学条例》（1997 年通过，2003 年废止）。此外，地

---

① 蒋超：《学校法通论》，成都：四川出版集团巴蜀书社，2006 年，第 395-396 页。

② 蒋超：《学校法通论》，成都：四川出版集团巴蜀书社，2006 年，第 396 页。

方立法机关也制定了一些地方性法规。这些法规对民办学校的设置、审批、招生、教学、财务等各方面做了具体规定，尤其是《社会力量办学条例》的出台，对我国民办教育进行了具体、全面、明确的规范。

为了进一步促进民办教育的发展，第九届全国人大常委会于 2002 年 12 月通过了《民办教育促进法》(2013 年 6 月修订)。该法案对民办学校的设立、组织与活动、教师与受教育者、学校资产与财务管理、管理与监督、扶持与奖励、变更与终止及其法律责任做出了全面的规定。此后国务院于 2004 年 3 月又通过《中华人民共和国民办教育促进法实施条例》。《民办教育促进法》及《民办教育促进法实施条例》两部法律法规的颁布，标志着我国民办教育立法体系形成。

《民办教育促进法》共计十章六十八条。主要内容包括：民办教育的公益事业属性、本法的适用范围；民办学校举办者；民办学校出资、“合理回报”、扶持与奖励措施；民办学校资产的产权关系及资产的管理和使用范围、民办学校组织与活动、内部治理机制；民办学校的准入、退出机制；民办学校的资产与财务管理；民办学校的监管与法律责任等方面。《民办教育促进法》的出台，极大地促进了民办教育的发展，但是在适用过程中出现一些比较突出的问题，亟待进行必要的修改完善。目前正在进行修订，修订的焦点是“合理回报”问题，涉及民办学校中非营利性学校或者营利性学校分类及其扶持、监管措施。

四、民族教育法律制度

民族教育是少数民族教育的简称，是指对我国各少数民族实施的教育。民族教育是中国教育的一个重要组成部分。

民族教育法是指国家机关为了促进民族教育事业发展而制定的法律法规的总称。这是广义的民族教育法，其内容包括《宪法》和《教育法》中的民族教育条款，以及有关民族教育的法律法规和民族教育规章。狭义的民族教育法专指《民族教育法》法典。

（一）国外民族教育法的发展

国外民族教育法律由于受到各自国情和历史文化传统的影响，主要内容和表现形式各不相同。

美国是由多民族组成的国家。在美国，按照宪法和有关法律，国会、地方议会和各级政府均不能以扶持某一种族教育问题的名义立法或下达行政命令。因此，美国立法中关于保障少数民族受教育权的法律规定概括有三个方面：一是专门的教育法律和其他的法律中关于少数民族教育的法律；二是解决一些“特殊人群”的特殊受教育权问题而制定的专门法案和条款；三是专门针对印第安人制定的教育法，通过资助项目来加强对印第安人学校的建设。①

加拿大是移民国家，20 世纪六七十年代提出了多元文化主义政策。1977 年加拿大正式通过一项国家指令，规定少数民族母语在教育体系中应该被扶持。1988 年联邦议会通过了《多元文化法》，这是世界上第一部多元文化法，以保障少数民族都能自由地保持和发扬他们自己的文化。

英国也是一个多民族国家。英国于 1965 年制定了《民族关系条例》，以后经过 1968 年、1976 年两次修订。《民族关系条例》的颁布和修订，目的是保护少数民族的合法权益，消除在就业、就学和住房等方面对少数民族的歧视。1977 年英国政府文件《学校教育》和《学校课程》都提出学校教育中应该贯穿多元文化的理解和多元文化价值的保护。

少数民族教育是俄罗斯联邦教育体系中的重要组成部分，1992 年《俄罗斯联邦教育法》第二条、第五条、第六条、第十四条、第二十九条对少数民族教育做出了更具体的规定。1993 年的《俄罗斯联邦宪法》对少数民族平等受教育权和使用本民族语教学做了明确的规定。

（二）我国民族教育法的发展

我国古代没有专门的民族教育立法，但存在零星的民族教育法律规范，如少数民族建立的政权中前赵刘曜、北魏孝文帝时期鼓励学习汉文化的规定，元朝、清政府积极发展少数民族地区文化教育的规定，以及科举考试中对特殊照顾少数民族的规定。

民国政府比较重视民族教育立法，1929 年国民党政府公布了《待遇蒙藏学生章程》，1931 年通过了《三民主义教育实施细则》。该《三民主义教育实施细则》第六章专章对蒙古和西藏教育的宗旨、方针、课程设置、教材编写、教育内容等方面做出了规定，开了中国民族教育系统立法之先河。此后，国民政府还制定了一系列民族教育法规，如《边远区域劝学暂行办法》（1940 年）、《边地教育视导应特别注意事项》（1941 年）、《边疆学生待遇办法》（1944 年）、《边疆初等教育设施办法》（1944 年）、《设置边疆教育督导员办法》（1945 年）、《国立各级边疆学校教服务奖励办法》（1946 年）等，形成了民族教育法规体系。②

中国共产党一开始就重视民族教育和民族教育立法工作。早在抗日战争时期，就在延安设立了民族学院，开展少数民族干部教育。新中国成立不久，政务

---

① 王硕：《论少数民族受教育权》，《赤峰学院学报》（自然科学版），2014 年，第 22 期，第 211-212 页。
② 张玉堂：《教育法规通论》，成都：电子科技大学出版社，1996 年版，第 284 页。

院就批准颁布了《培养少数民族干部试行方案》(1950 年)、《筹办中央民族学院试行方案》(1950 年)。1951 年政务院批准颁布的《关于第一次全国民族教育会议的报告》是一部全面的民族教育行政法规，它为后来的民族教育法制建设奠定了基础。此后陆续颁布《决定建立民族教育行政机构的决定》(1952 年)，《关于少数民族教育补助费使用范围的指示》(1953 年)、《关于高等学校优先录取少数民族学生的通知》(1962 年)、《关于加强民族教育工作的意见》(1980 年)、《关于正确处理少数民族地区宗教干扰学校教育问题的意见》(1983 年)、《关于内地十九省市为西藏办学的几项具体规定》(1985 年)等。

20 世纪 90 年代以来我国民族教育及其立法进入大发展时期，国家先后制定了《关于加强民族教育工作若干问题的意见》(1992 年)、《加强普通高等学校少数民族预科班工作的意见》(1992 年)、《关于招收少数民族优秀青年进入高等学校学习的意见》(1992 年)、《关于对全国 143 个少数民族贫困县实施教育扶贫的意见》(1992 年)、《关于加强民族散杂居地区少数民族教育工作的意见》(1992 年)、《关于推动东西部地区学校对口支援工作的通知》(2000 年)、《关于进一步加强贫困地区、民族地区女童教育工作的十条意见》(1996 年)等民族教育法规规章。国家先后颁布的民族教育法规和规章近 160 项，范围涉及了我国民族教育的各个方面。此外，民族自治地方也制定了 30 多项有关民族教育的地方性法规，具有中国特色的民族教育法规体系已经初具雏形。

但是，我国民族教育立法中缺乏民族教育的基本法《民族教育法》，也没有系统的《民族教育条例》等。根据《关于加强民族教育工作若干问题的意见》第七条规定，国家正抓紧拟订《民族教育条例》，实现《全国民族教育发展与改革指导纲要(试行)》(1992 年～2000 年)第十条的目标："在总结经验的基础上再制定《民族教育法》，使我国民族教育工作逐步走上依法治教的轨道。"

五、继续教育法律制度

继续教育，以前称成人教育，是面向学校教育之后所有社会成员特别是成人的教育活动，是终身学习体系的重要组成部分。

继续教育法有广义和狭义两种含义。广义的继续教育法指所有调整学校教育之后社会成员教育活动的法律规范的总称，它既包括《宪法》《教育法》《成人教育法》《职业教育法》等法律法规中关于继续教育的规范，也包括行政法规、规章和司法解释等有关继续教育的规范；狭义的继续教育法专指全国人大及其常委会制定颁布的有关学校教育之后社会成员教育活动的专门法律，如《终身教育法》等。

（一）国外继续教育法的发展

国外继续教育立法始于20世纪初，到20世纪60年代出现高潮。

1919年英国成人教育复兴委员会的《史密斯报告》确立了成人教育作为制度的地位，促使政府在经济上对成人教育的资助逐渐增加。1924年英国教育部颁发的《成人教育章程》对英国继续教育的发展产生了深远的影响。在英国关于继续教育的法案中，《1944年教育法》是最重要的一部法案。该法案把英国继续教育中的非高等教育部分的职责主要落实在英国的地方教育当局。此外，英国政府颁布的与继续教育有关的正式法律还有1988年的《教育改革法案》、1992年的《扩充与高等教育法案》等，都对英国继续教育的不断发展起到了重要作用。

美国早在1914年的《史密斯·利伐法》中规定：联邦政府对州立大学开设的以自耕农为对象的农业公开讲座给予半费补助。美国于1963年提出的《成人教育法案》（1970年、1974年、1978年三次修订）是美国继续教育立法体系中的基本法，主要规范继续基本教育（即中学毕业程度以下的教育）和基本的工作培训，以及对特殊人群的继续教育。1980年美国《高等教育法修正案》将原《高等教育法》第一款修改为《中学后继续教育法》，简称《继续教育法》，目的是为那些在青年时期未受到合适教育的成年人，扩大其中学后受教育机会，以适应美国未来社会发展的需要。此外，《职业教育法》也涉及成人职业培训。美国劳工部立法《劳动力投资合作法》（1998年）等，也是继续教育立法体系中的重要组成部分。

日本《社会教育法》（1949年）是继续教育领域的主要法律。此外，由日本劳动省（现厚生劳动省）颁布的、专为职业培训活动制定的《职业训练法》及在此基础上演变而成的《职业能力开发促进法》（1991年）也是继续教育领域的重要法律。

德国各州自1970年以来，陆续制定了《成人教育振兴法》及针对在职者的带薪教育制度。1990年在德意志联邦中前西德11个州中已有8个州制定了有关法律。

法国政府1971年通过了《继续教育组织法》，1978年和1984年又进行了重要的修改和补充。该法明确了继续教育的地位和作用，以及政府、公共机构、地方集团、学校等的权利和义务，并且对经费来源和使用做了具体规定。

（二）我国继续教育法的发展

我国高度重视继续教育立法工作。在现行法律体系中《宪法》《教育法》《高等教育法》《职业教育法》均涉及继续教育问题，这些法律规范为继续教育立法奠定了坚实基础。我国继续教育法律法规主要包括如下。

1. 专业技术人员继续教育法规

1987 年国家教委等联合发布《关于开展大学后继续教育的暂行规定》，1995 年人事部发布《全国专业技术人员继续教育暂行规定》，这两个文件明确了继续教育的对象和任务，初步建立和完善了继续教育制度。此外，各部委和地方相继颁布、修订或废止了一系列配套规章和法律，如财政部发布《会计人员继续教育暂行规定》（1998～2006 年）、《会计人员继续教育规定》（2006 年发布，2013 年修订），以及《北京市专业技术人员继续教育规定》（1995 年发布，2001 年修正）等。

2. 成人教育法规

20 世纪 80 年代，国家教委相继发布了《关于改革和发展成人教育的决定》（1987 年）、《成人高等学校设置的暂行规定》（1988 年）等文件，规定了继续教育的主要任务、成人高校设立标准和审批程序等，建立和完善了我国的继续教育制度。

3. 自学考试法规

1988 年，国务院颁布《高等学校自学考试暂行条例》，建立高等教育自学考试制度。此后国家教育主管部门发布了一系列配套规章制度，包括《全国自学考试考籍管理试行办法》（1989 年）、《高等教育自学考试命题工作规定》（1992 年）、《高等教育自学考试实践性环节考核管理试行办法》（1996 年）、《高等教育自学考试专业目录与专业基本规范》（1998 年）等。

4. 函授教育法规

1987 年，国家教委颁布《普通高等学校函授教育暂行工作条例》，要求"高等学校在办好全日制教育的同时，要创造条件举办函授教育"。

5. 远程教育法规

1988 年，国家教委颁布《广播电视大学暂行规定》，规定了广播电视大学的性质、任务、设置原则、设置标准、审批程序、职责、教学、管理体制等。

此外，还有扫盲、老年人教育、全民阅读、终身教育等方面的继续教育法规，如《扫除文盲工作条例》（1988 年颁布，1993 年修正）、《天津市老年人教育条例》（2002 年）等。福建（2005 年）、上海（2011 年）、太原（2012 年）、河北（2014 年）制定了地方终身教育促进条例。

随着继续教育规模的日趋扩大，我国继续教育的形式、种类日益多样化，但是继续教育立法步伐跟不上形势的发展，制约了继续教育的发展。为了规范和引导继续教育的发展，我国应制定一部专门的《终身教育法》。

第三节 案例分析与讨论

一、布朗诉托皮卡教育局案[①]

（一）案情简介

布朗案是一个由堪萨斯州、南卡罗来纳州、弗吉尼亚州和特拉华州的四个有关黑人上学案件合并审理的案子，是一件美国历史上非常重要、具有指标意义的诉讼案。

1. 布理格斯诉伊利奥特案

布理格斯诉伊利奥特案发生于 1947 年。当地的黑人学校不仅校舍差，黑人学童还必须走路上学。黑人学校校长约瑟夫·德兰要求白人学校管理者提供校车以帮助黑人学童，但是白人学校的管理者认为黑人缴的税不够多，无法支付校车的开销，因此要求白人纳税者提供校车服务并不公平。1948 年约瑟夫·德兰采取法律行动被法院驳回。在 1949 年，约瑟夫·德兰收集到足够量的签名，提起集体诉讼，得到全国有色人种促进协会的支助，诉讼的目标从要求改善设施转为攻击种族隔离设施。法院引用了“隔离但平等”的原则，判决原告败诉，但是要求教育当局改善黑人学校的设施。布理格斯案在地方引起了很大反响，几个原告被老板解雇，校长被撤职，房子被烧毁，支持原告的法官也被罢免。全国有色人种促进协会不满此判决而提出上诉至最高法院，因此成为后来布朗案的一部分。

2. 戴维斯诉普林斯·爱德华郡教育局案

戴维斯诉普林斯·爱德华郡教育局案是从普林斯·爱德华郡黑人学生的罢课活动开始的。普林斯·爱德华郡的罗伯特·鲁萨·摩顿高中学制比一般高中少一年，读到十一年级即可毕业，因此吸引了邻近地区的许多黑人学生就读。由于校舍狭小加上学生众多，教学质量差。当地全国有色人种促进协会律师兼罗伯特·鲁萨·摩顿高中学生会会长法兰西斯·葛瑞芬和校长博伊德·琼斯向教育当局提出诉愿请求改善学校措施。诉愿提交了几个月，教育当局没有做出任何回应，由此引发的罢课行动一直持续了 10 天，直到全国有色人种促进协会决定协助提出诉讼，罢课活动才告结束。法院在本案判决中认为教育当局必须改善黑人学校的设施，但是仍然引用“隔离但平等”的原则拒绝原告黑人学生进入白人学校就读。全国有色人种促进协会不满此判决而提出上诉至最高法院，因此成为后

① 任东来、陈伟、白雪峰：《美国宪政历程——影响美国的 25 个司法大案》，北京：中国法制出版社，2015 年，第 206-228 页。

来布朗案的一部分。

3. 贝尔顿诉格布哈特案

贝尔顿诉格布哈特案（布拉诉格布哈特案）是由两件被告相同的案子合并而成的。本案中牵涉威尔明顿的霍华德高中及只有一间教室的霍克辛小学两所学校。霍华德高中，校舍相当拥挤，师资不良且课程缺乏，但是社区中有设备非常优良的学校，却基于种族的因素不能就读。1951 年八位学生家长在全国有色人种促进协会的律师路易斯·瑞丁的协助下提出了诉讼。

在霍克辛的乡村地区，莎拉·布拉家门前每天都会经过一班白人学校的校车。莎拉·布拉向州政府教育当局表达想要搭乘那班校车的希望，却基于种族不同的因素而遭拒绝。莎拉·布拉向全国有色人种促进协会的律师路易斯·瑞丁寻求法律协助。两件案子的家长们都认为不应该只挑战州政府建设“不平等”校舍的作为，因此将州政府教育局官员列为被告。和其他布朗案不同，本案中的法官柯林·赛兹认为黑人学生基于种族隔离受到实质伤害，两所学校确实存在有“隔离但不平等”的差异，因此，“隔离但平等”的原则在这里并不适用，黑人得以进入白人学校就读。教育当局不满此判决而提出上诉至最高法院，因此成为后来布朗案的一部分。

4. 布朗案

1950 年，琳达·布朗和她的妹妹泰瑞·琳是堪萨斯州托皮卡的学生，她们每天都要步行 1 英里①到公共汽车站，然后搭车到离家 5 英里远的黑人学校蒙罗小学上学。她们的父亲奥利弗·布朗尝试取得离她家较近的萨姆纳小学的入学许可，却遭到托皮卡教育局拒绝，原因是萨姆纳小学只接纳白人小孩子就读。奥利弗·布朗向全国有色人种促进协会寻求帮助，在初步的救济失败之后，他们开始着手提起诉讼。1951 年秋天，奥利弗·布朗作为第一原告对托皮卡教育局提起集体诉讼，要求校区停止种族隔离的政策，获得宪法第 14 条修正案所保障的同等保护权。地方法院引用了“隔离但平等”的原则，认为教育局的种族隔离措施不违反宪法，黑人学校和白人学校在建筑物、交通措施、课程及教职员等方面有“实质”的平等。全国有色人种促进协会不满此判决而提出上诉至最高法院，因此成为后来布朗案的一部分。

该案于 1954 年 5 月 17 日由美国最高法院做出决定，法院判决种族隔离本质上就是一种不平等，因此，原告与被告双方所争执的“黑人与白人学童不得进入同一所学校就读”的种族隔离法律必须排除。种族隔离的法律剥夺了黑人学童的入学权利而违反了美国宪法第十四修正案中所保障的同等保护权，学童不得基于种族因素被拒绝入学。本案最终终止了美国社会中存在已久的白人和黑人必须分

---

① 1 英里≈1.61 千米。

别就读不同公立学校的种族隔离现象。

（二）案例分析

（1）本案都是围绕对教育方面的“隔离但平等”而展开。1890 年，路易斯安那州众议院通过了一项法案，该法令规定本州的所有铁路公司在运送旅客时，都必须为白人和有色种族提供平等但隔离的设施，每列客车设两节以上的车厢或者把一节车厢分为两部分，以保证设施的隔离。该法同时规定了不遵守此规定的处罚措施。1982 年，美国南部路易斯安那州公民普莱西从新奥尔良乘火车去磕利顿。列车长查票时命令普莱西去黑人车厢遭到拒绝后叫来警察将其逮捕，交由法院判罪。但是，普莱西认为他有 7/8 的高加索白人血统、1/8 的非洲黑人血统，且其长相除了头发稍微弯曲、嘴唇稍厚之外，其他外貌均酷似白人，因此，他享有美国公民所享有的一切社会、政治及经济平等权，遂在联邦刑事地方法院反告法官弗格森违宪，剥夺其应得的司法救济权利。该案几经各级法院审判，结果均对普莱西不利，最后，他上诉至联邦最高法院。最高法院认为此案涉及宪法基本权利问题，便予以受理。联邦最高法院认为，路易斯安那州“隔离但平等”法令不违反宪法关于废除奴隶制的第十三修正案。白人和有色人种之间存在的肤色差别，是由肤色的不同造成的，一部指明这种肤色差别的法规，并不损害两个民族的法律地位，也不会建立起一种奴役性的服务状况。联邦最高法院指出，路易斯安那州的“隔离但平等”法令并不违反宪法第十四修正案。尽管联邦宪法中规定了两个种族在法律面前完全平等，但是并不想取消由肤色不同而形成的差别，也不是想在两个种族的任何一方不满意的情况下，强迫实施两个种族的社会平等，或者把两个种族混合在一起。当两个种族有可能互相接触时，法律允许甚至要求把两个种族在空间上隔离，这并不意味着一个种族在地位上低于另一个种族。

（2）本案法律争论的焦点在于“隔离但平等”的原则是否能够适用于本案。双方争夺宪法第十四条修正案“同等保护权”的解释的主导权，达成对自己有利的解释方法，从而论证“隔离但平等”的法律原则在第十四条修正案的“同等保护权”之下。在本案中所争执的是种族隔离在公立学校教育上所产生的影响，美国最高法院的大法官认为，原告方据以起诉的第十四修正案对于解决争议的问题有所帮助，但并不够。因为基于当时公共教育没有很大的发展及其在公民生活中的地位并不如今天如此重要的现实，修正案并没有对学校隔离事件给出一个明确的结论。同时，也不能从理解该修正案通过时的社会背景及联邦国会通过这个修正案、各州议会批准这个修正案时所考虑的问题的角度来解决这个问题。

法院认为，尽管种族隔离表面上（如硬件设施、师资、课程等）的可见因素是平等的，但是有许多无形因素却是不平等的。隔离教育会使学童对自己形成一种“自己是次等的”的自我认同，这种认同感觉会伤害学童的心灵，同样也会影响他的学习动机及未来心灵的正常成长。法院因此判决“隔离但平等”的法律原则，在公立中小学中，因为隔离的措施本身即是一种不平等，所以不再适用。隔离教育违反了宪法第十四修正案的“同等保护权”，因此违宪，法律因而不适用于个案中，黑人学童进入白人学校就读的权利不得被拒绝。

由于美国宪法第十四修正案的同等保护原则只规范州而不直接适用于联邦，所以最高法院利用美国宪法第五修正案的“正当法律程序”条款，说明“同等保护权”与“正当法律程序”并不互相排斥，指出种族隔离法律的实行并没有合理目的，因此，剥夺黑人学生进入白人学校的权利违反了宪法所保障的正当法律程序。综合上述理由，拒绝黑人学生入学的种族隔离措施因此违宪，黑人学生得以进入白人学校就读。

（3）隔离制度的废除还需努力。最高法院的判决明确指出种族隔离的教育措施违宪必须终止，因此，美国各地的中小学自此以后种族隔离的现象不再继续存在。另外，由于本案的法律原则后来在他案中也同样扩张适用，所以影响层面也扩及大学教育，美国的大学中原本存在的种族隔离政策也因此被解释为违宪。本案对社会的影响是相当巨大的，影响层面不只是在教育方面，随后有许多黑人都对不公平的种族隔离措施提起诉讼，并且引用本案作为理由，常常获得胜诉。

但是，此案对于全面废除种族隔离制度才起了个头。挑战美国各地对于黑人不合理的歧视及种族隔离是在马丁·路德·金倡导非暴力不合作运动的理念下，美国黑人民权运动的一步一步展开。直到国会通过 1964 年民权法案（*Civil Rights Act of 1964*），禁止所有的公共场所对黑人隔离或歧视，这一问题才初步获得解决。

（三）案例讨论

（1）该案中的教育隔离与普莱西案中的“隔离但平等”是否一致？为什么？

（2）该案与普莱西案相比，进步体现在哪些方面？

（3）根据联邦最高法院的意见，尽管种族隔离表面上的可见因素平等，实际上有许多无形因素不平等，但是“同等保护权”与“正当法律程序”却不互相排斥。您是如何理解上述联邦最高法院的意见的？

（4）如何评价布朗诉托皮卡教育局案在少数民族教育发展中的历史意义？

二、民办幼儿园承包经营合同的效力认定[①]

（一）案情简介

原告承包了被告举办的民办幼儿园后，指被告行为违约并诉至法院，请求判决被告支付合同约定的违约金。被告辩称，双方签订的《幼儿园承包经营合同》无效，故原告的诉讼请求应被驳回。经查：双方签订的《幼儿园承包经营合同》约定，原告按月向被告支付承包费；被告将幼儿园所有资产交给原告使用，同时幼儿园的有关经营证照、权证等文件资料一并移交；原告对幼儿园享有独立的经营管理权及办学权，财务独立，但被告有权对原告的经营进行监督；幼儿园所有教职员工由原告聘用，但同等条件下优先聘用被告原有员工。

（二）案例分析

审理中，本案有两种意见。

第一种意见认为，被告向原告让与的不仅是财产经营权，而且是教学自主权。本案的承包经营与出租办学资质并无实质区别，因而涉案合同违反了《民办教育促进法》的强制性规定，应为无效。第二种意见认为，本案的承包经营与出租办学许可证、擅自改变举办者的行为不同，涉案合同有效。

我们认同第二种意见，理由如下：

我国《民办教育促进法》第六十二条列举了民办学校的八项行为，若有其中任意一种行为，将由“审批机关或者其他有关部门责令限期改正，并予以警告；有违法所得的，退还所收费用后没收违法所得；情节严重的，责令停止招生、吊销办学许可证；构成犯罪的，依法追究刑事责任”。其中，第二项为擅自改变民办学校举办者，第七项为出租办学许可证。

《民办教育促进法》以促进民办学校教学质量的提高、促进民办教育事业的健康发展为目的，上述两项行为背离了这一立法目的而应被认定无效。因此，涉案合同的效力如何，受制于本案的承包经营行为与出租办学许可证、擅自改变举办者的行为有无不同。

（1）承包经营学校与出租办学许可证的区分。办学许可证的出租，出租的标的仅在于办学的权利能力、资质。出租人以此坐收租金，教职人员的素质、教学质量能否保持应有水平等，皆不过问；而承包经营当中，由于转移的只是财产经营权，所以举办者仍具有控制、协调、监督等权责。将办学许可证及教学设施移交由承包人使用、管理，只是为了便于承包人行使经营权。因此，二者的区分标准之一是举办人是否放弃对合同相对方的经营活动进行监督的权利，或不履行监

---

① 陈捷：《民办幼儿园承包经营合同的效力认定》，《人民法院报》，2010 年 9 月 2 日，第 7 版。

督义务。

本案中，被告按约定对幼儿园具有监管职责，涉案幼儿园的教学场所及设施没有因承包而发生变化。此外，法院还查明包括园长、校医在内的教职员工队伍，也未因承包而变动。这种教职队伍、教学场地与环境等教学条件基本不变并强调幼儿园举办人监管职责的承包模式，使得幼儿园的教学质量并不会因实际经营者的变更而下滑。显然，涉案承包经营行为与出租办学资质行为不同，此种承包经营并不违背我国《民办教育促进法》。

（2）承包经营学校与擅自改变举办者的区分。承包经营，移转的仅是财产经营权，承包人对学校财产享有使用、收益及依据发包人的授权依法处分的权利，发包人仍为所有权人；而改变举办者，对学校的所有权则一并让渡，举办者不再拥有对校产的所有权。双方通过合同意欲移转的对象，即合同的标的物是辨明二者的关键所在。

本案中，所有权并不在双方约定的“承包”标的项下，被告只是将幼儿园的财产及经营所需证照交由原告占有、使用并从中收益，原告并没有取得上述标的物的处分权能。因此，涉案的承包经营行为与擅自改变举办者亦有不同。

综上所述，涉案《幼儿园承包经营合同》应为有效合同。当然，实践中也有这样的常见情形：合同虽然载明“发包人对承包人负有监管之责，承包人应接受发包人的合法监督”，而实际上发包人只是把办学许可证当“摇钱树”；合同当中虽然没有载明买卖学校所有权，而所有权却暗中易主。对于此类情形，可援引《合同法》第五十二条第三项的规定“以合法形式掩盖非法目的”而确认合同无效。

另外，对于非合同当事人而与该合同有利害关系的受教育者而言，合同效力如何，均不影响其依据《民办教育促进法》第六十二条的规定，通过请求审批机关或者其他有关部门责令合同双方限期改正等来救济自己的权利。公法责任应否承担绝不能与合同是否有效混为一谈。

（三）案例讨论

（1）现代学校的举办者与经营管理者的角色分离对于学校发展具有什么意义？

（2）学校的经营管理者与现代企业经理人的职业角色的实质是否相同？

（3）本案中发包人是否为幼儿园的举办者？承包人是否为幼儿园的经营管理者？

（4）你认同本案审理中第一种意见还是第二种意见？为什么？

三、教职员工与民办学校的财产和责任承担纠纷案

（一）案情简介[①]

被告中国海南和平公学（以下简称海南和平公学）是一所社会团体、企业联合创办的私立学校。1992 年 12 月 26 日，文昌市宋庆龄基金会（以下简称文昌基金会）与吉林省新闻出版局（以下简称吉林出版局）的下属单位海口吉翔科学文化开发有限公司（下简称吉翔公司）签订《联合创办中国海南和平公学合同书》。约定由文昌基金会提供办学场地，不承担学校任何经费，不参与学校的经济事务，由吉翔公司投资兴建，自主经营、独立核算、自负盈亏，学校的财产所有权属于吉翔公司，办学中，吉翔公司经费不足、管理不善造成的损失和一切经济责任由吉翔公司全部承担。海南和平公学 1993 年 1 月 30 日经文昌县教育局批准成立，颁发办学许可证，并向全国招生及招聘教师。

1993 年 12 月 30 日新闻出版署撤销了吉翔公司，该公司在海南和平公学的一切权利和义务转由吉林出版局享有和承担。1995 年 10 月 12 日，吉林出版局与文昌基金会重新签订《联合创办中国海南和平公学合同书》，该合同的内容与 1992 年 12 月 26 日的合同内容一致。1997 年 5 月 13 日吉林出版局与紫龙公司签订《项目转让协议书》。约定吉林出版局将其在海南和平公学中的权利义务转让给紫龙公司。1997 年 6 月 16 日，紫龙公司与文昌基金会签订《联合续办中国海南和平公学合同书》，该合同内容与前两个合同基本一致。此后，海南和平公学由紫龙公司经营管理。但紫龙公司未经工商行政管理部门注册登记，未取得法人资格，而其创办人吴清海所持的营业执照是伪造的。因此，紫龙公司不具备法人资格及《民事诉讼法》中规定的其他组织资格，也不具备民事主体资格。

原告符某某于 1995 年 2 月经海南和平公学招聘成为该校教师（工人）。1998 年 6 月后，由于海南和平公学经营管理不善，1999 年 5 月 13 日，文昌市教育局吊销了海南和平公学办学许可证。现海南和平公学尚拖欠原告工资、工资经济补偿金、代课费、差旅费、探亲费等共计 2725 元。原告向文昌市劳动争议仲裁委员会申请仲裁，该仲裁委员会以“教职工未与海南和平公学订立劳动合同，属违法用工”为由，不予受理，原告向法院起诉。

一审判决中国海南和平公学拖欠原告符某某的劳动工资及工资经济补偿金、代课费、差旅费、探亲费等共计人民币 2725 元，吉林出版局对中国海南和平公学上述债务负连带责任，诉讼费人民币 77 元由中国海南和平公学负担。吉林出

---

① 吉林省新闻出版局与中国海南和平公学、符金花拖欠劳动工资纠纷案，http：//www.110.com/panli/panli_49469.html。

版局提出上诉称，海南和平公学具备法人资格，与被聘用员工构成劳动关系，应独立承担民事责任。

二审认为一审判决认定事实清楚，审判程序合法，但在法律适用及判决上诉人承担连带责任上有误。中国海南和平公学应该支付符某某的劳动工资及工资经济补偿金、代课费、差旅费、探亲费等共计人民币 2725 元。一审与二审的受理费共 154 元，均由海南和平公学负担。

（二）案例分析

这是一起有关民办学校的财产和责任承担问题的案件。民办学校利用非国家财政性经费举办，因此，其产权的归属、责任的承担等问题相对复杂，就此而引起的一些纠纷逐渐成为社会各界关注的焦点。

（1）海南和平公学具有独立的法人地位。本案中的海南和平公学是由吉林出版局与文昌基金会联合创办的教育机构，1993 年 1 月 30 日经文昌市教育局批准成立，并颁发了办学许可证。根据法人的法人资格要求，海南和平公学有自己的名称、组织机构和场所，亦有必要的财产和经费，因此，具备法人成立的条件，依据《教育法》第三十一条，该校自批准设立或者登记注册之日起取得法人资格，具有民事权利能力和民事行为能力，并依法独立享受民事权利和承担民事义务。因此，海南和平公学的成立、解散、责任的承担等都应适用《民法通则》中关于法人的规定。

（2）海南和平公学与出资者的关系。法人的独立性是法人与其他非法人组织的根本区别。法人的独立性表现在组织上、财产上和责任上。法人的财产虽然是由发起人、投资人或捐助人投入，但它是法人独立拥有的财产。法人一旦成立，则与其创办人、法人内部成员的其他财产相分离，完全独立由法人支配。法人仅以自己的财产对自己在民事活动中发生的债务负清偿责任。因此，一审法院判决吉林出版局对海南和平公学的债务承担连带责任是不正确的，混淆了学校法人和出资举办者。被上诉人符某某的报酬与相关费用应由被上诉人海南和平公学独立承担清偿责任。

（3）民办学校的性质、法人地位与破产后债务清偿问题。在我国，民办教育事业属于公益性事业，是社会主义教育事业的重要组成部分。我国民办学校法人是公益法人，也是私法人。《民办教育促进法》从三个方面界定了民办学校的法人财产权：首先，明确了民办学校对自身所有财产的独立支配权，独立享有占有、使用、处分、收益等各项所有权权能，并在民事活动中独立承担相应的义务与责任。其次，进一步明确了举办者与学校之间的权利与义务关系。法人财产权是通过投资者权能转移而产生的权利。举办者出资举办民办学校后，出资财产所有权已经转移，举办者对学校的财产没有直接支配权。最后，明确了民办学校与举办者的责任属性。举办者对民办学校的债务不承担无限责任，而是以出资财产为限承担有限责任，同时，民办学校以自身全部法人财产承担责任。[①]

（4）民办学校的分类管理。当前我国民办学校法人地位不明确，内部财产关系混乱，鱼目混杂，给管理带来了很大的困扰。对民办学校的分类管理势在必行。将来按照民办学校成立时的“营利性”与“非营利性”可以进行区分，实行不同的管理。非营利性的学校财产主要是公众、组织或个人捐资、集资构成，国家采取类似于事业单位方式监管；而营利性的是组织、个人投资举办，国家应该采取企业形式监管。

（三）案例讨论

（1）该案中吉林出版局、文昌基金会和海南和平公学之间有什么关系？三者各自的权利和义务是什么？

（2）民办学校法人与公立学校法人地位相同吗？为什么？

（3）你对民办学校的公益性、“营利性”与“非营利性”的规定有何看法？

（4）根据你对国外公司化学校的了解，谈谈我国营利性民办学校的管理制度。

◇要点归纳

1. 狭义的学前教育法专指国家立法机关制定的《学前教育法》，广义的学前教育法还包括《教育法》及其他法律中有关学前教育的法律规范，国务院颁布的幼教行政法规中有关学前教育的法律规范，以及国家及国家教委颁布的教育规章和地方立法机关、民族自治机关颁布的地方法规中有关学前教育的法律规范。

2. 义务教育法，是指规范义务教育过程中各方权利义务的法律规范的总称。义务教育作为一项教育制度和法律制度，具有强制性、普及性、公共性、免费性、基础性。

3. 广义的高等教育法是指调整高等教育关系的法律规范的总称，它包括《教育法》《高等教育法》《学位条例》等法律中涉及高等教育的法律规范，也包括其他法律、法规和规章中涉及高等教育的法律规范。狭义的高等教育法仅指《高等教育法》法规。

4. 狭义的职业教育法特指由全国人大常委会制定的法典《职业教育法》。广

---

① 饶常林：《热点教育纠纷案例评析之学校篇》，北京：中国法制出版社，2007年，第160页。

义的职业教育法，是指调整职业教育关系的法律规范的总称，它不仅包括《职业教育法》法典中的职业教育法律规范，还包括其他法律法规和规章中有关职业教育的法律规范。

5. 特殊教育法是指规范特殊教育过程中各方权利义务的法律规范的总称。

6. 广义的民办教育法指所有调整民办教育活动的法律规范的总称，它既包括《宪法》《教育法》《高等教育法》《义务教育法》等其他法律中关于民办教育的规范，也包括行政法规、规章和司法解释等有关民办教育的规范。狭义的民办教育法专指全国人大及其常委会制定颁布的调整民办教育关系的专门法律，在我国专指《中华人民共和国民办教育促进法》。

7. 民族教育法是指国家机关为了促进民族教育事业发展而制定的法律法规的总称。这是广义的民族教育法，其内容包括《宪法》和《教育法》中的民族教育条款，以及有关民族教育的法律法规和民族教育规章。狭义的民族教育法专指《民族教育法》法典。

8. 广义的继续教育法指所有调整学校教育之后社会成员教育活动的法律规范的总称，它既包括《宪法》《教育法》《成人教育法》、《职业教育法》等法律法规中关于继续教育的规范，也包括行政法规、规章和司法解释等有关继续教育的规范。狭义的继续教育法专指全国人大及其常委会制定颁布的有关学校教育之后社会成员教育活动的专门法律，如《终身教育法》等。

9. 我国缺乏专门的《学前教育法》《高中教育法》《特殊教育法》《民族教育法》《终身教育法》，需要专门立法。现有的《教育法》《高等教育法》《职业教育法》《残疾人教育条例》《民办教育促进法》的部分内容跟不上教育形势的发展，需要进一步修改和完善。

◇思考与练习

1. 联系实际论述我国学前教育的发展状况、问题及《学前教育法》立法的迫切性。

2. 联系实际论述我国高等教育的发展状况和问题，谈谈为什么要修改《高等教育法》。

3. 论述制约我国民办教育发展的主要因素，谈谈《民办教育促进法》应该从哪些方面进行修改与完善。

4. 谈谈制定《终身教育法》对我国社会建设和社会发展的重要意义。

5. 论述制约我国职业教育发展的主要因素，谈谈《职业教育法》应该从哪些方面进行修改与完善。

6. 比较新旧《义务教育法》的内容，谈谈新修订的《义务教育法》有何特点。

◇拓展阅读

1. 蒋超：《学校法通论》，四川出版集团巴蜀书社，2006年。

2. 劳凯声、蒋建华：《教育政策与法律概论》，北京师范大学出版社，2015年。

第九章

学位与考试制度

内容提要

本章共三节。第一节分别介绍了学业证书的概念、意义和种类，以及学位制度的概念、意义、特点、种类、历史发展和实施与完善措施。第二节介绍了国家教育考试制度的概念、特点、意义、历史发展、国家教育考试的种类，以及国家教育考试制度的主要内容与实施和完善措施。第三节通过北京科技大学拒发学生毕业证和学位证案、北京大学不授予学生博士学位案讨论了学生的处分与毕业证、学位证之间的关系，学校在处分学生和学位管理中司法干预的合法性与干预的界限问题，以及学校行政中的程序合法问题。

学习目标

1. 识记学业证书制度、学位制度、国家教育考试制度的概念。
2. 理解学业证书制度、学位制度、国家教育考试制度的意义。
3. 了解国内外学位制度、国家教育考试制度的发展历程。
4. 理解学位制度、国家教育考试制度的特点。
5. 了解学业证书制度、学位制度、国家教育考试制度的种类。
6. 掌握学位制度和国家教育考试制度的主要法规的内容与实施。
7. 运用学业证书制度、学历制度、国家教育考试制度理论分析学历学位和考试中的相关案例，以及教育实践中的相关问题。

关键词

学业证书制度；学位制度；国家教育考试制度

第一节 学业证书制度与学位制度

一、学业证书制度

（一）学业证书的概念

学业证书是指经国家批准设立或者认可的学校及其他教育机构对在该学校或其他教育机构正式注册参加学习并完成规定学业的受教育者颁发的书面凭证。简单地说，学业证书就是受教育者按规定完成相应学业而获得的凭证。它表明受教育者完成了一定阶段、一定范围和程度的知识与技能的学习，达到了国家规定的教育标准。

根据《教育法》第四十二条的规定，受教育者在完成所在学校或其他教育机构教学计划规定的学业后有权获得相应的学业证书。学业证书通常是与国家的学制系统相联系，受教育者完成不同阶段或不同类型的教育，可获得相应的学业证书。

《高等教育法》第二十条规定，接受高等学历教育的学生，由所在高等学校或者经批准承担研究生教育任务的科学研究机构根据其修业年限、学业成绩等，按照国家有关规定，发给相应的学历证书或其他的学业证书。接受非学历高等教育的学生，由所在高等学校或其他高等教育机构发给相应的结业证书。结业证书应当载明修业年限和学业内容。

（二）实行学业证书制度的意义

1. 维护国家教育标准的完整统一

学历的高低是由学生入学水平、学校教育质量、学生学习结果决定的。一般而言，学校或其他教育机构是否具有学业证书、具有哪一级的学历证书发放权，取决于硬件条件和软件条件。硬件条件主要是指教育活动必须具备的物质条件，如教学设施、场地、图书资料、实验设备等；软件条件主要包括办学指导思想、教师素质、招生标准、教学质量、教学活动的组织过程与管理水平等。教学行政主管部门经过审查和考核，认为其教育质量达到相应的质量标准要求时，才授权学校发放不同级别的学历证。国家只有按照严格的学业证书发放标准和要求对教育者和受教育者的资格进行审查，才能根除滥发文凭现象，维护教育公平完整统一，促进教育事业的健康发展。

2. 维护学业证书的严肃性、公正性、权威性

学业证书具有法律效力：一是学业证书的颁发及认定是一项国家特许的权力，是一种代表国家行使权力，依法做出的行为。没有经过国家批准或认可，任何学校或其他教育机构擅自发放的学业证书国家一概不予承认。学校或其他教育机构只有经国家批准或认可其达到规定的教育指标，才有权发放相应的学业证书。二是国家对学校及其他教育机构按规定颁发的学业证书予以承认。持证者在获得学业证书之日起，可以按国家规定享受相应的待遇。[①]1995 年我国颁布了《教育法》，其中第二十一条规定："国家实行学业证书制度。"只有经国家批准设立或者认可的学校及其他教育机构，按照国家有关规定，符合条件的才有权发放学业证书。受教育者必须按规定经过一定的考核，通过鉴定，才能获得学业证书。这为维护国家教育的正常活动和学业证书的严肃性、公正性、权威性提供了法律保障。

3. 保证教育活动正常有序进行，提升教育质量

按国家学业制度统一标准，对义务教育、中等教育、高等教育等不同教育阶段受教育者修业时间和考核成绩进行考核，针对不同情况颁发毕业证书、结业证书和肄业证书。严格的质量考核和学历认证制度能够促使教育活动有序开展，从而提高教育质量。

4. 为人才的选拔、录用提供依据

学业证书是曾受教育的凭证，也证明了个人的学习与再学习能力。现代社会是学历社会，在社会生活中，获得某种学业证书，通常是个人进入高一级学校学习或从事相应职业的必要条件，也是用人部门选拔和录用人员的重要依据。同时，我国国家机关和事业单位基本都是按照学业等级定工资，也是干部或员工晋升的首要要求。学历（文凭）在我国社会生活中正起着越来越重要的作用，许多涉及自身重大利益的问题如就业、晋升、福利待遇等都与个体所获文凭的高低息息相关。重视学历的趋势在今后一个相当长的时期内还会继续存在，随着社会政治、经济和文化的不断进步，我国的"关系"大于学历的现象也必定会越来越少。因此，学业证书无论是对个人还是对社会都有十分重要的作用。

（三）学业证书的种类

学业证书包括学历证书和其他学业证书。

1. 学历证书

学历证书，俗称"文凭"，是指经国家批准设立或者认可的实施学历教育的学校及其他教育机构，对正式注册且完成教学计划规定的学业任务和达到国家规

---

① 陈恩伦：《教育法学》，重庆：重庆出版社，2006 年，第 12 页。

定的合格标准的学生颁发的书面凭证。学历证书包括毕业证书、结业证书和肄业证书三种。凡经正式注册取得学籍的学生，学完教学计划规定的全部课程，考试成绩及格（或修满学分），德育、体育考核合格，准予毕业者，发给毕业证书；学完教学计划规定的全部课程，但有一门以上课程不及格，未达到毕业标准者，可发给结业证书；具有正式学籍，其学历已达一年以上而未完成整个阶段学习任务而中途退学者，可发给肄业证书。

1）毕业证书

毕业证书是学校对毕业生，即完成规定的学业任务并达到合格标准的学生颁发的一种学历凭证。它表明该学生在某一级学校系统地学习了相应的学历教育课程，并达到规定的合格标准。相应级别的学历教育学校有相应的毕业证书。

一般来说，毕业证书包括以下内容：①毕业生姓名、性别、籍贯、出生年月、在校学习起止年月、修业年限（提前修完者应予注明）；②贴有本人免冠照片并加盖学校骑缝钢印；③学校名称及印章、校长签名；④发证日期及证书编号。

我国毕业证书主要有小学毕业证书、中学毕业证书、高中毕业证书、中等专业学校毕业证书、大专毕业证书、本科毕业证书、硕士毕业证书、博士毕业证书等。《义务教育法实施细则》第十五条规定：“对受完规定年限义务教育的儿童、少年由学校发给完成义务教育的证书。”有些地区小学毕业证书和初中毕业证书已合二为一发放。

1990 年国家教委发布的《关于在普通高中实行毕业会考制度的意见》规定，普通高中毕业会考成绩达到学籍管理中毕业文化课成绩合格标准的学生，可以取得普通高中毕业证书。1990 年 1 月国家教委发布《普通高等学校学生管理规定》，指出：“具有学籍的学生德、体合格，学完或提前学完教学计划规定的全部课程，考核及格或修满规定的学分，准予毕业，发给毕业证书。”

1992 年国家教委颁布的《职业高级中学学生学籍管理暂行规定》中规定：“在籍学生，思想品德合格，学完教学计划规定的全部课程，考核成绩合格，准予毕业，发给地、市、州教育行政部门验印的毕业证书。”“毕业时，学完全部规定课程，经补考后学科成绩仍有不及格或操行总评不合格者，发给结业证书。毕业后一年内经补考（限一次）成绩全部合格或由用人单位（户口所在地区）做出鉴定，证明达到合格者，可换发毕业证书，并注明‘补发’字样，其毕业时间自换发毕业证时算起。”“勒令退学的学生可发学历证明，开除学籍的学生不发学历证明。”

国家教委在颁发《普通高等教育学历证书管理暂行规定》的同时制定和颁发相应的《普通高等教育学历证书管理暂行规定实施细则》和《普通高等教育学历证书式样规格》，并在《关于实施〈普通高等教育学历证书管理暂行规定〉有关事项的通知》中规定："普通高等教育学历证书颁发对象为：研究生、本科生、专科生、第二学士学位班学生，列入普通高等教育招生计划的电视大学、函授大学、夜大学普通专科班学生。"国家教委在 1993 年制定和颁发了《关于成人高等教育毕业证书统一印制及加强管理的若干规定》。其中规定："经国家教委批准备案的独立设置的成人高等学校（即：广播电视大学、职工高等学校、农民高等学校、管理干部学院、教育学院、独立设置的函授学院）、普通高等学校举办成人高等学历教育颁发的毕业证书由国家教育委员会统一印制。""成人高等教育毕业证书实行国家教育委员会、省、自治区、直辖市、计划单列市或国务院有关部委教育行政（主管）部门和学校三级管理。此外，参加自学考试，各科成绩合格可获得相应的毕业证证书。"

2）结业证书

结业，一般指结束学业，表明学生在规定的时间内学完规定的学业课程而结束学业。结业证书是学校对学完规定的学业课程而部分课程尚未达到合格标准的学生颁发的一种学历凭证。结业证书的式样、内容与毕业证书基本相同。

1983 年国家教委《关于进一步提高普通中学教育质量的几点意见》中规定："对没有学完教学计划所规定的课程，德、智、体没有达到合格要求的学生，只发给结业证书；一年内在原校补考及格，才可发给毕业证书；中途退学的只发给肄业证书。具体办法由各省、市、自治区的教育厅（局）制定。"1990 年 12 月国家教委在《普通高等学校举办非学历教育管理暂行规定》中规定：非学历教育包括大学后继续教育和其他培训、进修、辅导（不含高教自考辅导）等（不包括专业证书教育）。非学历教育的学员按教学计划"完成学业，考核及格，由学校成人教育管理机构（没有成立成人教育管理机构的，则由学校教务处）发给结业证明"。

学业作结业处理并不是对学生的行政处分，只是学校严把人才培养质量关的一种制度管理措施。学生结业离校，其学历与毕业学历是一样的，结业者可按学校有关规定，在一定的期限内就不及格课程回校补考，补考及格后结业证书可换发毕业证书，并享受同等学历毕业生的待遇。

3）肄业证书

"肄"的原意是学习，肄业指按教学计划规定学习了一个阶段而中途终止学习。肄业是相对于结业和毕业而言的。肄业证书是学校为参加了一定阶段的学历教育课程学习而中途终止学习的学生即肄业生而发的一种学历凭证。肄业证书的式样、内容与结业证书相同。

肄业证书，只是学生曾在某一级学历教育的学校学习的一种证明。按规定持有者的待遇视同于低一级学历的毕业生。

2. 其他学业证书

其他学业证书是学校或其他教育机构根据其办学宗旨和具体情况，给受教育者发放的一种不同于学历证书的学业证明。其他学历证书应成为我国学业证书的组成部分，是国家实施学历证书制度的必要补充。它包括成人高等教育试行的专业证书、其他各种培训证书和职业资格证书等。普通高等学校接收的进修生，进修结束后可取得进修证明书。未按国家招生规定而自行招收的学生及举办的各种培训班的学生，学习结束学校只能发给学习证明书，不得颁发毕业（结业、肄业）证书。

1）专业证书

专业证书是学员经过学习考试合格，表明已达到岗位所要求的大专层次专业知识水平的一种证明。它不同于大专毕业证书，也不能作为岗位培训合格证书，只在本行业、本专业的工作范围内适用，仅作为评定、聘任专业技术职务、管理职务和其他职务的任职资格的依据之一。专业证书体现了培养人才的多规格的要求。

2）培训证书和职业资格证书

培训证书是对受教育者颁发的、表明其就业前或上岗前已完成必要的职业技能教育和技术训练的一种证明。职业资格证书是对受教育者在接受职业技术培训期间经劳动部门组织的技术等级考核合格而颁发的，表明其已具备就业上岗所需要的某种职业某一等级技能或技术的一种凭证。《职业教育法》第八条规定：“实施职业教育应当根据实际需要，同国家制定的职业分类和职业等级标准相适应，实行学历证书、培训证书和职业资格证书制度。”第二十五条规定：“接受职业学校教育的学生学校考核合格，按照国家有关规定，发给学历证书。接受职业培训的学生，经培训的职业学校或者职业培训机构考核合格，按照国家有关规定发给培训证书。”这些证书作为职业教育的受教育者参加就业或上岗的凭据。

二、学位制度

（一）学位制度概述

1. 学位制度的概念

学位是指国家或者国家授权的教育机构授予个人的一种标志其所达到的学术或专业学术水平的一种称号，表明学位获得者所达到的学术或专业学术水平。学位制度是国家以学术水平为衡量标准，通过授予一定称号来表明专业人才知识能力等级的制度。

《教育法》第二十二条规定：“国家实行学位制度。学位授予单位依法对达到一定学术水平或者专业技术水平的人员授予相应的学位，颁发学位证书。”

《高等教育法》第二十二条规定：“国家实行学位制度。学位分为学士、硕士和博士。公民通过接受高等教育或者自学，其学业水平达到国家规定的学位标准，可以向学位授予单位申请授予相应的学位。”

2. 学位制度的特点

（1）国家权力处于主导地位[①]。学位管理组织结构为传统的行政管理模式，权力集中，且分层级配置。学位授予权是通过国家授权的方式，从国家权力层面落实到实施学位授予单位的。从学位授予单位的资格认定，到具体学科学位点的布局与设立，再到学位授予质量的评估与管理等，与学位授予有关的权利都来自国家，代表了国家学术信誉。

（2）职业性。学位产生的行会背景证明学位的初始功能是进入大学教师行业的凭证，是教师行业为了提高其竞争能力而采取的保护性、垄断性措施，是当时商品经济发展、分权、均等等政治现实的产物。中世纪时，获得博士学位可在等级社会中取得一系列优先权，如博士学位可与贵族相等同，同时获得学位也是进入不同职业及职位的基础。在现代社会，大学育人和专业界用人标准基本上是统一的，学位更是进入行业的凭证。[②]

（3）学位的等级性。学位是授予个人的一种学术称号或学术性荣誉称号，表示其受教育的程度或在某一学科领域已经达到的水平，或是表彰其在某一领域所做出的杰出贡献，因此，学位经常与职位、待遇相联系，在评价、确定工资等实际工作中形成了专科、本科、硕士、博士 4 个甚至更多的级别。

（4）基础性。学位是行业从业人员的起始条件，相对于职业活动中所能达到的水平，学位具有基础性地位，代表的是必备的基本学术水平，远远不能代表从业者所能取得的最高水平，学位只是获得者从事行业生涯的一个起点。

（5）发展性。学位证从最初的执教资格发展到行业从业资格，学位授予的科目从最初的文、法、医、神扩展到今天的哲学、经济学、法学、教育学、文学、历史学、理学、工学、农学、医学、军事学、管理学十二大学科门类几百个专业。职业的发展与学位发展互相促进。

（6）开放性。学位既可以标志完成了一定阶段的高等教育，也可以是对所取得的成就和贡献的认定；它既可以授予经过严格训练的高等教育的学习者，又可以授予做出突出贡献的政治家和社会活动家。学位指向的是最终的结果与成就，现代社会学习者可以通过各种非全日制形式，如函授、自学考试、夜大学、网络大学等途径获得相应的学位。随着学习型社会与终身教育理念的发展，学位制度

① 王大泉：《我国学位法律制度的特点及其缺陷分析》，《中国教育法制评论》（第 1 辑），北京：教育科学出版社，2002 年，第 3 页。

② 骆四铭：《学位的起源、发展及其特征》，《比较教育研究》，2006 年，第 4 期，第 35-40 页。

越来越具有开放性的特征。

3. 学位制度的意义

1）促进各个领域的高素质、高层次专业人才的培养

学位的授予，以严格的科学训练和考核制度为基础，是对学位考核者的客观评价和奖励。学位申请者必须进行系统的知识、智力和技能的训练来提升知识水平、专业素质和操作技能。学位制度是培养更多应用型、技能型、复合型高素质人才和拔尖创新人才的重要途径。

2）促进各门学科学术水平的提高，严格学术水准

学位制度建立后，不同学位的申请者在教师导师的带领下，为获得学位而努力学习，使学术研究在高校或研究所内成为一种有组织、跨学科、多融合的群体协作式的有规模的教育活动。学位制度极大地推进了学术交流形式多样化和学科学术水平的提高。

3）促进我国科学技术和教育文化事业的发展

现代学位制度确立以来，为国家的科技、教育、经济、国防建设等各行业的发展培养了一大批合格的高层次专门人才。这些高层次的人才坚持创新驱动发展，加快科技创新的步伐，为我国创建结构合理、科技含量高、竞争力强的科技文化产业提供智力支持，大力促进我国科学技术和教育文化事业的发展，为经济发展的稳步增长提供有力支撑。

4）促进尊重知识、尊重人才、尊重学术的社会风气的形成

学位并不是经过简单的一朝一夕的付出就能够获得的，不司等级的学位在社会各界得到普遍认可是因为学位本身具有较高的含金量。为了提高学位质量及对学位工作实施有效的管理，国家制定了严格的法令和规程。严格学位制度有利于营造尊重知识、尊重人才、尊重学术的良好社会环境。

（二）学位制度的历史发展

1. 我国学位制度的历史演变

学位制度最早起源于西方中世纪大学，西方学位制度在清末传入中国，在国外经验的基础上吸收我国科举制度形成我国学位制度。

1）清朝末年近代学位制度的萌芽

清末随着国内新式教育的不断发展和西方学位制度影响的逐步加深，清政府试图寻求建立一种与之相应的制度体系，以科举功名奖励新式学堂毕业生。1904年《奏定各学堂奖励章程》颁布，将西方学位制度和中国科举功名奖励结合在一起。

2）民国初期对学位制度的探索

中华民国成立后，教育顺应时势走上改革的道路。学位正式列入教育法令始

于"教育部"1912 年公布的《大学令》，在学位名称、学位授予资格、学位被授予者与授予者、学位审查机构等方面都做了明文规定，这是中国学位制度的开始。1917 年"教育部"公布《修正大学令》，其中明确只有经过本科学习合格者才能得学士学位，同时不再笼统地称为"学士"，而是"某科学士"，这已接近现代大学的学士学位。

3）新学制施行后现代学位制度的开端

1922 年新学制实行后，"教育部"于 1924 年公布了《国立大学条例》，规定："国立大学校学生修业完毕试验合格者，授以毕业证书，称某科学士。""国立大学校设大学院，大学校毕业生及其具有同等程度者入之。大学院生研究有成绩者，得依照学位规程，给予学位。学位规程另定之。"1929 年教育部拟定《学位条例草案》，规定："学位分学士博士两级。学士学位，由大学授予之；博士学位由国家授予之。"1929 年国民政府先后公布的《大学组织法》和《大学章程》中规定了硕士学位。

4）新中国成立后学位制度的新发展

1980 年《中华人民共和国学位条例》《中华人民共和国学位条例暂行实施办法》对学士、硕士、博士学位及名誉博士学位的授予予以详尽规定，另外也对学位评定委员会职责和留学生学位的授予也做了规定，学位制度建设进入一个崭新的时期。1995 年实施的《教育法》，明确规定国家实行学位制度。

2. 国外学位制度的历史演变

学位制度始于西方中世纪大学，开先河的是中世纪意大利的博洛尼亚大学。1158 年腓特烈一世颁发特许证书，允许博洛尼亚大学对其毕业生授予学位。授予学位类似于同业者向完成令人满意的服务和训练期的人授予相应资格的称号。学位的获得需要经过一定时期的学习和通过复杂的考试，然后在复杂的带有宗教色彩的仪式上授予学位帽和证书才算完成。学位的发展在等级上经历了学士和副学士、硕士、博士，在内涵上从教学资格发展到科研能力、科研与专业能力并举。

1）美国

美国学位制度是在 19 世纪借鉴德国的研究生教育模式和英国的学士培养模式而发展建立起来的。1636 年创建的哈佛学院（即现在的哈佛大学），仿照英国的学位制度，对学完 4 年传统经典课程的学生授予学士学位。1859 年密执安大学首次授予完成文科硕士学位计划的两位毕业生硕士学位，这是美国大学最早正式设立硕士学位制度的标志。1861 年耶鲁学院授予了美国历史上首批 3 名博士，标志着博士生教育和学位制度在美国的产生。1961 年成立的美国研究生院协会，标志着美国研究生教育和学位制度经过 100 多年的发展而走向成熟。

美国的学位纵向结构基本上可以分为 4 级。协士学位：学制为 2 年。学士学位：授予完成四年大学课程，取得规定学分，成绩良好的学生。硕士学位：分学术型和专业型两类，授予修完 1～2 年的硕士课程，并撰写一篇论文的学生。博士学位：美国大学授予的最高学位，分为研究型博士、专业型博士、跨学科型博士，获得硕士后再学习 3 年以上可授予。学位授予权由州政府授权给各大学，授予的学位质量由非官方的第三方认证机构评价。

从美国学位横向结构来看，哲学博士是最高的学术学位，其他的博士学位授予要达到某些职业领域的专门要求。硕士学位层次：一是文硕士和理硕士，要求掌握某一学科领域的系统知识并具有进行学术研究的能力；二是具有职业取向的学习能力，如教育学硕士、工商管理硕士等。学士学位按 12 个学科授予，学士学位在与社会发展相关的十多个领域内授予。

2）英国

14～15 世纪，英国规定大学生经过 4 年学习获得学士称号后，要再学 3 年才能获得硕士称号。18 世纪 60 年代，英国皇家发展科技和教学委员会提出设立科学博士学位，该学位的授予主要根据学生的创造能力。随后，一些著名大学如剑桥大学、牛津大学、伦敦大学作为对学术成就的评价，相继设立哲学、神学、法学、医学博士学位。1917 年英国制定了哲学博士学位条例。1919 年英国大学会议通过英国研究生院制度，至此研究生的教育模式基本形成，研究生院制度延续至今。

英国现代学位制度大体分为三级，即学士、硕士和博士，而每一级又分若干等级。学士学位是英国高等教育的初级学位，修业年限一般为 3～4 年，通常又分为荣誉学位（又叫专门学位）、普通学位（又叫及格学位）和基础学位。荣誉学位是学术资格中授予量最大的，学制一般为全日制 3 年；普通学位只起证明大学学历的作用；基础学位是将以工作为基础的学习整合到学术学习计划中，有助于解决对职业教育的歧视问题。硕士学位是指在研究生院中经 1～2 年学习和研究而获得的学位，其又分为专业硕士学位和研究硕士学位。专业硕士学位职业指向性更加明显，其课程一般为 1 年，年终递交最后的毕业论文。博士学位分为哲学博士学位、名誉博士学位、高级博士学位。人们把与哲学博士学位并行的专业博士学位看作是职业教育的一种形式。英国的学位授予权包括教学学位授予权和研究学位授予权两种。

3）日本

日本的学位制度史于明治维新时代，是在致力于吸收欧美文化的过程中产生的。1872 年，明治政府颁布了日本历史上第一个教育制度的法规《学制》。1877 年，东京大学创立，并以东京大学的名义制定学士学位制，授予本校文、理、法、医 4 个学部毕业生学士学位。同年，颁布了第一个《学位令》和《学位细则》，标志着日本学位制度正式建立。1898 年颁布了第二个《学位令》，授予权仍归文部大臣，但起决定表决作用的则转移到了各分科大学教授会。在这两次《学位令》的规定中，博士的授予主要有三种途径，即课程博士、论文博士、推荐博士。1920 年颁布了第三个《学位令》，废除了博士推荐制度，学位授予权由文部大臣转移到了大学，文部大臣的许可权仍保留。1953 年，文部省颁布了《学位规则》，在原来的博士之外增设硕士学位，重新规定学位分硕士、博士两级，均以研究型和学术型人才为学位的授予标准。1974 年文部省又公布《研究生院设置基准》《学位规则》部分修改令，此后又几经修改形成了现行的学位制度，分学士学位、硕士学位和博士学位三级。

学士学位学制为 4 年或 6 年。硕士学位学制为 2 年或 2 年以上（另外在校期间成绩优异者可缩短为 1 年以上）。博士学位学制是 5 年（医学为 4 年，取得优异科研成绩者可缩短为 3 年以上）。新设综合性的“学术硕士”“学术博士”，增加了综合性和跨学科的学位。博士增加到现今的 19 种，硕士学位也增至 28 种，学士扩大到了今天的 29 种，涉及文、理、工、商、医、农、林等各个方面。

（三）学位制度的种类

1. 学位的分级

学位申请者必须是拥护中国共产党的领导，拥护社会主义制度，且具有一定学术水平的公民。《学位条例》第三条规定：“学位分为学士、硕士、博士三级。”

1）学士学位

凡高等学校的本科毕业生，完成教学计划的各项要求，其课程学习和毕业论文（毕业设计或其他毕业实践环节）的成绩，表明确已较好地掌握本门学科的基础理论、专门知识和基本技能，具有从事科学研究工作或担负专门技术工作的初步能力，经审核准予毕业，授予学士学位。

2）硕士学位

凡高等学校和科学研究机构的研究生，或具有研究生毕业同等学力的人员，通过硕士学位的课程考试和论文答辩，成绩合格，在本门学科上掌握坚实的基础理论和系统的专门知识，具有从事科学研究工作或独立担负专门技术工作的能力的，授予硕士学位。硕士学位的申请者必须通过规定的课程考试，成绩合格，方可参加毕业论文答辩。规定考试的课程中，如有一门不及格，可在半年内申请补考一次，补考不及格的，不能参加毕业答辩。

3）博士学位

凡高等学校和科学研究机构的研究生，或具有研究生毕业同等学力的人员，通过博士学位的课程考试和论文答辩，成绩合格，在本门学科上掌握坚实宽广的基础理论和系统深入的专门知识，具有独立从事科学研究工作的能力，在科学或专门技术上做出创造性的成果的，授予博士学位。博士学位的申请者必须通过博士学位的课程考试，成绩合格，方可参加博士学位论文答辩。博士学位的申请者在科学或专门技术上有重要著作、发明的鉴定或证明书等材料，经两位教授或相当职称的专家推荐，学位授予单位审查同意，可以免除部分或全部课程考试。博士学位论文应当标明申请者具有独立从事科学研究工作的能力，并在科学或专门技术上做出创造性的成果。

2. 学位的门类

学位门类是指学位授予的学科门类。目前，我国学位学科门类有哲学、经济学、法学、教育学、文学、历史学、理学、工学、农学、医学、管理学和军事学 12 个学科门类授予。

3. 学位的分类

我国的学位制度中把学位分为学术型学位和专业型学位两大类。学术型学位是在人文学科与自然学科领域里所授予学位的统称，如法学学位、文学学位、理学学位等，它是忠于理论和学术研究方面要求的一种学位。专业型学位是在专业领域所授学位的统称，如法律硕士学位、公共管理硕士（MPA）学位、工商管理硕士（MBA）学位、教育硕士学位等专业学位。

（四）学位制度的实施

1. 学位制度主要法规

1）《中华人民共和国学位条例》

国务院于 1981 年 1 月 1 日颁布《中华人民共和国学位条例》。《学位条例》共有六章二十条内容，在授予学位的学术水平要求、学位授予单位及其学位评定委员会、学位授予程序、违反学位授予规定应受处罚等方面做了详细的说明。《学位条例》规定，非学位授予单位和学术团体对于授予学位的决议和决定持有不同意见时，可以向学位授予单位或国务院学位委员会提出异议。学位授予单位和国务院学位委员会应当对提出的异议进行研究和处理。学位授予单位对于已经授予的学位，如发现有舞弊做伪等严重违反本条例规定的情况，经学位评定委员会复议，可以撤销。

2）《中华人民共和国学位条例暂行实施办法》

国务院于 1981 年 5 月 20 日颁布《中华人民共和国学位条例暂行实施办法》（以下简称《办法》）。《办法》共有七章二十五条内容，包括学士学位、硕士学位、博士学位、名誉博士学位、学位评定委员会职责、外籍学生、其他规定等多个方面。《办法》规定，学士学位由国务院授权的高等学校授予，硕士学位由国务院授权的高等学校和科学研究机构授予，博士学位由国务院授权的高等学校和科学研究机构授予，名誉博士学位由国务院授权授予博士学位的单位授予。

3）《国务院学位委员会关于授予具有研究生毕业同等学力人员硕士、博士学位的规定》

国务院学位委员会 1998 年 6 月 18 日通过《国务院学位委员会关于授予具有研究生毕业同等学力人员硕士、博士学位的规定》（以下简称《规定》）。《规定》共有五章二十一条内容，主要对硕士学位的申请与授予、博士学位的申请与授予、学位授予的组织和管理、学位授予的质量监督等做出详细规定。对于同等学力申请规定申请人通过同等学力水平认定，经学位授予单位学位评定分委员会同意，报学位评定委员会批准，做出授予硕士、博士学位的决定。授予博士学位人员的姓名及其博士论文题目等应及时向社会或申请人所在的单位公布，并经 3 个月的争议期后颁发学位证书。

2. 学位授予权限和程序

1）学士学位的授予权限和程序

学士学位由国务院授权的高等学校授予。程序如下：先由系逐个审核本科毕业生的成绩和毕业鉴定等材料，对符合条件者，向学校学位评定委员会提名，列入学士学位获得者名单。学士学位获得者名单，经学校学位评定委员会审查通过后，由授予学士学位的高等学校授予学士学位。学士学位证书格式由国家教育行政部门制定，由授予单位颁发。

2）硕士学位的授予权限和程序

硕士学位由国务院授权的高等学校和科学研究机构授予。程序如下：学位申请者在规定的期限内向学位授予单位提交申请书和学位论文等材料；学位授予单位应在申请日期截止后 2 个月内进行审查，决定是否同意申请，并将结果通知申请人及所在单位；申请人应参与授予单位的论文答辩，论文答辩委员会根据申请人答辩的情况，就是否授予硕士学位做出决议，决议采取不记名投票方式，经全体成员三分之二以上同意，方得通过。决议经论文答辩委员会主席签字后，报送学位评定委员会审查通过，授予硕士学位。硕士学位证书格式由国务院学位委员会制定，由学位授予单位颁发。

3）博士学位的授予权限和程序

博士学位由国务院授权的高等学校和科学研究机构授予。程序如下：学位申请者在规定的期限内向学位授予单位提交申请书和学位论文等材料；学位授予单位应在申请日期截止后 2 个月内进行审查，决定是否同意申请，并将结果通知申请人及所在单位；在论文答辩前 3 个月将博士学位论文或摘要印送有关单位，并经同行评议；申请人应参与授予单位的论文答辩，论文答辩委员会根据申请人答辩的情况，就是否授予博士学位做出决议，经全体成员三分之二以上通过并经论文答辩委员会主席签字后，报送学位评定委员会审查通过，授予博士学位。博士学位证书格式由国务院学位委员会制定，由学位授予单位颁发。

3. 学位制度的完善

我国现行的学位法律法规已实施多年，教育和学位立法的滞后性导致的学位法律问题日益凸现。具体表现在以下几个方面：[1]

一是当前我国的学位制度对于学术水平的衡量缺乏具体的指标规定；

二是授予学位的条件中，关于思想品德方面的规定运用性不强；

三是对学位评定委员会按照何种标准来做出授予或不授予学位的决定规定不明确；

四是学位法规没有体现出对高等学校制定相应实施细则的约束性；

五是学位制度程序缺失，忽视对受教育者权益的保护。

完善学位制度法律法规，第一，弱化国家对学位的直接行政管理，改革现行统一的国家学位制度。第二，学位授予活动中组织机构的完善——保障论文答辩委员会具有完整的学术裁决权；进一步明确学位评定委员会和学位评定分委员会的关系和职责。第三，完善学位授予中受教育者权益保护机制的程序保障制度。第四，硕士点审批权也下放给成立了省级学位委员会的省（自治区、直辖市）和一部分条件较好的高等学校，扩大高等学校的办学自主权。第五，明确规定建立相对独立的学术仲裁委员会。受教育者不满授予学位的决定，可以向独立于高校的学术仲裁委员会申请仲裁。

第二节　国家教育考试制度

一、国家教育考试制度概述

（一）国家教育考试制度的概念

考试是指通过特定的考查手段来检测和评定具体对象的知识水平、素质水平、技能水平以达到教育、鉴别和选拔等目的，是人类所特有的一种社会现象和社会活动。“考试”一词最早出现于西汉董仲舒的《春秋繁露》：“考试之法，合其爵禄，并其秩，积其日，陈其时，计功量罪，以多除少，以名定实。”这里的考试主要是指对官员的政绩考核，据此量过治罪，论功行赏。《辞海》将“考试”解释为“学校考核学生学业成绩的制度，是检查学生学习情况和教学效果的重要方法之一”[2]。

国家教育考试指普通和成人高等学校招生考试、全国硕士研究生招生考试、

① 郭晓辉：《高校学位管理的法制化研究》，吉林大学硕士学位论文，2008年，第29-32页。
② 上海辞书编纂中心：《辞海（中卷）》，上海：上海辞书出版社，1979年，第28-30页。

高等教育自学考试等，由国务院教育行政部门确定实施，由经批准的实施教育考试的机构承办，面向社会公开、统一举行，其结果作为招收学历教育学生或者取得国家承认学历、学位证书依据的测试活动。它是国家为选拔人才、推进教育改革创新、维护社会公正公平、促进国家、社会和人的全面进步而进行的一种特有的教育考试。

（二）国家教育考试制度的特点

国家教育考试作为与国民教育直接相关，以国家名义在全国范围内统一组织、实施、监督的考试制度，考试效力在全国范围内得到普遍认可。相对于其他考试国家教育考试具有如下特点。

（1）权威性。国家教育考试是按国家法律法规在全国范围内组织实施的考试，具有国家意志性。考试由国家教育考试组织机构统一组织实施，考试的科目、内容、形式、报考要求、考场考点设置等由国家统一批准，其权威性、专业性、严肃性得到社会的广泛认可。

（2）导向性。育人是国家教育考试制度的根本目的。通过考试来检测学生知识、素质、技能所达到的水平状态，促进学生反思和回顾自己的学习情况，进一步明确学习目标，养成良好的学习习惯，具有强烈的鞭策、激励和引导作用。

（3）规范性。国家教育考试从组织到实施是一个专业、严密的系统工程，考试科目、考试大纲、考试时间、考试成绩的公布，以及试题的编写、印刷、评阅和分析等各个环节都有严格的规定。任何组织和个人不得擅自违反规定中的要求。

（4）公平性。国家教育考试对符合报考规定、具有报考资格的报考者实施统一考试，报考过程、考试过程、成绩公布过程公开公平公正，不因性别差异、城乡差距、家庭背景等外在的客观原因而差别对待考生，是实现教育公平、机会公平、程序公平、结果公平的重要途径。

（5）社会性。国家教育考试涉及广大群众，是改变自身命运、实现自身理想的重要途径，是公民进入政治、经济、文化等领域上层并获得相应更高层次社会地位的必经之路。国家教育考试吸引大众的重视和参与，促进社会分层与社会流动，具有辐射整个社会的影响力。

（三）国家教育考试制度的意义

国家教育考试作为选拔人才、实现科教兴国的重要手段，在教育领域乃至整个社会中都有着重要的地位和意义。

1. 统一教育标准，保障教育质量

为了加强对国家考试的管理，维护其严肃性，保障各级各类教育健康发展，

国家对现行的各种教育考试制度都制定了相应的行政法规或规章，规定了教育的评价标准和人才培养的规格、质量，并对教育质量加以监控。国家考试政策法规既要保障考试要真实地反映学生个体学习的现实状态，也要保障学生群体的素质水平和学生身心素质的全面发展。有利于学校和教师制定相应的人才发展规划，引导学校全面推进素质教育，为学生提供个性化、多样化的教育。

2. 甄别选拔人才，促进合理分流

国家教育考试政策是社会资源分配的一种重要方式和手段，具有为各行各业选拔、甄别、任用人才提供客观依据的社会功能。国家考试将国家对人才的选拔标准、培养目标、职业素养及其考核方法程序以政策和法规形式确立，最大限度地降低了人才选拔时的随意性、主观性和各种人情因素的影响。国家教育考试制度是通过教育分流促进社会分层和社会成员合理流动的重要社会机制。

3. 保障教育公平，促进教育机会均等

国家教育考试公平是国际社会的共同追求，促进国家教育考试公平是政府不可推卸的责任。教育考试政策法规规定，国家考试不受血统、出身、种族、财富、性别、信仰等非竞争性因素的限制和影响，坚持唯才是举，同时又规定对不利群体进行倾斜，如考试录取适当降分或划拨一定名额，或增加再次考试机会等。国家统一入学考试，为公民获得非义务教育阶段的受教育机会提供了公平竞争和公正选拔的手段，凡符合考试规定条件的公民，均有权参与公开、公正条件下的平等竞争，这在较大程度上保证了公民受教育机会的均等。

4. 维护考试秩序，严格考试纪律

关于教育考试考风考纪工作，制定考试政策法规对违法违纪者进行制裁，是确保教育考试权威性、公正性和严肃性的重要举措，对于维护考试秩序和提高考试效能具有重要意义。根据我国国家教育考试的法律政策，国家考试作弊处罚是由具有处罚权的考试机关对违反考试法律规范的作弊者实施的强制性惩罚措施。

二、国家教育考试制度的历史发展

（一）我国国家教育考试制度的历史发展[①]

1. 以口试和面试为主的考核阶段

我国早在西周时期就形成了较为完备的教育考核制度。汉代，开始实行入学考试，后来逐步形成单科升级考试与结业考试相结合的考试评估办法，并把学生的成绩等级与其仕途的官级、俸禄相关联。至魏晋南北朝，教育已从不分科发展到单科和分科分馆教学，而且建立了一整套提高教学质量的校内考课法。在这一

① 劳凯声、蒋建华：《教育政策与法律概论》，北京：北京师范大学出版社，2015 年，第 200-201 页。

阶段，科学技术发展水平较低，教育内容比较简单，教育目标主要在于培养统治人才，考试方式主要为口试、面试和实践考试或者观察性考试。

2. 笔试考试阶段

中国从西汉时期就出现笔试考试，是世界上最早采用笔试的国家。自隋唐时期开始科举制度以来笔试考试更为完善。科举制度是中国古代读书人参加人才选拔考试的制度，它开始于隋，确立于唐，完备于宋，延续至元、明、清，前后经历 1300 多年。科举考试实行分科分级考试，对维护祖国统一、促进民族融合都起过重要作用，是现代文官制度的前身。1905 年科举考试退出了历史舞台，被新兴的近代学校考试制度所取代。

3. 客观化考试阶段

近代以来，考试从主观评分发展到客观评分。20 世纪 20 年代初，客观评分发展成为标准化考试。标准化考试严格讲求客观性，测试工具、考试过程、评分、分数解释都标准化。新中国成立后，我国的考试制度开始走向全国统一考试阶段。1952 年教育部发布的《关于全国高等学校一九五二年暑期招收新生的规定》明确规定高等学校招生实行全国统一考试。1957 年规定招收研究生必须经过入学考试。1959 年全国统一招生考试制度建立，此后高考一度中断 10 年，实行推荐上大学，1977 年又重新恢复高考。

4. 多元化考试阶段

十一届三中全会以后，我国加强了考试管理，制定了专门的行政法规和规章，逐步建立了独具特色的考试制度。1980 年，国家开始建立和发展中高等自学考试制度。此外，一些学校还实行了单独或联合自主命题考试。其他一些考试如公务员考试、外语水平考试、专业资格考试逐渐增多，口试、面试、推荐等多元考核和评价方式也开始出现，形成了以科学化考试为主、其他形式为辅的多元化考试阶段，现代考试体系逐步走向健全。

（二）国外教育考试制度

1. 美国教育考试制度

美国教育在世界上属于领先水平，它的教育极具本土特色。美国的教育考试制度与其政治体制一致，属于地方分权制，各州负主要责任，联邦政府通过立法和拨款的形式具有广泛影响。美国教育考试由经过审定的权威的社会考试机构组织实施，政府机关仅制定政策并进行宏观监督，各招生单位根据学校自身的具体情况确定不同的分数线。分散、自由、灵活是美国国家考试的显著特点。

SAT 考试与 ACT 考试均被称为“美国高考”，它们既是美国大学的入学条件之一，又是大学发放奖学金的主要依据之一。SAT（Scholastic Assessment Test），中文名称为“学术能力测验”，由美国教育考试服务处（ETS）主持实施，强调的是对学生的综合评价。美国高中生要进入大学，必须自己申请参加SAT考试，考试科目包括英语、数学两门课程，SAT每年进行两次考试，学生在毕业之前可多次报名参加，考试成绩按最好的一次计算。在美国录取新生并不以SAT成绩为唯一标准，还要考虑学生高中时期的平均成绩、社交能力、所参加的公益活动和义务劳动、老师与其他人的推荐信，还有学生自己写的自荐信等综合因素。ACT（American College Test），中文名称为“美国大学入学考试”，由美国大学测试中心（ATC）主持实施，这个考试被很多美国中部和西部的大学所承认。但ACT考试更像一种学科考试，强调考生对课程知识的掌握，同时也考虑到了对考生独立思考和判断能力的测试。它共包括四个部分：数学、英语、阅读、科学推理。科学推理考试是在一张试卷上综合高中物理、化学、生物等学科，以推理题目的形式出现。出题方式比较灵活，考验对高中知识的掌握程度和逻辑能力。

GRE（Graduate Record Examination），中文名称为“美国研究生入学考试”，由美国教育考试服务处主持实施，适用于除法律与商业外的各专业。1937年首次由美国哈佛大学、耶鲁大学、哥伦比亚大学、普林斯顿大学四所大学联合举办，初期由卡耐基基金会（Carnegie Foundation）承办，1948年交由新成立的教育考试服务处负责。美国的研究生招生考试属于“先考后报型”。申请人拿到标准化考试成绩后，可同时向若干个招生单位提出申请，同样也可能被不同招生单位同时录取，形成了学生和学校双向选择的竞争模式。美国的研究生实行多元化的录取标准，GRE成绩并不是唯一的参考标准，还要参照本科的成绩综合表现，个人的自荐材料和研究计划，专家教授的推荐信等，整个录取过程是个综合全面系统性衡量考生的过程。美国向全球实行开放式的招生政策，已经形成了相当成熟的国外留学生考试体制。

GMAT（Graduate Management Admission Test），中文名称为“经企管理研究生入学考试”。GMAT是由管理专业研究生入学考试委员会（GMAC）主持实施的一种标准化考试。GMAC是美国的一个成员包括世界各地许多知名商学院的非营利性教育协会，所以GMAT成绩获得全球各大商学院的普遍认可，是目前世界范围内申请攻读MBA时最普遍要求申请者所提供的一个考试成绩。LSAT（Law School Admission Test），中文名称为“法学研究生入学考试”，每年举办四次，成绩有效期5年。

美国的职业资格考试起步较早，制度完善。早在1938年联邦制定了《国防训练法》等有关专业人员职业资格考试的法律法规，对职业教育培训、职业教育标准、职业资格证书的发放、职业资格考试的管理做出了具体的规定，各州和各行业协会依据本地区的实际情况，制定符合自身的实施办法。职业考试试卷由各考试委员会统一命题，各州自行决定考试及格分数线及通过比例，获得了某个州的执照，通常只能在该州执业。例如，美国律师跨州执业要另行申请，一般需要4～7年的执业经验才可以申请到其他州免试执业。

2. 英国教育考试制度

英国教育招考制度在近千年的历史长河中不断演变，从古老的牛津、剑桥所实行的无试入学，到宗教测试入学，再到逐渐兴起的选拔性公共考试，学校自身对于招考拥有绝对自主权。直到20世纪初，英国才设立了教育行政管理机构——教育与技能部和地方教育局。自此以后，英国政府逐渐加强了对招生考试的控制，但仍然坚守不直接干预招生考试具体事务的原则，国家和政府的责任是制定招生考试的法律、政策和标准，非政府的招生考试机构负责招生考试的实施，半官方的监管机构承担招生考试的监督责任。

英国不举行全国统一的高等院校招生考试，高等院校招生录取制度是以等级制评分的资格证书为基础，实行的是证书型高校招考制度。在学校教育方面，英国现行的考试是由一些专门的考试机构组织，政府科学教育部下设课程委员会、中学考试委员会和评价委员会，三者共同制定高等教育之前的国家教育标准。它们控制伦敦大学教育推广委员会、牛津剑桥联合学校考试委员会、北方高校入学考试联合委员会等地方考试委员会制定考试大纲，实施普通中等教育证书（GCSE）和高级水平证书（GCE-A-Level）考试。普通中等教育证书考试一般由普通教育证书考试（General Certificate of Education，GCE）和中等教育证书考试（Certificate of Secondary Education，GSE）两种考试制度组成。高级水平证书（GCE-A-Level）是学生通过各种类型的学习所获得的资格证书，是高等院校招生录取的黄金标准。

2002年英国开始使用“高校招生分数转换系统”，共有22项证书可以使用分数转换系统。最常用的是普通教育证书补充水平（AS-level）和普通教育证书高级水平（A-level），这两门等级考试共有67门科目可以供学生按照自己的意愿并参考院校的要求选择考试。除了普通教育证书高级水平证书的成绩，申请人还必须通过个人陈述、独立考试、面试或学校推荐等方法来完成综合评价。英国不同专业和学校都有不同的录取标准，但是至少要有2科普通教育证书高级水平成绩在E以上，并需要考核取得中学时期的中等教育证书。

英国考试不仅是学校教育的组成部分，而且渗透到社会的各行各业中，在社会各方面发挥着重要作用。除了学校教育外，英国还有许多其他考试机构，其中具有代表性的是“伦敦城市与行会考试院”，该机构颁发的职业资格证书在欧盟成员国乃至全欧洲通用。

3. 日本教育考试制度

日本的教育考试制度，尤其是大学入学考试制度随时代发展而改革，极具特色。1948年日本效仿美国SAT而设立的学术能力测验，力图考察学生的智能和学习能力，但是由于没能解决能力考查的评分误差问题，此制度的弊端日益显露。1963 年中央教育审议会把改善大学入学考试作为改革高等教育的重点，建立财团法人能力开发研究所，提出了全国统一高考方案，但大学都不积极采用，对此持怀疑态度。自 1979 年起，日本的大学入学考试分为由大学入学考试中心举行的“全国共同学力第一次考试”和由各大学自行主持进行的“第二次考试”两个阶段。根据这两次考试的成绩，并参考高中校长提供的“学生鉴定书”“体检表”等资料，择优录取。

日本没有中学毕业考试制度，完成高中学业则取得毕业文凭，就可以参加高校入学考试。报考国立、公立和部分私立大学，必须先通过国家中心测验（NCT）。日本现行的大学招生考试制度是大学入学中心考试，中心考试是由大学入学中心组织的全国统一的学力考试。大学入学中心考试，首先由文部科学省大学入学考试委员会制定基本政策，然后由全国大学协会第二常务委员会拟定具体方针、办法，最后由专家委员会和国家考试中心实施考试。大学入学中心考试以检测高中生的基础性知识的全面掌握程度为根本目的，考试形式为笔试，考试内容包括国语、数学、外国语、理科、地理历史和公民 6 学科 28 科目。此外，各大学还会自行组织第二次考试，第二次考试是以考察考生专业性向与技能为目的的选拔性考试，考试形式大多为口试或审查论文等形式，考查科目为 1～3 个。

三、国家教育考试的种类

根据 1995 年《教育法》第二十条：“国家实行国家教育考试制度。国家教育考试由国务院教育行政部门确定种类，并由国家批准的实施教育考试的机构承办。”国家教育考试主要包括：一是入学考试，如高考、中考、研究生入学考试等；二是水平考试，如普通高中毕业会考、汉语水平考试、外语水平考试等；还有文凭方面的考试，如自学考试、学历考试等。[①]

（一）普通高校招生考试

普通高等学校招生考试（简称高考），是以普通高中毕业生为主要对象的全国普通高校本专科招生统一考试制度。

《普通高等学校招生统一考试管理规则》规定，全国普通高等学校招生考试，由国家教委（现教育部）统一管理，省（自治区、直辖市）招生委员会组织实施。《普通高等学校招生统一考试管理规则》还对高考命题、试卷印制、考点设置、考试工作程序、评卷、统计分析整个管理过程做了具体规定。

① 劳凯声：《教育法学》，沈阳：辽宁大学出版社，2000 年，第 338 页。

2014 年 9 月国务院印发的《国务院关于深化考试招生制度改革的实施意见》指出：深化高考考试内容改革。依据高校人才选拔要求和国家课程标准，科学设计命题内容，增强基础性、综合性，着重考查学生独立思考和运用所学知识分析问题、解决问题的能力。改进评分方式，加强评卷管理，完善成绩报告。加强国家教育考试机构、国家题库和外语能力测评体系建设。2015 年起增加使用全国统一命题试卷的省份。

（二）普通高中毕业会考

普通高中毕业会考的目的在于测量和评价学生学业水平、提升学校教学质量、以正确的导向推动教学改革。它是评价和检查普通高中教学质量、促进学生全面发展、监管课程标准的全面落实的一项重要手段，也是鉴定学生各个学科基础目标达成度和知识体系形成状况的重要手段。普通高中毕业会考是国家承认的省级普通高中文化课毕业水平考试。通过高中毕业会考既是高中生毕业的前提条件之一，也是高中生获取高等教育入学考试资格的必备条件之一。毕业会考不是选拔考试，实行普通高中毕业会考制度，对于全面贯彻教育方针，落实高中教学计划，加强教学管理，克服文理偏科现象，全面提高教学质量具有重要作用。

会考采取考试和考查两种方式。考试科目为：语文、数学、外语、政治、物理、化学、生物、历史、地理。考查项目为：劳动技术课和物理、化学、生物的实验操作。体育课由各校按教学大纲规定的内容进行考试。

（三）研究生入学考试

研究生入学考试分为硕士研究生入学考试和博士研究生入学考试。选拔要求因层次、地域、学科、专业不同而有所区别。国家统一考试科目一般包括外语、政治、专业课和综合。

从我国现行的攻读硕士学位研究生考试的方式看，主要包括全国统一入学考试、单独考试、推荐免试、全国联考。分初试、复试两个阶段。其中，初试部分考试科目由国务院教育行政部门统一命题；对参加复试的初试成绩的基本要求由国务院教育行政部门确定，复试由招生单位自行组织。博士研究生入学考试主要是由招生机构自主命题和自主招生，国家只是控制其招生计划。

（四）成人高等学校招生考试

成人高等学校招生考试（简称成人高考），指我国各类成人高等学校进行学历教育的招生入学考试，它分为高中起点考大专、高中起点考本科、大专起点考本科三个层次。每年 5 月初，由国家组织命题考试。参加考试的人员主要是在职工作人员及应届的中专、职业高中毕业生，有业余和脱产两种学习方式。在我国，成人高考已经成为终身教育体系中高等教育的重要组成部分，它与普通高考一样，需要通过国家统一考试取得入学资格，毕业后可获得国家承认的学历。

（五）高等教育自学考试

高等教育自学考试简称自考，1981 年经国务院批准创立，是中国规模最大的社会化开放式高等教育形式。

高等教育自学考试由国家建立，由政府考试机构代表国家行使考试权，按照国家规定的目标和标准，实行严格的国家考试。《高等教育法》第二十一条、第二十二条规定：国家实行高等教育自学考试制度，经考试合格的，发给相应的学历证书或者其他学业证书。其学业水平达到国家规定的学位标准，可以向学位授予单位申请授予相应的学位。高等教育自学考试考生全部成绩合格后由教育考试院和有资质的高校颁发毕业证书、学位证书。

（六）教师资格考试

教师资格是国家对专门从事教育教学工作人员的基本要求，是公民获得教师职位、从事教师工作的前提条件。根据 1993 年《教师法》第十一条、1995 年《教师资格条例》第四章的规定，不具备《教师法》规定的教师资格学历的公民，申请获得教师资格，应当通过国家举办或者认可的教师资格考试。教师资格制度是国家对教师实行的一种法定的职业许可制度，一经取得，即在全国范围内不受地域、时间限制，具有普遍适用的效力，非依法律规定不得随意撤销。

国家教师资格考试制度由国务院规定。教育部考试中心根据中小学和幼儿园教师资格考试标准，制定各科考试大纲。考试分为幼儿园、小学、初中、高中四个层级，不同层级考试科目不同。目前，幼儿园教师、小学教师、初级中学教师、高级中学教师、中等职业学校教师、中等职业学校实习指导教师、高等学校教师及对外汉语教师的资格均可依法通过相应的考试获得。取得教师资格可在本级及以下等级学校和机构任教；中等职业学校实习指导教师资格只能在中专、技校、职高或初级职业学校担任实习指导教师。高级中学教师资格与中等职业学校教师资格相互通用。根据规定，笔试和面试都通过方可获得教师资格证书。

（七）水平考试

水平考试包括外语水平考试、汉语水平考试、计算机水平考试等。

外语水平考试是指为以该语种为非母语的外语学习者专门设计、旨在测量外语语言能力和水平的语言考试。目前，在我国（不含港、澳、台）规模较大的外语等级考试有：职称外语考试，出国人员外语水平考试，大学英语四六级考试，托福（Test of English as Foreign Language，TOEFL）与剑桥商务英语证书考试

（Business English of Certificate，BEC）等英语水平考试。

汉语水平考试（HSK）是中国为测试母语为非汉语者（含外国人、华侨、国内少数民族人员）的汉语水平而设立的国家级标准化考试，由中国对外汉语教学领导小组主持。

计算机水平考试。计算机水平考试包括计算机等级考试（NCRE）、全国计算机应用技术证书考试（NIT）。NCRE 由教育部考试中心主办，面向社会，用于考查非计算机专业应试人员计算机应用知识与技能。NIT 于 1994 年推出，采用模块化结构，培养和测试考生在计算机应用领域的独立操作能力，笔试和上机考试均及格者，可获得合格证书，由教育部考试中心统一颁发证书。NIT 目前有计算机基础、中英文字处理、电子表格、数据库、计算机绘图、Internet 等 11 个模块，并根据计算机技术的发展和实际应用的需要不断增设新的模块。

四、国家教育考试的主要法规及考试制度的完善

（一）国家教育考试主要法规

1. 《2015 年普通高等学校招生全国统一考试考务工作规定》

教育部于 2015 年 2 月 5 日印发《2015 年普通高等学校招生全国统一考试考务工作规定》（以下简称《规定》）。《规定》共有七章四十六条，主要对考试工作人员，试卷的印制、运送与保管，考试实施，评卷与分数报告，考试信息管理等内容做出具体要求。其中明确扫描后的答卷保存期为考试成绩发布后 6 个月。答卷扫描图像、评卷信息（含评卷过程数据）、考生成绩等的保存期为考试成绩发布后 3 年。对于专职考试工作人员，《规定》强调，如有直系亲属或者利害关系人参加当次全国统考的，应回避接触考试的试题、答案及评分参考、答卷等涉密材料；兼职人员如有直系亲属或者利害关系人参加当次全国统考的，不得参加考试工作。

2. 《普通高等学校招生暂行条例》

国家教委于 1987 年 4 月 21 日颁布《普通高等学校招生暂行条例》（以下简称《条例》）。《条例》共有十二章六十二条内容，对考生报考高等学校的条件、考试设置、招生来源及录取等方面做了详细的说明。《条例》规定普通高等学校招生实行全国统一考试。国家教育委员会根据全日制中学教学大纲命题，并制定参考答案和评分标准。试题、参考答案、评分标准（包括副题）在启用前为国家绝密材料。

3. 《2012 年招收攻读硕士学位研究生管理规定》

教育部于 2011 年 8 月颁布《2012 年招收攻读硕士学位研究生管理规定》

（以下简称《规定》），《规定》主要是对研究生报考条件、研究生考试命题、考试程序、评卷与违纪处分等内容做了要求。《规定》第五条明确招生对象主要为国家承认学历的应届本科毕业生、本科毕业的人员，以及具有与本科毕业生同等学力的人员等。第七条明确硕士生入学考试分初试和复试两个阶段进行。初试和复试都是研究生入学考试的重要组成部分。初试由国家统一组织，复试由招生单位自行组织。第九条明确硕士生按其学习方式分为全日制硕士生和非全日制硕士生两种。

4. 《高等教育自学考试暂行条例》

国家教委于 1988 年 3 月 3 日颁布《高等教育自学考试暂行条例》（以下简称《条例》）。《条例》共有十章四十二条。《条例》规定我国现行的高等教育自学考试机构包括：全国高等教育自学考试委员会及其日常办事机构，地级高等教育自学考试工作委员会及其日常工作机构，主考学校及其日常办事机构。并对上述机构的组成及工作范围做了明确规定。此外，《条例》还规定了我国高等教育自学考试的开考专业、考试办法和考籍管理。

5. 《国家教育考试违规处理办法》

教育部于 2004 年 5 月 19 日颁布《国家教育考试违规处理办法》（以下简称《办法》）。《办法》共有四章三十四条。《办法》主要内容为违规行为的认定与处理、违规行为认定与处理程序。《办法》将考生可能发生的违规行为具体分成“违纪”9 种和“作弊”14 种，将监考等考试工作人员可能发生的违规行具体分为“违纪”9 种和“作弊”10 种。《办法》规定，考生违纪取消其该科成绩；考生作弊其当次报名参加的各科成绩无效，自考考生作弊视情节轻重可同时停考或延迟毕业 1～3 年。

6. 《普通高等学校招生违规行为处理暂行办法》

教育部于 2014 年 7 月 8 日公布《普通高等学校招生违规行为处理暂行办法》（以下简称《办法》）。《办法》共有四章二十条。主要内容为违规行为认定及处理和招生责任制及责任追究等。其中明确规定了 7 条“高校”违反国家招生管理规定的行为、5 条“高中”违反国家招生管理规定的行为、7 条“招生考试机构”违反国家招生管理规定的行为、5 条“省级教育行政部门”违反有关管理职责的行为、9 条“招生工作人员”影响高校招生公平公正的行为。《办法》第十二条规定实行高校招生工作问责制。高校校长、招生考试机构主要负责人、教育行政部门主要负责人是招生工作的第一责任人，对本校、本部门、本地区的招生工作负全面领导责任。

（二）国家教育考试制度的完善

在我国考试已经形成了庞大的辅导和培训市场，鱼龙混杂，缺乏有效监管。

考试领域出现了许多问题：一是考试设置缺乏制约，出现了某些领域考试过多、证书过滥、考试扰民的问题；二是考试领域的公权力缺乏有效制约，考试组织与管理体制不健全，对各种考试的举办、组织和管理缺乏统一的规则；三是考试安全问题突出，考试作弊的手段和方式不断推陈出新，考试的公平原则受到严峻的挑战；四是考试机构的权力与应考人的权利严重失衡，对考生的合法权益缺乏有效的法律保障。[①]

完善国家教育考试法律法规，需要注意以下几个方面：一是提高国家教育考试法律法规的地位与权威、明确考试公共服务组织机构的职责；二是严格教育考试考务管理，明确考试相关人员的权利义务和法律责任；三是完善各种救济渠道、完善考试中介组织的政策法规。

第三节　案例分析与讨论

一、田某诉北京科技大学拒绝颁发毕业证、学位证案[②]

（一）案情简介

原告田某于 1994 年 9 月考取北京科技大学，取得本科生的学籍。1996 年 2 月 29 日，田某在电磁学课程的补考过程中，随身携带写有电磁学公式的纸条。考试中，去上厕所时纸条掉出，被监考教师发现。监考教师虽未发现其有偷看纸条的行为，但还是按照考场纪律，当即停止了田某的考试。被告北京科技大学根据国家教委关于严肃考场纪律的指示精神，于 1994 年制定了《关于严格考试管理的紧急通知》校发（94）第 068 号（简称第 068 号通知）。该通知规定，凡考试作弊的学生一律按退学处理，取消学籍。被告据此于 1996 年 3 月 5 日认定田某的行为属作弊行为，并做出退学处理决定。同年 4 月 10 日，被告填发了学籍变动通知，但退学处理决定和变更学籍的通知未直接向田某宣布、送达，也未给田某办理退学手续，田某继续以该校大学生的身份参加正常学习及学校组织的活动。在该校的四年学习中成绩全部合格，通过毕业实习、毕业设计及论文答辩，获得优秀毕业论文及毕业总成绩为全班第九名。

1998 年 6 月，田某所在院系向被告报送田某所在班级授予学士学位表时，被告有关部门以田某已按退学处理、不具备北京科技大学学籍为由，拒绝为其颁

① 李化德：《论国家考试立法》，《现代法学》，2008 年，第 5 期，第 29-37 页。

② 田永诉北京科技大学拒绝颁发毕业证、学位证案（最高人民法院审判委员会讨论通过 2014 年 12 月 25 日发布），《人民法院报》，2014 年 12 月 26 日，第 2 版。

发毕业证书，进而未向教育行政部门呈报田某的毕业派遣资格表。田某认为自己符合大学毕业生的法定条件，北京科技大学拒绝为其颁发毕业证、学位证是违法的，遂向北京市海淀区人民法院提起行政诉讼。

一审受理案件的北京市海淀区法院认为，北京科技大学可以根据本校的规定对田某违反考场纪律的行为进行处理，但是这种处理应当符合法律、法规、规章规定的精神，至少不得重于法律、法规、规章的规定。北京科技大学的“第 068 号通知”不仅扩大了认定“考试作弊”的范围，而且对“考试作弊”的处理方法明显重于《普通高等学校学生管理规定》第十二条的规定，也与第二十九条相抵触，应属无效。

海淀区法院最后判决，被告北京科技大学应向原告田某颁发大学本科毕业证书，并召集本校的学位评定委员会对田某的学士学位资格进行审核；与此同时，被告还应履行向当地教育行政部门上报原告田某毕业派遣的有关手续的职责。

二审法院驳回了北京科技大学的上诉，维持了一审判决。

（二）案例分析

本案诉讼争议焦点集中在田某是否具有学籍这个问题的三个方面：

一是田某行为的性质是违反考场纪律还是作弊；

二是对田某做出的退学处理决定是否合法、合理；

三是学校做出退学处理决定后田某继续留在学校学习的事实是否等于学校默认保留其学籍或恢复了其学籍。

根据我国法律法规规定，高等学校对受教育者有进行学籍管理、奖励或处分的权力，有代表国家对受教育者颁发学历证书、学位证书的职责。高等学校与受教育者之间属于教育行政管理关系，受教育者对高等学校涉及受教育者基本权利的管理行为不服的，有权提起行政诉讼，高等学校是行政诉讼的适格被告。

田某在补考时携带写有与考试有关内容的纸条，应属于违反考场纪律。国家教育委员会 1990 年颁布的《普通高等学校学生管理规定》第十二条规定：“凡擅自缺考或考试作弊者，该课程成绩以零分计，不准正常补考，如确实有悔改表现的，经教务部门批准，在毕业前可给一次补考机会。考试作弊的，应予以纪律处分。”第二十九条规定的应予退学的 10 种情形中，没有不遵守考场纪律或者考试作弊应予退学的规定。

高等学校依法具有相应的教育自主权，有权制定校纪、校规，并有权对在校学生进行教学管理和违纪处分，但是其制定的校纪、校规和据此进行的教学管理和违纪处分，必须符合法律、法规和规章的规定，必须尊重和保护当事人的合法权益。本案原告在补考中随身携带纸条的行为属于违反考场纪律的行为，被告可以按照有关法律、法规、规章及学校的有关规定处理，但其对原告做出退学处理决定所依据的该校制定的第068号通知，与《普通高等学校学生管理规定》第二十九条规定的法定退学条件相抵触，故被告所做退学处理决定违法。

退学处理决定涉及原告的受教育权利，为充分保障当事人权益，从正当程序原则出发，被告应将此决定向当事人送达、宣布，允许当事人提出申辩意见。而被告既未依此原则处理，也未实际给原告办理注销学籍和迁移户籍、档案等手续。被告于1996年9月为原告补办学生证并注册的事实行为，应视为被告改变了对原告所做的按退学处理的决定，恢复了原告的学籍。被告又安排原告修满四年学业，参加考核、实习及毕业设计并通过论文答辩等。上述一系列工作虽系被告及其所属院系的部分教师具体实施，但因他们均是在被告领导下完成的职务工作，所以被告应承担上述行为所产生的法律后果。

（三）案例讨论

（1）高等学校拒绝对学生颁发毕业证、学位证的行为是否属于行政诉讼的受案范围？高等学校能够成为行政诉讼的适格被告吗？

（2）考试作弊是否就要开除学籍？学校自行设立退学权有什么原则？1990年《普通高等学校学生管理规定》和2005年修订后的《普通高等学校学生管理规定》的文本中对考试作弊的处分规定有何不同？

（3）在缺乏明文的法律规定的情况下，我国法院在司法审查的过程中能否依据正当法律程序原则来裁判案件？

（4）学生参加一般性检测和课程终结考核与国家考试中作弊错误程度是否一致？若在国家考试中作弊可否做出退学处理？

二、刘某某诉北京大学案[①]

（一）案情简介

刘某某系北京大学1992级无线电电子学系电子、离子与真空物理专业博士研究生。1994年4月27日，刘某某通过北京大学安排的笔试考试，并于当年5月10日通过了博士研究生综合考试，成绩为良。1995年12月22日，刘某某提出答辩申请，将其博士论文《超短脉冲激光驱动的大电流密度的光电阴极的研究》提交学校。1996年1月10日，刘某某所在系论文答辩委员会举行论文答辩会，刘某某以全票7票通过了答辩。1996年1月24日，北京大学学位评定委员会召开第41次会议，应到委员21人，实到委员16人。5人请假，其中，3人出

① 司法对高等院校管理的介入——刘燕文诉北京大学案，http：//www.aiweibang.com/yuedu/104391808.html。

国，2 人因病住院。同意授予刘某某博士学位者 6 人，不同意授予刘某某博士学位者 7 人，3 人弃权，该次会议将 3 票弃权票计算在反对票中，其表决结果为：校学位评定委员会不批准授予刘某某博士学位。之后，北京大学根据这一表决结果颁发给刘某某博士研究生结业证书，而不是博士研究生毕业证书。

刘某某于 1999 年 9 月 24 日以北京大学学位评定委员会不批准授予其博士学位为由向北京市海淀区人民法院提起行政诉讼，该诉讼以北京大学学位评定委员会为被告；同日，其又以北京大学拒绝颁发博士研究生毕业证书为由向海淀区人民法院提起行政诉讼，该诉讼以北京大学为被告。

海淀区人民法院经过审理，于 1999 年 12 月 17 日对博士学位证书诉讼做出判决：①撤销被告北京大学学位评定委员会 1996 年 1 月 24 日做出的不授予原告刘某某博士学位的决定；②责令被告北京大学学位评定委员会于判决生效后 3 个月内对是否批准授予刘某某博士学位的决议审查后重新做出决定。同日，海淀区人民法院就博士毕业证书诉讼做出判决：①撤销被告北京大学 1996 年 1 月为原告刘某某颁发的博士研究生结业证书；②责令北京大学在判决生效后 2 个月内向刘某某颁发博士研究生毕业证书。

北京大学对一审法院的上述两个判决均表示不服，向北京市第一中级人民法院提出上诉。二审法院经过审理认为："上诉人北京大学学位评定委员会在本案审理过程中所提的时效问题，原审法院未能查清。"故裁定撤销原判决、发回重审。海淀区法院经过重新审理，于 2000 年 12 月 15 日做出裁定，以原告起诉超过诉讼时效为由，驳回起诉。原告刘某某对海淀区法院的裁定不服，向北京市第一中级人民法院提出上诉，二审法院经过审理，也认定刘某某的起诉超过了诉讼时效，于 2001 年 3 月 30 日做出裁定，驳回刘某某的上诉，维持海淀区法院的裁定。

（二）案例分析

"刘某某诉北京大学案"是我国第一例因学位授予单位不授予博士学位而引发的行政诉讼案件。庭审辩论中，本案当事人围绕本案争议的焦点问题如下。

1. 司法应否介入学位管理

案件进入诉讼程序后，北京大学提出的第一个抗辩理由为：从行政法意义上来说，自己并非适格被告。校方认为，《行政诉讼法》并未规定拒绝颁发毕业证书的行为属于人民法院行政诉讼的受案范围，《教育法》《学位条例》等有关法律法规也未规定当事人不服拒绝颁发毕业证书的可以向人民法院提起诉讼，司法的触角不应该深入到教育管理领域。

北京大学虽然不是行政机关，但属于从事高等教育事业的公法人。北京大学进行学籍管理、颁发证书，是一种基于职权单方面做出的管理公共事务的行为，属于行政法意义上的具体行政行为。北京大学、北京大学学位评定委员会属于法定授权组织，其做出的单方面的管理行为是可以提起行政诉讼的具体行政行为。

2. “两证”的颁发应否捆绑

原告认为学位证与毕业证的颁发应该是分开的，不能因为刘某某没有取得博士学位证，就同时剥夺他取得毕业证的资格，只发给他博士结业证书。国家教委发布的《研究生学籍管理规定》第三十三条规定颁发学历证书的条件是：“研究生按培养计划的规定，完成课程学习和必修环节，成绩合格，完成毕业（学位）论文并通过答辩，准予毕业并发给毕业证书。”刘某某的博士学位论文通过答辩，并符合其他规定条件，就可以取得毕业证书；获得博士学位证书不是颁发毕业证书的必要条件。校方认为，刘某某的论文在论文答辩委员会获得通过，不能和《研究生学籍管理规定》第三十三条所称的“通过答辩”画等号，所谓“通过答辩”，应该是指论文通过三级评定机构的审核，既然论文未获得校级学位评定委员会的通过，就不能被颁发毕业证书。

学位证、学业证授予之间性质不同，没有必然的因果关系，在司法审查过程中，法院应根据教育法律法规的规定和教育自身特点，对高等学校行政行为的性质做出正确判断，只有这样，才能既保护受教育者的合法权益和国家法律秩序，又尊重和维护高等学校办学自主权，为高等学校的发展创造宽松、有序的环境。

3. 行政程序是否正当

本案中，原告方强调：被告的决定不具有基本的程序正义。而被告方则强调：北京大学拒绝授予刘某某博士学位的决定主体合法、权限合法、程序合法。法院认为：北京大学校学位评定委员会做出的不批准学位论文答辩委员会报请授予刘某某博士学位的决议的决定，未经校学位评定委员会全体成员过半数通过，违反了《学位条例》第十条第二款规定的法定程序。本案被告校学位评定委员会在做出不批准授予刘某某博士学位前，未听取刘某某的申辩意见；在做出决定之后，也未将决定向刘某某实际送达，影响了刘某某向有关部门提出申诉权利的行使，该决定应予撤销。北京大学学位评定委员会应当对是否批准授予刘某某博士学位的决议，依法定程序审查后重新做出决定。

4. 刘某某是否超出诉讼时效

随着二审法院以原审法院未能查清诉讼时效问题为由，撤销原判，发回重审，诉讼时效这一问题又更加突出。在本案一审判决中，对于诉讼时效问题，法院认为，被告做出不批准决定后，刘某某曾向其反映不同意见，被告提出让刘某某等候答复，但直到刘某某向本院起诉时止，被告一直未向刘某某做出明确的答复，故原告刘某某的起诉未超出法定的诉讼时效。海淀区法院重审认为，公民不服行政主体做出的具体行政行为，应当在法定的起诉期限内提起行政诉讼。原告对被告提起行政诉讼的期限，应当根据 1991 年通过的《高级人民法院关于贯彻执行〈中华人民共和国行政诉讼法〉若干问题的意见》（试行）（现已废止）第三十五条的规定计算，即从领取结业证书之日算起，至 1997 年 7 月 1 日止。原告于 1999 年 9 月向海淀区人民法院提起行政诉讼，已经超过法定起诉期限，驳回刘某某的起诉。

（三）案例讨论

（1）学校学位评定委员会的职能是什么？校学位评定委员会和学院学术委员会之间的权利如何划分？学生未能获得学位可否通过司法渠道获得救济，司法干预学术有何界限？

（2）学位证书与学历证书两者的关系是什么？

（3）本案中学校在拒绝授予刘某某博士学位时哪些方面存在程序上的瑕疵？谈谈程序合法性原则在学生权利保障中的意义。

◇要点归纳

1. 国家实行学业证书制度。受教育者在完成所在学校或其他教育机构教学计划规定的学业后有权获得相应的学业证书。学业证书是指经国家批准设立或者认可的学校及其他教育机构对在该学校或其他教育机构正式注册参加学习并完成规定学业的受教育者颁发的书面凭证。

2. 学业证书包括学历证书和其他学业证书。其中，学历证书包括毕业证书、结业证书和肄业证书，其他学业证书包括专业证书、培训证书和职业资格证书。

3. 学位制度是国家以学术水平为衡量标准，通过授予一定称号来表明专业人才知识能力等级的制度。学位是指国家或者国家授权的教育机构授予个人的一种标志其所达到的学术或专业学术水平的一种称号，表明学位获得者所达到的学术或专业学术水平。

4. 实行学业证书制度的意义：维护国家教育标准的完整统一；维护学历证书的严肃性、公正性、权威性；保证教育活动正常有序进行，提升教育质量；为人才的选拔、录用提供依据。学位制度的特点：国家权力处于主导地位、职业性、等级性、基础性、发展性、开放性。

5. 国家实行学位制度。学位分为学士、硕士和博士。

6. 学位制度的意义：促进各个领域的高素质、高层次专业人才的培养；促进各门学科学术水平的提高、严格学术水准；促进我国科学技术和教育文化事业的发展；促进尊重知识、尊重人才、尊重学术的社会风气的形成。

7. 国家实行国家教育考试制度。国家教育考试指普通和成人高等学校招生考试、全国硕士研究生招生考试、高等教育自学考试等，由国务院教育行政部门确定实施，由经批准的实施教育考试的机构承办，面向社会公开、统一举行，其结果作为招收学历教育学生或者取得国家承认学历、学位证书依据的测试活动。

8. 国家教育考试由国务院教育行政部门确定种类，并由国家批准的实施教育考试的机构承办。国家教育考试主要包括普通高校招生考试、普通高中毕业会考、研究生入学考试、成人高等学校招生考试、高等教育自学考试和其他类型的教育考试。

9. 国家教育考试制度的特点：权威性、导向性、规范性、公平性、社会性。国家教育考试的意义：统一教育标准，保障教育质量；甄别选拔人才，促进合理分流；保障教育公平，促进教育机会均等；维护考试秩序，严格考试纪律。

◇思考与练习

1. 简述学业证书的种类。
2. 简述学位制度的特点。
3. 简述国家教育考试制度的发展历程。
4. 如何解决我国现行学业证书制度与学位制度的不协调问题？
5. 联系实际论述实行国家教育考试制度的实际意义。
6. 谈谈自己对国家教育考试制度存在的缺陷及完善的看法。

◇拓展阅读

1. 劳凯声：《教育法学》，辽宁大学出版社，2000 年。
2. 杨颖秀：《教育法学》，中国人民大学出版社，2012 年。

第十章
教育法律责任与教育法律救济

内容提要

本章共三节。第一节介绍了教育法律责任的特点、类型等，重点介绍了教育领域常见的违法行为与行政法律责任、民事法律责任、刑事法律责任的承担方式。第二节介绍了教育法律救济的概念和特征，教育中法律救济的途径，重点介绍了教育申诉制度、教育行政复议、教育行政诉讼、教育行政赔偿的特征、范围和程序。第三节通过教育行政处罚案、学校不当处罚学生案、学校劳动基地出租案讨论了学校、学生权利受损后的法律救济渠道，以及学校、教育行政部门在行政诉讼、民事诉讼中的法律责任问题。

学习目标

1. 识记教育法律责任、行政法律责任、民事法律责任、刑事法律责任、法律救济、教育申诉制度、教育行政复议、教育行政诉讼、教育行政赔偿概念。

2. 了解《教育法》《教师法》《民法》《刑法》《未成年人保护法》《行政诉讼法》《行政复议法》《国家赔偿法》等法律法规中关于教育申诉制度、教育行政复议、教育行政诉讼、教育行政赔偿的范围、程序和处理方式。

3. 理解教育法律责任、教育申诉制度、教育行政复议、教育行政诉讼、教育行政赔偿的特点。

4. 运用教育法律责任与教育法律救济的理论分析教育领域的法律纠纷案例和教育实践中的法律纠纷问题。

关键词

教育法律责任；行政法律责任；民事法律责任；刑事法律责任；法律救济；教育申诉制度；教育行政复议；教育行政诉讼；教育行政赔偿

第一节 法律责任

一、法律责任概说

（一）教育法律责任的概念

社会中如果没有责任，权利就受不到约束，义务就得不到履行，整个社会将混乱不堪。由于法律权威是一种超越任何组织和个人之上的普遍性规则，法律责任因此在我们的社会生活中具有重要的意义。在教育领域，依法追究违法主体的法律责任是教育法规实施的重要保证。

教育法律责任指教育法律关系的主体因实施了违反教育法律关系的行为，依照有关教育法律法规的规定应当承担的否定性的法律后果。

（二）教育法律责任的特点

教育法律责任与政治责任、道义责任等其他社会责任相比，具有以下特点。

第一，责任法定。法律责任是国家机关代表国家对违法者实行法律制裁的根据，法无明文规定不为罪。在教育活动中的哪些行为应当追究法律责任，由谁追究，以及法律责任的种类，都必须按照有关教育法律法规或其他法律法规上的明文规定执行。违法者只对其违法行为承担法律规定的相应责任。

第二，违法行为与教育法律责任之间具有因果联系，即违法是承担教育法律责任的根据，教育法律责任是违反教育法律法规或其他法律法规的行为引起的后果。只有实施了违法行为，才能对违法者追究法律责任。由于无过错而不构成违法，但是造成损害的，也应当承担一定的补偿性的责任。

第三，责任由违法的教育法律关系主体所承担。根据教育法的规定，可能成为教育法律责任主体的有：①教育行政机关和其他国家行政机关；②教育行政机关和其他行政机关的工作人员；③实施教育教学活动的学校、校长；④教师；⑤就学学生；⑥义务教育阶段的适龄儿童、少年的父母或其他监护人；⑦其他负有遵守教育法义务的公民和法人。上述主体必须处在教育法律关系中，其行为侵犯教育法上规定的权利和违反教育法上的义务，才能追究其教育法律责任。

第四，由国家专门机关或国家授权机关依法追究。法律责任强调国家强制性，对违法行为追究责任的主体，必须是法律法规授权的特定的国家机关或组织。法律责任的认定和归结是国家权力运行的具体体现，是国家对责任人的财产或人身自由的强行限制或剥夺。

二、教育法律责任的种类

教育法规定的法律责任包括在我国的教育法律、法规、规章等一系列法律文件中规定的法律责任。这些法律责任主要集中在《教育法》第九章、《教师法》第八章、《教育行政处罚暂行实施办法》及其他教育法律法规之中。教育法规定的法律责任数量较多，按不同的标准可以有不同的分类。根据违法行为性质的不同，教育法律责任可以分为行政法律责任、民事法律责任和刑事法律责任。

（一）行政法律责任、民事法律责任和刑事法律责任

1. 行政法律责任

行政法律责任指行政法律关系主体由于违反行政法律规范，构成行政违法而应当依法承担的否定性法律后果。教育法就其基本性质而言是调整教育行政关系的规范性文件的总称，因而具有行政法的属性，故其所规定的法律责任主要是行政法律责任，除了追究民事法律责任之外，行为人可能要负行政法律责任，受到某种行政制裁。

教育行政违法行为包括国家机关及其工作人员在管理和发展教育事业，实施教育活动中的行政不当行为，以及学校及其他教育机构及社会组织和个人的行政违法行为等。例如，行政主体在行使行政自由裁量权时的行政不当或行政迟缓行为，以及行政相对人未经批准或注册自行办学、不按规定使用和变更学校名称、在招生工作中营私舞弊、买卖文凭、不按规定授予学位等行为。以上所列举的违法行为都是违反职责方面的行为。除此之外，行政法律责任还包括对他人权利的侵权行为的追究，如行政机关由于行政不当而造成的侵权行为，学校及其他教育机构收取不符合规定的费用即高收费、乱收费、对学生处理上的不当及对学生安全、健康方面的保护失当等，都有可能造成对学生权利的侵害。

违反教育法的行政法律责任的承担方式主要有两类，即行政处罚和行政处分。

（1）行政处分是根据法律或国家机关、企事业单位的规章制度，由国家机关或企事业单位给予犯有违法失职行为或内部纪律的人员的一种制裁。行政处分有时也称“纪律处分”，它是国家行政机关依照行政隶属关系对有轻微违法失职行为的国家工作人员所实施的惩罚措施，共有 8 种：警告、记过、记大过、降级、降职、撤职、留校察看、开除。

（2）行政处罚是国家行政机关依法对违反行政法律规范的组织或个人进行惩戒、制裁的具体行政行为。它是享有行政处罚权的主体依法对违反行政法律规范但尚不够刑事处罚的个人或组织所实施的惩罚措施。在教育领域，教育行政处罚的种类主要包括：警告；罚款；没收违法所得；没收违法颁发、印制的学历证

书、学位证书及其他学业证书；撤销违法举办的学校和其他教育机构；取消颁发学历、学位和其他学业证书的资格；撤销教育资格，停考、停止申请认定资格；责令停止招生；吊销办学许可证；法律、法规规定的其他教育行政处罚。

以行政行为所针对的问题是属于对社会上的管理事务还是行政主体自身内部的管理事务为标准，可将行政行为分为内部行政行为和外部行政行为。内部行政行为是指行政主体对本机关或机构内部的行政事务管理所实施的行政行为；外部行政行为是指行政主体依管理范围对社会上的行政管理事务所实施的行政行为。两种行政行为的法律救济方式不同。外部行政行为要对社会上的公民、法人和其他组织产生法律效果；内部行政行为只对行政主体的内部行政机构和人员产生法律效果。根据我国《行政诉讼法》的规定，因内部行政行为而引起的纠纷，属于行政主体自身内部管理的争议，不能通过行政诉讼的方式来解决，外部行政行为则可以通过行政诉讼的方式解决。上述教育行政处分不能用行政诉讼解决，而教育行政处罚可以。

2. 民事法律责任

民事法律责任是指行为人由于民事违法行为而承担的法律后果。教育法上的民事责任是教育法律关系的主体违反教育法律法规，破坏了平等主体之间正常的财产关系和人身关系，依法承担的民事责任。教育民事法律责任主要有侵权行为的民事责任和违反合同的民事责任。例如，学生伤害事故、校园欺凌等大都因侵权行为而发生。从当前法律实践看，学校及其他教育机构承担的民事责任主要是这一类。学校及其他教育机构作为法人参与各种民事活动，如合作办学、委托培养、有偿服务、知识产权转让、劳动用工、教师聘任等，与其他主体签订各种合同发生的大都与违反合同有关。

此外，在义务教育方面，应承担相应的民事法律责任的行为还有：①侵占、破坏学校的场地房屋和设备的；②侮辱、殴打教师、学生的；③体罚学生的；④将学校校舍、场地出租、出让或者移作他用、妨碍义务教育实施。

承担民事责任的方式主要有：停止侵害；排除妨碍；消除危险；返还财产；恢复原状；修理、重做、更换；赔偿损失；支付违约金；消除影响、恢复名誉；赔礼道歉。此外，还可以训诫、责令具结悔过、收缴进行非法活动的财物和非法所得，并可依照法律规定处以罚款、拘留。以上承担民事责任的方式，可以单独适用，也可以合并适用。民事法律责任通常是一种损害赔偿责任。在出现法律纠纷时，可以要求追究违反合同的民事责任，请求民事赔偿。

任何民事法律行为，必须符合下列要件：一是行为人具有相应的行为能力；二是行为人的意思表示真实。它包含三层含义：①行为人的意思表示必须是自愿；②行为人的意思表示必须真实；③不违反法律或者社会公共利益。

无效的民事行为，承担法律责任的情形较为复杂。无效民事行为是指欠缺民事法律行为的有效要件，不发生当事人预期法律后果的民事行为。无效民事行为的含义包括：①无民事行为能力的人实施的；②限制民事行为能力的人依法不能独立实施的；③《合同法》规定以欺诈、胁迫手段订立的合同，损害国家利益的；④恶意串通，损害国家、集体或者第三人利益的；⑤违反法律或者社会公共利益的；⑥经济合同违背国家指令性计划的；⑦以合法形式掩盖非法目的的。除了无效的民事行为，还有可变更、可撤销的民事行为，以及效力待定的民事行为，它们在办学、招生中广泛存在，需要依法确认，依照《民法通则》及有关法律处置：①返还财产；②赔偿损失；③收归国家、集体所有或返还第三人。对于部分无效的民事行为，不影响其他部分的效力。

3. 刑事法律责任

刑事法律责任指行为人实施刑事法律禁止的行为所必须承担的法律后果。教育法的刑事法律责任是指行为人实施的违反教育法的行为，同时触犯了刑法，达到犯罪的程度时，所必须承担的法律后果。

依法应当追究刑事责任的行为有以下 6 种：①侵占、克扣、挪用义务教育经费；②扰乱实施义务教育学校教学秩序情节严重的；③侵占或者破坏学校校舍、场地和设备情节严重的；④侮辱、殴打教师、学生情节严重的；⑤体罚学生情节严重的；⑥玩忽职守致使校舍倒塌，造成师生伤亡事故情节严重的。追究刑事法律责任往往表现为给予行为人以刑事制裁，即人民法院依法对犯罪人运用刑罚。

我国刑法规定的刑罚分为主刑和附加刑两类。主刑包括管制、拘役、有期徒刑、无期徒刑和死刑五种；附加刑包括罚金、剥夺政治权利、没收财产三种。

以上列举了法律责任的基本类别。一般来说，违法行为属于哪类违法范围，就承担哪类法律责任，如果违法行为属于行政违法范围，就要承担行政法律责任，如果行政违法行为同时涉及民事范围或触犯了刑法，那么除了承担行政法律责任外，还要承担民事法律责任和刑事法律责任。我国的《民法通则》第一百一十条规定："对承担民事责任的公民、法人需要追究行政责任的，应当追究行政责任；构成犯罪的，对公民、法人的法定代表应当依法追究刑事责任。"

（二）各类教育主体的违法行为和法律责任

以下按照违法主体及其违法行为来论述法律责任的认定和承担。

1. 教育行政机关的违法行为和法律责任

教育行政机关的违法行为大致可划分为两类：一类是行政机关越权或滥用职权侵犯相对人的合法利益的违法；另一类是行政机关工作人员滥用职权、触犯法律的违法。两者的主体不同，前者的责任主体是教育行政机关，后者的责任主体是教育行政机关工作人员。在我国，违法者的刑事责任和民事责任的认定权属于人民法院。行政责任认定依其性质和内容分属于公安、工商、税务、教育等有特定职权的国家行政机关。《教育法》、《教师法》和《民办教育促进法》等其他教育法律法规中列举的教育活动中教育行政机关的违法行为，主要有以下几种情形：

（1）侮辱、殴打教师、学生的行为；

（2）侵犯学生受教育权利的行为；

（3）挪用、克扣教育经费的行为；

（4）违反规定向学校收费的行为；

（5）非法挪用校舍、出租场地的行为；

（6）对不符合办学标准的民办教育机构违法予以批准的行为；

（7）因玩忽职守致使校舍倒塌，造成师生伤亡事故的行为；

（8）对民办教育机构疏于管理，造成严重后果的行为；

（9）未采取必要措施解决学生辍学问题的行为；

（10）招生考试中的违法行为；

（11）国家考试中的作弊行为。

此外，还有其他教育行政违法行为：使用未经依法审定的教科书造成不良影响的行为；影响义务教育实施的其他行为。

教育行政机关违法行为应根据具体情节由所在教育行政机关给予相应的行政处分；其中造成人身伤害的由人民法院追究民事责任；情节严重构成犯罪的，由人民法院依法追究刑事责任。

2. 学校和学校事故中的违法行为和法律责任

（1）学校违法行为和法律责任

学校违法行为主要包括：学校设立、变更和终止时的违法行为；学校履行义务时的违法行为；侵占、克扣、挪用义务教育经费；损坏或侵占教育设施，或擅自将教育设施出租或挪作他用；体罚学生等。学校上述违法行为由学校行政主管人员承担行政法律责任。

学校作为法人与其他主体签订各种合同时的违法行为包括：合作办学、委托培养、有偿服务、知识产权转让、劳动用工、教师聘任中的违法行为；授予学位中营私舞弊和弄虚作假行为；违反普通高等学校或成人高等学校设置暂行规定等的行为。学校上述违法行为由学校行政机关承担民事法律责任。

学校行政管理人员的犯罪行为主要包括：教育设施重大责任事故罪；玩忽职守罪；贪污罪；挪用公款罪；受贿罪；非法剥夺人身自由罪；招收学生舞弊罪及其他犯罪。学校上述违法行为由学校行政主管人员承担刑事法律责任。

（2）学校事故中的违法行为和法律责任

由于学校安全事故较为突出，我们将学校事故中学校承担法律责任的情形也单列出来。一般而言，对于因为学校管理措施不当，教师疏于职守而导致学生受到伤害的事故，学校应承担民事赔偿责任，同时可以视情况追究主要人员或教师的行政责任。如果造成了严重的学校事故，那么学校的主管人员还应该承担相应的刑事责任，或者同时承担三种法律责任。

常见的学校事故中，学校依法承担相应的法律责任的有 12 种情形：

（1）学校硬件设施问题。学校的校舍、场地、其他公共设施，以及学校提供给学生使用的学具、教育教学和生活设施、设备不符合国家规定的标准，或者有明显不安全因素造成的事故。

（2）管理、制度问题。学校的安全保卫、消防、设施设备管理等安全管理制度有明显疏漏，或者管理混乱，存在重大安全隐患，而未及时采取措施的。

（3）食品、药品、食堂管理问题。学校向学生提供的药品、食品、饮用水等不符合国家或者行业的有关标准、要求造成的学生伤害事故。

（4）组织教育教学或校外活动问题。学校组织学生参加教育活动或者校外活动，未对学生进行相应的安全教育，并未在可预见的范围内采取必要的安全措施的。

（5）教职员工管理问题。学校知道教师或者其他工作人员患有不适宜担任教育教学工作的疾病，但未采取必要措施的。

（6）违规组织劳动及其他活动问题。学校违反有关规定，组织或者安排未成年学生从事不宜未成年人参加的劳动、体育运动或者其他活动的。

（7）忽视特异体质学生发生的问题。学生有特异体质或者特定疾病，不宜参加某种教育教学活动，学校知道或者应当知道，但未予以必要的注意的。

（8）对学生发病或伤害处置不当。学生在校期间突发疾病或者受到伤害，学校发现，但未根据实际情况及时采取相应措施，导致不良后果加重的。

（9）体罚学生及其他违规问题。学校教师或者其他工作人员体罚或者变相体罚学生，或者履行职责过程中违反工作要求、操作规程、职业道德或者其他有关规定的。

（10）职务履行不力，不作为问题。学校教师或者其他工作人员在负有组织、管理未成年学生的职责期间，发现学生行为具有危险性，但未进行必要的管理、告诫或者制止的。

（11）监护不力、与监护人沟通不及时问题。对未成年学生擅自离校等与学生人身安全直接相关的信息，学校发现或者知道，但未及时告知未成年学生的监护人，导致未成年学生因其脱离监护人的保护而发生伤害的。

（12）管理上存在重大失职问题。管理上存在薄弱环节，管理制度不健全完善或管理制度不落实，责任不明确，漠视安全工作，对安全工作存有侥幸心理，对安全隐患视而不见，不管不问等导致的学生伤害事故，学校应负相应的责任。

学校事故会涉及不同的法律部门，也会形成多种法律责任。学校事故法律责任的种类有三种形式：①民事责任，主要有停止侵害、排除妨碍、消除危险、返还财产、恢复原状、赔偿损失、赔礼道歉、消除影响、恢复名誉等。②行政责任，是对系统内部的工作人员实施的一种惩戒，主要包括警告、记过、记大过、降级、撤职和开除等。③刑事责任，是当事人行为触犯刑律需承担的责任，如伤害、非法拘禁等。《刑法》第一百三十八条专列“教育设施重大责任事故罪”。

3. 教师的违法行为与承担的法律责任

1）教师的违法行为

教师的违法行为主要指教师在教育过程中的违法行为。教师的教育违法行为具有以下几个特征：①违反了教育法律法规对教师职责与行为规范方面的相关规定；②违法行为的主体是具有教师身份的个体；③违法行为发生在学校教育教学活动中或与教育教学活动相关；④在违法行为过程中行为主体是以教师身份出现的。

根据我国《教育法》、《教师法》、《义务教育法》等教育法律法规的相关规定，教师的教育违法行为主要体现在以下几个方面：①故意不完成教育教学任务给教育工作造成巨大损失的；②体罚学生经教育不改的；③品行不良，辱骂、侮辱学生，影响恶劣的；④未尽教师的注意义务而对国家财产、学生的人身安全与健康造成危害的行为；⑤在招生、考试中的徇私舞弊行为；⑥违反国家规定，乱收费的行为等。

2）教师承担的法律责任

按照教师违法行为的性质与其危害程度，可以将其导致的法律责任分为刑事法律责任、民事法律责任和行政法律责任三种类型。一般说来，教师的教育违法行为主要承担的是行政法律责任和民事法律责任，只有当教师的违法行为比较严重，足以触犯刑律时才会涉及刑事法律责任的承担问题。在教师违法行为所引发的法律责任追究中，这三种法律责任可以并存，只要某一教育违法行为触犯了刑法，同时又造成了较严重的侵权后果，就可以在追究该行为人的行政法律责任的同时，追究其刑事法律责任并附带民事法律责任。

教师违法行为的性质与其法律责任的承担有相当密切的关系。教师违法行为是否是职务行为，其行为动机属于过失还是故意，行为人在行为过程中是否预见到危害后果的发生及是否采取了积极的预防措施等，根据教师行为的性质、学生年龄大小等相关因素加以综合考虑。

教师的职务行为与个人行为的法律责任。教师行为可以分为两种，即职务行为与个人行为。职务行为是指教师为了履行其教师职责所不得不为的行为，它与教师教育职责的正常履行有着不可分割的联系；教师的个人行为则是指教师与履行教师职责无直接或必然关系的行为，如打骂学生、私自拆阅学生信件等。个人行为则是教师作为其个人，以个体行为的方式与其他社会主体产生互动关系，其行为与教师角色本身没有必然联系，与教师职责的正常履行也没有因果关系。一般而言，教师职务行为由相关行政法律规范加以调整；而在教师个人行为中，教师与学生之间形成的是一种民事法律关系，由相关民事法律规范加以调整。

教师的过失行为与故意行为的法律责任。过失行为是指教师违法行为的产生只是因教师的工作疏忽或过失而产生，教师未能尽到自己的教育教学职责，在教育教学职责的履行过程中未能有效地预防损害后果的发生，或对损害后果的严重性预料不足。故意行为则指教师在事前对自己的行为后果的危害性有充分的了解，属于明知故犯。过失行为一般属于职务行为的范畴，其侵害后果的民事赔偿法律责任一般由学校承担，教师个人在承担相应行政法律责任的同时，由学校向其进行必要的追偿。

教师惩戒权行使中的法律责任。教师惩戒权是教师基于教师身份而获得的职业性惩戒学生的权利。教师惩戒权行使时所涉及的法律责任承担主要有两种情况，即惩戒权的不当行使和惩戒性侵权。前者主要是指教师在行使其惩戒权利时有失公正，造成了学生的无辜受惩戒，或对越轨者的惩处超出了实际所需的程度；后者则主要指教师借惩戒之名侵犯学生的各种权利，使学生的合法权益受到一定程度的损害。

认定教师惩戒权的行使是否合理，需要考虑以下因素：①教师惩戒权的行使主体必须符合法定条件，其惩戒行为必须与其身份相符；②教师惩戒行为是学生越轨行为的自然结果；③教师在行使惩戒权时出于教育目的，无打击或报复学生的意图；④教师惩戒权的行使未损害学生的合法权益，教师惩戒行为不是造成学生意外伤亡的直接原因。

惩戒权的不当行使一般追究直接责任人员的行政法律责任，即使涉及民事赔偿问题，也常附属在行政性处理之中，一般由学校承担民事赔偿责任。惩戒性侵权一般追究当事人的民事或刑事法律责任。

4. 学生违法行为与承担的法律责任

1）学生违法行为

学生违法行为是指学生违反国家相关法律规范的行为。在内容上，它既包括学生违反教育法律的行为，也包括违反其他国家法律规范的行为；在时空指向上，它既包括学生的校内行为，也包括学生的校外行为。

学生违法行为不同于学生的违规行为。违规行为，也称为失范行为，指偏离社会规范的行为，包括破坏或不遵从社会规范的行为。这里的社会规范包括一般意义上的社会行为规范、学生行为规范，以及各校自定的学生守则、校规、班规等。学生违规行为都是与特定的学生身份、角色不符，并且对学校学习生活秩序有一定负面影响的行为，一般都包括不服管教、反抗教师权威、扰乱学校秩序、侵犯他人人身或财产权利及破坏公物等类型。学生的违规行为一般通过批评教育、惩戒等方式解决。学生违法行为所指向的是具有一定危害、后果严重，同时触及国家法律引起法律制裁的行为。

2）学生承担的法律责任

我国在校学生主要是未成年人。未成年学生违法行为所要承担的法律责任与成年人一样，也分为行政法律责任、民事法律责任和刑事法律责任三类，但由于他们的未成年人身份，在追究其违法行为的法律责任时与成人有所不同，在惩处违法行为的同时更强调对未成年人的教育和保护，在其违法行为的惩处上有一些特殊规定。

（1）行政法律责任。中小学学生承担行政责任主要是行政处罚中的申诫罚（警告、通报等）和人身罚（行政拘留等）。对违法学生而言，认定和追究行政责任的主体主要是行政主管机关。与学生相关的行政制裁形式主要有行政处罚。学校依照校纪校规，对学生做出的有关处理，不能称为行政处罚。

对学生的教育行政违法实施行政处罚的主体是公安机关和教育行政机关，或由其授权的特定机构，如国家教育考试机构。以前对学生的处罚还有劳动教养制度，但已于 2013 年 12 月全国人大通过决议正式废止。

考生违反国家教育考试制度的行为，视为行政违法，由教育行政部门宣布考试无效。已经被录取或取得学籍的，由教育行政部门责令学校退回招收的学员。

（2）民事法律责任。未成年学生违法行为的民事法律责任一般并不由其本人承担，而是由其监护人（或法定代理人）代为承担。监护人的职责是保护被监护人的人身权益和财产权益，其中包括受教育权益。被监护人作为监护人的法定代理人，有权代理被监护人应诉或申诉诉讼；对被监护人侵害他人合法权益、给他人造成损害的，监护人应承担相应的民事责任。

监护有法定监护和指定监护两种形式。未成年人的法定监护人首先是其父母。在父母死亡或丧失监护能力时，由有监护能力的祖父母、外祖父母或兄、姐，以及其他亲属、朋友担任。没有上述监护人，则由未成年人的父母所在单位或未成年人住所地的居民委员会、村民委员会或民政部门担任监护人。对担任监护人发生争议，无法协商解决时，可由有关部门依法在法定监护人范围中指定监护人。

（3）刑事法律责任。刑法规定了行为人对自己的犯罪行为负刑事责任所必须达到的年龄。我国刑法对刑事责任年龄的划分主要分为以下三个阶段。

一是绝对不负刑事责任年龄阶段。根据我国《刑法》第十七条的规定，不满 14 周岁为绝对不负刑事责任年龄阶段。不满 14 周岁的人还处于人的幼年生长时期，受生理和智力条件的限制，在一般情况下，他们对自己的行为的性质、意义和后果缺乏认识。所以，对于他们实施的危害社会的行为，主要应当采取教育、挽救的方法，而不应采用刑罚手段。

二是相对负刑事责任年龄阶段。根据我国《刑法》第十七条第二款的规定，已满 14 周岁不满 16 周岁为相对负刑事责任阶段。所谓相对负刑事责任，就是只对刑法所规定的杀人、故意伤害致人重伤或者死亡、强奸、抢劫、贩卖毒品、放火、爆炸、投毒等严重危害社会秩序的犯罪负刑事责任，对上述所列之外的其他犯罪不负刑事责任。已满 14 周岁未满 16 周岁的人虽然具有一定的辨别是非的能力，但其生理、智力的发育尚不成熟，没有生活阅历，对自己的行为性质不具备完全辨认或控制的能力。因此，对于他们实施的严重危害社会的行为，一般不追究刑事责任，但应当责令家长或其他监护人严加管教。对少数触犯了《刑法》所规定的杀人、故意伤害致人重伤或者死亡、强奸、抢劫、贩卖毒品、放火、爆炸、投毒等严重危害社会秩序的犯罪人，则应当承担必要的刑事责任，但应当从轻或者减轻处罚。

三是完全负刑事责任年龄阶段。根据我国《刑法》第十七条第一款的规定，已满 16 周岁为完全负刑事责任年龄阶段。所谓完全负刑事责任，就是行为人对自己实施的一切犯罪行为都应负刑事责任。满 16 周岁的未成年人的体力和智力已有相当的发展，具有了一定的社会知识，是非观念和法制观念的增长已经达到一定的程度，一般已能够根据国家法律和社会道德规范的要求来约束自己，因而他们已经具备了基本的刑法意义上辨认和控制自己行为的能力。因此，我国刑法认定已满 16 周岁的人可以构成刑法中所有的犯罪，要求他们对自己实施的刑法所禁止的一切危害行为负担刑事责任。

在未成年学生违法行为的刑事责任追究方面，我国法律也有明确的保护性规定，对未成年人的犯罪和量刑做了严格的限定，不到 14 周岁的未成年人不负刑事责任；已满 14 周岁不满 16 周岁的未成年人，只对一些严重犯罪负刑事责任；已满 14 周岁不满 18 周岁的人犯罪，从轻或减轻处罚，且不适用死刑。

此外，最高人民法院分别于 1991 年、1995 年、2001 年发布了《关于办理少年刑事案件的若干规定（试行）》、《关于办理未成年人刑事案件适用法律的若干问题的解释》和《关于审理未成年人刑事案件的若干规定》，对未成年人刑事法律责任的追究及案件的审理工作做了全面详细的规定。例如：未成年人刑事案件的审理，必须坚持“教育为主、惩罚为辅”的原则，执行教育、感化、挽救的方针；开庭审理时不满 18 周岁的未成年人刑事案件一般不公开审理，开庭审理时不满 16 周岁的未成年人刑事案件一律不公开审理；未成年罪犯除依法判处无期徒刑、死刑缓期执行的以外，一般不对未成年罪犯附加判处剥夺政治权利刑罚，等等。

以上三种法律责任可以并存，只要学生的违法行为触犯了刑法，同时又造成了较严重的侵权后果，应视情节在追究学生的行政法律责任的同时，追究其刑事法律责任并附带民事法律责任。

5. 社会主体的违法行为与法律责任

社会主体的违法行为指除政府、教育行政机关、学校和其他教育机构以外的社会主体违反教育法律法规，侵害受法律保护的有关组织和个人的合法权益的行为。社会主体法律责任是社会主体因实施了违反教育法的行为，依照有关法律法规的规定应当承担否定性的法律后果。

根据《教育法》《义务教育法》《民法》《未成年人保护法》《刑法》等相关法律法规的规定，社会主体的违法行为与法律责任的表现形式有：

（1）违反国家财政制度、财务制度，挪用、克扣教育经费；

（2）违反法律规定向学校或者其他教育机构收费；

（3）侵占学校及其他教育机构的校舍场地及其他财产；

（4）违反国家规定举办学校或其他教育机构；

（5）非法举办国家教育考试；

（6）招用应当接受义务教育的适龄儿童、少年做工、经商或从事其他雇佣性劳动。

上述社会主体的违法行为应根据具体情节由相应教育行政机关给予相应的行政处分；其中造成人身伤害的由人民法院追究民事责任；情节严重构成犯罪的，由人民法院依法追究刑事责任。

三、教育法律责任的构成要件与免责条件

（一）法律责任的构成要件

法律责任的构成要件是指承担法律责任必须具备条件的总和。教育法规定的法律责任就其性质而言，应属于行政法律责任，因此，应具备行政法律责任的构成要件。

教育法律责任的构成要件是指行为人承担教育法律责任须具备的标准或必要条件。教育法律关系主体只有具备教育法律责任的归责要件，才被认定为教育法律责任主体，承担相应法律后果。教育法律责任的构成要件主要有以下几个方面：

（1）有损害事实，即有侵害教育管理、教学秩序及从事教育教学活动的公民、法人和其他组织的合法权益的客观事实存在。这是构成教育法律责任的基本前提条件。

（2）损害行为必须违反教育法，即责任人实施了违反教育法律法规规定的行为。这是构成教育法律责任的前提条件。

（3）行为人主观上有过错。这里的过错是就行为人造成他人损害时的心理状态而言的。它是构成教育法律责任的主观要件。过错分为故意和过失两种。

（4）违法行为与损害事实之间具有因果关系。违法行为是导致损害事实发生的原因，损害事实是违法行为造成的必然结果，二者之间存在着必然的因果联系。前者决定后者的发生，后者是前者的必然结果。

（二）法律责任的免责条件

法律责任的减轻与免除，即通常所说的免责。免责是指虽然违法者事实上违反了法律，并且具备承担法律责任的条件，但是由于某些法律的规定，违法者可以部分或全部地免除法律责任。在我国的法律规定和法律实践中，免责的条件和方式可以分为：

（1）时效免责，即法律规定违法者在其违法行为发生一定期限后不再承担强制性、惩罚性的法律责任。属于时效免责的情况，如刑法中已过追诉时效，死刑为 20 年；民法中的诉讼时效，一般时效 2 年，人身伤害时效 1 年。

（2）不诉免责，即所谓“不告不理”。法律规定只要当事人不告，国家就不会追究违法者的法律责任。刑法中除小部分不告不理之外都是必须追究的。但是，民法是不告不理。还有一种类似不诉免责的免责方式，即在国家机关宣布有责主体须承担法律责任的情况下，权利主体自己主动放弃执行法律责任的请求。

（3）自首、立功免责，即刑法规定犯罪者在犯罪后有自首和立功表现的，可以从轻、减轻或者免除处罚。犯罪后自首又有重大立功表现的，应当减轻或者免除处罚。

（4）补救免责，即法律规定违法者在造成一定损害后，在有关国家机关追究其法律责任前及时采取补救措施，可以或应当部分或全部地免除其法律责任。这种免责的理由是违法者在归责之间已经超前履行了第二性义务。例如，在犯罪过程中，自动有效地中止犯罪，应当免除或减轻处罚。

（5）协议免责或意定免责，即所谓“私了”，即双方当事人在法律允许的范围内经协商同意部分或全部地免除法律责任。这种免责一般不适用于犯罪行为和行政违法行为，仅适用于民事违法行为。这种免责仅适用于民事活动。

（6）人道主义免责，即在权利相对人没有能力履行责任或全部责任的情况下，有关国家机关或权利主体可以出于人道主义考虑免除或部分免除有责主体的法律责任。

第二节　教育法律救济

“没有救济就没有权利。”法律救济不同于一般意义上的物质帮助，它是一种法律制度，指通过特定的程序和途径裁决社会生活中的纠纷，给予权益受损者以法律上的救济。依据宪法的规定，法律救济以各种纠纷的存在为基础，以损害事实为前提，其根本目的在于补救受害者的合法权益。

一、教育法律救济概述

（一）教育法律救济的概念和特征

教育法律救济是指教育行政相对人的合法权益受到侵害并造成损害时，通过裁决纠纷，纠正、制止或矫正侵权行为，使受害者的权利得以恢复、利益得到补救的法律制度。教育法律救济可以保障教育法律关系主体特别是教师、学生和学校在教育活动中的合法权益，促进合理教育秩序的建立，促进教育法制建设。

教育法律救济的特征：

（1）纠纷的存在是教育法律救济的基础。教育法律救济制度是与纠纷的处理相联系的。在社会生活中，纠纷通常表现为某种社会关系上的利益矛盾与冲突，这种矛盾和冲突，往往是由某种侵权行为所导致的。教育领域的纠纷需要有解决纠纷的程序和制度，以去补救受损方的合法权益。

（2）损害的发生是教育法律救济的前提。任何法律上的救济，都是因为发生了侵权损害，无侵权损害就无所谓救济。即使发生了侵权行为但没有造成损害，也不会有法律救济问题。

（3）补救受害者的合法权益是教育法律救济的根本目的。法律救济最根本的目的，在于补救受损害者的合法权益，为其合法权益提供法律保护，这是法律救济的基本功能。当公民的受教育权利受到侵犯时，只有通过一定方式来恢复受损害的权利或给予补救，这些权利才能得到真正的实现。

（二）教育法律救济的途径

教育中的法律救济主要有三种途径：司法渠道、行政渠道及仲裁和调解等其他方法。

司法渠道是指通过法定诉讼制度寻求教育法律救济的途径。依据教育法的规定受害人可以通过现行的行政诉讼、民事诉讼、刑事诉讼寻求司法救济。

行政渠道是指通过法定的申诉制度、复议制度、赔偿制度寻求教育法律救济的途径。我国的《行政诉讼法》规定了行政诉讼和行政复议制度，《国家赔偿法》规定了国家赔偿制度。在教育法中也具体规定了教师申诉制度和学生申诉制度。

仲裁和调解等其他调节方法，主要是通过教育组织内部或机构及其他民间渠道来实施的法律救济。

二、教育申诉制度

（一）教育申诉制度的含义

教育申诉制度，指作为教育法律关系主体的公民，在其合法权益受到侵害时，向国家机关申诉理由，请求处理的制度。教育申诉制度体现了法律赋予人们申诉的权利。由于它直接与行政部门或教育行政主管部门发生联系，并请求行政上的重新处理或纠正，所以具有行政救济的性质。

我国的教育申诉制度主要包括教师申诉制度和学生申诉制度两类。

（二）教师申诉制度

1. 教师申诉制度的含义及特征

教师申诉制度指在教师的合法权益受到损害时，可以依法向主管的行政机关申诉理由，请求处理或重新处理的制度。

《教师法》第三十九条规定：“教师对学校或者其他教育机构侵犯其合法权益的，或者对学校或者其他教育机构做出的处理不服的，可以向教育行政部门提出申诉，教育行政部门应当在接到申诉的三十日内做出处理。”我国《教师法》中也明确指出：“教师认为当地人民政府有关行政部门侵犯其根据本法规定享有的权利的，可以向同级人民政府或者上一级人民政府有关部门提出申诉；同级人民政府或者上一级人民政府有关部门应当作出处理。”《教师法》中的这些内容构成了教师申诉制度的重要组成部分。

教师申诉制度的特征：

（1）法定性。《教师法》明确规定了教师申诉的程序，各级人民政府及其有关部门必须依法在规定的期限内对教师的申诉做出处理决定，使教师的合法权益及时得到保护。学校及其他教育机构，以及有关部门对上级行政机关做出的处理决定，负有执行的义务，否则应承担相应的法律责任。

（2）特定性。教师申诉制度是在宪法赋予公民享有申诉权利的基础上，将教师这一特定专业人员的申诉权利具体化的法律制度。根据《教师法》的规定，教师申诉制度的主体是特定的，被申诉的主体是特定的，受理申诉的主体是特定的，处理申诉的主体和日期也是特定的。教师申诉制度的特定性，有利于保障教师的合法权益。

（3）非诉讼性。教师申诉制度有别于诉讼上的申诉制度。诉讼上的申诉制度是公民对司法机关做出的已经发生法律效力的判决、裁决不服，向法院或者检察院申诉理由，请求再审的制度，完全依照诉讼法的程序进行。而教师申诉制度从申诉的提出到申诉的受理和处理都是按照行政程序进行的，它属于非诉讼上的申诉制度。

2. 教师申诉的范围

根据《教师法》的规定，教师申诉的范围包括：

（1）教师认为学校或其他教育机构侵犯其《教师法》规定的合法权益的，可以提起申诉。这里的合法权益，包括《教师法》规定的教师在职务聘任、教学科研、工作条件、民主管理、培训进修、考核奖惩、工资福利待遇、退休等方面的各项权益。只要教师认为自己的上述权益受到侵犯，都可以提起申诉。

（2）教师对学校或其他教育机构做出的处理决定不服的，可以向上一级教育行政部门提出申诉。

（3）教师认为当地人民政府的有关部门侵犯其合法权益的，可以提出申诉。如果教师认为当地人民政府侵犯其《教师法》或其他法律规定的权利时，可以向上级人民政府提出申诉。

3. 教师申诉的程序

教师申诉制度由提出申诉、受理和处理决定三个环节组成。

（1）提出申诉。教师提出申诉必须符合的条件：①符合法定申诉范围；②有明确的理由和请求；③以法定形式提出。教师申诉应当以书面形式提出。

（2）受理。在对教师申诉的受理上，主管教育行政部门接到申诉书后，要对申诉人的资格和申诉条件进行认真审查，并就不同情况做出相应处理：对于符合申诉条件的应予以受理；对于不符合申诉条件的，可以答复申诉人不予受理；如果申诉书未说清理由和要求时，应要求申诉人重新提交申诉书。

（3）处理决定。受理机关对于受理的申诉案件，在进行调查研究，全面核查的基础上，应区别不同情况，分别做出处理决定。

对学校或者其他教育机构提出的申诉，主管行政部门应当在收到申诉书的次日起 30 天内进行处理，如果主管行政部门逾期未作处理，或者久拖不决，而申诉内容又涉及人身权、财产权及其他属于行政复议、行政诉讼范围的，申诉人可依法提起行政复议或行政诉讼。

（三）学生申诉制度

1. 学生申诉制度的含义和特征

学生申诉制度是指学生的合法权益受到学校或教育行政机关的侵害时，依法向主管机关或有关部门申诉理由，请求给予处理的制度。

《教育法》第四十二条第四款规定："受教育者对学校给予的处分不服向有关部门提出申诉，对学校、教师侵犯人身权、财产权等合法权益，提出申诉或者依法提起诉讼。"这为学生的合法权益受到侵害时寻求法律救济提供了法律保障。

2. 学生申诉制度的特点

（1）法定性。学生作为公民对学校或教师的失职行为有申诉的权利。学生申诉制度是我国教育基本法所规定的，受我国宪法、教育法和其他相关法律保护，任何有关机关不得阻碍或剥夺、压制学生申诉。

（2）特殊性。由于学生的地位和未成年人的特殊身份，当他们面对自己的受教育权、公正评价权、隐私权等多项权利可能会因教师和学校的不当处理受到侵害，如开除、体罚等时，他们对这些不当侵害既不能采取绝不履行的方式来补救合法权益，又不能采取强制手段制止或纠正其侵权行为，所以学生只能运用法定的申诉制度来保护自己的合法权益。

（3）非诉讼性。学生认为学校或相关单位做出的处分或决定侵害了其合法权益而提出的申诉，不是通过司法机关的诉讼程序进行的，不具有诉讼的性质，其申诉内容、程序、条件等也是非诉讼性的。

3. 学生申诉的范围

根据我国《义务教育法及实施细则》《普通高等学校招生违规行为处理暂行办法》等法律法规的规定，学生申诉的范围有：

（1）学生对学校给予的处分不服的，如学籍、考试、纪律、校规等方面。

（2）学校或教师违反规定乱收费的行为，如乱收费、乱摊派、乱罚款，非法没收其财物，强迫其购买非必需教学物品等。

（3）学校或教师侵犯学生的人身权的，如体罚或变相体罚，限制其人身自由权等。

（4）学校或教师对学生的评价不公的。

（5）对学校或教师侵犯其知识产权的，如教师剽窃学生的著作权、发明权或其他科技成果权，学校强行将学生的知识产权收归学校等。

4. 学生申诉的程序

学生申诉也有提出申诉、申诉受理和申诉处理等环节。

（1）学生申诉的提出。可以以口头形式或书面形式提出。

（2）学生申诉的受理。主管机关接到学生口头或书面申诉后，要依据具体情况经审查后做出不同的处理。属于自己主管的予以受理，不属于自己主管的或者申请不符合条件的要予以驳回并告知学生。对于口头申诉要做到在当时或规定时间内做出是否受理的答复；对于书面申诉则一般以5～30天为宜。

（3）学生申诉的处理。主管机关对学生申诉进行核查，根据不同情况做出不同处理，一般分为以下五种情况：

如果学校、教师或其他教育机构的行为或决定符合法定权限或程序，适用法律规定正确，事实清楚，可以维持原来的处分决定和结果。

如果处分或决定违反相关的法律法规规定，侵害申诉人合法权益，可以撤销原处理决定或责令被申诉人限期改正。

具体处分决定或具体行为决定的一部分适用法律、法规或部分撤销原决定。

处分或决定所依据的规章制度或校纪校规与法律法规及其他规范性文件相抵触时，可撤销原处理决定。

如果是对侵犯人身权、财产权等进行的申诉，学生对申诉处理结果不服，可依法向法院起诉。

三、教育行政复议

（一）教育行政复议的含义

教育行政复议，是指教育管理相对人（如学校、教师）认为教育行政机关做出的具体行政行为侵犯其合法权益，向做出该行为的机关的上一级教育行政机关或该机关所属的本级人民政府提出申请，受理申请的行政机关对发生争议的具体行政行为进行复查并做出决定的活动。教育行政复议是一项非诉讼的行政救济手段。教育行政复议以处理教育行政争议为根本目的，是一种“依申请的行为”，而不是“依职权的行为”。

《国家教委关于〈中华人民共和国教师法〉若干问题的实施意见》（1995年）、《教育行政处罚暂行实施办法》（1998年）等法规中都规定，教师的申诉逾期未做出处理或申诉当事人对申诉处理决定不服的，申诉内容涉及人身权、财产权及其他属于行政复议、行政诉讼受案范围事项的都可以依法提起行政复议或者行政诉讼。

（二）教育行政复议的范围

根据我国《行政复议法》关于行政复议范围的规定，并结合我国教育行政管理的实际，我国教育行政复议的范围主要包括：

（1）对教育行政处罚不服的。这是教育行政复议的范围中最重要的一类。

（2）对教育行政强制措施不服的。主要包括对财产的查封、扣押、冻结等行政强制措施不服的，可以申请复议。

（3）对教育行政机关不作为的。

（4）教育行政机关的侵权行为。主要包括对教育行政管理相对人自主经营权的侵犯行为、违法设定义务，以及侵犯人身权和财产权的行为。

在我国教育管理实践中，学校对教师的行政处分决定及学校对学生的处分决定，作为教师或学生不服的，只能依法通过教育申诉途径来获得救济，而无法通过教育行政复议途径获取救济。

（三）教育行政复议的程序

（1）申请。教育行政复议申请可以书面形式提出，也可以口头申请。书面形式申请应在 60 日内提出复议申请书。

（2）受理。它是指教育行政复议机关基于相对人的申请，经审查认为符合法律规定的申请条件，决定立案并准备审理的行为。

（3）审理。它是教育行政复议的中心阶段。复议机关应当在受理之日起 7 日内将复议申请书副本发送被申请人。被申请人在收到复议申请书副本之日起 10 日内，应向复议机关提交做出具体行政行为的有关材料或者证据及答辩书。被申请人逾期不答辩的，不影响复议。

（4）决定。它是指对案件进行审理后，在判明具体行政行为的合法性、正当性的基础上，有关机关做出相应的裁断。复议机关应在复议期限内（自受理之日起 60 日内）做出决定。复议决定有：维持决定，补正程序决定，撤销和变更决定，履行职责决定，赔偿决定。

（5）执行。复议决定生效后就具有国家强制力，复议双方应自觉履行，否则，将强制执行。

教育行政复议只能由行政机关进行审理，或者是由做出违法行政行为的行政机关自己充当复议机关；或者是由同级人民政府或上一级行政机关充当复议机关。行政部门复议要求教育行政管理相对人对不法行政行为予以迅速而坚决的反应，同时也要求行政机关客观地对待复议申请，并公正地做出处理。也只有这样，才不会出现“告官无门”或“官官相护”的现象。

四、教育行政诉讼

（一）教育行政诉讼的含义与特点

教育行政诉讼，是指教育行政管理相对人认为教育行政机关的具体行政行为侵犯其合法权益，依法向人民法院起诉，请求给予法律救济，并由人民法院对行政行为进行审查和裁判的诉讼救济活动。

教育行政诉讼作为一种重要的法律救济手段，有五个特点：

（1）主管恒定。教育行政诉讼的主管机关只能是人民法院，而不属于其他机关。

（2）诉讼专属。在教育行政诉讼中，由教育行政相对人，如教师、学生或学校提起，不能由教育行政机关提起。相对人在所有的教育行政诉讼中都是原告，教育行政机关则是被告。

（3）标的确指。是指合同当事人之间存在的权利义务关系标的物，是指当事人双方权利义务指向的对象。教育行政诉讼的标的是教育法律规定的具体教育行政行为，对于教育行政机关实施的民事行为，如教育合同行为等，相对人只能向人民法院民事审判庭提起民事诉讼。

（4）被告举证。在教育行政诉讼中，作为被告的教育行政机关或教育法律法规授权的组织负有举证责任。

（5）不得调解。人民法院在审理教育行政诉讼案件时，必须依法行事，不得采取调解作为审理程序和结案方式。

（二）行政诉讼与行政复议的区别

行政诉讼和行政复议作为两种不同的行政救济制度，其区别主要表现在以下几点：

（1）性质不同。行政复议是行政活动，而行政诉讼是人民法院行使审判权的司法活动。

（2）受理机关不同。行政复议的受理机关是行政机关，而行政诉讼的受理机关是人民法院。

（3）适用程序不同。行政复议适用行政程序，实行一级复议制，进行书面审理，程序简便；而行政诉讼适用司法程序，实行两级终审制，以公开审理为主，程序严格。

（4）审查范围不同。行政复议对具体行政行为的合法性与适当性进行审查，而行政诉讼只对其合法性进行审查。

（5）法律效力不同。除有法律明文规定之外，行政复议决定不具有最终的法律效力，即复议申请人不服复议决定的，可依法向人民法院提起行政诉讼，行政诉讼的终审判决则具有最终的法律效力。

（三）教育行政诉讼的范围

关于我国教育行政诉讼的具体受案范围，《行政诉讼法》第十一条和第十二条分别做出了明确的规定。教育行政诉讼的涉案范围主要包括：

（1）对拘留、罚款、吊销许可证和执照、责令停产停业、没收财物等行政处罚不服的；

（2）对限制人身自由或者对财产的查封、扣押、冻结等行政强制措施不服的；

（3）认为行政机关侵犯法律规定的经营自主权的；

（4）认为符合法定条件申请行政机关颁发许可证和执照，行政机关拒绝颁发或者不予答复的；

（5）申请行政机关履行保护人身权、财产权的法定职责，行政机关拒绝履行或者不予答复的；

（6）认为行政机关没有依法发给抚恤金的；

（7）认为行政机关违法要求履行义务的；

（8）认为行政机关侵犯其他人身权、财产权的。

应当特别注意，《行政诉讼法》还规定："人民法院不受理公民、法人或者其他组织对下列事项提起的诉讼：

（1）国防、外交等国家行为；

（2）行政法规、规章或者行政机关制定、发布的具有普遍约束力的决定、命令；

（3）行政机关对行政机关工作人员的奖惩、任免等决定；

（4）法律规定由行政机关最终裁决的具体行政行为。"

（四）教育行政诉讼的程序

根据《行政诉讼法》的规定，我国行政诉讼的程序包括一审程序、二审程序、再审程序和执行程序。一审程序又包括起诉和受理、审理和判决几个相互衔接、依次转移的阶段。

（1）起诉和受理。起诉是公民、法人或其他组织依法向人民法院提出诉讼请求的诉讼行为，将产生一定的法律后果。对于当事人的起诉，人民法院经审查，应当在接到起诉状之日起 7 日内立案或裁定不予受理，当事人对不予受理的裁定不服，可以提起上诉。

（2）审理和判决。我国行政诉讼实行两审终审制，二审做出的判决和裁定为终审的判决和裁定，案件到此为止最后审结，如果发现确有错误，可以再经审判监督程序予以纠正。

（3）执行。执行程序是诉讼活动的最后阶段。人民法院对发生法律效力的判决和裁定，在义务人逾期不执行时，有权依法采取强制措施，迫使其履行义务。

我国的行政诉讼是由人民法院审理行政争议的制度，这是行政诉讼与申诉、行政复议等解决行政争议的其他途径最主要的区别。行政诉讼与其他行政救济制度相比，行政诉讼的程序最为严格，地位最为超脱，裁决最为权威。因此，行政诉讼被认为是解决行政争议最重要，也是最终的一个环节。

五、教育行政赔偿

我国行政赔偿是随着1995年1月1日《国家赔偿法》的实施才真正在法律上确立下来的。虽然教育行政赔偿实际发生很少，但是教育行政赔偿制度成为我国除教育申诉、教育行政复议和教育行政诉讼之外的法律救济途径。

（一）教育行政赔偿的概念及特点

教育行政赔偿，是指教育行政机关及其工作人员在执行职务过程中，侵犯了公民、法人或其他组织的合法权益并造成损害，依照法律规定，由国家承担损害赔偿责任的制度。其特点如下：

（1）教育行政赔偿由教育行政机关及其工作人员的行政侵权行为而引起。

（2）教育行政赔偿是针对教育行政侵权行为给管理相对人造成的损害给予的赔偿。教育行政赔偿以侵害公民、法人或其他组织的合法权益且造成损害为条件。这种赔偿不同于行政机关及公务员的合法行为所引起的行政补偿。行政机关及公务员合法行使管理职权的前提下，不会构成行政赔偿。

（3）教育行政赔偿主体是国家。执行职务过程中发生的教育行政侵权行为，由国家向受害者承担赔偿责任。教育行政赔偿作为国家赔偿与民事赔偿有所不同。当教育行政机关以法人身份从事民事活动发生侵权行为时，是以法人身份代表自己承担民事侵权赔偿责任。教育行政赔偿的主要方式是金钱给付，有时也辅之以其他补偿性方式。

（二）教育行政赔偿的构成要件

一般而言，教育行政赔偿责任的构成，须具备下列要件。

（1）有损害事实的存在。损害是指教育行政机关及其工作人员的行为侵犯了相对人的财产权、人身权等合法权益并给受害人带来的实际损害。

（2）职务行为主体。根据《国家赔偿法》的规定，教育行政赔偿的职务行为主体包括国家教育行政机关及其工作人员，以及受教育行政机关委托执行公务的组织成员。

（3）损害事实是由职务违法行为造成的。职务行为的违法性，是指具体行政行为主要证据不足，适用法律、法规错误，违反法定程序，超越、滥用职权，以及职务行为主体拒不履行法定职责等。

（4）损害事实与教育侵权行为有因果关系。因果关系，指的是直接因果关系，即行为与结果之间存在着逻辑上的直接的关系。没有这种因果联系的存在，国家就没有赔偿义务。

（三）教育行政赔偿的范围

根据《国家赔偿法》的有关规定，我国行政赔偿的范围主要包括以下几个方面。

1. 侵犯人身权的行政赔偿范围

（1）违法拘留或者违法采取限制公民人身自由的行政强制措施的。

（2）非法拘禁或者以其他方法非法剥夺公民人身自由的。

（3）以殴打等暴力行为或者唆使他人以殴打等暴力行为造成公民身体伤害或者死亡的。

（4）违法使用武器、警械造成公民身体伤害与死亡的。

（5）造成公民身体伤害或者死亡的其他违法行为。

2. 侵犯财产权的行政赔偿范围

（1）违法实施罚款、吊销许可证和执照、责令停产停业、没收财物等行政处罚的。

（2）违法对财产采取查封、扣押、冻结等行政强制措施的。

（3）违反国家规定征收财物、摊派费用的行为。

（4）违法侵犯财产权造成损害的其他行为。

（四）教育行政赔偿的程序

我国的行政赔偿程序由非诉讼程序与诉讼程序两个部分组成。赔偿请求人必须首先向行政赔偿义务机关提出赔偿来解决。只有在行政赔偿义务机关不接受、不理睬，或者行政赔偿请求人对赔偿数额有异议的情况下，才能向人民法院提出诉讼，请求予以裁决。

1. 赔偿申请的提出

赔偿请求人先递交“行政赔偿申请书”，以及有关的证据材料。申请书应当载明下列内容：

（1）受害人的姓名、性别、年龄、工作单位和住所，法人或者其他组织的名称、住所和法定代表人或者主要负责人的姓名、职务。

（2）具体的要求、事实根据和理由。

（3）赔偿义务机关。

（4）申请的年、月、日。

2. 赔偿申请的处理

赔偿义务机关收到请求赔偿的申请后，应审查赔偿请求是否属于《国家赔偿法》所规定的赔偿范围。对于符合受理条件的，应做出决定予以受理。对于不符合受理条件的，则不予受理，但应告知申请人不予受理的原因。

赔偿义务机关经过审查确认行政赔偿申请符合赔偿条件后，应与请求人进行协商并制作具有法律效力的“赔偿协议书”，对赔偿方式、金额、履行的期限等做出规定，并在收到申请之日起 2 个月内，依照赔偿协议书之规定给予赔偿。赔偿义务机关逾期不赔偿或者赔偿请求人对赔偿数额有异议的，赔偿请求人自期间届满之日起 3 个月内向人民法院提出诉讼。

根据《国家赔偿法》的规定，赔偿义务机关赔偿损失后，应当责令有故意或者重大过失的工作人员，或者受委托的组织或个人承担部分或全部赔偿费用。对有故意或者重大过失的责任人员，有关机关应当依法给予行政处分；构成犯罪的，应当依法追究刑事责任。

第三节 案例分析与讨论

一、建材轻工学院诉宣武区物价检查行政处罚案[①]

（一）案情简介

1990 年 8 月以后，北京联合大学建材轻工学院（以下简称建材轻工学院）在收取 1990 学年度该院所属夜大学理工科新生学费时，根据 1990 年 4 月 12 日国家教育委员会、国家物价局、财政部教财（1990）038 号文件《关于修订普通高等学校举办函授和夜大学收费办法的通知》（以下简称“038 号文件”）的规定，将北京市物价局审订的夜大学学生学费每生每学年 408 元的收费标准，提高到 460 元。同年 11 月，北京市宣武区物价检查所（以下简称区物价所）在依法对建材轻工学院收取学费标准进行检查时，认为建材轻工学院按新标准收取夜大新生 69 人的学费，共超收 3780 元，违反了 1985 年 3 月 28 日教育部、财政部（85）教计字 30 号文件《关于中央部门部属高等学校举办函授和夜大学实行收费的通知》（以下简称“030 号文件”）的规定，属于价格违法行为。1991 年 2 月 6 日，区物价所根据《中华人民共和国价格管理条例》第二十条第三项和国家物价局《关于价格违法行为的处罚规定》第五条第五项、第九条、第十条第四项的规

① 北京联合大学建材轻工学院不服北京市宣武区物价检查所对其夜大学收费的行政处罚决定案，http: //sifaku.com/falvanjian/66/zf0fdfa3zwc8.html。

定，做出没收建材轻工学院非法所得3780元的处罚决定。

建材轻工学院不服，于1991年2月20日向北京市物价检查所提出复议申请，主要理由是："038号文件"颁布后，北京市有关部门没有及时制定出北京地区1990学年度夜大新招学生的具体收费标准。在这种情况下，建材轻工学院在"038号文件"规定的收费幅度内，适当提高对1990学年度夜大新招学生收费标准的做法，并不违法。北京市物价检查所经复议认为，区物价所对建材轻工学院的处罚"事实清楚，证据确实，依据充分，程序合法"，于1991年4月18日做出复议决定，维持区物价所的处罚决定。

建材轻工学院仍然不服，持前述理由于1991年4月30日，向北京市宣武区人民法院起诉。区物价所辩称，"038号文件"只规定了一个收费幅度，具体收费标准按规定应由各省、自治区、直辖市教育、物价、财政部门制定。在具体收费标准尚未下达的情况下，"038号文件"虽已下发，亦不应执行，仍应执行"030号文件"。因此，对建材轻工学院进行处罚是适当的。

北京市宣武区人民法院经审理认为："038号文件"明确指出，近几年来由于情况变化，原收费标准和收费办法已不能适合当前的实际需要，决定修订收费标准，从1990学年度开始。建材轻工学院在"038号文件"规定的收费幅度内，提高了1990学年度新招收的夜大学学生收费标准，区物价所却依据"030号文件"规定的收费标准，认为该院违法，对其进行处罚，显系适用规章错误；认定原告建材轻工学院超收的3780元为非法所得，无法律依据。原告请求撤销区物价所的处罚决定，理由正当。据此，北京市宣武区人民法院依照《行政诉讼法》第五十三条第一款、第五十四条第二项第二目的规定，并参照"038号文件"第一条、第二条、第三条的规定，于1991年6月10日，判决撤销区物价所对建材轻工学院的处罚决定。一审宣判后，双方当事人均未上诉。

北京市宣武区人民法院在此案宣判后，及时向北京市人民政府法制办公室发出了司法建议，建议北京市人民政府法制办公室督促有关职能部门按"038号文件"的规定，及时制定出本地区的收费标准，以便有关学校和物价部门遵照执行。

（二）案例分析

（1）本案处理的关键，在于解决法律规范冲突的问题，即判断"038号文件"和"030号文件"的效力问题。

从我国目前法律规范冲突现状来看，法律规范的冲突大体有下述几种情况：①不同法律效力层级的法律规范冲突；②不同部门、不同地区法律文件中的法律规范冲突；③部门法律文件与地方法律文件的法律规范冲突；④不同时期发布的法律文件中的法律规范冲突及其他法律规范冲突。本案例中的是新旧法冲突。新法与旧法之间按照新法优于旧法的原则选择适用冲突规范。如特定事项发生在新法生效后则原则上适用新法；如特定事项发生在新法生效之前而争议发生在新法生效之后，如果新法对特定事项处理比旧法轻的，则选择适用新法，如果新法对特定事项处理比旧法重的，则选择适用旧法。有些行政实体法在颁布之时，在条文中明确规定："凡与本法规定有抵触的，适用本法规定。"

本案例中，"038 号文件"第三条规定："从 1990 学年度开始，对新招收的函授和夜大学学生按本通知规定的标准和办法收费，对 1990 学年度以前入学的学生仍执行原规定的收费标准和办法。"这就表明，"030 号文件"规定的收费标准对 1990 学年度新招收的函授和夜大学生不再发生效力。北京市有关部门未按"038 号文件"及时制定本地区的具体收费标准，建材轻工学院按每生每学年 460 元收费，并没有超出"038 号文件"规定的收费幅度，因而也就谈不上违法问题。据此，北京市宣武区人民法院做出的撤销区物价所对建材轻工学院的处罚决定的判决，是正确的。

（2）行政复议和行政诉讼两种救济手段的协调问题。

行政诉讼和行政复议是两个并行的法律救济制度。对公民、法人和其他组织而言，行政诉讼和行政复议都有对其合法权益保护的救济功能。

公民、法人或其他组织对行政机关的具体行政行为不服，可以先向上一级行政机关或者法律法规规定的行政机关申请复议，对复议不服的，再向人民法院提起诉讼，也可以直接向人民法院提起诉讼。法律法规规定应当先向行政机关申请复议，对复议不服再向人民法院起诉的，应遵照法律法规规定。

但两种救济方式也存在区别。行政复议是行政机关内部的监督制度，是在行政诉讼之前进行的；而行政诉讼是司法救济，由人民法院做出诉讼裁决，是最终的解决办法，也被称作"司法最终救济"原则。两者比较而言，第一，从效力上看，行政诉讼优于行政复议。行政复议机关根据行政复议申请人的申请对具体行政行为进行审查，行使的只是行政复议权，而不能替代司法机关对行政争议行使高效力的司法裁决。第二，依赖行政复议机关处理行政争议，存在上级行政机关包庇下属行政单位错误的嫌疑。[①]因为行政复议机关和被申请人都是行政机关，容易陷入先入为主的境地，从而影响对事实的正确判断和对法律法规的正确理解。在某种情况下，行政机关由于与被申请人存在密切关系，或者因行政争议本身存在牵连关系，出于包庇牵就被申请人的错误思想，可能出现有错不纠的现象。因此，规定行政复议决定原则上要接受人民法院的司法审查，这体现了法律保护复议申请人诉权的价值取向，也体现了国家重视权力间的制约机制，将行政权充分置于司法监督之下，有利于促使行政复议机关依法公正处理行政复议案

① 饶常林：《热点教育纠纷案例评析之学校篇》，北京：中国法制出版社，2007 年，第 70 页。

件，也有利于监督被申请人依法行政职权。

（三）案例讨论

（1）行政复议和行政诉讼各有何优势和缺点？教育领域中的法律纠纷，如教育行政部门和学校，学校和教师，学校和学生，教师和学生之间发生的法律纠纷，一般最先采取的救济手段是哪个？为什么？

（2）当法律法规存在冲突时，应该怎样选择？

（3）我国行政法律法规存在冲突的现象较多，为什么？从依法行政的角度和国家行政管理方式的转变上谈谈我国行政立法问题、行政法律法规的清理问题及其解决思路。

二、学校因损坏公物处分和处罚学生案

（一）案情简介①

某初中生马某，学习成绩不好，守纪情况也差。一天，马某在教学楼内玩球，故意将一个价值300元的吊灯打坏，学校在查明事实经过后，依据学校有关“损坏公物要赔偿和罚款”的规章制度，对马某做出三点处理决定：一是给予警告处分；二是照价赔偿吊灯；三是罚款300元。对此学校、教师、学生及家长均没有感到什么不妥当。该校在全校师生大会上以此事为案例，大谈依法治校、从严治校的重要性。

（二）案例分析

学校对马某的处理意见并不都是合法的。一、二条处理意见是合法的，但对学生课以罚款则是违法行为。因为行政制裁分行政处分和处罚。对于实施行政处分和处罚的机构法律是有明确规定的。行政机关是按照国家宪法和有关组织法的规定而设立的，代表国家依法行使行政权，组织和管理国家行政事务的国家机关，是国家权力机关的执行机关。国家特定行政机关享有行政处罚权，如工商、税务、治安等机关。根据我国行政法的规定，学校属于国家事业性单位，属于国家行政机关的组成部分，严格地说，是属于行政授权单位，这样，学校也就具有了行政法上的地位。一般而言，公立、私立学校都具有行政法上的地位，发放毕业证书等行为都是行政行为。有时，公立、私立学校也存在不同：对公办学校进行起诉属于行政诉讼，对民办的学校则以民事诉讼程序进行审理。

学校的行政地位受到很大的限制，学校只有行政处分的权力，可以对学生进

① 学校对学生的处理是否恰当、合法？http：//3y.uu456.com/bp_94b414ɔg891h1yk7prm6_1.html。

行处分（纪律处分），但没有对学生进行行政处罚的权力。因为行政处分是一种内部行政法律行为，是隶属关系之间上对下实行的行为，如医院对医生、学校对学生教师、机关对工作人员，处分类别有警告、严重警告、记过、开除、免职；行政处罚是一种外部行政法律行为，具有公共行政意义，由特定行政机关执行，如治安机关实行的拘留、罚款、没收财产等。

罚款是行政处罚，只有特定的国家行政机关才有行政处罚权，在这一点上学校不具备行政权能。而且，学校对学生是隶属内部行政行为，学校对学生予以罚款没有任何法律依据。1996 年《行政处罚法》明确规定："没有法定依据或者不遵守法定程序的，行政处罚无效。"

（三）案例讨论

（1）学校对学生的哪些行为可以进行行政处分？这些行政处分的法律依据是什么？从哪些方面可以看出学校是行政授权单位？

（2）学生受到行政处分后能否寻求法律救济？如果可以，有哪些法律救济渠道？

（3）学生受到学校的处分，司法救济如果介入，在哪些方面司法可以干预，哪些方面不能干预？司法干预的界限是什么？

三、学校是原告，谁是被告[①]

（一）案情简介

1995 年 9 月，我被调到某中学任校长，到任后听到最多的、教职工意见最集中的是学校被某办事处拖欠地租款一事。经了解，基本情况如下。

1988 年 12 月 21 日，当时的校领导为了改善教职工的待遇和办学条件，在征得上级主管部门同意的情况下，把学校的一块师生劳动基地（山坡地）出租给某办事处下属的玻璃厂做厂房，双方签订了租赁合同并进行了公证。合同约定：由玻璃厂每年支付我校租金 3000 元整，期限 20 年。1988～1992 年，学校都收到了租金，但从 1992 年最后一个季度起，学校就再未收到租金，被一直拖欠。对此校方数次派人前去追收未果。玻璃厂已解散，原招牌也被某化工厂所代替。

我了解上述情况后，在征得其他校领导的同意后聘请了律师，将办事处送上了被告席，经过近 10 个月的诉讼，在法院主持下，与各方达成了调解协议，目前此案已结。

① 褚宏启：《教育法制基础》，北京：北京师范大学出版社，2002 年，第 170-173 页。

（二）案例分析

1. 我是原告，谁是被告——诉讼主体的确认是诉讼的第一步

与我校签订租赁合同的是玻璃厂，它当然理应就是被告，但实际上经过律师查证它于 1989 年被撤销，1990～1992 年，代替交纳租金的是办事处的下属企业某综合化工厂。1992 年该厂未参加年检，又被撤销，取而代之的是某精细化工厂，该厂与我校没有直接的关系，也无法确定其诉讼地位，一时之间似乎告状无门了。但我校与律师紧密配合，一方面与当时玻璃厂的上属机关——某办事处正面联系，一方面委托律师去区工商局调查某精细化工厂的建立情况。经调查了解到，1992 年 10 月，办事处与某高新技术开发区、某实业公司合作成立了精细化工厂，并将此厂作为下属企业，该厂用地就是我校的出租地，至此，已有了明确的被告，就是某办事处，其作为上述企业的主管单位，理应承担继续履行合同的义务，因此，它就是明确的被告。对此，我校又提出了诉讼请求及事实与理由，已完全符合《民事诉讼法》第一百零八条关于起诉条件的规定。

2. 谁主张，谁举证——我校负有不可推卸的举证责任

根据《民事诉讼法》第六十四条第一款的规定，举证责任的规则是“谁主张，谁举证”。我校是原告，主张是：①要求被告立即支付所欠租金及滞纳金；②要求被告承担终止合同的责任。我们还向法院提交了以下证据：①公证案卷（与玻璃厂签订的租赁合同及公证等）；②我本人的法定代表人证明一份；③我校国有土地证两份；④被告与某实业公司签订的联营承包合同一份；⑤律师在工商局的调查材料五份；⑥我校收取租金的收据及进账单两份。在诉讼中又提交了我校去被告处催收欠款的人员名单及其签名。上述证据已充分体现了“以事实为根据，以法律为准绳”的司法原则。

3. 第三人愿意承担法律责任，被告是否还需承担连带责任——只有遵守法律原则，才能切实保护自的合法权益

我校起诉后，法院通过对被告的调查，发现精细化工厂依然合法存在，并仍在生产少量的产品，因此，追加其作为本案的“第三人”，由于某实业公司不愿意放弃在我校所在地区的投资，就于 1995 年 2 月向法院提交了答辩意见，明确表示愿意承担法律责任，支付欠款等。在此情况下，被告却表示一切责任由第三人承担，与其无关。但我们认为依照民法规定，被告作为第三人的主管部门，又与某实业公司是合作伙伴，就应当承担连带责任。因此，在法院主持调解时我们坚持原则，同意第三人支付欠款，但要求被告承担无限连带责任（即其他投资人无力偿还其名下的债务份额时，自己有义务代其偿还债务份额），我们的意见得到了法院的支持。

果然，第三人除在开庭时即时支付了 2 万元所欠租金外，再无清偿的表示，

我校已于 1997 年 1 月向人民法院提出了强制执行被告财产的要求。此举使我校的合法权益得到了较好的保护。

（三）案例讨论

（1）本案中的被告为何当初不明晰？

（2）如何理解民法中“谁主张，谁举证”的举证原则？“谁主张，谁举证”能否适用于行政诉讼中的行政相对人？为什么？

（3）诉讼中为何称精细化工厂为“第三人”？为什么被告还需承担连带责任？

（4）学校如何处理相邻权纠纷？

（5）学校与外界签订合同时，应注意哪些问题？

◇要点归纳

1. 教育法律责任指教育法律关系的主体因实施了违反教育法律关系的行为，依照有关教育法律法规的规定应当承担的否定性的法律后果。教育法律责任的特点：责任法定；违法行为与教育法律责任之间具有因果联系；责任由违法的教育法律关系主体所承担；由国家专门机关或国家授权机关依法追究。

2. 法律责任可以分为行政法律责任、民事法律责任和刑事法律责任。行政法律责任指行政法律关系主体由于违反行政法律规范，构成行政违法而应当依法承担的否定性法律后果。行政法律责任的承担方式主要有两类，即行政处罚和行政处分。教育法上的民事责任是教育法律关系的主体违反教育法律法规，破坏了平等主体之间正常的财产关系和人身关系，依法承担的民事责任，是一种以财产为主要内容的责任。教育法的刑事法律责任是指行为人实施的违反教育法的行为，同时触犯了刑法，达到犯罪的程度时，所必须承担的法律后果。

3. 教育法律责任的构成要件：有损害事实、损害行为必须违反教育法、行为人主观上有过错、违法行为与损害事实之间具有因果关系。免责的条件和方式有：时效免责，不诉免责，自首、立功免责，补救免责，协议免责或意定免则，人道主义免责。

4. 我国《教育法》《义务教育法》《民办教育促进法》《刑法》《民法通则》《未成年人保护法》《刑事诉讼法》等法律法规规定了教育领域各类主体的违法行为，以及行政法律责任、民事法律责任和刑事法律责任的承担方式。

5. 法律救济是指教育行政相对人的合法权益受到侵害并造成损害时，通过裁决纠纷，纠正、制止或矫正侵权行为，使受害者的权利得以恢复、利益得到补救的法律制度。教育法律救济的特征：纠纷的存在是教育法律救济的基础；

损害的发生是教育法律救济的前提；补救受害者的合法权益是教育法律救济的根本目的。教育中的法律救济主要有三种途径：司法渠道、行政渠道及仲裁和调解。

6. 教育申诉制度，指作为教育法律关系主体的公民，在其合法权益受到侵害时，向国家机关申诉理由，请求处理的制度。教育申诉包括教师申诉和学生申诉两类。教师申诉和学生申诉具有法定性、特定性（特殊性）、非诉讼性特征。

7. 教育行政复议指教育管理相对人（如学校、教师）认为教育行政机关做出的具体行政行为侵犯其合法权益，向做出该行为的机关的上一级教育行政机关或该机关所属的本级人民政府提出申请，受理申请的行政机关对发生争议的具体行政行为进行复查并做出决定的活动。

8. 教育行政诉讼指教育行政管理相对人认为教育行政机关的具体行政行为侵犯其合法权益，依法向人民法院起诉，请求给予法律救济，并由人民法院对行政行为进行审查和裁判的诉讼救济活动。教育行政诉讼的特点：主管恒定、诉讼专属、标的确指、被告举证、不得调解。

9. 教育行政赔偿指教育行政机关及其工作人员在执行职务过程中，侵犯了公民、法人或其他组织的合法权益并造成损害，依照法律规定，由国家承担损害赔偿责任的制度。

10. 《教育法》《教师法》《民法》《刑法》《未成年人保护法》《行政诉讼法》《行政复议法》《国家赔偿法》等法律法规规定了教育申诉制度、教育行政复议、教育行政诉讼、教育行政赔偿的范围、程序及处理方式。

◇思考与练习

1. 简述教育法律责任的特点与类型。
2. 联系实际论述学生的违法行为与法律责任。
3. 联系实际论述学校事故中的违法行为和法律责任。
4. 简述教育领域行政法律责任、民事法律责任、刑事法律责任的承担方式上的区别。
5. 简述法律救济的特征。
6. 简述法律救济的渠道。
7. 简述教师申诉、学生申诉的特征。
8. 简述教育行政复议的程序。
9. 简述教育行政诉讼的特征。
10. 简述教育行政赔偿责任的构成要件。

◇拓展阅读

1. 姜明安：《行政法与行政诉讼法》，北京大学出版社，1999 年。

2. 张卫平：《民事诉讼法》，中国人民大学出版社，2013 年。

3. 劳凯声：《中国教育法制评论》（第 1～13 辑），教育科学出版社，2002～2015 年。

参 考 文 献

步平. 1995. 家永三郎和日本教科书诉讼案. 社会科学战线，（5）：60-65.

曹诗权. 2004. 未成年人监护制度研究. 北京：中国政法大学出版社：166.

褚宏启. 2000. 论学校事故及其法律责任. 中国教育学刊，（1）：44-48.

褚宏启. 2002. 教育法制基础. 北京：北京师范大学出版社：170-173.

公丕祥. 2013. 法理学. 上海：复旦大学出版社：198.

龚向和. 2004. 受教育权论. 北京：中国人民公安大学出版社：36-59.

蒋超. 2006. 学校法通论. 成都：四川出版集团巴蜀书社：194，395，396.

劳凯声. 2000. 教育法学. 沈阳：辽宁大学出版社：8-12，24，64-66，89-90，338.

劳凯声. 2002～2015. 中国教育法制评论（第 1～13 辑）. 北京：教育科学出版社.

劳凯声. 2003. 变革社会中的教育权与受教育权：教育法学基本问题研究. 北京：教育科学出版社：58，68-69，375-376.

劳凯声，蒋建华. 2015. 教育政策与法律概论. 北京：北京师范大学出版社：200-201.

李道刚. 2003. 论德国家庭教育权. 山东社会科学，（4）：86-87.

李登祥，郭玉英. 1990. 略论教育秩序的构成因素. 教育评论，（5）：5-7.

李化德. 2008. 论国家考试立法. 现代法学，（5）：29-37.

李晓燕. 2006. 教育法学. 北京：高等教育出版社：3.

刘立. 2002. 略论教育法学学科性质. 培训与研究：湖北教育学院学报，（3）：43-46.

骆四铭. 2006. 学位的起源、发展及其特征. 比较教育研究，（4）：35-40.

米桂山，龚友明. 1989. 教育法概论. 北京：学苑出版社：1，14.

秦惠民. 1998. 现代社会的基本教育权型态分析. 中国人民大学学报，（5）：82-87.

秦惠民. 1998. 走入教育法制的深处：论教育权的演变. 北京：中国人民公安大学出版社：198.

任东来，陈伟，白雪峰. 2015. 美国宪政历程——影响美国的 25 个司法大案. 北京：中国法制出版社：45-57，206-228.

申素平. 2009. 教育法学：原理、规范与应用. 北京：教育科学出版社：65，81，140，154，174.

唐纳德•肯尼迪. 2002. 学术责任. 阎凤桥等译，北京：新华出版社：3.

佟丽华. 2001. 未成年人法学. 北京：中国民主法制出版社：45-47，147-149.

王大泉. 2002. 我国学位法律制度的特点及其缺陷分析. 北京：教育科学出版社：3.

谢鹏程. 1992. 权利义务四论. 法学研究，（3），1-2.
杨秀颖. 2014. 教育法学. 北京：中国人民大学出版社：56-57，233-234.
尹力. 2015. 教育法学. 北京：人民教育出版社：36，65-66，99.
张步峰. 2009. 兼具社会权与自由权性质的受教育权. 北京行政学院学报，（5）：80-83.
张民安. 2002. 过错侵权责任制度研究. 北京：中国政法大学出版社：293.
张素蓉. 2009. 中、美、英家长教育权利的比较. 比较教育研究，（3）：20-24.
张维平，张乃翼. 2001. 教育政策法规专题. 北京：当代世界出版社.
周志宏. 1989. 学术自由和大学法. 台北：蔚理法律出版社：121.
周志宏. 2002. 受教育的权利与使受教育的义务——强迫入学条例之检讨. 教育研究月刊，（97）：32-43.
E. 博登海默. 2004. 法理学：法律哲学与法律方法（修订版）. 邓正来译，北京：中国政法大学出版社：299.